新解

台灣俚諺語

Tâi-uân
lí gān gí
sin kái

潘榮禮◎編著
蕭　燕◎總校訂

國家文化藝術基金會
獎助調查研究

作者簡介

潘榮禮

■ 1938年生於彰化縣社頭鄉
政論雜誌專欄作家

經
歷
中央選舉委員會巡迴監察人
中華民國幼教聯合會第一、二屆理事長
彰化縣幼教事業學會第一、二屆理事長
《新生文藝》主編、《野馬雜誌》發行人
「1018爲幼兒教育而走」，爭取「教育券」成功

著
作
《潘榮禮彈笑系列》13冊
《台灣童玩教做教玩》上下冊
《台灣新囡仔歌教學教唱》1-4冊
《放風吹》、《花眉鳥》囡仔歌CD
《飆歌勁舞》VCD上下集
《1018爲幼兒教育而走》
《國會嬰靈尋親記》
《台灣名人妙言精選集》
《台灣限制級俚諺語》
《台灣孽恝仔話新解》
《總統請喝咖啡》
《台灣俚諺語新解》
《壹號人物船過水有痕》

| 自序 |
寓意深長的台灣俚諺語

　　這一本《台灣俚諺語新解》，與之前出版的《台灣孽恝仔話新解》是姐妹之作，對於要研讀、瞭解台灣文化語言者，能發揮相輔相成的效果。

　　所以在《台灣孽恝仔話》田野調查與寫作期間，我就蠢蠢欲動，計劃再編寫《台灣俚諺語新解》。沒有想到有那麼多人喜歡台灣文化、歷史，不僅《台灣孽恝仔話新解》很快就再版，也有很多讀者女士、先生，一再鼓勵我進行「台灣俚諺語」田野調查、編寫。他們說書局有關台灣文化、歷史、民情、風俗、藝術……的書很多，尤其俚語、諺語，乃至孽恝仔話，幾乎汗牛充棟，到處可以「撿屍」。而且每一本都引經據典，頭頭是道，看起來都很有學問的樣子，只是艱深難懂的不勝枚舉，而看你潘榮禮的相關著作，淺顯明白，輕鬆有趣。這樣的話給我很大的鼓舞，害我心花怒放，老牛拖車——不自量力，提早完成「最後一里路」，也就是《台灣俚諺語新解》的出版。

　　台灣俚諺語是台灣祖先留給子孫的語言遺產，因為民情風俗與生活環境及地域的特殊性，才孕育出的各有其趣、豐富精緻的生活語言。由於歷史一脈相傳，歷經世代傳承、時空孕育，台灣孽恝仔話自然產生了許多細膩、有趣而且耐人尋味的新孽恝仔話，如：

1.「高速公路——無人道」

2.「路燈——照公道」

3.「違章建築——『無照起工』或『亂蓋』」

4.「幼稚園招生——老不羞」

5.「黑人吃火炭——黑吃黑」

6.「老伙仔留嘴鬚——老不羞」

7.「墓仔埔放炮——驚死人」

8.「新婦不孝——公投」

9.「大箍吃肥豬肉——加油！加油！！」

10.「七元對分——不三不四」

　　台灣俚諺語雖然沒有像台灣孽恝仔話，有新世代價值觀、新生活經驗，而於無形中孕育出來的充滿諧趣、幽默突梯的新孽恝仔話，但是每一則俚諺語，無論天命思想、神佛鬼怪、社會百態、立身處世、生活世俗、教育文化、修身養性、老幼人倫、婚姻感情、醫療保健、節氣農諺、警世勵志、政府庶民、富貴貧窮、工商財閥、長輩晚輩、男人女人……都是自古一脈相傳，價值不變的人生哲理。每一句俚諺語都不是哪一個族群獨有的語言，而是台灣庶民共同的資產，所以句句都是那麼簡單明白、易學好記，也成為放之四海皆準的人生指針、規範言行舉止及古今通用的至理名言，例如：

1.「手抱孩兒，才想著父母時」

2.「有錢使鬼會挨磨」

3.「人生無常，世事難料」

4.「人在人情在，人亡人情亡」

5.「一千賒，唔值八百現」

6.「細漢偷挽匏，大漢偷牽牛」

7.「台灣錢淹腳目」

8.「食魚食肉愛菜佮」

9.「食飯配菜脯，儉錢開查姆」

10.「起茨驚掠漏，醫師驚治嗽」

11.「有山便有水，有神便有鬼」

12.「良言一句三冬暖，惡語一句六月寒」

　　這本《台灣俚諺語新解》之能完成田野調查出版成書，要感謝「財團法人國家文化藝術基金會」補助田野調查經費；「財團法人迪斯奈幼稚園」園長張純靜、蔡麗珍老師，在資料搜集、篩選打字方面，諸多協助；好友葉東舜、蕭木通的關心；作家許長仁、黃勁連、楊青矗，畫家施並錫的鼓勵與指正，在此一併致謝，也要向總校訂蕭燕老師，深深一鞠躬。

潘榮禮　2016/2/28 於
彰化縣社頭鄉

編輯說明

1. 本書搜集台灣俚諺語 1,500 多句，與之前出版的《台灣孽恝仔話新解》是姐妹之作，能更深一層認識祖先留給我們這些子孫的智慧的結晶——豐富的語言，既能欣賞語言之美，也可以做為「台語教學」參考用書。

2. 本書編排的目錄，分別按俚諺語第一字劃數多少順序編排，方便讀者查閱。

3. 本書考慮到台灣同胞，先後遭受不同的統治者，所加諸於本身的語言教育。為方便這些受不同教育者都能閱讀、欣賞台灣俚諺語的寓意深長，分別以「台語正確用字略表」及「台語音標說明」讓受不同語言教育的人，都能融會貫通，感受台灣語言文化之精緻與幽默。

4. 本書所搜集的每一句「台灣俚諺語」，分別以簡潔文字「暗示」含意，詳細「註解」詞意，及解釋延伸的各種名詞與意義，並以國家大事、社會趣聞做為「例句」。讓讀者能真正瞭解含意，生活互動中，也能活用或運用「台灣俚諺語」，更能將事件留下紀錄，做為後人研究、笑談的資料。

5. 本書為避免將來修改與對照的困擾，未雨綢繆，以「台灣」為國名而不稱「中華民國」，對於人家大陸，是另外一個國家，他叫「中國」。更瞭解將來有一天，「中華民國」的年代，必須找西元比對。故以「西元」取代「中華民國」，省得以後大家麻煩。

6. 本書編著的目的，在展現古代台灣人民的生活及文化語言的豐富和智慧、幽默與藝術。雖非文字語言學或音韻學，但附加「台語正確用字略表」及「台語音標說明」，以達到台語美妙原味境界，並一窺台灣俚諺語所呈現的幽默、諧趣以及深長寓意。

台語正確用字略表

人 (柳銅) (入銀)	1. 文音人：(入銀) 　1.(詩經，泰誓)「惟人萬物之靈也。」 　2.(論語，顏淵)「己所不欲，勿施於人。」 　3.(孟子，離婁)「人之患，在好爲人師。」 　4.(漢文讀本)「人有兩手，一手五指，兩手十指。」 　5.(俗語)「人生親像大舞台，苦齣、笑詼，攏總來。」 2. 語音人：(柳銅) 　1.(俗語)「人叫無信道，鬼牽拋拋走。」 　2.(俗語)「人若儴好性地，屪脬恆人割去賣。」 　3.(俗語)「人若衰，種匏仔生茱瓜。」
儂 (柳王)	1. 四川夷人、雲南苗人，通稱「儂人」。 2. 奴曰儂，即童僕也。(李賀，南園詩)「桃膠迎夏香琥珀，自課 　越儂能種瓜。」 3. 我也，(晉無名氏，子夜歌)「天不奪人願，故使儂見郎。」 4. 我也，(韓愈，詠鱷魚詩)「鱷魚大如船，牙眼怖殺儂。」 5. 儂絕對不是人，否則以訛傳訛。
婿 (時偉)	婿(說文)「婿之本字，燕婿也。」 1.(俗語)「生緣免生婿，生婿無緣上刻虧。」 2.(俗語)「婿穗粿愛會甜，婿穗姆愛會生。」 3.(前漢，外戚傳)「李婦人曰妾不敢以燕婿見帝。」
水 (曾偉) (時偉)	1.(俗語)「食藥若食水(曾偉)，問神若問鬼。」 2.(俗語)「父母疼囝長流水(時偉)。」 3.(俗語)「水(曾偉)鬼叫跛瑞。」
食 (時直) (曾役)	1.(俗語)「食鴉片，骹蹺蹺，親像老猴歕洞簫。」 2.(俗語)「食鴉片，骹勾勾，姆去嫁，囝去流。」 3.(俗語)「食未老，死未臭，變相未撨到。」 4.(俗語)「食人一斤，還人四兩。」
呷 (喜佳) (音哈)	1. 熱飲也，(鄭震，飲馬長城窟行)「朝呷一口水，暮破千重關。」 2. 熱飲也，(俗語)「坐脥椅、呷燒茶、嗜瓜子、看電視。」 3. 眾生也，(李白，大獵賦)「喤喤呷呷，盡奔突於場中。」

茨 (出賜) (音次)	1. 茅蓋屋也，(書經，梓材)「惟其塗墍茨。」 2. (莊子，讓王)「原憲居魯，環堵之室，茨以生草。」 3. (俗語)「老尪疼俴婆，茨邊頭尾通人無。」 4. (俗語)「茨內若無貓，貓鼠會蹺骹。」
厝 (出告) (音錯)	1. 交錯也，(漢書，地理志)「五方雜厝，風俗不純。」 2. 厲石也，(詩經，小雅)「他山之石，可以爲厝。」 3. 埋葬也，(潘岳，寡婦賦)「痛存亡之殊制兮，將遷神而安厝。」
趉 (柳雅)	兩事同時做。 1. (俗語)「日笑晝，雨趉流。」 2. (台語)「趉行趉講話，怵𣍐疝。」
若 (柳雅) (入育)	1. (俗語)「若是愛計較，逐家諒早拆爐灶。」 2. (俗語)「天若有要俹人飼，自動車也攏𣍐死。」 3. (俗語)「若是㑑鐵齒，連鞭著坐輪椅。」
徵 (他近)	附合，袒護也。 1. (俗語)「邙落尪著徵邙落姆；邙落旗著擂邙落鼓。」 2. (俗語)「家庭不和人看輕；尪姆相徵有拼面。」 3. (選舉文宣)「本省外省老共俴，逐家攏來徵阿扁。」
挺 (他永)	1. 正直，(唐書，杜甫傳論)「數嘗寇亂，挺節無所污。」 2. 量詞，(軍中術語)「機槍兩挺，全連挺進。」 3. 引身而進也，(蘇軾，留侯論)「拔劍而起，挺身而鬥。」
姆 (門古)	人妻也。 1. (俗語)「尪勢姆嬌頭。」 2. (俗語)「尪姆共心石頭變金，尪趁姆援永遠作伴。」 3. (俗語)「姆是玉皇上帝，序大人是囡仔大細。」 4. (俗語)「一個姆，怵好三個天公祖。」 5. (俗語)「尪生姆旦，食飽對看。」
某 (門古)	指莫知名者，虛指也。 1. (公羊傳，宣六年)「使勇士某者往殺之。」 2. (禮記，少儀)「問道藝子，習於某乎？子善於某否？」 3. (台語)「台北某台語雜誌『㷿種』寫『掓種』，笑破人个喙也。」

誵 (曾系)	(字彙補)：多也。 1.(俗語)「誵牛踏無糞，誵姆無地睏。」 2.(俗語)「好囝唔免誵；誵子餓死爸。」 3.(俗語)「人誵話著誵，三色人講五色話。」
濟 (曾計)	1. 救助也，(郭元振，詠井詩)「鑿處若教當要路，為君常濟往來人。」 2. 水名，(山海經)「支離之山，濟水出焉。」 3. 相助也，(易經，謙卦)「天道下濟而光明。」 4. 人眾貌，(詩經，大雅)「濟濟多士，文王以寧。」 5. 成語：「同舟共濟」、「人才濟濟」、「濟弱扶傾」、「懸壺濟世」。
掖 (英夾)	(說文)「掖，手持物於背後。」如「掖尾狗」。 1. 扶持也，「查姆囝掖錢恆老爸；新婦怵無。」 2. 腋下也，(史記，商君列傳)「吾聞千羊之皮，不如一狐之掖。」 3.(俗語)「老人愛經濟，少年『手掖後』愛撇勢。」
敠 (英社)	(集韻)「以手散物。」 1.(俗語)「種子敠懸懸，生囝生孫做委員。」喪家答：「有喔。」 　喪葬儀式之一，道士唸吉祥語。 2.(台語)「股票贏錢，揸咧一直敠。」
獅 (時哀)	獅者，萬獸之王。 1.(正字通)「獅又名白獸，怒則威在齒，喜則威在尾，每一吼百獸辟之。」 2.(蘇軾詩)「忽聞河東獅子吼，柱杖落地心茫然。」
顤 (時哀)	頰顤也，喙䫌也。笑口開，兩顤離開，謂之「離顤顤」。 1.(俗語)「笑伻喙仔離顤顤。」非「裂獅獅」。 2.(蘇舜欽詩)「最憐小雨疏竹，爽籟颸颸吹醉顤。」 3.「離顤顤」寫成「裂獅獅」，確實笑破人令喙也。
備註	台語 15 音令拼音法，分： 1. 直接拼音，如：儂(柳王)，婿(時偉)。括弧內兩字合拼而成。 2. 間接拼音，如：人，文音(入銀)；語音(柳銅)。呷(喜佳)音哈。 　先呼出下面加橫線那個字的尾音，再與上面字的聲母合拼。

台語音標說明

1. 韻母

羅馬字音標	a	i	u	e	o	ɔ	ai	au	an	m	ang	ng	aⁿ
注音符號	ㄚ	ㄧ	ㄨ	ㄝ	ㄜ	ㆦ	ㄞ	ㄠ	ㄢ	ㄇ	ㄤ	ㄥ	˚ㄚ鼻化韻

2. 聲母

羅馬字音標	p	ph	b	m	t	th	l	n	k	kh	h	g	ng	ts ts(i)	tsh tsh(i)	s s(i)	j j(i)
注音符號	ㄅ	ㄆ	ㄇ	ㄇ	ㄉ	ㄊ	ㄌ	ㄋ	ㄍ	ㄎ	ㄏ	ㆣ	˚ㆣ	ㄗ ㄐ	ㄘ ㄑ	ㄙ ㄒ	ㆡ ㆢ

3. 台語傳統八音音調表

台語傳統	1	2	3	4	5	6	7	8
	獅	虎	豹	鴨	猴	狗	象	鹿
	sai	hó	pà	ah	kâu	káu	tshiūⁿ	lók
八音標法		´	`		^	6=2	–	'
長短音	長音	長音	長音	短音	長音	長音	長音	短音
備註	(1)台語傳統標音2、6同聲調。 (2)第4聲及第8聲為斷音，相當注音符號的入聲。 (3)華語音調標在注音符號拼音之右上角。							

4. 台語聲調之變化

1. 五聲 → 七聲 → 三聲 → 二聲 → 一聲 → 七聲
2. 上下句為入聲(四、八)時：四聲 → 八聲 → 四聲

台灣俚諺語

新解

目次

3 劃

11 劃

13 劃

笑 絶

台灣
俚諺語
新解

實用俚諺語精選千則，
智慧、生活一本滿足！

詼 對

0001 一人一半，感情怀繪散

Tsit-lâng tsit-pùaⁿ, kám-tsîng khah bē sùaⁿ

【暗示】示愛用語。

【註解】情色場所男女勸酒用語。一杯酒，兩人各喝一半，象徵你中有我，我中有你的親密關係。

【例句】前海基會董事長也就是台灣水泥集團董事長辜振甫死後，爆發生前有外遇並生下私生女張怡華的事件。

自稱辜老親密女友的，說辜振甫先後給九千多萬元。因尚有辜老開給她母女的兩張本票各二千萬元未兌現，才公開緋聞，若辜老財產給了她，「一人一半，感情怀繪散」，她也不會爆料。

0002 一人一家戴(事)，公嬤隨人栽

Tsit-lâng tsit-ke tāi, kong-má sûi-lâng tshāi

【暗示】自掃門前雪，不管他人瓦上霜。

【註解】我家的事情，你們管不著，我家的公嬤祖先，也用不著你來祭拜。

【例句】無黨聯盟立委高金素梅，2005年6月18日帶領原住民一行十多人到日本靖國神社，嗆聲要把原住民2000多位的祖靈迎回台灣，他們高聲叫喊「一人一家戴，公嬤隨人栽」，用不著日本人來祭拜他們原住民的祖靈。

日據時代，台灣原住民多人，被日本政府徵往南洋，戰死南洋。日本將這些為日本戰死的高砂義勇軍，與日本軍人奉祀在靖國神社。問題是：高金素梅代表誰去日本迎祖靈回台灣？

0003 一人煩惱一樣，無人煩惱相親像

Tsit-lâng huân-ló tsit-iūⁿ, bô-lâng huân-ló sio-tshin-tshiūⁿ

【暗示】家家有本難唸的經。

【註解】一人煩惱一樣：各人有各人的苦衷。相親像：同樣。

遭遇不同，各有苦衷。

【例句】叔叔和侄兒在果園拔草，一段時間後叔叔停下工作，痴痴的不知
　　　　道在想些什麼，侄兒好奇的問他：
　　　　「叔叔，你在想些什麼事？」
　　　　「我在煩惱。」
　　　　「叔叔，你煩惱些什麼？」侄兒又說：「我們的煩惱是不是一樣
　　　　呢？」
　　　　「告訴你『一人煩惱一樣，無人煩惱相親像』。」叔叔告訴侄兒說：
　　　　「叔叔煩惱無錢，你呢？是不是煩惱還不回家休息？」

0004 一人𣍐比得一人

　　　　Tsit-lâng bē pí-tit tsit-lâng

【暗示】人與人不能對比。

【註解】張三和李四，不能相提並論。

【例句】台灣奧運跆拳道金牌國手朱木炎，在網路「聊天室」與一位名叫
　　　　雪兒的小姐無所不談。因此，暴露他是金牌國手，被一步一步的
　　　　設局敲詐。歹徒並於2005年5月7日凌晨二時，向他家二樓丟磚
　　　　塊，砸破玻璃恐嚇他。
　　　　朱木炎為了散財消災，先後匯款給歹徒110萬元，事經媒體披露，
　　　　警方展開全面緝捕，終於在6月上旬逮到八名歹徒。有人說，如
　　　　果警方能保持緝拿詐騙朱木炎歹徒的效率，台灣治安一定會好很
　　　　多，不過也有人說「一人𣍐比得一人」，羼屌不能比雞腿。

0005 一丈差九尺

　　　　Tsit-tn̄g tsha káu-tshioh

【暗示】落差很大。

【註解】一丈還欠九尺，相差那麼大。

【例句】老榮民章世堅七老八老，才經由婚友社介紹，娶了一位大陸新娘，
　　　　大陸新娘尤小姐進門後即不安於室，經常有人開車載她出去，顯
　　　　然有了外遇。

鄰居汪老太太禁不住好奇問她，章先生和常來載她出去的男子，比較起來怎樣？

「老實說，」大陸妹把嘴巴附在汪老太太耳邊：「他們兩個，一丈差九尺咧。」

0006 一下候，二下候，好好田园咧種土豆

Tsit-ē hāu，Nňg-ē hāu，hó-hó tshân khňg-leh tsìng thô-tāu

【暗示】土豆：花生，又名：落花生。

【註解】一下候，二下候，就是不見機行事，一拖再拖，導致良田因水稻種植期限已過，只好種次要的作物：花生。錯失良機。

【例句】桃園市青年李明仁，年已卅六歲，自十年前認識邱女後，兩人山盟海誓，非卿莫娶，非君莫嫁。好事多磨，李君苦等遠赴美國留學的邱女早日回來同步紅毯。

李明仁「一下候，二下候，好好田园咧種土豆」。邱女於日前回國省親並探視前男友李明仁，還帶了五歲兒子，教他稱呼李明仁：「叔叔，你好！」

0007 一下雷，天下響

Tsit-ē lûi，thian-hā hiáng

【暗示】一炮而紅。

【註解】雷打了一下，全天下都聽到。

【例句】大家都知道「一下雷，天下響」，但許多參加大學指定科目考試的考生，都不知道高師大考場，曾有一聲咳嗽，全班考生都點頭的怪現象。原來在屏東開設「大金榜補習班」的黃太民，請彰化師大王信雄拉線，找來高雄中學時代的同學，做大考的槍手，每人收受40～60萬元不等的槍手費，約定以咳嗽幾聲，代表答案是A、B、C、D、E。一時之間，考場有一聲咳嗽，便有多人點頭表示知道了。

0008 一个半斤，一个八兩

Tsit-ê pùaⁿ-kin，tsit-ê peh-niú

【暗示】台灣度量衡，重量是十錢一兩，十六兩一台斤。一个半斤，一个八兩，等於旗鼓相當，不相上下。

【註解】不相上下，龜不要笑鱉無尾。

【例句】游銅鐘和彭淑萃是「一个半斤，一个八兩」的寶貝夫妻。游銅鐘愛海釣，又愛現，家裡掛滿海釣的成果，親友們都看得目瞪口呆，稱讚他釣了那麼多大魚。

游銅鐘告訴老婆，林縣長和幾位立委要到家裡，看他的海釣照片，叫她把客廳整理一下，準備水果。

林縣長一行人不但受到很熱忱的招待，而且看到的每一張海釣照片都附加說明：「梧棲港海釣」、「布袋港海釣」、「東港海釣」、「蘇澳港海釣」、「南寮港海釣」、「花蓮港海釣」……。

0009 一个剃頭，一个扳耳

Tsit-ê thì-thâu，tsit-ê pian-hīⁿ

【暗示】小題大作。

【註解】剃頭師傅理髮，還要一個助手扳耳朵，讓他能順手理髮。

【例句】屏東縣恆春國中有136位同學，因未按學校規定理髮，校方乾脆找來理髮師，將他們全理成超短小平頭。

這次集體理髮，收費80元，比一般便宜20元，但理起來像狗啃的，學生們都很難過，回家還要請人再修整一次。因此紛紛在網上抱怨，家長也反彈，訓導主任為平息不滿，自己也去把頭髮剪短。

人家「一个剃頭，一个扳耳」，恆春國中一個剃頭，一個現場監督，才惹出風波。

0010 一个姆忙好三尊佛祖

Tsit-ê bó khah-hó saⁿ-tsun hút-tsó

【暗示】賢妻不用多，一個就夠了。

【註解】一個好老婆，會主持家務，幫助事業，教養兒女，比三個神明佛
祖好得多。

【例句】趙士城四十歲了，還過著光棍的日子，他說：
「一個人生活有什麼不好！沒有人管，很自由……」
「你呀！雖然沒娶妻很自由，可是結婚有結婚的好處，」他的老媽
不以爲然的說：「俗語不是說『一个姆忙好三尊佛祖』嗎？」

0011 一个查姆囡仔，允二十四个囝婿

Tsit-ê tsa-bó-gín-á，ín jī-tsáp-sì ê kiáⁿ-sài

【暗示】只有一個女兒，卻答應二十四個男人求親。

【註解】意謂信口雌黃，允諾不可能辦到的事，等於不負責任、言而無信。

【例句】吳坤祥今年大學剛畢業，急著找工作賺錢，有七八家企業來信要
他辦理報到，他又在報紙上忙著尋找待遇更好的廠商，令老人家
很生氣，對他說重話：「你啊！『一个查姆囡仔，允二十四个囝
婿』，光看報紙找高待遇有什麼用，你該先找一家做做看能不能
勝任，人家滿意不滿意才對，履歷表寄那麼多有啥用！」

0012 一个疶尿，換一个疶(滲)屎

Tsit-ê tshūa-jiō，uāⁿ tsit-ê tshūa (siàm)-sái

【暗示】每下愈況。

【註解】疶尿：尿床。疶屎：大便拉在褲子裡。不要尿床的，卻換來拉便
的，一個不如一個。

【例句】台中後車站風化街的林老闆，對於管區李姓警員非常感冒，無法
忍受他那種「桌頂食飯，桌骹放屎」的惡劣行爲，聯名向市警察
局長及市議員檢舉他的惡行，要求把他調走。

市警察局長基於民意壓力，不得不把他調職，可是新調來的蔡警員，操守當然無話可說，一天來巡邏五、六次，讓尋芳客們都不敢上門來，林老闆反而嘆說：「一个疕屎，換一个疕屎！」

0013 一个錢扑二十四个結

Tsit-ê tsîⁿ phah jī-tsàp-sì ê kat

【暗示】吝嗇鬼。

【註解】古時候人們外出，錢都藏在腰帶中，怕被擠出來掉落，便在腰帶中打結，這樣便不會滑落丟掉，以此形容小氣吝嗇的人。

【例句】在創世基金會擔任義工的張天祐，十多年來每個星期日，都默默地做為清寒的植物人擦拭身體、翻身等工作。而中午都是自帶便當，從來沒有人看過他花錢，買過飲料或什麼好吃的東西，義工同事們都笑他「一个錢扑二十四个結」。

這位「一个錢扑二十四个結」的義工，2005年7月中旬，中了樂透頭彩，獎金一億多元，委託富邦銀行董事長林基源，捐助創世基金會2,000萬元，台北市大民育幼院、屏東信望愛育幼院，各200萬元。

0014 一个鍋，煠一粒鴨卵

Tsit-ê ko，sàh tsit-liàp ah-nn̄g

【暗示】不符成本。

【註解】鍋：煮食用具。煠：1.用火炸。2.用清水煮熟，撈起來，再配佐料。一個大鍋子，只煠一個鴨蛋，小題大作，不符成本。

【例句】95年大學指定科目考試，台南考區爆發手機舞弊事件。

陳姓考生被發現用陳進福手機作弊暗通款曲。陳姓考生利用塞在耳朵裡的接收器接聽答案，被監考人員抓到。

這件在2006年7月1日首先被發現的考試作弊案，據偵訊所知槍手代價四十萬元。一般認為「一个鍋，煠一粒鴨卵」不可能，希望警方深入調查，把那些作弊的考生和槍手全部抓起來。

0015 一千賒，呣值八百現

Tsit-tshing sia，m̄-tát peh-pah hiān

【暗示】便宜賣換現金。

【註解】賒：欠款。

要一千元賒給人家，倒不如現金賣他八百元，這樣便不會被倒帳，或「欠錢走主顧」。

【例句】鹿港鎮黃家兩兄弟都同樣在賣茶葉，其中老大主張薄利多銷，老二認為可以掛帳，但價錢應該高些。

黃昏回到家裡，兩人各賣出50包茶葉，老大賣了二萬元，都是現金，老二賣了六千元，其他賒帳一萬九千元。黃父對他們兄弟說：「要記住，做生意『一千賒，呣值八百現』，現金入袋才算賺到手。」

0016 一山不容兩虎

It-san put-iông lióng-hó͘

【暗示】一個勢力區，不容許兩個老大。

【註解】一座山頭只能有一隻老虎盤踞，不容其他的老虎耀武揚威。

【例句】台灣模特兒舞台，一向由蕭薔、田麗把持多年。蕭薔擁有第一美女尊稱，田麗也擁有第一性感之稱。可是2004年冒出一位擁有加拿大雙碩士學位的林志玲，高挑、美麗、風情萬種，尤其謙虛，見人就笑嘻嘻的，立即威脅到那些名模。

名模也是「一山不容兩虎」，明明林志玲並沒和她們比美，也無意將其他人壓下去，可是田麗卻說什麼林志玲的才藝不怎麼樣，蕭薔言談之中也有些酸味，而且顯然的，兩人的眼角都有了魚尾紋了。

0017 一分錢，一點血

Tsit-hun tsîⁿ，tsit-tiám hoeh

【暗示】賺錢很辛苦。

【註解】金錢得來不易，每一分錢都像一滴血那麼珍貴。

【例句】小玉是窮苦人家的孩子，不但勤勉而且節儉，她認爲「一分錢，一點血」，凡事能儉即儉，能省即省，甚至連吃飯也是這種觀念：她在麵攤叫了一碗牛肉麵，對老闆娘說：「麵多一點，牛肉多一點，青菜多一點，還有湯也請多一點。」

老闆娘聽後，問她：「小玉，有什麼要少一點的嗎？」

「有！」小玉說：「錢少一點。」

0018 一孔掠雙隻，一舉兩得

Tsit-khang liàh siang-tsiàh，it-kí lióng-tik

【暗示】孔：洞。

【註解】一個洞捉到兩隻毛蟹，還有更好的嗎？

【例句】新竹縣一位卅多歲的吳姓女子，因丈夫經商失敗，爲了替丈夫償債，被李子根以每月一至二萬元包養。李子根爲減輕負擔，邀好友王貴進共同包養，王貴進與吳婦嘿咻，一次要付李子根五千元，人家「一孔掠雙隻，一舉兩得」，吳婦「一孔飼雙隻」。

王貴進後來覺得每次和吳婦嘿咻要給李子根五千元太貴，僅在旁邊觀看和猥褻，就沒有付錢，但因李子根拍攝他和吳婦做愛過程的V8影片恐嚇他，終鬧到警局去。

0019 一支竹篙，押倒一船載

Tsit-ki tik-ko，ah-tó tsit-tsûn tsài

【暗示】以少害多。

【註解】一支竹竿，打翻了整條船上的人。

【例句】新北市板橋區某家鵝肉店老闆在2005年6月30日中午，遺失兩支價值萬餘元的手機，他懷疑是路過的新埔國小棒球隊員偷走的，因此找吳教練理論。

吳教練認爲手機放在冰庫上面，小朋友們沒那麼高，伸手也碰不到，何況又看不到，但是鵝肉店老闆「一支竹篙，押倒一船載」，

堅持手機是2004年，曾代表台灣參加亞太地區，少棒錦標賽的棒球隊隊員偷的，吳教練無奈之下只得帶15位隊員到鵝肉店讓他搜書包，結果也沒發現手機。

0020 一支草，一點露

Tsit-ki tsháu，tsit-tiám lō͘

【暗示】機會均等，天無絕人之路。

【註解】每一支草都能分到維持生命的露水，所以人不可妄自菲薄。

【例句】江偉君是位富家女，又是美麗的女孩，十七歲便被送往日本留學，後轉往美國名校就讀，前途似錦。卻不幸發生車禍失去雙腿，人生掉入黑暗的深淵，但是江偉君經過絕望掙扎後，終於勇敢的面對人生。

江偉君將她與命運搏鬥的過程寫成《輪椅上的公主》，鼓勵殘障人士勇敢面對人生，因為「一支草，一點露」，天無絕人之路。

她曾任全球最大資訊教育機構：美商新領域資訊台灣區英語事業部總監。

0021 一支草枝，也會經倒人

Tsit-ki tsháu-ki，iảh ē keⁿ-tó lâng

【暗示】壓倒駱駝的最後一根稻草。

【註解】不要小看一根小小的稻草，也會讓人絆倒。

【例句】法院已經判決王珊宇與石來明離婚。

王珊宇這次是第二次向法院提出離婚。第一次她把老石的叫床錄音當做證據，控告他有外遇，請求離婚。可是老石辯說他與老婆嘿咻高潮時所叫出的名字，是他國中時代女友的名字，因那女孩大學畢業後便到美國了，所以他念念不忘。

這次法院是以王珊宇提出的汽車旅館收據，證明老石有外遇判准離婚，真的是「一支草枝，也會經倒人」。

0022 一支喙，親像破雞筅

Tsit-ki tshùi，tshin-tshiūⁿ phùa ke-tshíng

【暗示】饞嘴或多言。

【註解】一支喙：一張嘴巴。雞筅：雞毛撢子。
嘴巴沒完沒了，停不下來。

【例句】王雅芬把趙慧琴拉到一邊，低聲說：
「我告訴妳一個祕密，妳不要告訴周美崙，她『一支喙，親像破雞
筅』，她要是知道了，整個區公所的同事也都會知道。」
「我不會告訴她，是什麼祕密快說吧！」
「我聽說黃婷玉和蕭課長星期六到汽車旅館過夜了。」

0023 一支喙，親像雞母尻川

Tsit-ki tshùi，tshin-tshiūⁿ ke-bó kha-tshng

【暗示】狗嘴巴長不出象牙。

【註解】一支喙：一張嘴巴。尻川：屁股，肛門。
一張嘴巴像母雞的屁眼，排放出來的都是糞屎。

【例句】國民黨發言人鄭麗文，親民黨立委李永萍，本來都是民進黨悍將，
鄭為國代，李為婦女部副主任，兩位先後離開民進黨，並以批評
民進黨為樂事。
她們連陳水扁總統兒子陳致中，和黃百祿先生女兒黃睿靚訂婚、
結婚，也批評得一無是處，甚至包括禮服、喜宴音樂，都沒有一
句好話，因此有人說：「鄭麗文、李永萍『一支喙，親像雞母尻
川』。」

0024 一支喙怙密米篩

Tsit-ki tshùi khah-bát bí-thai

【暗示】長舌婦。

【註解】米篩：過濾米粒大小的用具。

嘴巴愛說話，像米篩篩選米粒那樣滴個不停。

【例句】劉校長和李老師的緋聞，傳到遠在屏東市的劉校長老婆王老師那裡，是同事們「一支喙怙密米篩」傳出去的。

首先發現劉校長和李老師，去汽車旅館開房間的，是體育老師林新漢，他偷偷的告訴邱主任，並要她不可以講出去。邱主任也叮嚀其他同事千萬別講出去，卻「一喙傳一舌」，很快傳到劉校長屏東老家，他老婆才北上興師問罪。

0025 一斤十六兩

Tsit kin tsåp-låk níu

【暗示】本來就這樣，沒什麼。

【註解】台灣度量衡，一兩十錢，一斤十六兩。

【例句】已經七十高齡的老婦人鄭林愛珠，仍然在台南市擺攤賣水果、竹筍，遭一名中年婦人連騙帶搶7000元，在現場痛哭。德高派出所員警徐正泰、徐東震、鍾茂川和蔡正忠，了解她的悲慘遭遇後，把她攤上的荔枝「一斤十六兩」，以四斤2000元買下來，減少她遭騙的損失。

0026 一斤穿唔值四兩蓋

Tsit-kin tshīng m̄-tåt sì-niú kah

【暗示】安身不如安居。

【註解】要穿華貴的衣服，倒不如有一條能暖身的棉被。

【例句】王家同衣著喜歡穿名牌服飾，外出雖然有看頭，但家居生活卻很簡陋。王父難得到他的家小住兩天，發現到他兒子愛虛榮的毛病，臨走前特別叮嚀他說：「家同，有件事我不得不告訴你，做人要實際，『一斤穿唔值四兩蓋』，你不要只照顧自己一身，而不關心全家人啊！」

0027 一日三市

It-jit sam-tshī

【暗示】行情起落變化無常。

【註解】一天有三種價格，也就是起伏不定。

【例句】中華收藏家協會負責人張建富，策劃價值20萬美金的「畫琺瑯大吉葫蘆瓶式風扇」，和價值40萬美金的「銅鍍金少年頂花籃長方樂箱跑人鐘」到台灣展出，但卻於航運途中受損。

新北市地方法院2005年2月22日判決，認為主辦單位託運時，未依報價單約定，判航運公司以每一公斤古董賠償原告一百元。

藝術雖然無價，但不乏收藏者搶購，造成「一日三市」比比皆是，但以論斤秤兩，每公斤一百元，全世界可能是絕無僅有的妙事。

0028 一日三笑，唔免食藥

It-jit sam-tshiò，m̄-bián tsiah-ioh

【暗示】多笑養生。

【註解】三笑：每天大笑三次。免食藥：身體健康不必吃藥。

【例句】我每一次看到彌勒佛阿俊伯，都會想到他養生的那句常言：「一日三笑，唔免食藥。」

可是現實生活的壓力這麼重，想要笑一次都笑不出來，何況還要三笑？

0029 一日拋魚，三日曝網

Tsit-jit pha-hî，saⁿ-jit phak-bāng

【暗示】一曝十寒。

【註解】拋魚：張網捕魚。曝網：曬漁網。

工作不穩定，賺一天休息三天。

【例句】蕭信東跑去找莊秀雄借生活費。

「沒錢吃飯？」莊秀雄聽他說要借生活費後，問他：「你不是在高

鐵工務處當臨時工，怎麼沒有錢？」

「高鐵那是散工不是臨時工，有工作才會叫我去，」蕭信東向老友說：「那種散工『一日拋魚，三日曝網』，有一天沒一天。」

0030 一日剃頭，三日緣投(嫣頭)

Tsit-jit thì-thâu，saⁿ-jit ian-tâu (thâu)

【暗示】緣頭：帥氣。

【註解】理一次頭，修飾一下門面，可有三日的漂亮面貌，容光煥發給人好印象。

【例句】教育部長杜正勝，迫於2005年7月19日「千人反對髮禁」大遊行，宣佈全面廢止中小學生髮禁，讓學生今後要留什麼樣的頭髮，各校都不得擅自規定、要求或處罰。

　　但是家長們多數仍有「一日剃頭，三日緣投」的認知，還是希望學校管一管學生的頭髮。

0031 一日食三頓，一暝餓到光

Tsit-jit tsiàh saⁿ-tǹg，tsit-mê gō kàu(kah) kng

【暗示】生活不正常，開支無計劃。

【註解】生活飲食不正常，有錢時一天吃好幾頓飯，沒有錢只好餓著肚子。

【例句】謝有全和吳明福這兩位同學，同時考上建國大學。謝有全說要在校外租屋，但是吳媽媽不准吳明福住在外面。吳明福便請謝媽媽到他家裡遊說，讓他媽媽同意他在外面賃屋。

　　「謝太太，我並不是不知道，孩子住在外面，我們做媽媽的會省了許多事。」吳母對謝母說：「但是男孩子，一個人住外面難免『一日食三頓，一暝餓到光』，明福不能過這種不正常的生活。」

0032 一日無事小真(神)仙

It-ji̍t bô-sū sió-tsin (sîn)-sian

【暗示】悠閒自在。

【註解】只要能一天沒有事做，便能過神仙般悠閒自在的生活。

【例句】前教育部次長林昭賢說，他退休後沒有什麼生涯規劃，只要「一日無事小真仙」，睡到自然醒，就很快樂了。

林次長自官場退下來，又沒有其他工作，自然能享受到這種「一日無事小真仙」的日子，可是當他涉及景文技術學院校地變更的弊案後，就造成他精神上有很大壓力。

0033 一日燒、二日清、三日叫獪應

Tsit-ji̍t sio、nn̄g-ji̍t tshing、saⁿ-ji̍t kiò bē-ìn

【暗示】日久露出馬腳。

【註解】這是形容新娘子嫁入婆家後的生活百態。剛來的時候，嬌滴滴又很勤快，接著便比較冷漠，日子久了就懶惰，終於原形畢露。

【例句】富家女江淑容要招婿入贅前，對於柯俊海的為人處世、工作態度，再三的打聽和調查，所得到的訊息讓她父母非常滿意，認為女兒有了託付，家產事業後繼有人。

一段日子過去後，朋友向江老夫婦問起女婿如何？江老太太嘆了口氣說：「還是跟新娘子一樣，『一日燒、二日清、三日叫獪應』。」

0034 一日閹九豬，九日無豬閹

Tsit-ji̍t iam káu-ti，káu-ji̍t bô-ti iam

【暗示】工作青黃不接，生活不穩定。

【註解】閹：指去勢。昔日有閹豬、閹牛的職業。

有時候閹豬的工作多得忙不完；有時候好多天也沒有人叫閹豬。

【例句】有人說政府為了總統大選買票，發明「擴大就業方案」，由各機關提供工作機會，做那些本來已有人執掌的工作，支付勞基法規定

最低工資。

有人問老張，參加擴大就業方案與當臨時工的待遇優劣？

「當然是臨時工工錢比較多。」老張說：「可是臨時工『一日閣九豬，九日無豬閣』，不穩定。」

0035 一爿腹肚，一爿尻脊

Tsit-pîng pak-tó，tsit-pîng kha-tsiah

【暗示】難分軒輊。

【註解】肚皮和背脊是一體之兩面，與手背、手心一樣。

【例句】在台中大肚山草叢中，發現一個「一爿腹肚，一爿尻脊」的外籍新娘，是被夫家禁食，餓得奄奄一息，載出來丟在那裡。

發現這位被丟棄的外籍新娘的王坤祥先生說，他到果園聽到有輕微的呻吟聲，又圍著幾隻野狗，走近去探視，才發現這位被虐待的外籍新娘。

0036 一世人抾角

Tsit-sì lâng khioh-kak

【暗示】沒用的人。

【註解】一輩子不會有所成就的人，窩囊廢一個。

【例句】老婆對半夜醉醺醺回家的老公厲聲的罵道：「你這個人『一世人抾角』啦！現在幾點了！怎麼喝了半醉才回來！」

「都是妳害我的！」這位被老婆認為抾角的老公說：「妳把我的錢拿走了一半，我才不能全醉回來。」

0037 一世人親像做人客

Tsit-sì lâng tshin-tshiūⁿ tsò lâng-kheh

【暗示】為人謙虛客氣，或工作不積極。

【註解】一世人：一輩子。做人客：做客人。

一輩子做事情，都像做客人那麼客氣，恐怕難有大成就。

【例句】媳婦分娩，兒子要母親北上，幫忙照顧兩個孫子。

「我哪裡有時間，你姐兩個孩子都住在這裡，怎麼能到你那兒去？」

「媽，姐的兒子都讀國小國中了，請爸爸照顧就好了。」

「什麼？你爸照顧？」母親在電話那頭說：「你也不是不知道，你爸『一世人親像做人客』，靠他煮飯給他們吃，他們不餓死才怪！」

0038 一代勢，一代癲，一代燒酒仙

Tsit-tāi gâu，tsit-tāi tian，tsit-tāi sio-tsiú-sian

【暗示】一代不如一代。

【註解】家世每況愈下，由顯赫到落魄酒鬼。

【例句】老爸把女兒叫來個別談話，也要解釋為什麼反對她和相戀多年的李姓男友結婚。

「我知道周義明目前是不會喝酒，可是我打聽到的消息，從他的祖父、父親、伯父和叔叔，個個都愛好杯中物，」父語重心長的說：「這種『一代勢，一代癲，一代燒酒仙』的後代，很容易受遺傳或環境的影響，變成酒鬼。」

0039 一代矮姆，三代出矮股

Tsit-tāi é-bó，saⁿ-tāi tshut é-kó

【暗示】基因遺傳，自然的結果。

【註解】矮股：形容身材短小。

喻遺傳基因。上代的人娶了矮小的娘子，下一代的子孫，也大都身材矮小。

【例句】身高180公分的帥哥，帶回來一位身高150公分的辣妹，對老人家說他們已經交往八年多了，只要老人家同意，便要到女方家求婚。

「程小姐長得滿漂亮的，可是漂亮並非選擇對象唯一的條件，」父

親對帥哥兒子說：「有句話說『一代矮姆，三代出矮股』，不妨多考慮一下。」

0040 一句來，一句去

Tsit-kù lâi，tsit-kù khì

【暗示】頂嘴。

【註解】兩人相罵，你一句，我一句，誰也不認輸。

【例句】刑事庭法官對於被告和原告兩人，在法庭上「一句來，一句去」吵鬧不休，又不聽法警的制止，拍驚堂木咆哮起來：「法庭請保持肅靜！你們兩人再吵，我就把你們都趕出去！」

0041 一句唔知，百句無戴(事)

Tsit-kù m̄-tsai，pah-kù bô-tāi

【暗示】多做多錯。

【註解】敷衍一下，什麼事都沒有。

【例句】內政部表揚服務優秀的村里長，光明里張榮桂里長也是受表揚者之一，令大家感到啼笑皆非。

張里長雖然當了二十多年的里長，沒有什麼建樹，但里民和睦相處，卻是里內一大特色，不像其他里的里民糾紛不斷，里長有時候光排難解紛便忙昏了頭。

光明里之所以會這麼和平，張里長表示，當里民來投訴時，他都說：「『一句唔知，百句無戴』，來來泡茶……」

0042 一句著著，兩句臭饐

Tsit-kù tiȯh-tiȯh，nn̄g-kù tshàu-siȯh

【暗示】一言不中，其他都是廢話。

【註解】著著：重複加強語氣。臭饐：食物放置久了，產生的酸臭味道。

說話要言之有物，說對了只要一句話就夠了，多的話反而令人感

到囉嗦。

【例句】女兒離家出走前，偷偷的告訴阿嬤，因為受不了媽媽的叨念，到
同學家住幾天。害得找不到女兒的媽媽，天天一把眼淚、一把鼻
涕，連飯都吃不下去。

「素琴啊！子女有錯當然要教育、要糾正，」阿嬤忍不住提醒道：
「但要知道『一句著著，兩句臭饌』，一次的錯誤，不要老是重複
提起。」

0043 一句話，三斤六重

Tsit-kù ūe，saⁿ-kin-la̍k tāng

【暗示】講話有分量。

【註解】一句話會改變一個人的一生，那是多麼有分量的話，所以有人說：
「一句話，三斤六重。」受重視之情形，可見一斑。

【例句】「人生畢業，戴勝通禮讚父親」

這是《自由時報》2005年6月26日「生活綜合版」的標題。

戴勝通是位事業有成的中小企業協會理事長，他和弟弟戴勝益、
戴勝堂……等，將為其82歲往生的父親戴芳，在台北殯儀館舉辦
別開生面的「畢業典禮」。六兄弟姐妹共同為父親人生畢業，製作
「戴芳畢業紀念冊」，紀念父親完成人生使命。

戴芳生前叮嚀戴勝通兄弟，「領導無他，榜樣而已」，「一句話，
三斤六重」，成為戴氏兄妹座右銘。

0044 一白蔭九婿

Tsit-pe̍h ìm káu-súi

【暗示】只要皮膚白皙，讓人感覺到怎麼看都漂亮。

【註解】一白遮九醜。

【例句】社會輿論有一趨勢，要求行政院衛生署，制定法規對於不實的廣
告，以及不實廣告的代言人，給予懲罰。

不實廣告欺騙消費者的案例中，美容用品最多，什麼「一白蔭九

婿」……諸如此類的廣告很誇張，讓許多愛美女性受騙上當。

0045 一名透京城

Tsit-miâ thàu kiaⁿ-siâⁿ

【暗示】揚名立萬。

【註解】京城：首都，大都市。

一炮而紅，盡人皆知。

【例句】奧運跆拳道金牌國手朱木炎，參加奧運替台灣爭取到跆拳道金牌，已經是「一名透京城」，現在他又因在網路聊天室聊天被鎖定，以致家裡遭歹徒丟磚頭恐嚇，被敲詐一百多萬元，再度成為媒體的焦點。

朱木炎被敲詐匯出110萬元，還不能息事寧人，家裡又被歹徒丟磚塊，砸壞樓上玻璃窗，雖然恐嚇詐騙集團成員陳一帆、黃德霖、林賢忠……等人被捕，但朱木炎說：「任何傷害，都沒有報導大。」

0046 一字唔訓(不捌)一劃

Tsit-jī m̄-bat tsit-ueh

【暗示】不識一字。

【註解】不識字的老粗，連一劃是一字也不懂。

【例句】彰化縣秀水鄉婦人梁陳玉，2005年6月16日，第50次參加機車駕駛執照考試，皇天不負苦心人，終於順利拿到駕照。

梁陳玉現年六十六歲，她之所以連考49次都拿不到駕照的原因，是她「一字唔訓一劃」，無法通過筆試，彰化監理站長游明傳被她的毅力感動，同意由主考官口述題目，她拿著鉛筆作答。以92.5分的成績過關後，她當場喜極而泣，說往後帶孫子看病，遇到警察便不會怕了。

0047 一年三百六十五日，逐日攏過年

Tsit-nî saⁿ-pah la̍k-tsa̍p-gō jit，ta̍k-jit lóng kùe-nî

【暗示】天天都開心、快樂。

【註解】一年到頭，心情都很愉快，彷彿天天開心過年，也就是所謂的「天天星期天」。

【例句】社區大學聘請胡教授來給銀髮族學員專題演講，他說：「時代變了，年輕人就業的觀念，不像我們這一代，找到一個工作都會很珍惜，戰戰兢兢的，全力以赴。現代的年輕人，找工作什麼『錢多、事少、離家近，天天睡到自然醒』，好像『一年三百六十五日，逐日攏過年』，這樣的人生，當然我也很喜歡……。」

0048 一年動刀兵，三年獪太平

Tsit-nî tāng to-ping，saⁿ-nî bē thài-pîng

【暗示】應化干戈為玉帛。

【註解】國家打仗一年的損失，是國民辛苦忙碌三年還彌補不過來的。

【例句】台灣漁船到釣魚臺海域捕魚，被日本海上巡邏隊扣押，引起台日之間關係緊張。前立法院長王金平甚至坐「濟陽級艦」到海上宣示主權，做秀競選國民黨主席。當時參與競選主席的台北市長馬英九甚至說：「為了捕魚權，應該『不惜一戰』。」

為政者，實在應該少說，甚至絕口不提「戰事」這兩個字，要知道「一年動刀兵，三年獪太平」。

0049 一年徙栽，三年待黃

Tsit-nî súa-tsai，saⁿ-nî thāi-n̂g

【暗示】見異思遷，難有成就。

【註解】徙栽：植物移植。待黃：植物移植階段會枯黃失去元氣。

【例句】周明祥回老家向哥哥借卡車，他哥問他用卡車做什麼？

「搬家。」周明祥答。

「又要搬家？」他哥說：「你怎麼老是搬家？難道不知道『一年徙栽，三年待黃』的道理嗎？」

「哪有辦法，左右鄰居都是黑社會人物，住得很不自在。」周明祥說。

0050 一百句，五十雙

Tsit-pah kù，gō-tsàp siang

【暗示】翻來覆去講的都是那些話，聽不聽由你。

【註解】不必講那麼多，就是這樣。

【例句】法庭上，被告律師一再詰問原告證人：「你說你真的看到被告先拿刀子，砍殺原告？」「沒錯！我看到被告先拿出刀子，砍殺原告！」

「你剛才說他們打架的地方，距離你有一百公尺，那麼遠你看得清楚嗎？你到底能看多遠？」「律師，你不要再問了，『一百句，五十雙』，我說看到就是看到了，」證人對律師說：「我能看多遠？告訴你我從這裡能看到101金融大樓！」

0051 一百句作一句講

Tsit-pah kù tsò tsit-kù kóng

【暗示】說了那麼多話，聽不進去也是白講，總而言之，一百句話當作一句話來講。

【註解】總而言之。

【例句】妹妹音樂系畢業後，只教了一年國中音樂課，便要求父母讓她到維也納深造。父母不同意，他們只有她這個女兒，捨不得她離開自己身邊到歐洲去，且家裡也實在沒有這筆錢讓她進修。妹妹一再苦求母親完成她出國深造的心願，母親被纏到很煩，便對她說：「告訴妳，『一百句作一句講』，不行就是不行！」

0052 一耳聽一耳過

　　Tsit-hīⁿ thiaⁿ tsit-hiⁿ kùe

【暗示】馬耳東風。

【註解】對於別人的話相應不理。

【例句】台北市萬華分局，2005年4月18日擺放20多斤香蕉，讓員警大吃特吃。這些香蕉是偵察員葉文光向賣香蕉小販鍾木圳買的，鍾木圳母親鍾徐血死後，鍾木圳便到台北台汽站前賣香蕉。

　　　　老人家留下一千萬元定存單及房子價值二千萬元，鍾木圳四十年不見的妹妹鍾阿梅突然出現，要求辦理遺產繼承。葉文光四處找鍾終於在台汽站前找到，但他「一耳聽一耳過」，只說：「我不管！」硬是不回去，葉文光終於想到向他買香蕉，請他送到警局的方法，誘騙他辦理繼承手續，保護他的財產。

0053 一更報喜，一更報死

　　Tsit-keⁿ pò hí，tsit-keⁿ pò sí

【暗示】人生無常，禍福瞬息萬變。

【註解】博賒人生，億來億去，輸贏不一定。

【例句】蘇進昌與朋友幾個人，參加到美國拉斯維加斯的旅行團，目的很簡單，是要到賭城大賭特賭一番。

　　　　昨天晚上，蘇的老婆接到同行的呂東明的電話說：「蘇進昌手氣奇佳，贏了二十多萬美金。」令她整個晚上高興得睡不著覺。

　　　　沒想到「一更報喜，一更報死」。蘇太太還在高興中，之後同團的蕭明達打回電話說，蘇進昌不但把贏來的錢統統輸光了，還把帶出去的卅多萬元也輸光了。

0054 一男一女一枝花，諹男諹女受拖磨

　　It-lâm it-lú it-ki-hua，tsē-lâm tsē-lú siū thua-bûa

【暗示】多子多拖磨。

【註解】一男一女兩個恰恰好，像一朵花那樣可愛，如果子女多了，父母反而受到折磨、受苦。

【例句】1960年代，台灣卯勁全力推動「一個不嫌少，兩個恰恰好」的家庭計劃，當時雖然沒有「一男一女一枝花，誅男誅女受拖磨」那麼文藝的文宣，卻也讓全國民眾認知節育的重要性。

政府推行家庭計劃，到2000年已經發生生育率偏低的嚴重問題，人口負成長，導致政府又在研擬提供鼓勵生育的多種方案。

0055 一言不中，千言無用

It-giân put-tiòng，tshian-giân bû-iōng

【暗示】話不在多，只要能講出道理，一句就夠了，否則再多的話也沒用。

【註解】多說無用。

【例句】觀光客剛下了飛機，北京的皮條客立即把他拉到旁邊，神祕兮兮的說：「好消息！我有位北大的學生，而且是處女。」

觀光客搖搖頭，拉皮條的又說有位十六歲的處女什麼的⋯⋯一大堆誘人的詞句，可是不管他怎麼形容，都是「一言不中，千言無用」，仍然無法打動觀光客的心。

「那麼你要什麼樣的？男的？⋯⋯」

「我要英國大使？」

「英國大使？」皮條客皺了皺眉頭：「這實在有點困難，不過我安排看看。」

0056 一兩汩四兩福

Tsit-niú nūa sì-niú hok

【暗示】美言的幫助。

【註解】這句諺語有兩種解釋：

1.是指人的口水有潤滑作用，以及可助消化，消滅口中細菌等功能。2.有長者師友要給你提供建言、忠告，雖然也許只有幾句而已，也是無限的福氣。

【例句】姐姐雖然大學快畢業了，可是暑假回來，除了講電話、看電視、玩電腦外，沒有做過一件家事，媽媽不覺得怎麼樣，可是二伯母實在看不下去，跑過來數落她的不是。

姐姐覺得二伯母太過分，她又不是他們的孩子，憑什麼管她？阿嬤終於開口說：「阿梅啊！『一兩汧四兩福』，伯母說妳的不是，要感謝她才對呀！」

0057 一命賠一命

Tsit-miā pûe tsit-miā

【暗示】刑法殺人者償命，抵命報復比懲戒更濃厚。

【註解】人雖然有貧富之分，但每個人的生命價值同等，殺人就同樣賠一條命。

【例句】台北市大觀國小一年級鄭姓老師，因吳姓學生作業屢次不交，處罰他兔跳一百次，引起家長不滿，雙方在校長梁坤明、督學歐人豪等人見證下，達成七點協議，引起爭議的是第七條：非教學部分由教師及家長另外達成協議。

這條爭議宛如「一命賠一命」，是老師說兔跳也沒什麼時，家長說那妳來跳，因為老師懷孕，就由讀幼稚園的女兒替母親償命那樣代跳了一百下，引起社會譁然。

0058 一府，二鹿，三艋舺

It Hú，jī Lȯk，saⁿ Báng-kah

【暗示】老地方。

【註解】這是形容清朝時代的台灣繁榮景象之一，一府是台南府城、二鹿是彰化鹿港、三艋舺即現在台北的萬華區。

【例句】教育部為了推行鄉土語言教學，招考鄉土語言支援教師考試，其中有一題：「何謂『一府，二鹿，三艋舺』？」

漢學家顏老師說：「如果連這一題都不懂的人，實在不好意思教鄉土語言了。」

0059 一物降一物

It-bùt hâng it-bùt

【暗示】自然界相生相剋之道，凶殘猛惡的動物，也都有牠的天敵。

【註解】相生相剋的現象。

【例句】老師問學生：「什麼叫一物降一物？」

「老師，『一物降一物』是鐵釘怕鐵槌，蟑螂怕拖鞋。」

0060 一返一，二返二

Tsit (it) huân tsit (it)，Nñg (jī) huân nñg (jī)

【暗示】涇渭分明。

【註解】一就是一，二就是二，清楚得很。

【例句】中國「重慶師範大學學生違紀管理規定」，「學生一旦遭發現當三陪、當二奶、當二爺、搞一夜情的將開除學籍」，立即在學生中引起軒然大波。

重慶師大張老師說以上這些行為「有損大學生形象，有損社會公德」，規定清楚，「一返一，二返二」，不要犯錯，就不會被退學。可是學生質疑校方要用什麼尺度，界定三陪和一夜情？

0061 一食二穿三看茨頂

It tsiah jī tshīng saⁿ khùaⁿ tshù-tíng

【暗示】先求溫飽，再考慮到是否買房子。

【註解】人生不能好高鶩遠，要按部就班，先求溫飽，再求衣飾，有餘力再買房子。

【例句】許敦仁畢業後，幸運的找到保險公司業務員的工作，看到同事們都用車子代步上班，只有他騎機車，他便向老人家要錢買車子。

「買車子？急什麼！又不是會缺貨！」許父告誡他說：「你要知道『一食二穿三看茨頂』，這麼急著買車子幹麼？」

0062 一兼二顧，摸蜊仔兼洗褲

It kiam jī kò，bong lâ-á kiam sé khò

【暗示】左右兼顧。

【註解】做這個，兼做那個，像到水溝摸蛤蜊，順便洗內褲。

【例句】2003年12月，新莊市爲了一隻公雞，淨空豐年街。這件鄰居因養
雞發生的訴訟糾紛，反而人人拍手叫好。原來是豐年街上賣豆漿
的吳老闆，爲了「一兼二顧，摸蜊仔兼洗褲」，在店門口養了一隻
公雞，公雞每晚12點便開始打鳴到天亮，吵得鄰居李小姐睡不著
覺，與吳老闆理論。另一賣蚵仔煎的攤販也加入戰局，接下來從
市民代表、縣議員、市長、警察局長，雙方一路告到法院，一隻
雞打鳴搞成侵佔路權，妨害交通，最後警方施展鐵腕，將所有侵
佔路權的攤販全部移送法辦，才淨空了豐年街。

0063 一家一業

Tsit-ke tsit-giạp

【暗示】各有家庭。

【註解】一個家庭，就像一個事業在經營。

【例句】王課長和呂秀卿，本來就是「一家一業」，王課長有妻室，呂秀卿
有老公，兩人卻三不五時找機會幽會。
這天兩人正在辦他們愛辦的事，突然電話響起來，呂秀卿拿起聽
筒，認出是她老公的聲音，就很甜美的叫著老公。害王課長嚇得
趕緊穿起褲子要跑，沒想到呂秀卿拉住他不讓他走。她說：「你
放心啦！我老公說在開會，晚一點才會回來。」

0064 一拳打天下

It-kûn táⁿ thian-hā

【暗示】一技在手，行遍天下。

【註解】練就拳術，以拳頭到處行俠仗義。

【例句】人家是「一拳打天下」，跆拳道選手朱木炎也一跕聞名天下，為台灣在2004年奧運會中爭取到一面金牌，讓台灣揚名國際。

這位跆拳道國手，因好玩在網路聊天室認識一位未曾見面的小姐，後來被設局勒索金錢，被騙去一百多萬元，始才報案抓到歹徒。

0065 一時風，攑(夯)一時旗

Tsit sî hong，giâ tsit-sî kî

【暗示】見風轉舵。

【註解】視環境變化，才能適應生存。

【例句】自從中國國民黨主席連戰於2005年4月底，到中國大陸作「破冰之旅」後，無端升起一片中國熱。

台中修平技術學院人員，甚至為了討好中國山東理工大學來校參觀訪問的副校長杜瑞成等人，把禮堂上的國旗、國父遺像拆除。

教育部對於修平技術學院，在2005年6月12日拆除國旗之事至為震怒，取消對該校的三千萬元補助金，這給予那些「一時風，攑一時旗」的騎牆者，無疑是當頭一棒。

0066 一時風駛一時船

Tsit-sî hong sái tsit-sî tsûn

【暗示】見風轉舵。

【註解】船航行時，依據風向以及風力強弱，調整讓船順利前進。

【例句】周明新以前在國民黨陳立委辦公室當主任，昨天他告訴我現在在民進黨林立委辦公室當主任。

我問他陳立委是道道地地的統派立委，林立委是完完全全的獨派立委，怎能適應得來？

「沒辦法嘛！」他雙手一攤的說：「只好『一時風駛一時船』嘛。」

0067 一晃過三咚，三晃換四塊棺柴枋

Tsit huáⁿ kùe saⁿ-tang，Saⁿ huáⁿ uāⁿ sì-tè kuaⁿ-tshâ-pang

【暗示】日月流逝，歲月無情。

【註解】咚：年。四塊棺柴枋：一口棺木。

時間過得真快，好像不久前的事，已經過了三年，也覺得是三年前的事，人已經年老得可以就木了。

【例句】社頭鄉社頭國小民國四十二年畢業生，自從七十五年開過一次同學會後，「一晃過三咚，三晃換四塊棺柴枋」；第二次同學會參加的減少了四分之一，同學們也都白髮蒼蒼、老態龍鍾了。

班長蕭泰安說：「人家形容『培墓，一年比一年少人』。我們同學會以後要兩年開一次，像這樣『一晃過三咚』，再這麼久才開會，可能找不到同學來開會了。」

0068 一姆無人知，兩姆相卸戴

Tsit-bó bô-lâng tsai，nn̄g-bó sio-sià-tāi

【暗示】除非己莫為。

【註解】一個老婆，夫唱婦隨，安安靜靜，默默的過日子。如果娶了大房、二房兩個老婆，光為了爭寵就會鬥得雞犬不寧，盡人皆知。

【例句】張董跟李祕書本來是逢場作戲，想不到李祕書有了孩子，堅持不墮胎，只好假戲真做，娶進門來。

俗語說「一姆無人知，兩姆相卸戴」，原本平安無事的張家，自從娶李祕書進門後，兩個老婆常常演出爭風吃醋的戲碼，樂得整個社區居民經常有她們打架的好戲可看。

0069 一隻牛起兩領皮

Tsit-tsiàh gû khí nn̄g-niá phûe

【暗示】同樣一件事，被要求雙重付出，也就是被殘酷剝削。

【註解】雙重剝削。

【例句】十四歲的孫姓國中生與板橋網友相約，廿四歲的女網友非常熱絡的招待他，請吃、請喝，還買禮物送他，最後還帶他到賓館。孫姓學生在女網友不斷愛撫挑逗下，竟先後和她發生三次性關係。孫同學拖著疲倦不堪的身體回家，孫母覺得情形有異，追問之下才知道兒子被剝光，不禁破口大罵道：「真夭壽，『一隻牛起兩領皮』已經很過分了，一个囝仔栽叫其辦三擺，有夠夭壽。」

0070 一隻蝨母謗伅(謗到)水牛大

Tsit-tsiah sat-bó pòng kàu/kah tsúi-gû tūa

【暗示】謠言惑眾，以訛傳訛。

【註解】一隻小蟲，吹牛形容到有水牛那麼大。

【例句】報紙報導彰化縣大城鄉漁民黃有健出海捕魚，無意中捕到一隻大海龜，體重二百多斤，各地民眾紛紛到大城鄉，看這隻被報紙形容為全世界最大的海龜。

「新聞記者，有較膨風，」林老師專程到大城鄉參觀回來後說：「那隻海龜雖然很大，但絕對不會超過一百斤，『一隻蝨母謗伅水牛大』，什麼世界最大的，胡說！」

0071 一馬掛雙鞍

It-má kùa siang-ua^n

【暗示】一女兩夫。

【註解】一隻馬只能掛一個馬鞍，竟然有一隻馬掛兩個鞍。

【例句】屏東縣東港的邱姓農民，到越南為患輕度智障的兒子娶回新娘。無奈他兒子對於嘿咻那件事興趣缺缺。鰥寡的邱姓農夫，一方面怕無水留不住魚，又看著年輕貌美的媳婦，獨守閨房委實可惜，便義不容辭替代兒子辦那種事。

這個「一馬掛雙鞍」的越南新娘，終於為邱家生了一個寶貝嬰兒，是孫是子，沒人敢下定論。

0072 一條腸子愓(通)尻川

Tsit-tiâu tn̂g-á thàng kha-tshng

【暗示】心直口快。

【註解】有話直說，不含糊，也不怕得罪了人。

【例句】首先看到劉校長和李老師，到汽車旅館開房間的林新漢老師，被劉校長的老婆王老師，指定爲李老師妨害家庭的證人。

同事們都說林新漢老師「一條腸子愓尻川」，一定會把他看到的和盤說出來，也許會導致劉校長和王老師離婚。

0073 一理通，萬理徹

It-lí thong，bān-lí thiat

【暗示】融會貫通。

【註解】基本道理瞭解後，其他的竅門都會知道了。

【例句】余鎮明向地下錢莊借十萬元，每天利息一千元，讓他受不了而想賴債，可是地下錢莊不是這麼好騙的，每天叫人到余家要錢，不但對著牆壁噴「借錢不還」，甚至大隊人馬包圍余家，用麥克風大聲喊話討債。

余鎮明跑去向里長求救，黃里長雙手攤開對他說：「錢的事我幫不上忙，但借錢還錢，有借有還，『一理通，萬理徹』，還錢便沒事啦。」

0074 一粒田螺九碗湯

Tsit-liáp tshân-lê káu-uáⁿ thng

【暗示】作法不實。

田螺：圓椎形軟體動物，產在水田裡，卵胎生，炒、煮均可。

【註解】一粒田螺煮九碗湯，以小報多，不誠實。

【例句】我們幾位老同事，相約到埔里探訪臥病在床的老校長，剛好碰到住在埔里的師專時代的同學邱日煌，他很誠懇的要我們到他家去吃午餐，我婉謝他的好意。同事們都感到，我這樣有拂逆同學的

意思，我偷偷的告訴他們：「我這位同學請客，每次都是『一粒田螺九碗湯』，到小攤吃自助餐還比較實惠。」

0075 一粒目屎，三斤重

Tsit-liáp bák-sái，saⁿ-kin tāng

【暗示】有淚不輕彈。

【註解】目屎：眼淚。三斤重：很珍貴的意思。

【例句】被媒體美譽爲「拳打南山猛虎，腳踢北海蛟龍」的許立委，也禁不住爲經濟部王部長下台而掉下英雄的眼淚。

許立委打擊貪腐一向不計較，所以認識他的媒體朋友，形容他「一粒目屎，三斤重」。他所瞭解的部會首長，王部長確實有如日本電視劇中的那位阿信，爲台灣的經濟建設，任勞任怨埋頭苦幹。這樣好的部長，竟無緣無故被撤換。

0076 一粒米，百粒汗

Tsit-liáp bí，pah-liáp kuāⁿ

【暗示】須知盤中飧，粒粒皆辛苦。

【註解】稻穀糧食的生產過程，繁瑣又辛苦，故有「須知盤中飧，粒粒皆辛苦」的警世名句。要珍惜食物，不可暴殄天物。

【例句】詹博士以前是窮人家的孩子，生活中有很多不爲外人知的悲傷往事，所以現在雖然在電腦軟體有相當知名度和地位，每月薪資卅多萬元，但依然過得很節儉，可以用布衣粗食形容他的生活。

朋友對於他這種幾乎像「好額乞食」的生活，都會搖頭取笑他，可是詹博士不以爲意，回說：「一粒米，百粒汗。」

0077 一粒紅紅顧到大人

Tsit-liáp âng-âng kò kàu (kah) tūa-lâng

【暗示】一粒紅紅：形容剛出生的嬰兒。

【註解】出生的時候，一個紅紅的小不點，要照顧到長大成人。

【例句】王太太和老公今天陪著獨生兒子王榮輝到中正機場，要送他到美國留學。

　　　臨上機前，王太太還一把眼淚、一把鼻涕的交代個不停，機場呈現出一幕宛如「遊子身上衣，臨行密密縫」的感人畫面，也難怪王太太這樣依依不捨，王榮輝被「一粒紅紅顧到大人」，現在卻要離開老人家，遠走阿美利加。

0078 一喙掛雙舌

Tsit-tshùi kùa siang-tsih

【暗示】多話，反覆；善辯，能言善道。

【註解】一張嘴巴有兩條舌頭。

【例句】前新黨立法委員馮滬祥，2005年1月23日性侵害菲傭案，士林地方法院同年7月8日依妨害性自主罪，將他判刑四年。

　　　菲傭ROSE被馮性侵害時，在馬尼拉辦事處協助下，由友人陪同到台北馬偕醫院驗傷，經通報中山分局。

　　　刑事局DNA鑑定，菲傭陰道新鮮裂傷，精液與馮滬祥吻合，但能言善道的這位前立委，「一喙掛雙舌」，辯說菲傭偷取他和太太做愛的保險套中的精液，塗抹在自己的陰道中誣陷他。

0079 一椆豬仔，無一隻會刣的

Tsit-tiâu ti-á，bô tsit-tsiah ē thâi--ê

【暗示】沒一個好東西。

【註解】一椆：同一豬圈。刣：殺。

【例句】老朋友都質問新陸集團的黃總裁，怎麼不將事業給自己子女接班，而由外面挑選接班人？

　　　黃總裁有四男一女，但都不是黃總裁心目中的接班人，雖然外界議論紛紛，但知子莫若父，黃總裁說：「其實我家『一椆豬仔，無一隻會刣的』，怎麼一定要由自己子女接班呢？」

0080 一鄉一俗

Tsit-hiong tsit-siòk

【暗示】各有千秋。

【註解】每一個地方，風俗習慣都不一樣。

【例句】台灣加入世界貿易組織WTO後，對農業衝擊最大，因為台灣的農業經營都是小面積，經營規模不大，成本很高，因此必須發展文化產業，各鄉鎮推廣及發展自己鄉鎮的特色。

發展鄉鎮特色即如「一鄉一俗」那樣，轉型為地方產業文化。

0081 一間廟千身佛，一个頭九个喙

Tsit-king biō tshian-sin hu̍t，tsit-ê thâu káu-ê tshùi

【暗示】一間廟宇供奉祀拜的有數不完的神明，一個頭有九張嘴巴，形容人多嘴雜。

【註解】廟小神多，人多話雜。

【例句】苗栗縣大湖鄉鯉魚潭水庫興建完成蓄水後，位於水庫上游集水區的新開村、栗林村部分成為淹沒區。

鄉長楊文慶認為，水庫附近淹沒區範圍內12間廟宇必須遷徙，以免有朝一日淹水，因此在新開村活動中心旁，新建一座土地公廟，把12尊土地公集合在一間廟宇辦公。信徒們不禁問道：「如此『一間廟千身佛，一个頭九个喙』，神明們會不會吵架？」

0082 一歲一歲䆀，無睏倒咧嘛快活

Tsit-hùe tsit-hùe bē，bô khùn tó--leh mā khùi-ua̍h

【暗示】退而求其次。

【註解】䆀：差的意思。

隨著年齡越來越大，體力也越來越差，雖然睡不著，但能躺下來也很舒服。

【例句】吳伯雄曾任總統府祕書長、國民黨副主席。他感覺到年紀大了，

「一歲一歲燴，無眠倒咧嘛快活」，所以老朋友見面，所討論的不再是國家大事，而是說：「你晚上起來小便幾次？」

0083 一孵允九家

Tsit-pū ún káu-ke

【暗示】信口開河。隨便答應人家。

【註解】一孵：一窩蛋。
一窩蛋還未孵出小雞來，已答應送給九個人。

【例句】莊校長的女兒淑君，確實是位美人兒，在鄉裡算是頭號大美女。莊校長的朋友們，都紛紛表示要娶過來做媳婦，老莊也「一孵允九家」，將來一定會很尷尬。

0084 一摸一膨皮

Tsit bong tsit pòng-phûe

【暗示】藉機哄抬。

【註解】一摸：摸一下、看一下，膨皮：漲價。
賣家看到顧客有意要買，人家摸一下賣家就抬高價錢。

【例句】一葉蘭原本也是眾多蘭花品種之一，只因市場炒作，價錢一日三市，幾乎「一摸一膨皮」，已漲到一枝二十多萬元了，像「竹山瓷瑤──燴摸得」。

0085 一箍椎椎

Tsit-khơ thûi-thûi

【暗示】一個純樸的人。

【註解】一箍：一個人的稱謂，有輕視意味。

【例句】油漆匠黃家有一對兒女，男孩子黃阿義「一箍椎椎」，他很擔心阿義將來不但沒有能力幫助他的油漆事業，甚至能做什麼都還是未知數，但是女兒書雖然讀得不怎麼樣，一個小丫頭，卻很會化妝，

讓他不禁嘆氣說：「阿珠雖然很會畫黑擦白，可惜是女兒。」

0086 一領綢忭贏三領裘

Tsit-niá tiû khah-iâⁿ saⁿ-niá hiû

【暗示】重質不重量。

【註解】綢：細薄柔軟的絲織品。裘：毛皮製的外套。

買一件綢質衣服，勝過三件皮裘，高貴得多。

【例句】呂春花生活非常節儉，卻喜歡名牌服飾，只要喜歡，再貴的價錢也都捨得花，朋友提醒她穿著不必那麼講究，她卻回說：「唉啊！貴梅，妳不知道啦！『一領綢忭贏三領裘』，俗語說『人要衣妝，神要人扛』，妳沒聽過嗎？」

0087 一樣米飼百樣人

Tsit-iūⁿ bí tshī pah-iūⁿ lâng

【暗示】多元社會，人生百態。

【註解】同樣食米，卻養出形形色色的人。

【例句】2005年6月16日《蘋果日報》頭版標題：「老師罰女生，脫內褲上課」，這位罰女生脫內褲的是新北市三和國中導師黃秀媚。被處罰強脫內褲的是國三林姓女生，因運動褲穿太低惹惱老師。老師不僅斥責她：「穿什麼褲！要露出內褲，那乾脆不穿內褲好啦。」接著強拉她到廁所，要她脫下內褲，並將其內褲收入牛皮紙袋。俗語說「一樣米飼百樣人」，同樣是老師，管教學生的方法也是百百種。

0088 一賤破九貴

It tsiān phò káu kùi

【暗示】謹言慎行。

【註解】一個女人只要做出一件下賤的事，高貴的氣質也都沒有。

【例句】陳鄉長的老婆是鄉婦聯會理事長，理應得到鄉內婦女尊敬，但因年輕時曾傳出劈腿事件，導致「一賤破九貴」，大家並不怎麼尊敬她。

0089 一聲天一聲地，一聲母一聲爸

Tsit-siaⁿ thiⁿ tsit-siaⁿ tē，tsit-siaⁿ bó tsit-siaⁿ pē

【暗示】呼天搶地。

【註解】以前警備總司令部，對政治犯的刑求，極盡殘暴不仁，各種手段的凌辱方式都是肉體、精神極限，受刑人往往呼天搶地，求生不得，求死不能。

【例句】政治犯陳一乾最冤枉，他是在部隊爲慶祝蔣總統七秩晉三壽堂，排隊行禮祝壽時，因星期天女朋友要來會面，於排隊中問同袍：「今天拜幾？」

今天拜幾那個「幾」字，台語與「鬼」同音，被當作侮辱國家元首的政治犯，日夜刑求到「一聲天一聲地，一聲母一聲爸」的哀嚎不已。

0090 一籠糖九个頭家

Tsit-láng thⁿg káu-ê thâu-ke

【暗示】一盤魚仔全全頭。

【註解】只有一籠的糖，竟有九個人說是他的。

【例句】立達水電工程公司，接到祥景紡織公司說要修理水電故障的電話。立達維修部領班李進富，帶領技工三人進入祥景公司，詢問哪個部門叫他們修理。有人叫他們去一廠，有人叫去機電房，也有說二樓辦公室冷氣故障，「一籠糖九个頭家」，眞叫領班李進富不知要聽誰的，乾脆班師回朝再說。

0091 七十三、八十四，閻王免叫，家己去

Tshit-tsȧp-saⁿ、peh-tsȧp-sì，giâm-ông bián-kiò，ka-kī khì

【暗示】人老了要知天命。

【註解】人已經活到七、八十歲了，不必閻王叫你，自己也該前往報到了。
這是農業時代，平均壽命只有五、六十多歲，人活到七、八十歲
已相當難得了。

現在有人倡言：人生七十才開始呢！

【例句】廟前榕樹下，幾位老人坐在那兒聊天，許老伯伯偷偷的告訴這些
老友威而鋼的妙用。

「你這個老頭真是『幼稚園招生──老不修』，」阿狗伯奚落他：「人
家『七十三、八十四，閻王免叫，家己去』，你還對威而鋼有興
趣？」

0092 七分菜，八分糜

Tshit-hun tshài，peh-hun bûe (mûe)

【暗示】節制飲食，保護健康。

【註解】這是倡導飲食簡單樸實就好，不要大吃大喝，有七分菜八分糜就
夠了。

【例句】只差一歲便能登上金氏世界紀錄的人瑞唐老伯伯，他今年已
一百一十三歲了，耳聰目明，還很健談，尤其喜歡對著媒體滔滔
而談他的養生之道。

「我的飲食很簡單，每天都是『七分菜，八分糜』……」

0093 七月半鴨唔知死

Tshit-guȧh-pùaⁿ ah m̄-tsai sí

【暗示】猶不知死活。

【註解】昔日七月普渡「刣鴨無刣雞」，鴨子養到七月了，是要殺來祭拜好
兄弟的，鴨子茫然無知自己死期將至。

【例句】周冬升聽說讀國三即將參加基測的兒子，利用星期六、日到圖書館看書，溫習功課，心裡感到很安慰，路過圖書館特別停車進入看看，想順便嘉勉幾句，卻看不到孩子。他問管理員，管理員說從來也沒看過這個學生。

「你去網咖看看，許多學生都騙家長要到圖書館讀書，其實都跑到網咖去。」管理員說。

第二天是禮拜日，孩子又像「七月半鴨唔知死」，騙說要到圖書館自修。

0094 七月鬼，八月水

Tshit-gueh kúi，peh-gueh tsúi

【暗示】季節的特徵。

【註解】七月鬼：農曆七月是台灣的鬼月，鬼門關開放。

八月水：八月雨水多。

提醒人們農曆七、八月要注意的事項。

【例句】莊國順老師利用暑假，要帶爸媽到清境農場、霧社、信義等山邊避暑小住幾天，享受山區的寧靜和陰涼。

可是無論莊老師如何用美麗、清爽、值得放下工作、享受人生這類辭語形容這些風景區，老人家始終搖頭。

「不是爸怕你花錢，也不是這些地方不好玩，」莊父說：「台灣有句俗語『七月鬼，八月水』，最好不要外出，何況是山區？」

0095 七月，無閒和尚

Tshit--gueh，bô îng hûe-siūⁿ

【暗示】七月超渡多。

【註解】農曆七月，是台灣民間所稱的鬼月，鬼月忙著普渡好兄弟、往生的先人，所以和尚特別忙碌。

【例句】我們學校的老師暑假到中國旅遊，搭船遊灕江的時候，看到一艘擦身而過的遊船滿載和尚。他們看到我們的船，都揮手向大家打

招呼。

「奇怪，『七月，無閒和尚』，」我們的校長說：「那些和尚不是忙於超渡做法事嗎？怎麼有時間出國觀光旅遊？」

0096 七仔忺懒八仔

Tshit--à khah hìng peh--à

【暗示】四十九笑五十。

【註解】老七比老八更喜歡、更著迷。

【例句】邱姓民眾嫖妓被打五十大板，打得屎屎橫飛。晚上他做了惡夢，夢中屁股和小弟弟互相罵來罵去。

「『都是你這個小傢伙，享受的是你，惹禍的也是你，為什麼我要挨打？』『你……你怎麼這麼說？』小弟弟據理力辯：『我只在門口徘徊，誰叫你從背後用力猛撞，害我才陷進裡邊去，當然要處罰你。』

屁股和小弟弟越吵聲音越大，他便開口罵道：「好啦！別吵啦！你們『七仔忺懒八仔』，還吵什麼？」

0097 七仔唔通笑八仔

Tshit--à m̄-thang tshiò peh--à

【暗示】四十九笑五十。

【註解】這是勸告四十九不可笑五十，自己並不比人家有能力、辦法，怎可嘲笑人家無能。

【例句】傳說金氏世界紀錄委員會有一年，舉辦男人那個寶貝誰最長的選拔。

約翰天生異稟，故意穿短褲讓他的寶貝露一大截出來，看到另一個參加比賽的仁兄身穿長褲，即嗤之以鼻。

「喂！老兄，『七仔唔通笑八仔』，你要見識見識嗎？」那位仁兄指著自己褲管下露出來的龜頭說：「怎樣？不賴吧！」

0098 七老八老

Tshit-lāu-peh-lāu

【暗示】糟老頭。

【註解】七十多歲、八十多歲了的老人，能力、行動都越來越不如以前了。

【例句】台中市烏日區的林黃錦，雖然已經高年九十七歲像是「七老八老」的人，但是作息百無禁忌，非常開朗、健談，不只是家中一寶，也是鄰里都很喜歡的老人。

九十七歲的林黃錦，國內外到處遊山玩水，也上過中國萬里長城和美西各國。

林黃錦的十三個孫子都是烏日僑仁國小畢業，因而於2005年5月17日捐獻私房錢200萬元給該校。校長張正行表示，校方將成立「林黃錦急難救助金」。

0099 七坐八爬九發牙

Tshit tsē peh pê káu huat-gê

【暗示】必然現象。

【註解】嬰兒生長過程，出生七個月便會坐了，八個月學會爬行，九個月自然會長出牙齒，牙牙學語。

【例句】王老師的寶寶已經「七坐八爬九發牙」了，老婆麗卿老師開始教他學叫「爸爸」。

王老師聽到老婆教兒子叫「爸爸」，沒教他叫「媽媽」，很受感動，認為非常受到老婆尊重。

一天晚上兩人連續做了三次愛做的事，都精疲力竭，連動一下也懶得動。可是在嘿咻時驚醒沉睡中的寶寶，寶寶哭叫爸爸不停，麗卿用腳踢了踢王老師說：「聽到沒有？你的孩子在叫爸爸。」這時候王老師才曉得老婆教兒子叫爸爸的原因。

0100 七拄八呣著

Tshit tú peh m̄-tióh

【暗示】七次有八次不對勁,也就是說老是出狀況。

【註解】老是搞不好。

【例句】台中某大學教授,因老婆遠居台北,春夜難眠,叫了應召女郎到家裡陪宿。早晨醒來對於昨晚辦完事後才給了她三千元,覺得過意不去,又給了五千元,問她:「這樣會不會委屈了妳?」
「沒關係,」應召女郎對這位「七拄八呣著」的教授說:「我會告訴你老婆,說你很慷慨。」

0101 七倚八倒,九斜十落

Tshit í peh tó,káu tshiâ tsàp lòh

【暗示】狀況百出。

【註解】命運多舛,橫七豎八,歪斜傾倒,沒有靠得住或可依靠的。

【例句】警方大隊人馬前往名人大廈圍捕槍擊要犯,卻意外的發現轟趴場面,小小的房間擠了三、四十個人,現場「七倚八倒,九斜十落」,地板上到處是保險套、衛生紙,令人感到很噁心。

0102 七溶八溶,溶了了

Tshit-iûⁿ-peh-iûⁿ,iûⁿ-liáu-liáu

【暗示】錢財散盡。

【註解】收入少,開銷大,這裡花錢,那裡要錢,再大的家業,若入不敷出,終究會破產。

【例句】光復當初,台灣第一家商行倒閉,震驚全台的是台北「七洋行」。七洋行經營洋品雜貨進出口,生意興隆,規模很大,真正是頂港有名聲,下港有出名。該行全台吸收資金,因商譽好,利息高,許多人把錢存在該行生息而不寄銀行,後來不知怎麼倒了,所有民間的血汗錢,都被七洋行「七溶八溶,溶了了」。

0103 九領牛皮做一下剝

Káu-niá gû-phûe tsò tsit-ē pak

【暗示】新仇舊怨，一次了結。

【註解】欠了九件牛皮，一次便把它剝下來完帳。

【例句】今晚同事聚餐，供銷部柳主任喝得酩酊大醉，最後被抬回車子裡送回他農會寢室。

推廣股李秀梅股員，看到柳主任到了早上十一點還不省人事，對同事們說：「大家都是同事，沒有互相照顧還不打緊，怎麼把他灌得醉成那樣子！」

「秀梅，不說妳不知道，柳主任常常靠酒量好欺侮同事，昨天大家是『九領牛皮做一下剝』，看他以後還敢不敢逞強！」

0104 九籠糖十一个頭家

Káu-láng thn̂g tsáp-it-ê thâu-ke

【暗示】一盤魚脯仔全全頭。

【註解】形容人多意見多，嘈雜難辦事。

【例句】一向行為非常開放的楊淑真，帶了三個孩子參加親子園遊會，大家紛紛猜測她的三個孩子，誰是誰的孩子。

「妳們啊！積些陰德好不好？」呂訓導主任對竊竊私語的女老師說：「人家是單親媽媽，要存活下去，怎能指責人家『九籠糖十一个頭家』？」

0105 了錢生理無人做，刣人生理有人做

Liáu-tsîⁿ sing-lí bô lâng tsò，thâi-lâng sing-lí ū lâng tsò

【暗示】有錢能使鬼推磨。

【註解】了錢：賠。刣人：殺人。

商人將本求利，所以會賠錢的生意是沒有人會做的；但是只要有錢賺，叫他去殺人，也有人願意去做。

【例句】高速公路無論是中港路交流道下，或中清路交流道下，賣台中名
產太陽餅的商店鱗次櫛比，令人不禁問道：「會有那麼多人買太
陽餅嗎？」
台中太陽餅，是由林棋海和蔡萬財共同創造出來，目前將近百家
以賣太陽餅做老牌，並都標榜「正港本店」、「老店」……競爭激
烈，會有那麼多人買嗎？其實「了錢生理無人做，刣人生理有人
做」。

0106 二人同心，其利斷金

Nn̄g-lâng kāng sim，kî lī tuān kim

【暗示】同心一志，困難迎刃而解。

【註解】同心：志同道合。
兩人同心一志，能發揮相乘力量。

【例句】這場鎮長選舉有三位候選人，按照常理，候選人之間，雖然沒有
深仇大恨，至少都對對方有敵意，可是劉新助和王朝全兩人，還
經常在一起泡茶、聊天，讓人左看右看都覺得不像競爭對手，而
是一對朋友。
鎮長選舉後，劉新助當選鎮長，聘任王朝全為主任祕書，兩人同
時就職。大家才知道這兩個傢伙，是採取「二人同心，其利斷金」
的策略，前後包抄，周信榮才落選。

0107 人獪當掛無事牌

Lâng bē-tàng kùa bô-sū-pâi

【暗示】世事難料，禍福無門。

【註解】天有不測風雲，人有旦夕禍福，不能保證凡事平安沒事。

【例句】張太太騎機車載女兒到學校，回程的時候，正如俗語所說的「人
獪當掛無事牌」，機車在拐彎時滑倒，她滿身傷痕，幸經路人叫
救護車後被送到醫院急診。
「阿桑，」護士拿著掛號單到病床邊問她：「妳要看哪一科？」

「兩顆都看！」張太太不耐煩的說：「妳沒看到兩顆都擦傷嗎？白目！」

0108 人諳話著諳，三色人講五色話

Lâng tsē ūe tiỏh tsē，saⁿ-sik lâng kóng ngó͘-sik ūe

【暗示】人多話雜。

【註解】人多話就多，各種人提出各種理由或主張。

【例句】天上聖母要回湄州莆田進香，到底要從金門小三通過去，還是包機？為此，宮廟的委員會連開了三次委員會議，不但沒有結論，委員們還爭論得面紅耳赤。

童主任委員默默的看著大家越吵越大聲，終於下定決心宣佈說：「關於聖母要到福建湄州莆田進香，『人諳話著諳，三色人講五色話』，到底要坐飛機或乘船去，拔聖杯三連杯決定，大家不得再有意見！」

0109 人勢，命運做對頭

Lâng gâu，miā-ūn tsò thùi-thâu

【暗示】生不逢時。

【註解】人是很聰明、能幹，可是什麼都不順遂，好像上天在作弄他。

【例句】陳繹全37歲，輔仁大學企管系畢業後，留學英國獲威爾斯大學企管碩士，在台北市政府任職，無奈「人勢，命運做對頭」，輕信朋友之言，投資保養品和高爾夫球具，先後被坑了2000多萬元，還背債1500多萬元。

陳繹全知道命運之神愛作弄他，但他仍然堅強站了起來，和未婚妻李英妹在捷運台北市站附近，開了一家「麵線王」賣起「蚵仔麵線」。

0110 人悾逡人悾

Lâng hán tùe lâng hán

【暗示】人云亦云。

【註解】逡：跟著起鬨。

　　　　沒有主見，道聽塗說，跟人家起鬨。

【例句】阿森伯不知哪裡聽來說榮記食品周轉不靈，也「人悾逡人悾」的
　　　　跑去告訴榮記的下游廠商，不到一個早上，已經有一百多位跟榮
　　　　記有商業往來的廠商，齊聚該公司要求支票換現金，否則要取回
　　　　他們的貨品。

　　　　榮記楊總經理無奈，只有召集債權人商量，他說：「我們公司只
　　　　是因外票退票導致財務周轉困難，可是被你們亂嘩，沒倒閉也不
　　　　完全了。」

0111 人也徛比人，菜瓜也徛點紅

Lâng ā teh pí lâng，tshài-kue ā teh tiám âng

【暗示】不能相提並論。

【註解】徛比：怎麼能比。點紅：開紅花。人與人之間，不能相提並論，
　　　　菜瓜開的是黃花，怎能以紅花來比較？

【例句】范子欽的老婆原是富家女，嫁給他後就過著簡單樸實的日子。范
　　　　妻心裡卻很不平，尤其她的同班好友楊幸枝的老公開設貿易公
　　　　司，多金又有地位，她便經常以他為樣數落她老公的窮酸，並常
　　　　常向她母親抱怨不該答應這門親事。

　　　　她母親說：「阿麗啊！子欽老實又體貼，這樣就很幸福了，『人
　　　　也徛比人，菜瓜也徛點紅』？」

0112 人心不足蛇吞象

Jîn-sim put-tsiok tsûa thun tshiūⁿ

【暗示】貪得無厭。

【註解】人都有貪慾，那種貪慾像蛇，小小一條蛇，也想把大象吞下去。
【例句】這屆之所以沒有人和許新象鎮長競選鎮長，論功行賞民政課課員
　　　　李枝木確實有此功勞，要不是他跑去向吳議員透露，如果吳議員
　　　　執意競選鎮長，那麼吳議員跟助理的緋聞便要公諸於世。
　　　　　所以許鎮長感恩圖報，要把他調升為市場管理會主委，可是「人
　　　　心不足蛇吞象」，他要的職位不是民政就是建設課長，許鎮長在
　　　　無法滿足他的要求下，不升而反降他為村幹事。

0113 人比人，氣死人

　　　　Lâng pí lâng，khì-sí lâng

【暗示】難以相提並論。
【註解】人的際遇各有不同，不能拿來比較，否則會氣死人。
【例句】有一次我和古物商李明義聊天，聊到他們國小畢業時，幾位成績
　　　　傑出同學的近況，他說：
　　　　「我畢業時是第二名，現在做古物商；第一名班長現在是鄉公所
　　　　民政課長；第三名謝友達，現在駕駛鐵牛；至於那個不知道是第
　　　　幾名的謝賓，竟當立法委員。」
　　　　李明義又說：「『人比人，氣死人』，無藥醫。」

0114 人比人，骹腿比烟筒

　　　　Lâng pí lâng，kha-thúi pí ian-tâng

【暗示】人比人氣死人。
【註解】骹腿：大腿。烟筒：煙囪。
　　　　人的大腿與廚房的煙囪是不能拿來比對的。
【例句】邱老師買了一部雙B轎車，花了一百五十萬元，主計伍泰中也想
　　　　買一部雙B轎車，不能讓邱老師耀武揚威，卻被他老婆擋了下來。
　　　　「你呀！也不想想邱老師是單身貴族，我們有兩個兒子，你又要
　　　　負擔妹妹的學雜費，怎麼能『人比人，骹腿比烟筒』？」

0115 人去才煎茶，人來才掃地

Lâng khì tsiah tsuaⁿ-tê，lâng lâi tsiah sàu-tè

【暗示】虛應故事，應付一下而已。

【註解】客人走了，才說要煎茶請客人；客人來了，才準備打掃客廳，歡迎來賓。

【例句】我們畢業要分手那天，同學們都依依不捨，尤其從國一到國三的班導孫勝治老師，每位同學都要他有空到她們家泡茶。
「好啊！我只要有空便會去看妳們，」孫老師爽快的答應了：「不過我有話說在前面，妳們不要『人去才煎茶，人來才掃地』啊！」

0116 人叫唔信斗，鬼叫拋拋走

Lâng kiò m̄ sìn-táu，kúi kiò pha-pha-tsáu

【暗示】言行不正，忠言逆耳。

【註解】人家好意指點她，都馬耳東風，卻非常相信江湖術士的話。

【例句】彰化縣員林市67歲劉姓老婦人，一生勤儉過日子。2005年4月間她接到歹徒電話，恭喜她中了3000萬元彩金，叫她先匯上稅金130萬。劉婦自己錢不夠，向她妹妹說開車撞傷人，對方要求賠償，借了42萬元，前後匯給歹徒130萬元。
劉婦接到詐騙集團電話要她匯款時，包括警方多人，都說這是詐騙集團要詐騙她。可是這位「人叫唔信斗，鬼叫拋拋走」的貪婪婦人，卻罵員警和郵局人員，斷她的財路。

0117 人生可比一齣戲，何必斤斤計較錢

Jîn-sing khó-pí tsit-tshut hì，hô-pit kin-kin kè-kàu tsîⁿ

【暗示】人生如戲。

【註解】人生過程，就像一部戲，酸甜苦辣都有，不必爲了錢斤斤計較，弄成親友反目成仇。

【例句】郭正修、呂淑惠這對歡喜冤家，又爲了錢大打出手。郭正修說老

婆雙峰又不大，何必浪費錢買奶罩？呂淑惠在大庭廣眾被老公這麼一損，羞得漲紅著臉，指著老公的褲襠嘲笑說：「你東西那麼小，還要穿褲子幹麼？」這對冤家就因為這樣而大打出手，看熱鬧的人群中，有人說：「一件奶罩也沒多少錢，『人生可比一齣戲，何必斤斤計較錢』？」

0118 人生親像戲台，苦齣笑科攏總來

Jîn-sing tshin-tshiūⁿ hì-tâi，khó-tshut tshiò-khue lóng-tsóng lâi

【暗示】人生如戲，喜怒哀樂無常。

【註解】人的一生，好像一部戲劇，喜劇悲劇都有。

【例句】旭西紡織黃董認為台灣工資多中國四倍，缺乏競爭能力。他結束他台灣事業，轉進中國深圳，擴展東莞及其他省分，受到中國熱烈歡迎，成為中國吸引台灣投資的示範工廠。可是曾幾何時，黃董竟從中國落荒而跑，孑然一身回到台灣。

這位人生與事業同時歸零的黃董，他真的可以說是「人生親像戲台，苦齣笑科攏總來」。

0119 人目如秤

Lâng ba̍k jû tshìn

【暗示】判斷精準。

【註解】人的眼睛能判斷是非好壞，也能衡量事情的輕重。

【例句】鎮長選舉，素來「料事如神」的老賴，押寶押在陳梧樹身上，認為他鐵定當選，不但捐助經費，在派系那麼劇烈的競選之下，他還陪著陳梧樹勤訪基層，而不怕得罪對手林錦榮。

選舉結束，這位被譽為「人目如秤」的老賴，不但想當果菜市場主任的美夢幻滅了，捐出去的經費，也沒機會撈回來了。

0120 人有人情理，賊有賊情理

Jîn iú jîn tsîng-lí，tshát iú tshát tsîng-lí

【暗示】盜亦有道乎？

【註解】做人有做人的人情義理，小偷也有他的一套道理。

【例句】暑假期間，屏東縣有很多國小遭小偷光顧。令人搖頭的是偷走的
不是辦公室內的貴重物品，而是廁所的鋁門。鋁門體積大、笨重，
又值不了多少錢，然而小偷也喜歡。

更令人訝異的是，小偷並非把所有廁所的門都拆走，而是每個學
校都留下一扇門，警方也搞不懂原因。

「大概是留給女老師方便用吧？」林刑事組長苦笑著說，「果真如
此，也是『人有人情理，賊有賊情理』吧？」

0121 人肉鹹鹹

Lâng-bah kiâm-kiâm

【暗示】要流氓，看你怎麼辦！

【註解】死皮賴臉，要錢沒錢，要命一條。

【例句】俗話說：「有借有還，再借不難。」這句話是借貸基本原則，可是
搖頭李仔卻沒有這種觀念，要是有親友借他錢，除非甘願不討，
不然就會翻臉。

每當人家向搖頭李仔討錢時，他總是嬉皮笑臉說：「借錢要還，
哪還用借？」一副「人肉鹹鹹」的流氓架勢。債主除了心裡訐譙
自認倒霉外，無要安怎？

0122 人命若蚼蟻

Lâng-miā nā káu-hiā

【暗示】人命不值錢。

【註解】蚼蟻：螞蟻。

【例句】台中市「式晉衛浴工廠」2005年5月24日凌晨大火，燒死邱正雄、

許耀竣……等九名員工，突顯「人命若蚼蟻」的嚴重問題。

式晉於凌晨四時發生大火，老闆張式健是先叫醒妻兒，接著把廠內三部車開出來後，才要叫醒睡在倉庫後頭的員工，無奈火勢已封住通路，邱正雄等九名員工才活活被燒死。

張式健如果先叫醒員工再開車，慘劇便不致於發生了。

0123 人長交，帳短結

Lâng tn̂g kau，siàu té kiat

【暗示】來往清白，友誼才能長久。

【註解】長交：長久的交往。帳短結：來往帳目，一段時間便要算清楚。
人與人的交往，帳目要清楚，情誼才能久遠。

【例句】禮記食品的張董和德成李總交惡，甚至對簿公堂，引起業界震撼，兩位換帖兄弟怎會翻臉？
他們兩家公司之會翻臉，是彼此太熟了，熟到違反商人「人長交，帳短結」的商場古訓，兩家來往密切，帳卻一年拖過一年，有三年沒有結清，導致相差三百多萬元而對簿公堂。

0124 人前一面鼓，人後一面鑼

Jîn tsîng tsit-bīn kó'，jîn āu tsit-bīn lô

【暗示】雙重人格的傢伙。

【註解】在人家面前說一套，在人家背後又有一番說詞。

【例句】黎老師調到本校後最大的貢獻是，同事們因她這個長舌婦「人前一面鼓，人後一面鑼」，導致是非很多，彼此之間常常吵架。

0125 人咧做，天咧看

Lâng leh tsò，thiⁿ leh khùaⁿ

【暗示】善有善報，惡有惡報。

【註解】人做的善惡諸事，老天爺都在仔細的觀看。

【例句】台灣立法院爭取參加世界衛生大會(WHA)遊說團，驚傳隨行台聯
　　　　女立委尹伶瑛，遭無黨聯盟女立委張麗善打耳光事件。
　　　　張麗善之所以在瑞士飯店大廳無預警的毆打尹伶瑛，是尹立委在
　　　　雲林縣議員任內，揭發林內焚化爐弊案，導致張麗善哥哥前雲林
　　　　縣長張榮味涉嫌貪瀆被收押，令她越想越氣，終於按捺不住毆打
　　　　尹立委洩恨。

0126 人為財死，鳥為食亡

Jîn ūi tsâi sú，niáu ūi sit bông

【暗示】一切都是為了錢。

【註解】人，一生勞累，為了養家活口不惜生命。鳥也是為了覓食而死亡。

【例句】台灣屏東縣楓港是公路轉往台東的重要交叉路口，以前這裡一道
　　　　著名小吃是烤伯勞鳥。大部分停車在此休息的遊客，都會買幾隻
　　　　烤鳥來品嚐。
　　　　今日政府已經禁止烤鳥，也將伯勞鳥列為保育鳥類。那些從西伯
　　　　利亞飛到楓港避寒的伯勞鳥，不再為人類的誘食而亡。當地的人，
　　　　也不會為了賺些錢觸法。所謂「人為財死，鳥為食亡」就沒過去
　　　　那麼嚴重了。

0127 人若衰，煮飯嘛㨂鍋

Lâng nā sue，tsú-pn̄g mā kiap ue

【暗示】禍不單行。

【註解】若衰：如果倒霉。㨂鍋：鍋子裡的飯燒焦了。
　　　　人在倒霉的時候，連煮的飯都會燒焦了。

【例句】人說「福無雙至，禍不單行」一點也不錯。
　　　　柯金榮今天早上出門時，機車不小心撞到一位歐巴桑。將她送到醫
　　　　院後回學校，家裡又來電話：有小偷串門子，把電視、電腦都抬走。
　　　　令他感到很洩氣，不禁喃喃自語說：「人若衰，煮飯嘛㨂鍋。」

0128 人若衰，種匏仔生菜瓜

Lâng nā sue, tsìng pû-á se^n tshài-kue

【暗示】倒霉透頂。

【註解】人在倒霉的時候，什麼事都有可能發生，例如明明是種匏仔卻生了絲瓜。

【例句】莊朝明的老婆身懷六甲即將臨盆，他為了解決性的需求，壯著膽跑到賓館召妓解決性慾。哪裡知道第一次召妓卻被警方抓個正著，不得不乖乖的陪警員回到分駐所做偵訊筆錄。

沒想到「人若衰，種匏仔生菜瓜」，他走回賓館要開車時，發現停在路邊的轎車被小偷開走了。

0129 人若衰，偎山山崩，偎壁壁倒

Lâng nā sue, úa sua^n sua^n pang, úa piah piah tó

【暗示】福無雙至，禍不單行。

【註解】若衰：如果倒霉。

人在倒霉的時候，什麼事都可能發生。

【例句】謝組長也不知道什麼原因，近來倒霉的事連連發生。

首先是老婆吵著要和他離婚，接著服務的工廠倒閉。新找到的工作，才領了兩個月的工錢，工廠便又連夜搬家到中國東莞去，害他又要到就業輔導中心尋找新的就業機會。

某日，好不容易有新的單位通知他上午10點準時到人事室面試，卻碰到車子拋錨，真是「人若衰，偎山山崩，偎壁壁倒」。

0130 人食一點氣

Lâng tsiàh tsit-tiám khì

【暗示】人爭一口氣。

【註解】每個人的忍耐程度有限，嚥不下那一口氣時，便會豁出去。

【例句】所有認識江幹事的人，都不相信他會殺人。

江幹事早就風聞李主任跟他老婆有曖昧關係，他老婆的言行舉動，也多少露出一些蛛絲馬跡，但為了他三個孩子，他戴了這頂綠帽子。

沒想到李主任欺人太甚，將與他老婆上床的事一再的向同事宣揚，江幹事在「人食一點氣」之下，就殺了他。

0131 人食米粉，汝嘩燒

Lâng tsiảh bí-hún，lí huah sio

【暗示】多管閒事。

【註解】人家在吃點心米粉，跟你沒有關係，你卻在那裡起鬨。

【例句】陳水扁前總統兒子陳致中，2005年6月18日，與彰化鹿港鎮黃百祿先生女兒黃睿靚，舉行結婚典禮，由前司法院長翁岳生證婚。

不只是總統家有喜，任何人家裡有嫁娶喜事，都會受到虔誠的祝福。但陳致中、黃睿靚的結婚喜事，當年從6月12日訂婚開始，便被國民黨發言人鄭麗文、親民黨立委李永萍等人，極盡侮辱的批評，一反台灣人的厚道，怪不得很多人罵她們兩位是「人食米粉，汝嘩燒」。

0132 人害人，天唔肯；天害人，目睭前

Lâng hāi lâng，thiⁿ m̄-khíng；Thiⁿ hāi lâng，bảk-tsiu tsîng

【暗示】因果立即報應。

【註解】人要加害於人，老天爺是不允許的。如果作惡多端，老天爺懲罰都會立即在眼前。

【例句】孔世凱升任總經理，人事課林祥一課長不是不服氣，而是擔心孔經理懷恨他在當小職員時，曾經因為業務錯誤，被自己記一過，而挾怨報復。

「你放心好啦，你以前記他一過，也是按規定辦理，」他老婆安慰他說：「俗語說：『人害人，天唔肯；天害人，目睭前。』最該擔心的只是你有沒有做過傷天害理的事而已。」

0133 人情世事陪到到，無鼎佮無灶

Jîn-tsîng-sè-sū pûe kàu-kàu，bô tiáⁿ kah bô tsàu

【暗示】爲了應付人際關係，弄得焦頭爛額。

【註解】爲了維護親戚朋友的人際關係，搞成寅吃卯糧。

【例句】今天羅四海又接到五張喜帖、三張訃聞，連同先前接的，這個月
紅白帖子少說也有十五張，讓他快要哭出來，他拿著喜帖，自言
自語的說：
「人情世事陪到到，無鼎佮無灶。」
「活該！誰叫你皮癢選議員，」他老婆沒好氣的說：「這都是你一
任議員卸任的報酬！」

0134 人情親像一支鋸，恁鋸來我鋸去

Jîn-tsîng tshin-tshiūⁿ tsit-ki kì，lín kì lâi gúa kì khì

【暗示】人生互動。

【註解】人在世上不可能獨立而居，要像鋸子鋸木頭那般，鋸過來鋸過去，
互相往來，關懷協助。

【例句】俗語說：「人情親像一支鋸，恁鋸來我鋸去。」沒想到今年五十五
歲的李泰生，一隻腳親像一支鋸，任萬芳醫院醫師鋸過來鋸過去，
短短19天鋸了七次。
李泰生兩年前跌倒造成右腳小趾破皮，沒想到小傷口引發整條腿
壞死，從截肢腳掌開始，隨著壞死部分節節往上移而往上鋸，短
短19天鋸來鋸去，鋸了七次，才保全了生命。
李泰生鋸掉大腿能保住生命，要感謝萬芳醫院張耀中醫師堅持救
治他。

0135 人善被人欺，馬善被人騎

Jîn siān pī jîn khi，má siān pī jîn khî

【暗示】欺善食軟。

【註解】善良的人，老是有人要欺侮他；溫馴的馬兒，大家都要騎牠。

【例句】張國雄老師退休後便參加慈濟的志工工作，處世低調，與人為善，甚得志工朋友們歡迎。

可是回到家裡，卻要面對凶巴巴的老婆，隨意指責、罵東罵西，左右鄰居都為他不平，認為「人善被人欺，馬善被人騎」。

0136 人喙上毒

Lâng-tshùi siōng tȯk

【暗示】謠言惑眾。

【註解】人的嘴巴不但厲害而且很毒，謠言會使喜事變成慘劇，好好的事業，一夕傾倒下去。

【例句】2005年7月上旬，舉辦大學指定科目考試發生弊案的高考區，被雇用做槍手的，有交通大學、新竹師院、中國醫藥大學的學生。

可是新竹師院校長曾憲政、夜大學務長裘性天、中醫大學主任祕書沈戊忠等人，被問到哪些學生涉嫌當槍手，都一問三不知，顯然「人喙上毒」，連這些高等教育人員也畏忌。

0137 人愛粧，神愛扛

Lâng ài tsng，sîn ài kng

【暗示】人神都需要包裝行銷。

【註解】人是靠化粧，才會漂亮；神佛是需要人家抬，才會移動。

【例句】新北市三重區「先嗇宮」建宮兩百五十週年，舉辦「神農文化祭」活動，其中「神將博覽會」，展出新北市三重區等廟宇的一百二十八尊神將。

所謂「人愛粧，神愛扛」，確實如此，否則這些各色神等，各受祀拜於各廟宇，也不會一起亮相。

0138 人親情，錢生命

Lâng tshin-tsiâⁿ，tsîⁿ sìⁿ-miā

【暗示】視錢如命。

【註解】人需要親戚朋友，但有些人把金錢看成生命那麼重要。

【例句】老柳與董老大是兒女親家，兩人近來竟成陌路，見面不但沒有打招呼，不是故意避開，便是假裝沒見到。為什麼會弄成這樣？大家都向邱經理打聽，他說：「他們這對兒女親家，還不是『人親情，錢生命』，為了一筆貨款而鬧翻了臉。」

0139 人驚出名，豬驚肥

Lâng kiaⁿ tshut-miâ，ti kiaⁿ pûi

【暗示】盛名之累。

【註解】出名：揚名。人如果出了名，麻煩的事也跟著來了。像豬養肥了，就要送到屠宰場去。

【例句】江老伯伯一向為善不欲人知，連續多年來，各級學校營養午餐收到的無名氏捐款，也沒有人知道是江老伯伯的善行。

沒想到電視記者獲知，多年來一直是個謎的國小營養午餐，是江老伯伯的捐助，為他拍了一系列善事介紹的新聞，讓他老人家一夕之間名滿天下。可是也真正是「人驚出名，豬驚肥」，從此，江老伯伯家無寧日，天天都有人上門向他伸手。

0140 入虎口，無死嘛烏拗

Jip hó-kháu，bô sí mā o-áu

【暗示】無法保存。

【註解】烏拗：支離破碎。

人被老虎咬到了，如果沒被咬死吃掉，整個人也會支離破碎。

【例句】蘇振昌國二變成中輟生，整天徘徊在網咖，後來參加什麼八家將，也到外縣市表演過，最後竟然被幫派吸收為成員。

他的老爸實在拿他沒辦法，特別到中國去找他舅舅，請他舅舅叫他去那兒的工廠做事，給他脫離黑社會的環境。他舅舅也知道參加幫派有如「入虎口，無死嘛烏拗」，就答應他老爸帶他到中國大陸去。

0141 入虎喉，無死嘛臭頭

Jip hó-aû，bô sí mā tshàu-thâu

【暗示】殘缺不全。

【註解】參加了幫派黑道，像進入老虎的喉嚨，不死也只剩半條命了。

【例句】台灣黑道最後仲裁者「蚊哥」出殯那天，大家注目的焦點，除了來自日本黑道大哥大的人物外，便是有位國中生，率領一百多位穿黑衣服的國中生，參加送喪行列。

大家看到那些年紀輕輕的國中生，卻混於黑道而為他們悲哀，因為加入黑道宛如：「入虎喉，無死嘛臭頭」，不知他們的父母憂心否？

0142 入門禮訒，出門禮唔訒

Jip-mn̂g lé bat，tshut-mn̂g lé m̄-bat

【暗示】只想佔人家便宜。

【註解】只會想到收人家紅包，卻不會禮尚往來，人家有喜事，卻捨不得花錢包紅包。

【例句】「這個青年『入門禮訒，出門禮唔訒』，我看以後再不會有人提拔他了。」

把蕭青山從臨時員提升為雇員的張總幹事，一再的批評他不懂出門禮。據說蕭青山要請張總幹事提拔他時，先送了三十萬元紅包，還一再說等事成後會再厚謝總幹事，現在卻裝作沒有這回事。

0143 入寨無刣人

Jip tsē bô thâi-lâng

【暗示】不殺來使。

【註解】入寨：進入人家陣地。無刣人：沒殺人。

兩軍交戰，派使者進入對方陣地，是不能將使者殺死的。

【例句】達仁高職和德興商工同學，為了一位女生爭風吃醋打群架結梁子。現在兩校學生放假外出，都不敢穿制服，深怕被對方尋仇報復，造成彼此心理負擔很大，達仁高職趙景明班長為了解開僵局，決定親赴德興商工一趟，討論兩校和解事宜。同學們都擔心趙班長一個人過去會被欺侮，他卻滿有信心的說：「你們放心啦！『入寨無刣人』啦！」

0144 八仙桌起無孔

Pat-sian-toh khí bô khang

【暗示】找孔找縫、藉故生事端。

【註解】八仙桌通常都擺放在廳堂，是放置祭拜祖宗、神明供品的方形桌子。

【例句】同事們聽到馬教授被送到醫院，紛紛前往探視，他們都知道馬教授是位很挑剔的顧客，餐廳員工雖然看到他會很感冒，但他只是囉嗦不至於愛惹事，怎會受傷那麼嚴重？

「你和他們打架？」「沒有啦！我是看到送來的菜上有隻蒼蠅，大聲的叫他們扔掉，誰知道廚師們聽錯了，或是『八仙桌起無孔』，竟把我扔出門外……」

0145 刀鈍唔是肉靭

To tūn m̄-sī bah jūn

【暗示】能力差不是事情難辦。

【註解】肉切割不下去，是刀鈍了，不是肉很靭難切。

【例句】說什麼到底也是自己的兒子，雖然嗜賭如命，給老子出了無數的情況，讓老人家一次又一次，替他還清黑社會兄弟上門追討的賭債，但是周老頭除了嘴裡唸，一天罵到晚，也僅僅只是口說而已，沒去辦理斷絕父子關係。「是『刀鈍唔是肉韌』」周老頭對親友說：「到底是自己的親兒子，怎麼斷絕得了呢？」

0146 刀槍雖險，筆尾忭利尖

To-tshiuⁿ sui hiám，pit-búe khah lāi tsiam

【暗示】爲害無窮。

【註解】刀槍雖然很危險，但一刀一槍，傷害到的、打死的只有一人；一枝筆寫下來的，爲害爲禍得更加可怕。

【例句】搶劫殺人要犯黃海森伏法，大家都有搬走壓在心頭上大石頭的輕鬆感覺，覺得這位惡形惡狀的罪徒，再也不會危害社會了，可是老里長邱伯伯卻持另種看法，他說：「黃海森爲害社會是事實，但『刀槍雖險，筆尾忭利尖』，被這種匪徒殺害的也只不過一、兩個人而已，但是那些有學問爲德不卒的傢伙，一枝筆反而會禍國殃民，比拿刀拿槍的惡徒更可怕。」

0147 力若出有路，話就講有譜

Làt nā tshut ū-lōo，ūe tiȯh kóng ū-phóo

【暗示】力量便是後盾。

【註解】能展現出力量，講話便有人相信，否則馬耳東風，你以爲你是誰？

【例句】員林竹管市形象商圈，是前立法委員江昭儀搞出來的，變成員林市上一條熱鬧擁擠的商店街。

江昭儀自美國回來，看到昔日非常熱鬧的竹管市，變得冷冷清清，便遊說商家重新塑造昔日的風華。當時多數商家都認爲，要讓竹管市起死回生談何容易？可是俗語有云：「力若出有路，話就講有譜。」經過江昭儀一年的奔波遊說，終於獲得商家的支持，搞活了竹管市。

0148 十(雜)路全,透底軟

Tsáp-lō͘ tsñg,thàu-té nńg

【暗示】沒有深入研究。

【註解】懂得很多,但都半生不熟,只是懂些皮毛而已。

【例句】同事們對於公司五年來,都以景氣低迷、經營困難爲由不曾調薪,甚感不滿,推薦運銷課羅運通代表同仁和公司談判。第一回薪資談判,羅運通聽完趙總經理吐了一番苦水後,便垂頭喪氣的敗下陣來。「要和總經理談判調薪的事,怎麼叫羅運通去?」司機老蕭說:「羅運通那個傢伙,『雜路全,透底軟』,一罐米酒什麼都可以⋯⋯」

0149 十二月屎桶 —— 盡摒

Tsáp-jī-guéh sái-tháng —— tsīn piàn

【暗示】出清貨底。

【註解】屎桶:貯藏糞便的器具。盡摒:全部清理掉。

十二月是快要過新年了,一元復始,萬象更新,家家戶戶此時莫不除舊佈新大掃除。

【例句】我下了火車,走到中正路看到呂外科那邊圍了很多人,以爲發生了什麼事。走過去一看,才看到隔壁百貨公司掛了一條書寫:「十二月屎桶 —— 盡摒」的白字紅布條。

我們問在那兒搶購的人群,原來是百貨公司的租約到期,店內任何商品,都以二折降價出清了。

0150 十二月食菜頭,六月即轉嗽

Tsáp-jī--guéh tsiáh tshài-thâu,lák--guéh tsiah tńg-sàu

【暗示】反應慢了半拍。

【註解】菜頭:蘿蔔。轉嗽:開始咳嗽。

去年十二月吃了蘿蔔,到今年六月才有反應,開始咳嗽起來。

【例句】鄭鄉長人事收紅包、工程收回扣，早有傳聞，也有人向縣政府政
風室檢舉。事隔一年，大家認爲已經事過境遷沒事了，地檢署掃
黑小組竟然到鄉公所查扣鄭鄉長任內工程相關文件，並傳訊鄭鄉
長。

這時候大家才知道，原來「十二月食菜頭，六月即轉嗽」，只是慢
了半拍，並不是不辦。

0151 十二生肖百面開

Tsàp-jī seⁿ-siùⁿ pah-bīn khui

【暗示】鐵定。

【註解】十二生肖：鼠、牛、虎、兔、龍、蛇、馬、羊、猴、雞、狗、豬，
每一個人的生肖，離不開十二生肖之一。

百面開，彩券只要猜十二生肖，那一定會開出來。

【例句】雖然爲了簽賭六合彩，老婆負氣離家出走，林益嘉還是樂此不疲，
不但聚精會神的研究各種號碼開出的機率，還告訴前來請教明牌
的鄰居說：「31、47、13，『十二生肖百面開』！」

0152 十人褒，毋值一人罵

Tsàp-lâng po，m̄-tàt tsit-lâng mē（mā）

【暗示】當頭一棒。

【註解】十個人稱讚你，不如有一位眞正對你說實話的人。

【例句】陳朝明常向朋友夸言他嘿咻的時間，少說也有五十分鐘以上，朋
友們籌資讓他到賓館，要檢驗他的能耐。

朋友們等了將近一小時，陳朝明才從房間出來，還不斷的說那個
大陸妹哀爸叫母，一直稱讚他的功夫一級棒。

朋友們說不管持續五十三分、五十四分，都很偉大了不起。當大
家熱烈的給他鼓掌之際，只見大陸妹走出房間，不斷的罵他無路
用，整整一個鐘頭還硬不起來。眞是「十人褒，毋值一人罵」，害
得陳朝明臉紅耳赤。

0153 十个大箍，九个獃

　　　Tsảp-ê tūa-kho，káu-ê tai

【暗示】體大笨頭笨腦，自然現象。

【註解】這是說大塊頭的人，獃頭獃腦的比較多。

【例句】人家說「十个大箍，九个獃」一點兒也不錯。

　　　印證這句話的是大夥兒，到醫院去探望到賓館召妓，被掉落的吊燈打傷屁股的蕭仕強。老李開玩笑的說：「幸虧慢了五分鐘才掉落下來，否則你的腦袋一定被打破。」害得人人捧腹大笑不止，只有小張那個胖子會意不過來。

0154 十个查姆九个穤，一个獪穤煞厚屎

　　　Tsảp-ê tsa-bó͘ káu-ê bái，tsit-ê bē bái suah kāu-sái

【暗示】瑕不掩瑜。

【註解】十個女孩子，大概有九個長得不怎麼樣，只有一個漂亮的女孩子，卻很三八。

【例句】這是很奇怪的事，頂莊林家不知從什麼時代開始，絕對不會與呂厝莊締結兒女姻親。

　　　根據查訪所得到的資料，大概三、四代前，頂莊林家娶了呂厝莊呂小姐為妻，結婚後不久被發現呂婦所生的兒子，不是林家的種，兩家因而對簿公堂，終鬧到林呂兩莊親友反目成仇，而發下重誓：呂家「十个查姆九个穤，一个獪穤煞厚屎」，林呂兩家永不做兒女親家。

0155 十大九獃，無獃將軍才

　　　Tsảp tūa káu tai，bô tai tsiong-kun-tsâi

【暗示】人可貌相。

　　　大：大胖子。

【註解】十個胖子，大概有九個獃子，不獃的那個傢伙，將來也許是塊頭

大的將軍吧！

【例句】廖老師繼承廖家上代的肥胖症基因，生下三男一女都是超胖的小
　　　　巨人，除了老二學銘外，其他兩男一女腦筋都有點遲鈍，學銘卻
　　　　是學校足球隊的隊長，許多同學都拿他開玩笑說：「你們廖家『十
　　　　大九獸，無獸將軍才』，一點兒沒也錯。」

0156 十月日發翅，襤爛查姆摸燴直

　　　　Tsàp--guèh jit huat-sit，lám-nūa tsa-bó bong bē tit

【暗示】工作忙不完。

【註解】日發翅：白天比較長。
　　　　十月的時候，晚上比較短，白天比較長，本來懶惰的婦女，就會
　　　　忙不完。

【例句】「六月一雷窅九颱」，家家以爲已經快十月了，一定沒有颱風了，
　　　　反而覺得「十月日發翅，襤爛查姆摸燴直」。農家婦女，一定有做
　　　　不完的工作，卻沒有想到十月初，還有一個名叫「龍王」的強颱
　　　　登陸台灣。

0157 十白蔭九婿

　　　　Tsàp pèh ìm káu súi

【暗示】天生麗質。

【註解】皮膚白皙的佳麗，十個人看起來有九個是美女。

【例句】2006年國際貿易中心的汽車展，各車廠所聘請的促銷妹，看起來
　　　　「十白蔭九婿」，每位都那麼漂亮，秀色可餐。

0158 十囝十新婦，偆一个老寡婦

　　　　Tsàp kiáⁿ tsàp sin-pū，tshun tsit-ê lāu kúa-hū

【暗示】多子餓死老人家。

【註解】十個兒媳，孫兒女一定成群了，可是都放著老人家，像寡婦那樣

孤伶仃，沒人照顧。

【例句】陳新裕從安養院出來，一直感慨不已，想到自己的姐姐，躺在安養院的病床上，苟延殘命，不禁對老婆說：「我們年歲都不小了，要存些私房錢，以後才會有人願意照顧我們的生活，像大姐幾乎是『十囝十新婦，倩一个老寡婦』，躺在安養院病床上，沒有人理她。」

0159 十步九回頭

Tsa̍p-pō káu hûe-thâu

【暗示】難分難解。

【註解】生離死別，十步九回頭、頻頻回頭，捨不得分離的樣子。

【例句】同事們聚在一起，議論魏淑君結婚那天，她「十步九回頭」依依不捨父母的感人畫面。

「當然是捨不得離開父母呀！」

「妳們錯了！」吳耀昌把所見到的告訴大家，「歡送魏淑君的親友中，有她相戀多年的情人。」

0160 十按九無影

Tsa̍p àn káu bô-iá^n

【暗示】屢次爽約。

【註解】十次預定九次黃牛，沒誠信。

【例句】台北市某于姓男子，認為張姓妻子惡意遺棄訴請離婚，地方法院判准離婚。

這對結婚四十多年的老夫妻，因張婦出家為尼，以佛教戒律，出家後不得有性行為，拒絕履行夫妻同居義務，于姓丈夫因而提出離婚訴訟。

張婦不願離婚，說雖然出家，但仍在履行同居義務，法官轉問于姓丈夫，他大聲說：「阿彌陀佛，『十按九無影』……。」

0161 十个查仪九个老，一个無老煞臭頭

Tsáp-ê tsa-poo káu-ê lāu，tsit-ê bô lāu suah tshàu-thâu

【暗示】人生難求十全十美。

【註解】十個男人有九個老的，剩下那一個雖然年輕些，卻是癩痢頭。

【例句】在日日春妓女戶，以皮肉謀生的妓女阿嬌，有感於人老色衰想要
從良，可是多年來，仍在妓女戶謀生，恩客老莫問她，怎麼還在
日日春討生活？
「沒辦法，『十个查仪九个老，一个無老煞臭頭』，找不到好歸宿。」

0162 十做九不成，那做那無閑

Tsáp tsò káu put-sîng，ná tsò ná bô-îng

【暗示】一事無成，反而越做越忙。

【註解】那做：越做。無閑：沒有閒功夫。
事情不但越做越忙，也弄得一事無成。

【例句】爸爸雖然主張故障電腦送修，可是在學校學了一些電腦維修皮毛
的哥哥，決定學以致用，替爸爸省下這筆錢。
哥哥修電腦，頗有大師傅架勢，要我和弟弟不能靠近他，如果不
聽話，零件丟了，唯我們是問！
哥哥修理兩天下來，不但沒把電腦修好，而且「十做九不成，那
做那無閑」，不但沒替爸爸省下錢，反而多花了四千多元修理費用。

0163 十條芹蕉九條蹺，一條無蹺真孽韶

Tsáp-tiâu kin-tsio káu-tiâu khiau，tsit-tiâu bô khiau tsin giát-siâu

【暗示】香蕉會彎曲是正常的，沒有彎曲，反而讓人感到反常。

【註解】非自然現象，變成反常。

【例句】警方大隊人馬包圍賭場，把現場三十多位賭客帶回警局偵訊。王
哲雄堅持他沒有參與賭博，只是陪朋友到賭場去，他堅持到賭場
並沒違法，如果硬要寫上他也是賭客，將控告分局長和刑警們偽

造公文書。

周刑事請示分局長怎樣處理，只聽到黃分局長說：「十條芹蕉九
條蹺，一條無蹺真孽韶。」

0164 十條蕃薯九條臭香

Tsa̍p-tiâu han-tsî káu-tiâu tshàu-hiuⁿ

【暗示】唯一可取，或乏善可陳。

【註解】臭香：腐爛，有酸臭味道。

爛傢伙一堆，一無可取。

【例句】潘爸爸有六個兒子，雖然都已經結婚成家，各有家庭，卻經常為
小事爭吵，兄弟甚至打架打得遍體鱗傷。

只有么子能體貼老人家、安慰老人家，而且為了不讓老人家看到
兒子們爭吵傷心，把老人家接到台北住在一起。

潘爸爸每當提起么子，欣慰之情浮在臉上，經常暗中祈禱：「十
條蕃薯九條臭香」，希望老天保佑剩下那條，不要受傷。

0165 十藝九不成

Tsa̍p gē káu put-sîng

【暗示】一事無成。

【註解】意志不堅定，缺乏耐力與持久性。所以雖然到處習藝，卻沒有學
到什麼技術本領。

【例句】詹爸爸決定把兒子送到士官學校，他告訴親友，兒子明義國中畢
業便不升學，說什麼要去學工夫，到過印刷廠、機車行、汽車保
養廠、鐵工廠……兩年換了十多個地方，「十藝九不成」，才決心
把他送到士官學校。

0166 三七講四六聽

Sam-tshit kóng sù-liȯk thiaⁿ

【暗示】應付了事。

【註解】身份不適宜講那種訓誡的話，也可解釋爲做人虛僞假意，所說所爲不可全信。

【例句】兒子喜愛杯中物，老爸屢勸不聽，不得已請自己弟弟前來規勸，弟弟也是酒國兄弟，對侄兒「三七講四六聽」，叔侄說著說著就相偕出去喝酒，害老爸氣得跳腳不已。

0167 三人好扑索，四人好坐桌

Saⁿ-lâng hó phah-soh，sì-lâng hó tsē-toh

【暗示】物以適用爲宜。

【註解】扑索：編製繩子，需要三個人操作。

要編好繩子，便需要三個人；要坐下來打麻將，四個人剛剛好。

【例句】我不會打麻將，沒有領受過牌友少了一腳的焦急情況，直到看到總務余課長，那天到處打電話找人來湊數的緊張、不安的情況，才瞭解牌友的重要性。

我說泡茶、聊天，也是很快樂的事；他說：「老陳，你沒打過麻將，不曉得『三人好扑索，四人好坐桌』，家裡來了兩位同事，連我也只有三個人，湊不到一桌，賭癮發作沒得玩是很難過的。」

0168 三人扛四人扶

Saⁿ-lâng kng sì-lâng hû

【暗示】威風不可一世。

【註解】官大財粗，出門隨扈隨侍左右，架勢很大。

【例句】苗樹仁終於在多位鄰長「三人扛四人扶」的情況下，到鄉公所辦理連任村長競選登記。

苗村長服務風評是不錯的，尤其最令人津津樂道的是一個月四萬

元的薪水，扣除辦公支出外，剩下的都交由鄰長們負責管理，已經累積二百多萬元基金，怪不得鄰長們個個都愛他連任。

0169 三八佮有偆

Sam-pat kah ū tshun

【暗示】行為不檢點。

【註解】三八：通常是指女人言行，逾越社會認同的規範。有偆：超過的意思。

【例句】南投縣埔里鎮，有一位「三八佮有偆」的魏姓媽媽，將未滿月的女兒託友人照顧，友人把女嬰帶到卡拉OK，唱歌喝酒狂歡後，把女嬰留在店內便逕自回去。

警方據報後，終於在另一餐廳找到魏姓媽媽，可是她已經喝得醉醺醺，不醒人事了。之後發現女嬰情況不對，警方緊急將女嬰送往埔里基督教醫院就醫。

0170 三八假厚禮

Sam-pat ké kāu-lé

【暗示】假正經。

【註解】三八：係指女人言行舉止不正經，也就是十三點。這種十三點的女人，竟然假正經，循規蹈矩起來。

【例句】柯老師只是喜歡寫作，感情非常專一，兩夫妻卻因為總務課胡小姐「三八假厚禮」，差點兒鬧離婚。

他們夫妻吵架的導火線，是報社寄給柯老師六千元稿費，胡小姐剛好要到郵局去，便拜託她代領。胡小姐卻對他說：「柯老師，代領沒問題，扣一千元請客如何？」

柯老師在這種情形下，也只好說OK。胡小姐竟拿著一千元，偷偷的告訴其他同事，柯老師晚上要請她吃宵夜，而引起老婆醋勁發作。

0171 三十、二五著罔趁

Saⁿ-tsảp、jī-gō tiỏh bóng thàn

【暗示】珍惜機會，也不要忽略小錢。

【註解】三十、二十五元雖然都是小錢，也不可小看它，能賺多少都要賺，積沙成塔、積少成多，不要眼高手低，到頭來一無所有。

【例句】現代的年輕人，大都眼高手低，找工作都要求事少、錢多、離家近。其實，年輕人剛踏出社會，要秉持「三十、二五著罔趁」先安定下來，慢慢再尋找待遇好、穩定的工作。

0172 三十六計，走為先

Saⁿ-tsảp-lảk kè，tsáu ûi sian

【暗示】審時度勢，免受災難。

【註解】檢討所有三十六個計策，認為跑離現場是最好的策略。

【例句】2005年6月14日，花蓮市警方深夜巡邏到花蓮看守所，張姓男子看到警員迎面而來，作賊心虛，「三十六計，走為先」，跳下機車拔腿就跑，跑到看守所圍牆，竟翻牆跳入看守所裡面而被捕，搜出安非他命毒品。

0173 三十後，則知天高地厚

Saⁿ-tsảp āu，tsiah tsai thiⁿ kuân tē kāu

【暗示】三十而立，四十而不惑。

【註解】人到三十歲後，才能知道聰明才智、能力及作為。

【例句】孔子說：「三十而立，四十而不惑……」真有他的道理。一個人到了三十歲，大都已經結婚、成家又為人父母了，增加了生活的歷練及養兒育女的經驗，才會產生責任心。

0174 三个小叔三擔柴，一个小姑奏喙豝

Saⁿ-ê sió-tsik saⁿ taⁿ tshâ，tsit-ê sió-koꞏ tàu tshùi-bâ

【暗示】小姑天生多是非。

【註解】豝：野生的貍貓。

三個小叔幫忙嫂子挑柴，能和融相處；與小姑一起，便是非不斷。

【例句】和成成衣公司規模不大，總共只有二十一個員工，大家和睦相處，互相支援、協助，倒像一家人。自從新來的會計李小姐到職後，挾其是老闆的侄兒，整個公司變成「三个小叔三擔柴，一个小姑奏喙豝」，是非不斷，昔日和融的氣氛，已經不知到哪兒去了。

0175 三千年狗屎粕，佫抾起來餾

Saⁿ-tshing nî káu-sái phoh，koh khioh-khí-lâi liū

【暗示】舊事重提。

【註解】已經那麼久以前的事，還提出來傷感情。

【例句】張天瑞和李淑芬老師，走上離婚之路，同事們都不覺得意外，倒是他們的婚姻，能維持十年這麼久，才令人感到很意外。

同事們不看好他們的婚姻，因為張老師一向玩世不恭，婚後還與昔日的女朋友藕斷絲連；而李老師那支死人喙「三千年狗屎粕，佫抾起來餾」，常常揭他的瘡疤。這樣的家庭，能和睦者幾希？

0176 三不五時

Sam-put-gō-sî

【暗示】有些時候。

【註解】經常的反詞，三不五時，有時候……的意思，也有偶而的含意。

【例句】周明祥到藥房買安眠藥，老闆問他：「你要用到安眠藥？」「我『三不五時』要用到，否則，我會睡不著覺！」「這種藥不要吃過量，」老闆叮嚀他：「才不會弄壞身體！」「不會啦！」周明祥對他說：「這是要給我老婆吃的！」

0177 三分姿娘，七分打扮

Saⁿ-hun tsu-niû，tshit-hun táⁿ-pān

【暗示】人要衣裝。

【註解】喻女人的姿色儀態，只有三分是天生麗質，其他有七分是靠打扮化妝來的。

【例句】郭鄉長老婆尤女士，是鄉婦聯會理事長，主持婦女節慶祝大會，不知是燈光朦朧，還是眞的那樣子，給予人的印象是華容大方，有鄉長娘的架勢。

出席的貴賓，紛紛向郭鄉長稱讚夫人落落大方、雍容華貴。郭鄉長淡淡的說：「老了，還不是『三分姿娘，七分打扮』？」

0178 三分醫七分養

Saⁿ-hun i tshit-hun ióng

【暗示】儉餉卡好食補。保健優先。

【註解】身體要健康，生命要長壽，只有三分靠醫療，七分是要靠休養與保健。

【例句】秦伯伯在胡診所外面徘徊了一陣子，等到患者都走光，才跑進去找老朋友胡醫師。

他看了左右都沒有人，才老實告訴胡醫師：「老胡，我現在性慾高，你做做好心，開個處方給我，讓它降下來！」

「你性慾很高？」胡醫師向他上下打量了一下：「有多高？」「都衝到腦袋來，小弟又不配合，非降下來不可！」「其實啊！『三分醫，七分養』，儉餉卡贏食補！」

0179 三尺槌作四尺槌用

Saⁿ-tshioh thûi tsoh sì-tshioh thûi iōng

【暗示】善於計劃及運用物品。

【註解】槌：木槌或鐵槌，打洞或打下基礎的土木工具。

三尺槌作四尺槌用，有將就、勉強、善用物體之含意。

【例句】哥哥暑假回來，要找高中同學敘舊，向叔叔借車子，叔叔搖搖頭，叫哥哥騎那部老舊機車去找朋友。

哥哥也搖頭，雖然沒說出口，但明顯的暗示不體面，這下子叔叔對他說：

「老爺機車有什麼不好？『三尺槌作四尺槌用』，騎機車總比走路好吧？」

0180 三心兩意

Sam-sim lióng-ì

【暗示】心猿意馬。

【註解】拿不定主意，猶疑不決的窘態。

【例句】表姐哭得傷心欲絕，雖然想要挽回與姓邱的男朋友，三年來所締結的愛情，已經不可能了。

原本姓邱的男朋友向她求婚，已經很嚴肅的告訴她，他們的婚事不能再拖下去了，如果這禮拜不能有結果，他可能被父母所迫，不得不跟林姓國小老師訂婚。

人家已經說得很清楚，表姐還在「三心兩意」，要考驗人家的耐性，結果失去了心愛的人。

0181 三支香燒落去，著發起來

Saⁿ-ki hiuⁿ sio--lòh-khì，tiòh huat--khí-lâi

【暗示】紅面个快落籠。

【註解】三支香，表示簡單的方法。

隨便幾句挑撥離間的話，便能令他大發雷霆。

【例句】同事們都知道程進成像個小丑，只要「三支香燒落去，著發起來」。因此，常常有人用激將法刺激他，他也因為這樣常常喝得酩酊大醉，有一次車子還撞上安全島呢。

0182 三斤貓咬四斤貓鼠

Saⁿ-kin niau kā sì-kin niáu-tshí

【暗示】不自量力。

【註解】只有三斤重那麼小的貓咪，怎能咬到四斤那麼大的老鼠。

【例句】莊德雄暗中期待，這次楊課長退休，李代課長能給他安排個股長
職位，只是自己不便向李代課長開口。

「你有意思爭取股長職位，也該輪到你了，」同事老王對他說：「我
沒有這個企圖，所以我去找李代課長商量，他很好開口說話。」「你
呀！『三斤貓咬四斤貓鼠』，」不料李代課長當面潑他冷水：「卡
早睏卡有眠。」

0183 三日大，五日小

Saⁿ-jit tūa，gō-jit sió

【暗示】盛情款待。

【註解】三日大餐，五日小酌。喻招待得無微不至，天天厚禮款待。

【例句】做為高朝三的岳母，她覺得很委屈，想到女兒遭受女婿的欺辱，
眼淚就汪汪的滴下來。

她說高朝三這個沒良心的女婿，當初商場失敗，走投無路之際，
一家大小都搬到女兒娘家來住。他們不但從沒有一句怨言，而且
「三日大，五日小」那樣的款待他，也籌錢幫他東山再起。現在他
賺了錢，不但沒感謝他們伸出援手，還一天吵到晚，要把他妻子
休掉。

0184 三日風，兩日雨

Saⁿ-jit hong，nn̄g-jit hō

【暗示】是非不斷。

【註解】風風雨雨，是是非非不斷。

【例句】民進黨籍前立法委員周伯倫，因「榮星花園」弊案判刑六年定案，

於2003年2月17日到花蓮監獄報到服刑。而於2005年6月17日，服滿三分之一刑期，假釋出獄，與林重謨合唱〈回鄉的我〉，並聲明：「犧牲來坐牢，無怨亦無悔！階下囚出獄，有情亦有義！司法秀落幕，無法亦無天！打冤獄官司，有憑亦有據！覺諸法皆空，無失亦無得！」

周伯倫這位政壇「三日風，兩日雨」的人物，名言：「陳文茜一個人，搞掉民進黨兩位主席！」

0185 三日偎東，三日偎西

Saⁿ-jit uá tang，saⁿ-jit uá sai

【暗示】食西瓜偎大爿。

【註解】趨炎附勢，見風轉舵，沒有原則和中心信仰。

【例句】李縣長受到連任的壓力，進行人事改組，幅度之大是任內所罕見。尤其引起輿論關注的是，將民政局長黃世雄改調參事，周議長也感到不可思議，偷偷的問李縣長，怎麼下猛藥將黃局長降調？

「周議長，黃世雄這個傢伙『三日偎東，三日偎西』，吃裡扒外，我只得先下手為強。」

0186 三日無唸喙頭生，三日無寫手頭硬

Saⁿ-jit bô liām tshùi-thâu tsheⁿ，saⁿ-jit bô siá tshiú-thâu ngē

【暗示】學而時習之。

【註解】三天沒有唸書，嘴巴不由得生硬；三天沒有寫字，也覺得手骨頭生硬起來。

【例句】小華跟媽媽說，他想參加書法班，練習書法。

他媽媽說：「你要練書法，我當然不會反對，可是你要知道練書法和讀書、學才藝一樣，『三日無唸喙頭生，三日無寫手頭硬』，要有這個認知，才可以去報名。」

0187 三日無餾跮上樹

San-jit bô liū peh-tsiūn tshiū

【暗示】學到的都忘光了。

【註解】餾：蒸發，把涼的食物再蒸熱，如餾飯。

三天沒有溫習，所學到的就像蒸餾氣體那樣，往樹上蒸發掉了。

【例句】國中基本學力測驗的日期越來越近了，老爸對他孩子整天沉迷於電視連續劇的漫不經心非常生氣，下命令從現在起到基測完後，不准他看電視。

「爸，你這樣沒道理！我功課都準備好了啦，看電視放輕鬆也不行嗎？」

「什麼？你功課都準備好啦？」他老爸說：「功課『三日無餾跮上樹』，現在距基測只有一個多星期而已。」

0188 三月討海，四月曝網

San--gueh thó-hái, sì--gueh phak-bāng

【暗示】工作不穩定，有一天沒一天的。

【註解】討海：打魚。曝網：曬漁網。

休息的日子，比工作的日子長。

【例句】兒子告訴老爸，想去台北找工作。

「到台北找工作？」他老爸問他：「高鐵溪州工作站，不是在徵工人嗎？」

「高鐵要的工人是『三月討海，四月曝網』，有工作，通知去做；沒工作，就在家沒事幹，肚子怎麼能飽？」

0189 三代粒積，一代空

San-tāi liap-tsik, tsit-tāi khang

【暗示】富無過三代。

【註解】上下三代勤勞節儉，所累積的財富，到了第四代揮霍花光了。

【例句】「這件事說起來也是天譴。」王樹民阿桑對鄰居說：「李家三代從李昆明老伯伯開始，就非常勤勉工作，到他們孩子也就是李子民的父親那一代，仍然克勤克儉，工作都比別人認真，生活也比我們節儉，才有今日的財富。可是想不到『三代粒積，一代空』，李爸爸死後留下來的財產，怎麼禁得起李子民賭博吸毒揮霍呢？」

0190 三代無烘爐，四代無茶壺，唔願娶汝來做姆

Saⁿ-tāi bô hang-lô，sì-tāi bô tê-kó，m̄-guān tshūa lí lâi tsò-bó

【暗示】恨之入骨，或敬謝不敏。

【註解】寧可幾代都沒有老婆，也不願娶妳這個查姆的詛咒話。

【例句】吳天癸與林曼麗這對情人，不知道發生了什麼深仇大恨的事，吳天癸竟在辦公室，對著眾人發誓說：
「林曼麗，妳這個查姆，我告訴妳，我吳天癸『三代無烘爐，四代無茶壺，唔願娶汝來做姆』，無影會死！」
林曼麗聽完吳天癸發的毒誓，立即衝上去把他的嘴巴搗住。

0191 三句有，兩句冇

Saⁿ-kù tīng，nn̄g-kù phàⁿ

【暗示】不可盡信。

【註解】有：硬實飽滿。冇：稀鬆。
講了三句話，便有兩句謊話。

【例句】張經理交代林業務員，就阿拉伯來的那張十萬雙襪子的訂單，如何交貨，何時付款的細節，與協記貿易公司說清楚、講明白，才可下單織造。
林業務員剛要出門，張經理又把他叫回來，叮嚀他說：
「你直接找許經理詳談，不要跟邱協理談，他那個人『三句有，兩句冇』，講話不能確定。」

0192 三央四託

Saⁿ iang sì thok

【暗示】到處請託。

【註解】到處找人幫忙，也有說爲「央三託四」。

【例句】陳新榮小朋友突然放下小提琴，跑到隔壁問鄰居說：「阿桑！我天天在陽台上練琴，您覺得我拉得怎麼樣？」

「老實說，你小提琴拉得很難聽，我們都很厭煩！」「那您爲什麼……」這位好像「三央四託」的小朋友對他鄰居說：「您怎麼不去告訴我爸？」

0193 三年一閏，好歹照輪

Saⁿ-nî tsit lūn，hó-pháiⁿ tsiàu lûn

【暗示】沒什麼了不起，有時星光有時月光。

【註解】時序輪轉，農曆三年便有一個閏年。照輪：輪番。
得意的時候，沒什麼好囂張的。連月亮都有陰晴圓缺了，人哪能千日好？

【例句】朝陽國小運動大會，依例由東南村負責籌備。
東南村蔡棋鎮村長向與會各村長抱怨，今年景氣衰退，募款困難，恐怕沒有歷年那麼熱鬧。
「老蔡，你不用客氣了，『三年一閏，好歹照輪』，景氣好壞不是問眞，關鍵在有沒有全心投入計劃。」

0194 三年水流東，三年水流西

Saⁿ-nî tsúi lâu tang，saⁿ-nî tsúi lâu sai

【暗示】好歹照輪。

【註解】河水三年向東流，三年向西流。

【例句】彰化縣沿海地區鄉鎮的派系非常明顯，影響地方建設至鉅。陳派人士當選鄉鎮長，那麼林派的鄉鎮民意代表，或村里長爭取建設，

便會被否決。

「胡鄉長，告訴你免嬈驃啦，」童代表氣沖沖指著他罵道：「民主政治『三年水流東，三年水流西』，下一屆看你能趾高氣揚？」

0195 三年官兩年滿

Saⁿ-nî kuaⁿ nng-nî múa

【暗示】貪官寫照。

【註解】一任官吏任期三年，當了兩年，荷包就應該飽滿了。

【例句】南投縣名間鄉現任及前二任鄉長三人，都被南投地檢署起訴，分別吃上瀆職、貪污官司。

代表會陳老主席聽到，現任鄉長也因向在鄉內建設發電廠的日商勒索，被調查局當場逮個正著而移送法辦，便嘆著氣說：「舊時候官場『三年官兩年滿』的不法現象，竟相繼在本鄉發生，真是可恥。」

0196 三年著賊偷，唔值一年火加落

Saⁿ-nî tióh tshát-thau，m̄-tát tsit-nî húe ka-lảuh

【暗示】沒有比火災損失更大。

【註解】火加落：火災造成的財物損失。

雖然年年遭小偷，但損失的財務，沒有一次火災那麼多、那麼慘重。

【例句】林明周和父親爭執的是，他認為治安這麼差，應該裝設監視器，小偷來了才會錄下來，減少損失。

可是他老爸卻認為他們家是老房子，所架設的電線，都是以前生活簡單時代的標準，以現在的電器化生活，可能負荷不了，要把錢先用在電線管線的翻新，而不必急於裝設監視器。他老爸說：「要知道『三年著賊偷，唔值一年火加落』……」

0197 三百五百，買無一隻鹹水鴨

Saⁿ-pah gō-pah，bé bô tsit-tsiah kiâm tsúi-ah

【暗示】不值得。

【註解】三百五百：形容選舉買票錢。買無：買不到。

買票的錢不多，不值得出賣良知或選票。

【例句】台灣有句諺語「選舉無師傅，加錢買就有」，所以這種用金錢買票
的選舉，所選出來的當選人，通常品德、能力都有瑕疵，也就是
常常讓人感覺到選錯了人。

其實，把自己神聖的選票賣出去，這種「三百五百，買無一隻鹹
水鴨」的小錢，卻大大影響台灣民主政治的品質。

0198 三步骹，一崁店

Saⁿ-pō kha，tsit-khám tiàm

【暗示】商店林立，生意競爭。

【註解】三步骹：形容距離很近。一崁店：一個商店。

每走三步便能看到一家同樣的商店。

【例句】詹校長退休後，決定搬回鄉下老家，引起老同事的關心。尤其大
家都認為，校長夫人一定會過不慣鄉下那種不方便的生活。

「怎麼會不方便？」詹校長對大家說：「現在鄉下到處都有超商，
『三步骹，一崁店』，方便得很呢！」

0199 三言兩語

Saⁿ-giân nn̄g-gí

【暗示】講話不拖泥帶水，囉囉嗦嗦，也就是長話短說，多說沒用。

【註解】長話短說。

【例句】縣政府對內意見調查，多數都要求廢止每月的動員月會。

其實，大家並不是真正討厭動員月會，動員月會會場有冷氣，可
以趁機偷睡一會兒未嘗不可；真正反對的原因是，每一次動員月

會，林主任祕書都會上台講話，可以「三言兩語」講完的，他會
囉囉嗦嗦講個沒完沒了，聲音又特別高亢，讓人實在受不了。

0200 三兩人講四兩話

Saⁿ-niú lâng kóng sì-niú ūe

【暗示】不自量力。

【註解】幾個微不足道的人物，竟然敢說大話。

【例句】王小明氣呼呼的告訴朋友，不要說做小生意也要資金，連買輛機
車，他老爸也不准，叫他如何待下去？所以他決定離家出走。歐
晉棋聽後，自告奮勇要去跟王父交涉，正跨上機車，被他老媽叫
下來：「你呀！『三兩人講四兩話』，誰聽你的？」

0201 三拄四唔著，串拄硓砧石

Saⁿ tú sì m̄-tiȯh，tshuàn tú ló-kó-tsiȯh

【暗示】倒霉透頂。

【註解】做事三次四次不順利，運氣很背。

　　　　硓砧石：類似珊瑚礁不堅實的石頭。

【例句】「人勢，命運做對頭」這句話對老賴來說，再恰當也不過了。
他認為當公務員，一輩子溫飽大概沒問題，但是談到發財，那也
是「阿婆仔生囝──眞拼咧」，便辭掉公職經營畜牧用藥，卻碰到
「豬口蹄疫」，生意一落千丈。後來開辦安親班，沒多久，內政部
竟准許各國小辦理安親班，以協助家長解決鑰匙兒童問題，讓他
感覺到「三拄四唔著，串拄硓砧石」。

0202 三條茄，唔值一粒蕎

Saⁿ-tiâu kiô，m̄-tȧt tsit-liȧp giô

【暗示】男人不如女人。

【註解】茄：這裡所指的茄，指的是男人的陽具。蕎：形容女人的陰部。

是指三個男人，能力比不上一個女人。

【例句】阿琴歐巴桑新居落成，街頭巷尾左右鄰居，都來參加她這棟豪華樓房的落成筵席。

酒席中，幾位鄰居聚在一桌，聊談時大家都稱讚阿琴了不得，她年輕守寡、獨自奉養公婆和扶養三個子女，還能蓋這一幢透天樓房。廖伯伯讚賞說：

「我們『三條茄，唔值一粒蟯』，回去把茄剪給鴨母吃。」

0203 三斑攪醪水

Sam-pan ká lô-tsúi

【暗示】把事情搞砸。

【註解】三斑：水產魚名。醪：濁水。

好清澈的水，被三斑魚攪濁了。

【例句】雲林縣崙背鄉，原來是非常樸實的農村，自從台塑六輕在麥寮設廠，引進菲律賓、泰國、越南工人後，便像「三斑攪醪水」，從此卡拉OK、KTV、酒家……等，色情行業紛紛進駐，治安問題層出不窮。

0204 三骹馬著觸

Saⁿ-kha bé tiòh-tak

【暗示】意外災禍。

【註解】三隻腳的馬，本來就殘缺不健全了，又跌倒，真的災禍連連。

【例句】涂明顯小時候患小兒痲痺，行動很不方便，幸虧近來電動機車流行，他也買了一輛。雖然速度只有20公里，總比他挾著拐杖，一步一拐好得多。

也真不巧，涂明顯竟在上班途中，被一位無駕照的高中生用機車撞倒，把他那隻賴以行走的右腳撞斷，朋友到醫院探訪他，看到他那隻包石膏的右腳，都不禁說：「有夠倒霉，真是『三骹馬著觸』。」

0205 三骹貓笑一目狗

Saⁿ-kha niau tshiò tsit-bȧk káu

【暗示】同病不相憐。

【註解】三骹貓和一目狗，都是殘障的動物。彼此都不完美，有缺陷，竟然彼此取笑。

【例句】柯中和李四傑，是一對「三骹貓笑一目狗」的寶貝兄弟朋友，兩人常常相偕去泡妞。這天，汽車旅館來了幾位大陸妹，特別通知這一對寶貝朋友，兩人各進房間嘿咻，柯中兩三下就被踢出來，李四傑卻待了將近半個鐘頭，李出來後看到柯中，就挖苦說：「我就知道，你一定是兩三下就投降了吧？」柯中反擊道：「總比你半個小時還硬不起來好吧？」

0206 三聲無奈

Saⁿ-siaⁿ bô-nāi

【暗示】民意代表無可奈何。

【註解】是表示非常無奈的意思，例如俗云：「天落下紅雨，娘要嫁人」都是三聲無奈的代誌。

【例句】前台北市議員王育誠，也是前東森電視台《社會追緝令》的主持人，常以包青天自居。
　　這位自認為是社會正義維護者的前議員，竟與助理邵立達、孔祥敦、黃慶田、許哲銘、盧俊男……等人，造假拍攝殯儀館拜死人的腳尾飯事件，並於市議會當場播出，親民黨議員王欣儀……等配合質詢，嚴詞批評當時的馬英九市長領導無方。台北市農安街、德惠街商圈生意因此一落千丈，大家叫苦連天，都「三聲無奈」的說，王議員權大勢大，除了自認倒霉又能奈他何？

0207 三講四唔對

Saⁿ kóng sì m̄-tiȯh

【暗示】越說越糟糕。

【註解】講了兩三句話，便說錯了四五句。

【例句】劉文彬喜歡開玩笑，佔朋友的便宜。一日，同學來看他，他發現同學的頭髮掉光了，剩下光溜溜的頭顱，就嘲笑說：「怎麼你的頭跟我老婆的屁股一樣光溜溜？」

劉文彬以爲他吃了朋友的豆腐，其實是「三講四唔對」，因爲朋友在眾人面前，回說：「你說得一點兒也沒錯，我的頭跟你老婆的屁股，確實一模一樣。」

0208 三廳官唔敢斷人家內代

Saⁿ thiaⁿ-kuaⁿ m̄-káⁿ tuān lâng ka-lāi-tāi

【暗示】家事難辦。

【註解】家家都有本難唸的經，縱使由三個官員來辦，也不敢斷定是非。

【例句】趙樹海夫婦這對冤家，昨晚不知道有什麼不對勁，吵到天亮還沒有完結篇，夫妻兩人還拉著對方，要去分駐所請警察評理。

「你們兩個吵夠了沒有？」老人家終於開口說話啦！他說：「你們還有臉到分駐所去？『三廳官唔敢斷人家內代』，不怕被人譏笑？」

0209 上山唔通弄虎，入門唔通弄姆

Tsiūⁿ suaⁿ m̄-thang lāng hó͘，jip mn̂g m̄-thang lāng bó͘

【暗示】妻惡如虎，惹不得也。

【註解】到山上去若看到老虎，不要逞強戲弄牠。回到家裡更不可作弄老婆。

【例句】游老師全身掛彩，一到辦公室，同事便把他團團包圍起來，你一句我一句，問他爲什麼傷痕累累？

他告誡男同事說：「眞的『上山嘸通掠虎，入門嘸通掠姆』，我只跟老婆開玩笑說，她已經人老珠黃了，我應該到中國找位大陸妹，回來幫忙家事，晚上也能替她分勞。只這麼幾句話，我便全身掛彩了。」

0210 上山看山勢，入門看人意

Tsiū^n sua^n khùa^n sua^n-sì，jip mn̂g khùa^n lâng-ì

【暗示】察言觀色，隨遇而安。

【註解】到山上去，要瞭解山勢、地理環境；到人家那裡作客，要順從主人的意思。

【例句】俗語說：「猛虎難敵猿群。」這句話用在益群公司，要在本鄉建設漂染工廠，是再恰當不過了。

益群公司財大氣粗，買了台糖農地三十公頃，要建設號稱遠東最大規模的漂染廠。

有句俗語說：「上山看山勢，入門看人意。」益群以爲有錢好辦事，沒想到鄉民團結一致，拒絕高污染的漂染工廠，連續抗爭五、六次後，益群公司終於知難而退。

0211 上卅就𣍐憚

Tsiū^n siap tsiū bē liap

【暗示】體力有限勉強不得。

【註解】上卅：是指已經四十歲了。𣍐憚：體力有限了，勉強不來。

人到四十歲了，體力、精神一年比一年差了，現實容不得你再提起當年的勇事了。

【例句】台中市警方破獲國際賣淫集團，當場有四十多位來自東南亞、中國和俄羅斯的俏麗辣妹及二十多位嫖客。

江道雄仔細的尋找嫖客中，有沒有同事李江仁的名字。

「奇怪，」他放下報紙，對李江仁說：「你最愛泡外國妞，怎麼警方查獲的嫖客，沒有你老兄？」

「老弟，人到『上冊就繪僫』，」他苦笑的回說：「有錢也沒有體力。」

0212 久長病無孝子

Kú-tn̂g-pēn bô hàu-tsú

【暗示】非常無奈。

【註解】父母長久臥病在床，孩子雖然很孝順，但現實生活使他們不能待在床邊，隨侍在側，看起來像不孝的兒女。

【例句】據一項市場調查，經營安養中心，照顧行動不便或缺乏人手照顧的老人，是未來非常有潛力的事業。這項調查指出台灣老人人口時代已經到來，而且「久長病無孝子」，身為老人都有年老住安養院的心理準備。

0213 乞食逡人飼花眉

Khit-tsiȧh tùe lâng tshī hue-bî

【暗示】不切實際。

【註解】乞食：乞丐。逡人：跟著人家。

乞丐跟著人家流行飼養畫眉鳥。

【例句】在廟口賣爆玉米花的杜昌明，最近也迷上飼養小寵物，先後買了兩隻小黃金獵犬，沒事就逗著這兩隻小狗玩，他老爸起初只是皺著眉頭，後來終於忍不住開口了：

「你呀！『乞食逡人飼花眉』，也不想想我們是什麼身份？養得起這種狗嗎？」

0214 乞食三冬，嘛討有一粒紅龜粿

Khit-tsiȧh san-tang，mā thó ū tsit-liȧp âng-ku-kúe

【暗示】不要妄自菲薄，或不要小看自我。

【註解】經濟無論怎樣蕭條，總會輪到好景氣。

【例句】連續三屆競選村長都落敗的趙春山，已經開始拜訪各村民，請大

家這次選他，看在他已落選三屆的份上，讓他有服務村民的機會。
「老趙，你已經落選三次了，還敢再出來嗎？」
「怎麼不敢？」他回答同窗好友連勝彬說：「俗語不是說『乞食三晬，嘛討有一粒紅龜粿』，大家還忍心看我趙某人落選？」

0215 乞食下大願

Khit-tsiảh hē tūa-guān

【暗示】欠缺自知之明。

【註解】乞食：乞丐。三餐都有問題了，還許願做大事？

【例句】全校有七十三位家境清寒的同學，交不出營養午餐費，汪家長會長特別召開委員會，討論如何幫助這些同學。
　　　　會議討論了兩個鐘頭，還是找不出解決的方法，吳委員說：「只要我中了樂透彩頭獎，這些同學的營養午餐，我全都負責。」
　　　　「你呀！別『乞食下大願』。」有人譏諷他：「那時候你一定搬走了。」

0216 乞食身，皇帝喙

Khit-tsiảh sin，hông-tè tshùi

【暗示】形象不符。

【註解】看來像乞丐那樣不起眼，說話卻像皇帝那麼準確、權威。

【例句】家庭經濟困頓，一家七口全靠爸爸開計程車收入維持，要豐衣足食，也是痴人說夢話，能維持粗衣淡飯就不容易了。可是三個孩子，卻「乞食身，皇帝喙」，三餐捧起飯碗，看到餐桌上難得魚肉，總是那些青菜便皺眉頭，讓媽媽很心疼。

0217 乞食假細膩，奸臣假義氣

Khit-tsiảh ké sè-jī，kan-sîn ké gī-khì

【暗示】裝模作樣，欺世盜名。

【註解】乞食討來的都嫌不夠吃了，還假裝客氣、推辭。明明是為非做歹

的奸臣，還裝著忠孝節義、欺世盜名。

【例句】東興村長張錦雲推薦村民林桑爲模範父親，在父親節接受表揚。

八月一日表揚那天，司儀叫到林桑的名字，會場卻鴉雀無聲，因爲沒見到林桑上台受禮。

張錦雲村長認爲，林桑明明拜託他推薦，怎麼「乞食假細膩，奸臣假義氣」，就前往責問他怎麼沒出席表揚大會？

「村長，我是拜託先推薦我老婆爲模範母親，我才會接受表揚。」

0218 乞食無可加落粿

Khit-tsiảh bô-khó ka-lảuh-kúe

【暗示】孑然一身，怎有損失？

【註解】乞食：乞丐。無可加落：不可能掉落。

乞丐難得討到糕糧了，哪能失落？

【例句】賣炭烤香腸的小賴，對倒扁總部負責人施明德在毫無預警下，把自2006年9月9日倒扁活動縮小範圍，只剩下他及幾位幹部頗有微詞。他說施明德此舉，會讓他才購進的一千五百斤香腸滯銷而損失慘重。

「你別聽小賴胡說。」吳桑說：「小賴的香腸是賒進來的，沒賣可以退貨，『乞食無可加落粿』，哪裡有什麼損失？」

0219 乞食趕廟公

Khit-tsiảh kúaⁿ biō-kong

【暗示】喧賓奪主。

【註解】乞食：乞丐。乞丐借住廟宇，久而久之竟將廟視爲自己的家，而把廟祝趕出去。

【例句】前台灣省議會五虎將之一的郭國基，曾在省議會質詢國民黨政府，利用國共戰爭被迫撤退來台，佔領台灣，成爲台灣的統治者，實施獨裁、高壓統治，是「乞食趕廟公」。

郭國基一句「乞食趕廟公」，已經成爲盡人皆知的名言。

註：台灣省議會五虎將：李萬居、郭雨新、李源棧、郭國基、吳
三連。

0220 也欲食，也欲穿，也欲開屎用

Iảh beh tsiảh，iảh beh tshīng，iảh beh khai-sái īng

【暗示】敗家子。

【註解】要吃好、要穿好，又毫無節制亂花錢。

【例句】在捷足襪廠擔任包裝工作的歐巴桑，已經七十多歲了，大家都頗
關懷這位扶養孤孫長大的老人家，這把年紀了還出來工作？
「命苦能不做工賺錢嗎？」歐巴桑嘆著氣，老淚縱橫的說，我那個
不孝孫『也欲食，也欲穿，也欲開屎用』，不工作，錢哪裡來？」

0221 也唔死也唔大，米已煮熟，蕃薯未爛

Iảh m̄ sí iảh m̄ tūa，bí í tsú-sik，han-tsî būe nūa

【暗示】死皮賴臉，死人個性。

【註解】唔死：不死。唔大：長不大。專做狗皮倒灶之事。

【例句】很少聽到做媽媽的，罵兒子「也唔死也唔大，米已煮熟，蕃薯未
爛」這樣惡毒的話。
原來阿珠的兒子有義，已經三十一歲了，整天無所事事，猿兄狗
弟天天座無虛席，還經常喝酒鬧事，甚至吸毒。叫他出去找工作，
也都不理她，還向老人家伸手要錢，沒錢給他，或給少了，便借
酒鬧事，難怪阿珠會用咒語罵兒子。

0222 也著箠也著糜

Iảh tiỏh tshûe iảh tiỏh mûe

【暗示】軟硬兼施。

【註解】箠：小棍子。
管教孩子，既要用小棍子嚴教，也要讓他能吃飽，不能偏頗。

【例句】俗語說：「娶姆無師傅，飼囝才是工夫。」這句話是說娶老婆沒什麼，準備些錢就行了，教養孩子才是真正難題。養孩子既要花費相當精神、精力，教育孩子更要技巧，所謂「也著箠也著麋」是說教育要拿捏得準，寬嚴適宜，恩威並重。

0223 也愛甜，也愛滇，也愛大碗佮滿墘

Iáh ài tiⁿ，iā ài tīⁿ，iáh ài tūa-uáⁿ koh buán kîⁿ

【暗示】貪得無厭。

【註解】要甜的，又要滿滿的，更要用大碗的，還要滿出來的，挑剔貪心。

【例句】老實說張賜海鄉長競選連任，柳明清村幹事，確實也出了一點力，可是張鄉長當選連任後，也沒有虧待柳明清，升他為清潔隊長，沒想到柳明清「也愛甜，也愛滇，也愛大碗佮滿墘」，還要鄉長把他的老婆，聘為鄉立托兒所保育員。張鄉長覺得柳明清這個人不知好歹，一氣之下把他降為清潔隊員。

0224 千辛萬苦為著囝伨姆， 欲西欲東為著窒喙空

Tshian-sin-bān-khó͘ ūi-tióh kiáⁿ kah bó͘，
Beh sai beh tang ūi-tióh that tshùi-khang

【暗示】為生活奮鬥。

【註解】一輩子辛苦勞碌，都是為了讓孩子和老婆過好日子，每天奔波工作，都是為了填飽肚子。

【例句】大年初一，許多媒體記者，紛紛到老江家，拍他家的大門口，我好奇的跑去看，原來他們是來拍老江的春聯：「千辛萬苦為著囝伨姆，欲西欲東為著窒喙空。」

0225 千金買茨，萬金買茨邊

Tshian-kim bé tshù，bān-kim bé tshù-piⁿ

【暗示】里仁而居。

【註解】用很多的錢買房子，要用更多的時間、心意，經營與鄰里的關係。

【例句】古時候中國有孟母三遷的故事，無非是教人「千金買茨，萬金買茨邊」的重要性。

這種選擇居住環境的重要性，古今都一樣，尤其現代的人，買房子除了要選擇有好的左右鄰居外，也要選擇地理環境，像2005年6月中旬，中南部五十年來難得一見的大水災，土石流竟然將台南市烏山頭水庫風景區，一棟四層樓的景觀樓，滑落移位到一百多公尺的高雄市杉林區境內。

0226 千算萬算，唔值天一劃

Tshian-sǹg bān-sǹg，m̄-tàt thiⁿ tsit-uéh

【暗示】成事在天。

【註解】無論怎樣精打細算，錙銖必較，都比不上老天爺大筆一揮。

【例句】楊技正決定棄公從農，逆向操作人生。

他把退休金全部投入蘭花栽培工作，他認為培植蘭花這種事業，工作不繁重，是靠技術，而且獲利很高。只要二三年，利益也許比他當一輩子公務員還多。

辛苦了將近一年，所栽培的蘭花，每一株都欣欣向榮，第一批外銷日本五千株，即將交貨的當天，九月颱「海棠」，挾著豪雨，從山上沖下來的土石流，把他的蘭園全都沖走了，真是「千算萬算，唔值天一劃」。

0227 土佬搖魯

Thớ koh iô-lớ

【暗示】沒禮貌，態度又不好。

【註解】土裡土氣的老粗，沒有一點兒文明。

【例句】某國中為了建校四十週年，計劃舉辦多項活動，分組對外募捐。輔導組長阮新仁找李老師交換募捐對象，我感到很奇怪，阮組長分到的是鄉內各機關，其中農會出錢很大方，很快便能募到分配金額，怎麼要換呢？

「當然向農會募捐比較容易，」阮組長說：「可是農會楊理事長、許總幹事那些人，都『土佫搖魯』，我不喜歡和他們打交道。」

0228 大人跖起，囡仔佔椅

Tūa-lâng peh-khí，gín-á tsiàm í

【暗示】不懂規矩、禮儀。

【註解】大人剛站起來離開座位，小孩子馬上坐了上去。

【例句】「爸，您決定不再選里長了嗎？」

「我是這樣想，已經當了二十多年了，應該讓年輕人來當。」

「那麼，我要出來參選。」

「這怎麼可以？」又說：「人家會不會說我們家是『大人跖起，囡仔佔椅』？」

0229 大人咬一喙，囡仔食到畏

Tūa-lâng kā tsit-tshùi，gín-á tsiàh kah ùi

【暗示】何不留一口給小孩吃。

【註解】大人吃一口的分量，給小孩吃會吃到膩。

【例句】阿公從日本觀光回來，帶回一盒又大又甜、多汁的水蜜桃，叔叔因為從來沒吃過這麼好吃的水蜜桃，一盒六個，他一個人就吃了兩個，害沒吃到水蜜桃的幾個侄兒們，都快要哭出來了。

阿嬤看到盒子已經空無一物，孫子又想吃，便罵叔叔說：「你已經是大人了，還這麼貪吃！想想『大人咬一喙，囡仔食到畏』。少吃一個，你侄兒們就有得吃了。」

0230 **大人講囡仔語**

Tūa-lâng kóng gín-á gí

【暗示】言行要做榜樣。

【註解】大人講的話,是小孩子學習的語言。

【例句】同事們談論婚後,牽著老婆的手之感覺。老張說:「我牽著老婆的手,像右手握著左手。」林勝吉說:「我牽著老婆的手,很後悔當初,沒向女同學猛烈追求。」「⋯⋯」他們越談越起勁,甚至口沫橫飛,讓大姐頭鳳姐聽得很感冒,走過來插嘴說:「你們這些臭男人,『大人講囡仔語』,好膽回去說給老婆聽吧!」

0231 **大工無人倩,細工嘸願行**

Tūa-kang bô lâng tshiàⁿ, sè-kang m̄-guān kiâⁿ

【暗示】眼高手低。

【註解】小錢不願意賺,大錢又沒本事賺,還自命非凡。

【例句】碩佑電子公司遷移中國後,原在該公司擔任課長的丘逢棋,被資遣後便一直賦閒在家。

在人浮於事的情況下,因為曾經擔任過大公司的課長,不願屈就於小公司的員工,變成「大工無人倩,細工嘸願行」的高不成,低不就,只好繼續失業下去。

0232 **大孔細裂**

Tūa-khang sè-lih

【暗示】傷痕累累。

【註解】大孔:指重傷。細裂:指輕傷。如擦傷破皮之傷。

【例句】兒子約了幾個同學到家裡來摘龍眼、吃龍眼。

他老爸看到這幾個學生,要爬到龍眼樹上摘龍眼,怕他們不會爬,掉下來會「大孔細裂」,得不償失。便叫他兒子去把梯子找來,爬梯子上去摘龍眼比較安全。

0233 大水，獪流得石舂臼

Tūa-tsúi，bē lâu-tit tsióh tsing-kū

【暗示】安如泰山。

【註解】石舂臼：舂米的圓凹形的石磨子。

大水無論怎樣大，都不能把石磨子沖走。

【例句】2005年6月中旬，南部做大水，很多縣市鄉鎮雨水氾濫成災，到處家戶入水，農作物、畜漁殖產業，損害20多億元。

可是「大水，獪流得石舂臼」，同樣的，也獪流得雲林縣口湖鄉成龍村民林文龍，和高雄縣少女簡雅萍七年堅定的愛情。他們於2005年6月17日，在豪雨中舉辦結婚典禮，新郎家三合院水深及膝，新郎林文龍抱著新娘子簡雅萍，涉水進入洞房。

0234 大奶唔死囝

Tūa-ling teh sí kiá[n]

【暗示】權勢壓人。

【註解】婦人乳房很大，壓死了哺乳的嬰兒。

【例句】省都和大眾兩家大賣場又開打了，各自在門口張貼醒目的降價海報，還派出宣傳車，在大街小巷廣播宣傳。

這些大賣場折扣戰，打了一個月，還分不出勝負，最後省都靠其財大氣粗，用「大奶唔死囝」的方式，凡購滿1000元以上者，除了原折扣外，再打九折，才把大眾比下去。

0235 大目新娘看無灶

Tūa-bȧk sin-niû khùa[n] bô tsàu

【暗示】摸不清門路。

【註解】新娘子嫁入夫家，不熟悉環境，要下廚找不到廚房。

【例句】李坤元駛車經過十字路闖紅燈，被交通警察攔截下來。

「你沒看到紅燈嗎？」警察問他。

「有啊！」李坤元說：「有啊！我有看到紅燈啊！」

警察又問他：「那你爲什麼闖紅燈？」

這位「大目新娘看無灶」的李坤元說：「我沒看到你呀！」

0236 大石也著小石敲

Tūa-tsiȯh iȧh tiȯh sió-tsiȯh kīng

【暗示】螃蟹沒腳不能走路。

【註解】用大石頭砌牆做工程，也要小石子塡補空隙才能穩住基礎。

【例句】台灣「黑道至尊」，也就是「黑社會最後仲裁者」──「蚊哥」，於
2005年5月29日舉行告別式。日本「住吉一家」野口松男及香港、
澳門、台灣等地的黑道大哥們，約一萬多人前來弔喪，他們並議
訂此日爲「529平安日」，黑道不開殺戒。

「蚊哥」許海清出殯，有一名年僅十六歲，自稱「俊哥」的少年人，
帶了手下一百多人，上香敬禮如儀，格外引人注目。

俗語「大石也著小石敲」，「蚊哥」之所以爲老大，由「蚊哥」喪
禮排場可見一斑。

0237 大舌擱懊啼

Tūa-tsih koh hìng thih

【暗示】不會說話又喜歡說。

【註解】大舌：口吃。

口吃的人，講起話來結結巴巴的，卻又愛講。

【例句】老師把柯元明和林小葦這兩個打架的同學和圍觀的人，通通叫到
辦公室詢問打架的原因和是誰先動手的。

兩位打架的主角，都推說是對方先出手打人，其他的同學，則你
看我，我看你，誰也不敢說，只有劉明與「大舌擱懊啼」，「柯……
柯……柯……林……林小……林小葦……」的說個沒完，不但老
師一頭霧水，連柯、林兩人也「噗」的一聲笑出來。

0238 大身大命

Tūa-sin tūa-miā

【暗示】大腹便便。

【註解】大腹便便，也就是懷了身孕，即將分娩的女人。

【例句】台灣2005年6月中旬，中南部大雨，造成農業損害20多億元。嘉雲地區沿海東石、台西、口湖、布袋……等各鄉鎮家宅浸水，高達一公尺以上，六七日未退，居民呼天搶地叫苦連天。

東石鄉有一黃姓「大身大命」孕婦，家裡淹水，困在二樓多日，6月19日肚子絞痛有分娩跡象，消防隊立即運用橡皮艇前往搶救，她腹中的嬰兒，也迫不及待的要看水淹鄉村的奇景，而於橡皮艇上來到人間。

0239 大官食小官，小官食百姓，百姓食鋤頭柄

Tūa-kuaⁿ tsiảh sió-kuaⁿ, sió-kuaⁿ tsiảh peh-sèⁿ,
peh-sèⁿ tsiảh tî-thâu pèⁿ

【暗示】老百姓只有自求多福。

【註解】大官：位居高官者。小官：一般小官吏。

不要指望大小官員會替百姓謀福利，老百姓還是努力工作要緊。

【例句】台灣政治由於泛綠的民進黨、台聯黨和泛藍的國民黨、親民黨，形成大板塊劇烈的排擠，致使政壇紛爭不已，常年處在不穩定中。政黨經常為了私利發動示威抗爭，無辜的民眾對於政黨惡鬥，都很感冒，也很感嘆的說：

「台灣是『大官食小官，小官食百姓，百姓食鋤頭柄』的地方，老百姓只有自求多福了。」

0240 大狗跳牆，細狗看樣

Tūa-káu thiàu tshiûⁿ, sè-káu khùaⁿ iūⁿ

【暗示】不良示範。

【註解】大的狗跳牆過去，小狗紛紛學著跳過去。言教不如身教。

【例句】上梁不正則下梁歪，一點兒也不錯，高家兄弟一個讀高三、一個讀高一，兩個人都會利用他們老爸不在時，偷偷的喝家裡的藏酒。高父找不到他的那瓶威士忌，知道一定是被他兩個孩子偷喝了，就把他們叫到面前訓了一頓。高母見狀則先罵他們不應該喝酒，繼則對她老公說：「你呀『大狗跳牆，細狗看樣』，好意思罵孩子？」

0241 大屎摒放掉，抾鳥屎施肥

Tūa-sai piàⁿ pàng-tiāu，khioh tsiáu-sái si-pûi

【暗示】掛一漏萬。

【註解】把大的、重要的丟掉，盡撿那些枝枝節節的來做。撿糞便做堆肥，不撿大坨的，盡撿鳥屎能撿到多少？

【例句】呂校長為了節省經費，規定教職員打公務電話，不得逾三分鐘，影印文件要登記等許多措施。

楊主任看到傳閱規定後，嗤之以鼻的說：

「呂校長外出，經常連關冷氣機也懶得關掉，甚至洗完手也不關水龍頭，簡直是『大屎摒放掉，抾鳥屎施肥』，笑死人了！」

0242 大風吹冇粟

Tūa-hong tshue phàⁿ-tshik

【暗示】秋風吹落葉。

【註解】冇粟：白穗，沒飽滿的稻穀。

收割後的稻穀，穀粒有沒有飽實，只要大風一吹，那些冇粟，自然會被風吹掉。

【例句】爸爸拿出一百元，告訴兒子們誰去拔除花園的雜草，一百元就給誰。

兩個弟弟弄了一個早上，只拔了一點點，哥哥為了賺那一百元，叫弟弟停手由他來拔，只一會兒工夫，像「大風吹冇粟」，雜草已

經拔得一乾二淨了。

0243 大食神，孝男面，早睏晏精神

Tūa-tsiáh-sîn，hàu-lâm-bīn，tsá khùn uàⁿ tsing-sîn

【暗示】好吃懶做。

【註解】吃得多，又萎靡不振，又早睡又晚起床。

【例句】歐進得在鎮長選舉時曾經答應曹林幹事，朝興村開出來的票超過
對手，便要升他擔任建設課長。轉眼，歐鎮長已經上任三個月，
曹林幹事還在等待鎮長，升他補退休的邱課長的缺，他老婆看他
想當建設課長，想到快要發瘋了，便嘲笑他說：「你呀！真是『大
食神，孝男面，早睏晏精神』。」

0244 大姆無權利，細姨交鎖匙

Tūa-bó bô khuân-lī，sè-î kau só-sî

【暗示】大姆失寵，大權旁落。

【註解】細姨：小老婆。
大老婆人老珠黃，大權旁落，由小老婆當家作主。

【例句】賴董自從另結新歡，把筱珊娶進來為二房後，賴大嫂不知是死了
心，或是徹底的失望，從此不再過問家務事，到處參加婦女會的
活動，跳舞、爬山、旅遊。姐妹淘們問她老公娶了細姨，怎麼沒
把家裡看得更緊，以免經濟被二房掏空。賴大嫂總是雙手一攤說：
「大姆無權利，細姨交鎖匙。」

0245 大茨大富貴，餓死無人知

Tūa tshù tūa hù-kùi，gō--sí bô lâng tsai

【暗示】名實不符。

【註解】大茨：富宅，有錢人家。
看他住在豪宅，似乎很有錢，其實餓死也沒人知道。

【例句】我突然接到黃伯伯往生的訃聞，特別請假回去祭拜這位昔日的鄰居。

我回去聽到隔壁阿桑說，才知道黃伯伯「大茨大富貴，餓死無人知」的經過。原來黃家兩個兒子，都到中國經商了。留下黃伯伯一個人獨居老家別墅，本來身體好好的黃伯伯，突然心臟麻痺去世，屍體的臭味流出來後，才被發現。

0246 大隻雞慢啼

Tūa-tsiah ke bān thî

【暗示】大器晚成。

【註解】公雞都會打鳴，大的公雞到完全成長才會打鳴。

【例句】阿祥的爸爸，看到鄰居聚集在天門宮前的榕樹下聊天，就走了過去，分別請他們抽菸，而後慢條斯理的說：

「你們大家都說我家阿祥，讀書不認真，大學聯考考了三次，其實你們都不知道，阿祥是『大隻雞慢啼』，今年考上了台灣大學。」

0247 大細目，懸低耳

Tūa-sè bàk，kuân-kē hīⁿ

【暗示】狗眼看人低。

【註解】用大小眼睛看人，看起來連耳朵都有高低。

【例句】鄉長選舉，林連枝剛把各里椿仔腳費，偷偷的送出去，立即遭到東北村幾位椿仔腳抗議。他們說同樣是椿仔腳，為什麼東南村……等其他村落，每一椿仔腳一萬元，他們東北村只有六千元？這些椿仔腳說林鄉長「大細目，懸低耳」，揚言如果不補足差額四千元，便要到地檢署檢舉！

0248 大魚大肉，也要有鹹菜佮

Tūa-hî tūa-bah，iȧh ài ū kiâm-tshài kah

【暗示】不要偏食，營養才能均衡。

【註解】大魚大肉：指山珍海味。鹹菜：鹽漬的青菜。

生活不要固執偏好，每餐魚肉，也要有蔬菜，營養才能平衡，有益健康。

【例句】現在全國國小肥胖兒童越來越多了，有的胖到走路都會氣喘，已經成為政府不得不重視和解決的問題了。

根據專家說，兒童肥胖大部分是偏食造成的，要多多鼓勵兒童，「大魚大肉，也要有鹹菜佮」，更要限制吃油炸的食物。

0249 大普餓死鬼

Tūa phớ gō sí kúi

【暗示】事與願違。

【註解】大普：擴大舉行的普渡，也就是大拜拜。

大拜拜，善男信女都會準備各種供品祭拜好兄弟，也因為消息迅速傳開，各地方的孤魂野鬼都趕來要大吃一頓，卻因鬼多不夠吃。

【例句】台灣的各種公職人員選舉，買票非常盛行，民眾也認為選舉像普渡，有人有份，對低迷的經濟不無小補。

當時故法務部長陳定南，為了杜絕買票賄選行為，規定送30元以上的贈品禮物，便是賄選。

30元視為賄選的命令下來，原以為立委選舉可以大撈一筆的民眾，無不感嘆說：「大普餓死鬼。」

0250 大裯牛駛無著

Tūa-tiâu gû sái bô tiȯh

【暗示】滄海遺珠。

【註解】裯：關牛的牛舍。

大牛舍飼養的牛多，不容易被點到派上用場。

【例句】這次縣內教師演講比賽，我們學校能與各校比高低的，只有吳振順老師。沒想到學校卻派游老師代表學校出賽，結果我們這所大學校，竟落到最後一名。校長感到很沒有面子，問教導主任怎沒派吳老師，而叫游老師去出糗？吳主任說那天校務會議，討論的結果，是用抽籤的方式決定人選，吳老師是「大欄牛駛無著」，才由游老師出征。

0251 大鼎呣滾，細鼎滾沖沖

Tūa-tiáⁿ m̄-kún，sè-tiáⁿ kún-tshiâng-tshiâng

【暗示】老大還沒表示，小弟弟們已經按捺不住了。

【註解】大鼎：大的鍋鼎。呣滾：還沒燒滾。
大鍋還沒滾燙，小鍋子已經滾燙了。

【例句】達成商工美容科學生，看到獅子會舉辦全國美容比賽，互相通告，偷偷的報名，有的要參加髮雕、洗髮、整形等項目競賽。
比賽前兩天，這些學生集體向導師請假，黃老師算算全班三十六位，報名的有二十四位，苦笑的說：「大鼎呣滾，細鼎滾沖沖。」

0252 大箍大白

Tūa-khoo-tūa-pe̍h

【暗示】好吃懶做的人。

【註解】腦筋簡單，四肢發達，卻懶得動腦的傢伙。

【例句】賴伯伯到工廠應徵守衛工作，人事課長認得他，知道他有三個兒子都已經長大成人了，就問他，現在還需要到外面工作嗎？
「我真的很需要這個工作來增加家庭收入，」他對人事課長說：「我雖然有三個兒子，但都『大箍大白』，懶得工作。家裡生活費用，還由我負責。」

0253 大箍冇浡

Tūa-khơ phàⁿ-phoh

【暗示】虛有其表。

【註解】身體看起來很壯碩，卻是虛胖不實。

【例句】劉老師的鄰居，對於他們夫婦太寵愛孩子，到孩子大學畢業後還
整天遊手好閒，也不鼓勵他去找個工作做，深感不以為然。

「我知道你們都認為我們夫妻太寵愛阿智，也不叫他找工作做，」
劉老師低聲的對鄰居說：「阿智『大箍冇浡』，有心臟毛病，沒醫
好怎麼能到外面工作？」

0254 大箍獃咨風颱

Tūa-khơ-tai teh hong-thai

【暗示】大而無用。

【註解】吃得那麼肥那麼胖，只用來壓颱風？

【例句】呂太太看到她老公回來，興高采烈的跑上前，告訴他好消息。

「老公！老公！」她上氣不接下氣的說：「今天BVBS來找我們的
阿弟，說他長得那麼胖，要請他在電視劇裡當個小配角，你還敢
說『大箍獃咨風颱』嗎？」

0255 大聲野喉

Tūa-siaⁿ iá-âu

【暗示】小事大作。

【註解】小事也大聲叫喊，是大聲公。

【例句】施太太聽到一位警員「大聲野喉」在呼叫她的先生，就走了過去，
非常憤怒的指責他：

「你說話客氣些，能對他大聲喝叫的，除了我施太太，沒有第二
人！」

0256 大欉樹好蔭影

Tūa-tsâng tshiū hó ìm-ńg

【暗示】家業好依賴。

【註解】大樹底下好乘涼。

【例句】「阿成，你要聽阿爸的話，我們不能與人家比，」老爸苦口婆心的
勸告兒子：「你要去留學，我和你媽當然很高興，也想讓你到美
國留學，可是你不能和李友吉相比，他成績雖然比不上你，可是
人家爸爸是有錢人，『大欉樹好蔭影』，你呀，先工作幾年，存些
錢再出國好啦。」

0257 子時睏會著，較好食補藥

Tsú-sî khùn ē tiȯh，khah-hó tsiȧh pó-iȯh

【暗示】早睡早起身體好。

【註解】子時：晚上十一點至凌晨一點鐘。
一個在子時能夠舒舒服服躺下來睡覺的人，比吃什麼補藥都好。

【例句】汪理事和邱代表到日本旅遊，汪理事交代導遊，一定要帶他們去
藥房購買強腎壯陽藥品。
邱代表聽到後，笑說：「老兄，老了要認老，房事這種事，年紀
大了當然沒辦法，靠藥物勉強不來，不是有句話說『子時睏會著，
較好食補藥』嗎？」

0258 小雨獪堪跋落

Sió-hō͘ bē kham tsiȧp lȯh

【暗示】星星之火，可以燎原；毛毛之雨，可以成災。

【註解】雖然毛毛小雨，但下久了，雨水也會積少成多，甚至變成災害。

【例句】「滴水穿石」這句成語，大家都知道意思，但是什麼叫做「小雨獪
堪跋落」？
這一季長達月餘的梅雨，雖然雨勢很小，但天天下個不停，害原

預算能賣七八萬的那一畝蕃茄，因爲小雨下不停，又偶而炎日高照，全部罹患立枯病。雨不大，卻也全部泡湯了。

0259 小廟唔敢祀大神

Sió-biō m̄-káⁿ tshāi tūa-sîn

【暗示】承受不起。

【註解】小小的神廟，容不了大菩薩。

【例句】史丹娜幼稚園登了一則徵求美語老師的廣告，來了七位應徵者，我看到他們的學經歷，有一位還是留美的幼教博士哩！

「呂園長，」我後來問她：「妳要聘請的美語老師，是不是那位留美的幼教博士？」

「我哪敢這麼囂張，」呂園長在電話中說：「我們『小廟唔敢祀大神』啦！」

0260 山中無直樹，世上無直人

San tiong bû tit-tshiū，sè siōng bû tit-jîn

【暗示】防人之心不可無。

【註解】山中找不到筆直的樹木，世間也難找到正直的人。

【例句】旅日台胞邱永漢是位著名理財專家，在日本開講座，教人如何賺錢，讀者、信徒很多。

邱永漢不僅僅在日本有很多企業，也回台設立「邱永漢工業區」，另有金融事業。

邱永漢雖然教人賺錢，卻也曾經受騙，他有位委身仰慕者，多年跟在他的身邊，獲得他信任參與投資事業，而騙走了他的資金，這下邱永漢才領悟「山中無直樹，世上無直人」。

0261 山高，水牛大

Suaⁿ kuân，tsúi-gû tūa

【暗示】奈何不得。

【註解】形容事件對方的權，像山那麼高，勢像水牛那麼大，小蝦米能對他怎麼樣？

【例句】縣議會藍綠議員爆發衝突的時候，陳議長動用警察權，在拉扯之間，有人趁機打了張議員一拳。

張議員因為曾經開車超速，被洪警員開過一張罰單，可能懷恨在心，堅決指稱那一拳是洪警員打他的，要縣警察局長給他交代。

洪警員也堅決否認，說小警員哪來的膽子打議員？可是在議員「山高，水牛大」的情形下，只有由分局長陪同向張議員道歉。

0262 山高，皇帝遠

Suaⁿ kuân，hông-tè hñg

【暗示】鞭長莫及。

【註解】能管到你的權力，雖然像山那麼高、那麼大，但是像皇帝距離那麼遠，管得到嗎？

【例句】爸媽相偕到歐洲旅遊，這下子最高興的，莫過於哥哥了。

爸媽在家時，規定孩子們晚上十點就寢，這對於愛玩電腦的哥哥來說，真是苦不堪言，他曾經兩次，三更半夜爬起來打電腦被爸爸捉到，罰一星期內不能碰電腦。

現在爸媽要到歐洲去玩，「山高，皇帝遠」，哥哥愛玩多久，便能玩多久了。

0263 不孝不義

Put-hàu put-gī

【暗示】不懂行孝道講義理。

【註解】不孝父母，對人又沒有人情義理的觀念。

【例句】我一直告誡老賴，當了兩任縣議員也該退下來，不要再競選鄉長，否則揭瘡疤的往事，會再度成為攻擊他的主要文宣。

果然不出所料，對手的第一張文宣，便針對賴議員「不孝不義」──對父母不孝、對朋友不義猛烈攻擊，害他兒女在學校不知如何回答同學的詢問，一路上哭著回家。

0264 不孝有三，無後為大

Put-hàu iú sam，bû-hiō ûi tāi

【暗示】重男輕女。

【註解】人生三大不孝中，沒有兒子傳宗接代為最大的不孝。

【例句】葉曾錄是卅年前，偕夫由嘉義到台中市打拼的婦人，連生十個女兒，基於公婆傳宗接代的觀念，總感覺到「不孝有三，無後為大」的壓力，每次生下女兒，都在暗夜裡嚎啕痛哭，其大女兒葉春幸在所著書中說：「母親分娩時的痛哭，其中不純然是肉體的痛苦，而是壓在心頭的千斤重擔。」

葉婦十個女兒，有當老師、檢察官、醫師、牧師的，個個傑出孝順，葉婦看到女兒們的成就，終於喊出：「生女無罪！」

0265 不孝新婦三頓燒，有孝查姆囝半路搖

Put-hàu sin-pū saⁿ-tǹg sio，iú-hàu tsa-bó-kiáⁿ pùaⁿ-lō iô

【暗示】知足常樂。

【註解】媳婦雖然不怎麼孝順，但是至少三餐還有熱騰騰的飯菜吃。女兒儘管多麼孝順，可是當你肚子餓了時，她不知還在什麼地方？

【例句】梁老太太見到鄰居熟人，開口閉口便說她的女兒阿君，怎樣又怎樣貼心、孝順她。語後又來幾句數落媳婦怎樣不孝，還會回話頂撞她。

「阿姐，妳娶那個新婦要滿足了，」梁老太太的弟弟對他老姐說：「俗語說『不孝新婦三頓燒，有孝查姆囝半路搖』，何況阿君人又在美國。」

0266 不男不女

Put lâm put lí (lú)

【暗示】分不清是男是女。

【註解】指男女穿著舉止，有違正常男女的形象，讓人無法分辨出性別。

【例句】牧師給一對新人證婚，當儀式進行到互換戒指後，新郎要吻新娘，他看到這對「不男不女」的新人，遲疑了一會兒，才說：「你們兩人中哪一位是新郎，請吻新娘。」

0267 不聞不問

Put bûn put būn

【暗示】沒人關懷過問。

【註解】指相關親友對於發生的故事置之不理。

【例句】東北角沙灘上的林投樹，發現一具上吊女屍，遺書中哀怨訴說：她懷有四個月的身孕，一再催促周姓男友結婚時程，男友都「不聞不問」，還搬家，故意迴避她。

0268 不顛不戒

Put tian put kài

【暗示】不倫不類，不三不四。

【註解】舉止行為不正經，有失倫常。

【例句】明華幼稚園司機辭職，楊美華園長叫她娘家侄子楊俊文來遞補。楊園長的老公劉創辦人很生氣，他要園長辭退她侄兒，再請他人。「園長，妳都知道自己的侄子言行舉動『不顛不戒』，」劉創辦人對老婆說：「幼稚園的司機，負責幼兒上下學接送，責任非常重大，怎可叫侄子來遞補這麼重要的工作？」

0269 中主人意，便是好工夫

Tìng tsú-lâng ì，piān-sī hó kang-hu

【暗示】投主人所好。

【註解】主人喜歡便是好，其他都不重要了。

【例句】在鄉公所擔任課員將近二十年的袁健銘，老是埋怨比他晚到公所
服務的幾位同學，早已升任課長或主任了，只有他還在原地踏步。
「袁課員，」伍村長聽到他抱怨後，對他說：「你呀別怨嘆，『中
主人意，便是好工夫』，該認命了。」

0270 中醫看艙好，著換西醫；
西醫看艙好，著問童乩

Tiong-i khùaⁿ bē hó，tiȯh ūaⁿ se-i；
Se-i khùaⁿ bē hó，tiȯh mñg tang-ki

【暗示】久病亂投醫。

【註解】有病看中醫，中醫治不好，再看西醫，西醫醫治沒有起色，只好
求神問卜，再不然恐怕要準備後事了。

【例句】劉太太最近到處求神問卜，要醫治老公的宿疾。
小姑回娘家，看到家裡神桌上請來了多尊神像，對她嫂嫂說：
「大嫂，我哥哥的病，鄉下小診所醫不好，可以送到台北長庚、
榮總呀！這樣問神請乩童，恐怕……」
「二姑，『中醫看艙好，著換西醫；西醫看艙好，著問童乩』，妳
大哥的病，中西醫師都看過，看不好才換乩童。」

0271 五分五分

Gō-hun gō-hun

【暗示】不相上下。

【註解】實力相當，勢均力敵，難分上下。

【例句】台灣第六屆立法委員選舉，與歷屆選舉一樣，競選非常劇烈，觀

察家認為執政的民進黨，和在野的國民黨勢均力敵，兩黨實力「五分五分」。選舉結果，225席立法委員，民進黨僅得86席，國民黨113席，超過半數，其他為親民黨、台聯黨及無黨聯盟席次。總統希望民進黨能多數控制國會的希望落空，國會依然朝小野大。

0272 五斤蕃薯臭八十一兩

Gō-kin han-tsî tshàu peh-tsa̍p-it niú

【暗示】有夠爛。

【註解】台灣度量衡一台斤十六兩，五斤八十兩，怎麼會有「五斤蕃薯臭八十一兩」這回事？這是指事情已經搞得非常複雜了，再也沒有補救餘地。

【例句】「不要對我提起姓巫的那家人！我們只不過是遠房表親而已，到處都說和我是表兄弟，鬼才跟他表兄弟！」蘇課長氣忿忿的說：「一家人不是酒鬼便是賭徒，『五斤蕃薯臭八十一兩』，誰跟他做表兄弟，誰便倒霉！」

0273 五年兩閏，好歹照輪

Gō-nî nn̄g lūn，hó-pháin tsiàu lûn

【暗示】黃河尚有澄清日，人生豈無好運時。

【註解】不要自暴自棄，命運之神不會永遠沒眷顧到你。

【例句】鄉公所的課長蕭天仁，在魏鄉長任內，確實苦不堪言。除了在鄉內派系屬性上的不同派系外，蕭課長更是前任國民黨籍曾鄉長提拔升任的民政課長，民進黨籍的魏鄉長因此看他頗不順眼。先則在工作成果上百般挑剔，後則降調他當清潔隊長，接下去又叫他去當圖書館長，坐冷板凳，幸虧魏鄉長連任失敗，曾鄉長捲土重來，讓他嘆了一口氣說：「五年兩閏，好歹照輪。」

0274 五步一宮，十步兩廟

Gō-pō tsit king，tsȧp-pō nng biō

【暗示】廟多人窮。

【註解】形容台灣廟寺到處都有，多到已經快變成浮濫了。

【例句】台灣人可能對政府不信任，所以祈求神明保佑平安，比要求政府保護安全來得殷切。因此，各地到處「五步一宮，十步兩廟」，可能是世界之冠吧？

0275 五男兩女，食飯家己煮

Gō lâm nng lú，tsiȧh-pn̄g ka-kī tsú

【暗示】飼囝無論飯，飼父母算頓。

【註解】五男兩女，一共七人，子女可謂很多，吃飯卻要自己動手，所謂多子多福氣，未必也。

【例句】在我們族親中，三叔公一家人口興旺，人人都說，有那麼多兒女，哪怕年老無依無靠？

但是沒有人會想到，三叔公有「五男兩女，食飯家己煮」。兒女一個人住一個地方，與其到處投靠兒女，兩老認為不如自己開伙。

0276 五湖四海皆兄弟，三教九流共一家

Ngó͘ ô͘ sù hái kai hiaⁿ-tī，sam kàu kiú liû kiōng it ka

【暗示】為人海派，來往複雜。

【註解】交遊廣闊，到處稱兄道弟，把各階層的人，都當作一家人。

【例句】范姜欽義犯傷害案受刑出獄後，家裡變得很熱鬧，出出入入各色人等都有。鄰居阿順伯告訴他，交朋友要有所選擇，少交損友，多接近益友。

「順伯仔，交朋友不可以大小目，」范姜欽義理直氣壯的說：「我這個人是『五湖四海皆兄弟，三教九流共一家』的人。」

0277 允人恪慘欠人

Ín--lâng khah tshám khiàm--lâng

【暗示】信守承諾。

【註解】答應人家的事，比欠人家的錢還嚴重。

【例句】「你這個孩子，你這個孩子……」劉太太一直嘮叨個不停，原來她
要兒子帶她到醫院體檢，她兒子卻說已經和女朋友約好看電影，
請老媽自己去。「媽，不是我不陪妳去。」兒子對她說：「你們大
人不是常常說『允人恪慘欠人』嗎？」

0278 內行看布底，外行選人買

Lāi-hâng khùaⁿ pò-té，gūa-hâng suán lâng bé

【暗示】功力不同，看法互異。

【註解】內行人看門道，外行人看外表，湊熱鬧。

【例句】台灣第十一屆總統選舉，民進黨陳水扁競選連任，國民黨連戰志
在必得，選情非常緊張，全國民眾情緒都很高昂，紛紛猜測鹿死
誰手。
這個世紀總統選舉大戰，六合彩現時也都紛紛接受下注，有道是
「內行看布底，外行選人買」，民眾多數都跟著陳議長下注，認為
連戰會當選，事實上也是如此，如果沒有319那兩顆子彈，台灣
的政治史必定改寫。

0279 內神通外鬼

Lāi-sîn thong gūa-kúi

【暗示】吃裡扒外。

【註解】私通外人，來詐騙自家財產金物。

【例句】祥祥托兒所游所長召集全體保育員追究責任歸屬。他問：「為什
麼要舉辦20周年所慶所推出的，前五十名新生學費減半優待的計
劃，還沒正式對外公開宣佈，可愛托兒所已經知道了？而且他們

還搶先宣告，新學期新舊生全部免收註冊費！」游所長越說越氣，他說：「絕對要開除『內神通外鬼』的肇禍者。」

0280 內深外淺

Lāi tshim gūa tshián

【暗示】深藏不露。

【註解】內深：肚子裡深藏智慧、學問。外淺：外表給人的觀感不怎麼樣。

【例句】寶成玩具公司接到經銷商轉來一張外銷美國的訂單，全公司上下沒人看得懂，經理正要請程小姐拿到街上請人翻譯，倉庫管理員聽到後對她說：

「程小姐，我看看好嗎？」

「好啊！」她說：「你又不懂，看有什麼用？」

游管理員接過手，看了一遍後，立即把它譯成中文。這時候全公司上下才知道，游管理員是位「內深外淺」的留美企管碩士，卻屈就於公司任倉庫管理員。

0281 公親變事主

Kong-tshin piàn sū-tsú

【暗示】反客為主。

【註解】公親：兩造糾紛者的協調人。

為別人排難解紛，最後竟被人怪罪到自己頭上來。

【例句】台灣有句俗語形容夫妻吵架是「床頭打，床尾和」，意思是勸告他人，別介入人家夫妻的是非。

但是許桑卻很雞婆。小洪的太太懷疑小洪到汽車旅館去泡妞，他卻出面替小洪澄清，保證小洪不是這種人，還拍胸脯保證，導致小洪老婆非常反感。

「我老公好色，我比誰都了解，你這樣袒護他，莫非是你陪他去找大陸妹？好！我要去告訴你老婆。」

許桑就這樣「公親變事主」了。

0282 六十無孫，老來無根

Lảk-tsảp bô sun，lāu--lâi bô kun

【暗示】老人無依無靠。

【註解】人活到六十歲了，還沒有孫子，人老了恐怕沒有人扶養、依靠了。

【例句】養兒防老，積穀防飢的觀念，還根深蒂固的在國人的思想中，什麼「六十無孫，老來無根」，已經是陳腐的觀點了。

國家已逐漸成為福利國家，社會福利制度會負起照顧孤老苦弱的責任。

0283 六月一雷宕九颱，九月一雷九颱來

Lảk--gueh tsit lûi teh káu thai，káu--gueh tsit lûi káu thai lâi

【暗示】季節使然。

【註解】六月響雷，能壓住九次颱風；如果九月打雷，那颱風便會常常來。

【例句】氣象報告說「龍王」颱風已經逐漸迫近台灣了，暴風半徑有200公里，即將從花蓮登陸。

所謂「六月一雷宕九颱，九月一雷九颱來」，大家在九月間，都沒有聽到打雷，經驗中九月也幾乎沒有過颱風，台灣的天氣，已逐漸的反常了。

0284 六月茨頂雪

Lảk--gueh tshù tíng seh

【暗示】不可能之事。

【註解】台灣的氣候，六月已進入夏天，天氣炎熱，說六月茨頂有雪，那是無可能的代誌。

【例句】黃縣長競選連任，院內大老研判，親民黨沒有推出人選，有可能轉過來支持我們，要黃縣長勤拜訪親民黨那幾位頭子。

「我認為親民黨支持我。」黃縣長對大家說：「那是『六月茨頂雪』，無可能的代誌！」

0285 六月蚶開喙臭

Làk-gueh ham khui-tshùi tshàu

【暗示】胡言亂語，沒句好話。

【註解】蚶：蜊蟬，蟬的一種。

六月是夏天炎熱季節，看到蟬張開了嘴，即表示那隻蟬已經死了、發臭了。

【例句】盧祕書是位很好客的人，但是我發現，有幾次我們聊天聊得起勁的時候，他看到周村長來便借題說有事出去，令我感覺到怪怪的，於是問他為什麼周村長到他們家來，他都找藉口閃開？

「周村長那個傢伙，像『六月蚶開喙臭』，到處搬弄是非，不聽留個耳根清淨。」

0286 六月棉被，揀人蓋

Làk-gueh mî-phūe，kíng lâng kah

【暗示】因人而異，看人而為。

【註解】六月：指夏天。揀：看人。

六月天要蓋棉被，不是隨便哪一個人都受得了的。

【例句】吳副議長登報徵求司機，這是今年的第六位司機，平均每位司機待不到兩個月便走了。

吳副議長的司機，之所以經常更換，不是司機工作繁重、待遇少，而是常常要替副議長上酒家、舞廳的行為打掩護。尤其副議長金屋藏嬌，也要替他圓謊，良心上都會不安。所以司機工作雖不是很辛苦，但也是「六月棉被，揀人蓋」的工作。

0287 六月賣火籠

Làk--gueh bē húe-lang

【暗示】不是時候。

【註解】火籠：昔日暖身的器具，內有瓷器放火炭取暖。六月是夏天，賣

火籠時機不對，不合時宜。

【例句】蕭鄉長在代表會質詢時，被代表們輪流修理到快要捉狂，環球環境保育公司張經理一行人，又大刺刺的到鄉長室找鄉長推銷垃圾車，真是「六月賣火籠」，來得不是時候，被蕭鄉長趕了出去。

0288 六月霜，鳳腹膠，貓胘，水雞毛

Lȧk-guėh sng，hōng pak-ka，niau kiān，tsúi-ke mo͘

【暗示】挑剔、苛求。

【註解】要求那些本來就沒有的，根本做不到的事，等於無理要求。

【例句】蔡坤朝生意失敗，岳父安排他們一家四人，住在他妻子娘家暫渡困境，他竟對老岳父說：「我們一家大小住在這裡，跟老人家做伴，幫忙做些工作是可以的，不過多少也該付些薪水給我們夫妻，還有孩子的學雜費。」

老丈人聽後吹鬍瞪眼，罵說：「要不要『六月霜，鳳腹膠，貓胘，水雞毛』？」

0289 六出祁山拖老命

Liȯk tshut Kî-san thua lāu-miā

【暗示】拖老命。

【註解】孔明為了報恩，六出祁山出征。

【例句】陳派大老陳新發前省議員，原本要把派系的領導權交給黃立委接棒，可是卻又主張下一屆的縣長，派內應該推出張新枝來與林派一較長短。

張新枝並沒有參加角逐縣長的意圖，可是經過陳大老分析推薦後，不但已取得派內共識，他自己也有點兒心動，不過先決條件是陳老要掌兵符。

「好！」陳大老終於下定決心：「我『六出祁山拖老命』，再拼一次。」

0290 六面骰仔拔無一面

Lak-bīn tâu-á puah bô tsit-bīn

【暗示】穩輸不可玩。

【註解】骰子有六個面,分別註有1、2、3、4、5、6點的記號,要賭中其中一面,是沒那麼容易的事。喻賭博不可玩,到頭來也是有輸無贏。

【例句】田議員家裡來了一群人,大家除了一再指責現任程鄉長人事收紅包,工程拿回扣外,行政也缺乏效率,推動鄉政建設缺乏魄力,要田議員出來競選鄉長。
「競選議員連任倒可以考慮,」田議員老實說:「要和老程競選鄉長,『六面骰仔拔無一面』,還是少衝動為妙!」

0291 分繪平,扑到二九暝

Pun bē pêⁿ, phah kàu jī-káu-mê

【暗示】互爭不讓。

【註解】分配不均,吵個不休,吵到除夕夜,還沒完成分配。

【例句】老爸自從說出他的心中話,要退休下來安享老年後,黃家兄弟就失去了昔日的和睦,像「分繪平,扑到二九暝」那樣,連除夕夜,兄弟三人也不像往年那樣圍爐,有說有笑的聚餐。
黃家兄弟之所以惡臉相向,是果園、漁塭、農田,各由誰掌管分繪平。

0292 天不從人願

Thian put tsiông jîn-guān

【暗示】事與願違。

【註解】老天爺不讓人隨心所欲。

【例句】我們學校的同事,從章校長的言行舉止中,都會感覺到他特別呵護、讚賞李秀玲老師。出差、研習的機會,都盡量讓李老師出席。

章校長是有意把在市政府服務的兒子介紹給李老師。事實上，一位是碩士課長，一位是國中教師，也是很匹配的，可是「天不從人願」的是，棄李老師遠赴美國進修的同姓男友又回國來，兩人感情也繼續升溫。

0293 天公仔囝

Thiⁿ-kong-á kiáⁿ

【暗示】老天特別眷顧的人。

【註解】有天公照顧的歹命子，遇事都能逢凶化吉，化險為夷。

【例句】朋友們都說孟東岳是「天公仔囝」，一點兒也不錯；不只是上次學校旅行，發生車禍，全校的老師，除了他完好無恙，其他的同事，不是重傷便是輕傷，只有他倖免。

這次與幾位朋友到KTV唱歌作樂，發生圍毆事件，剛好他到洗手間去，而逃過挨打的命運。

0294 天公疼戇人

Thiⁿ-kong thiàⁿ gōng-lâng

【暗示】老天爺疼愛忠厚的人。

【註解】忠厚的人雖然常常受到欺侮，但是老天爺會保護、疼愛他，而不致吃虧。

【例句】王伯伯是我們村上大富豪之一，但是大家都很奇怪，他的弟弟，生活卻很困苦，同樣是兄弟，為何遭遇差那麼大？

原來是年輕時分家，父親留下六分田地，因為當時還沒有柏油路，車子經過時灰塵很多，弟弟比較聰明，先選擇裡面的田地，路邊的給哥哥，結果「天公疼戇人」，十年後，路邊的土地變成建地，也使哥哥變成富豪。

0295 天公無目睭

Thiⁿ-kong bô ba̍k-tsiu

【暗示】天理不彰。

【註解】老天爺沒長眼睛，使惡人為所欲為。

【例句】三重區民王進展，於2005年5月17日，在台中市分別於十一家超商及藥商，放置注入氰化物的飲料「蠻牛」、「保力達B」，造成五人中毒，其中周乙桂喪命。

這件千面人放毒，造成人心惶惶，社會集體恐懼的下毒事件，幸經台中市二分局立人派出所警員李明宜、陳振桔不眠不休發現喜美HA2332轎車，終於找到家住三重區的王進展，並將他逮捕歸案，社會才鬆了一口氣，如果讓凶手逍遙法外，那真是「天公無目睭」。

0296 天天二九暝

Thian-thian jī-káu-mî

【暗示】天天星期天的意思。

【註解】二九暝：農曆除夕。

除夕過後便是新春，也就是快樂的新年了。

【例句】除夕，伍德仁駛著休旅車回老家過年，告訴父母要在春節載兩老和兄嫂，到東台灣旅遊，也要到知本泡溫泉。

轉眼，已經是初三了，初五伍德仁就要回台北公司去，卻沒聽到要去東台灣的消息，反而天天和堂兄弟們打麻將、喝春酒，幾乎「天天二九暝」，把對老人家的承諾，忘得一乾二淨了。

0297 天地有目

Thian-tē iú ba̍k

【暗示】惡有惡報。

【註解】老天爺有長眼睛，惡人無所遁形。

【例句】在南投縣竹山鎮玉峰寺，以農藥摻入茶水的中毒案，62歲男子陳勇涉嫌而被警方逮捕。

陳嫌稱他是要毒殺寺前樹木上的害蟲，才把「納乃得」粉末倒入寺內茶水桶內，造成三人中毒，台中榮總毒物科主任洪東榮說：「納乃得是極毒農藥，如果不是稀薄了，生命便難保了。」

陳勇被捕後，信徒們都說「天地有目」，大家鬆了一口氣。

0298 天地所設，嗯是弟子作孽

Thian-tē só siat，m̄-sī tē-tsú tsok-giàt

【暗示】自然形成。

【註解】天上人間本來就是這樣，不是我故意創設的。

【例句】體育老師林振榮，居然把乒乓球隊選手柳曉娟的肚子搞大了，呂校長和家長會楊會長，請他到校長室詳談。

楊會長劈頭便指責林老師：

「你身為老師，怎麼可以對學生這樣子？」

「我也不知道我怎會這樣？」林老師解釋說：「這大概是『天地所設，嗯是弟子作孽』吧？」

0299 天地圓轔轔，見餓餓獨身

Thiⁿ-tē îⁿ-lìn-lìn，kìⁿ gō gō tȯk-sin

【暗示】天無絕人之路。

【註解】天地那麼大，絕無絕人之路，會挨餓的都是那些毫無家庭負擔的單身漢。獨身：光棍，也就是獨居者。

【例句】天地這麼大，大家都有機會，至少天無絕人之路，為什麼餓肚子的人，都是那些單身漢？

教鄉土語言的謝老師說：「這能從『天地圓轔轔，見餓餓獨身』的諺語知道，單身漢都以為要養自己一個人，是很簡單的事，所以工作不積極、不節儉，但是沒有考慮到天有不測風雲，人有旦夕禍福，發生病痛或長期下雨，沒辦法出去工作，而錢花光了，

只有餓肚子。」

0300 天頂無坎，也想欲距起去

Thiⁿ-tíng bô gám，iȧh siūⁿ-beh peh--khí-khì

【暗示】妄想能一步登天。

【註解】天頂：天上。無坎：無梯子，即無通路。

幻想能爬到天上去，真是不切實際。

【例句】中國是廿一世紀的天堂，許許多多大企業都西進投資，想立足中國建立事業王國。

以織帶起家聞名業界的正德織造公司，也把台灣的事業結束，生產重心搬到深圳，大家都知道正德尤董這個人，雄才大略，「天頂無坎，也想欲距起去」。

尤董到了中國，也只不過五年功夫，不但沒有錦衣回家鄉，反而唉聲嘆氣回到台灣。

0301 天無絕人之路

Thiⁿ bô tsuȧt jîn tsi lō͘

【暗示】上天有好生之德，人人受眷顧。

【註解】一支草一點露，天無絕人之路。

【例句】俗語有云：「天無絕人之路」，這句話如果印證，彰化縣鹿港鎮男子溫銘鐘身亡，令人無不唏噓。

溫銘鐘43歲，多年失業，平時靠榮民每月一萬三千元津貼，與三名子女生活在一起。其妻則因身心狀況不佳，不知去向。2005年6月5日，溫銘鐘因不堪生活壓力，攜三子於秀水鄉投河自殺。

左右鄰居聽到惡耗都很難過，認為既然「天無絕人之路」，怎讓溫銘鐘一家四人，日子過得那麼坎坷？

0302 天無照甲子，人無照天理

Thiⁿ bô tsiàu kah-tsí，lâng bô tsiàu thiⁿ-lí

【暗示】不能背天理行事。

【註解】甲子：天干地支相配，共六十爲一周，用以紀年、月、日、時。
老天爺都照著時辰甲子運作，人怎麼可以不照天理行事？

【例句】以買賣法拍屋賺了很多錢的老柯，是否會受到惡報，大家都拭目
以待。
爲何老柯會不會受惡報，大家那麼想知道？那是因爲他買法拍屋
之前，都會在沒人住的法拍屋裡，放養野狗，狗吠聲不但擾亂附
近居民，而且屋裡還奇臭無比，造成觀看屋況的人都掩鼻逃走，
導致沒人參加拍賣。他才在三拍之後低價承受，眾人都說他這種
人，沒受到天譴，是「天無照甲子，人無照天理」。

0303 孔子公唔敢收人隔暝帖

Khóng-tsú-kong m̄-káⁿ siu lâng keh-mê thiap

【暗示】世事難料。

【註解】人有旦夕禍福，連孔子都不敢預料次日的請柬，誰敢預測未來？

【例句】姜新木在同學會上宣佈，他將於十二月中娶媳婦，要所有同儕好
友，一定要來喝酒。
許多同學，算了算，都說現在才八月，十二月還有一段日子，「孔
子公唔敢收人隔暝帖」，何況是十二月的喜酒，誰敢預先答應下
來？

0304 孔子媽

Khóng-tsú-má

【暗示】反諷語句，指未受正規教育。

【註解】言談之中，以「孔子媽」反諷非正科班出身的人。

【例句】張錦貴是國內少數甚受歡迎的演講專家，演講主題包括人生規

劃、家庭經營、親子教育、人際關係、企業經營、統御管理等包
羅萬象，幽默、風趣，甚受各界人士歡迎。

這位軍校畢業的演講專家，有人問起他受的是什麼教育，怎會什
麼都知道、什麼都會講？

「我是『孔子媽』教的。」張錦貴往往自嘲的說。

0305 少年燴曉想，食老唔成樣

Siàu-liân bē-hiáu siūⁿ，tsiàh-lāu m̄ tsiâⁿ-iūⁿ

【暗示】人無遠慮，必有近憂。

【註解】年輕時沒有想到未來還會有很大的變化，放浪形骸，年老的時候，
落得萬般孤單。

【例句】辛先生終於想回到老家，依靠老婆和兒子，可是家人都把他拒於
門外，說他們沒有這個老公、老爸。

辛先生年輕時，碰到台灣經濟正在起飛，做什麼賺什麼的時代，
他確實賺了很多錢，有錢便跑酒家泡妞，後來變本加厲，與酒家
女莉娜雙宿雙飛，到中國共築愛巢，拋棄妻兒。

現在人老了、錢也花光了，家人對這位「少年燴曉想，食老唔成
樣」的辛先生，根本不理不睬。

0306 少年勢風騷，食老則想錯

Siàu-liân gâu hong-so，tsiàh-lāu tsiah siūⁿ tshò

【暗示】風光不再。

【註解】年輕的時候浪漫風流，老了再也風光不起來，後悔也不及了。

【例句】很久沒到中部，順便探望住在鹿港的好友黃世強，他是我當兵時
代的充員好友，家世很好，我們都很羨慕他，退伍下來就要接班
家庭事業。

他的鄰居告訴我，黃世強現在住在田中鎮內政部仁愛之家，接受
政府的社會福利照顧。

他們告訴我，黃世強「少年勢風騷，食老則想錯」，那時候天天花

天酒地，不但荒廢事業，也搞得妻離子散，才落得被送去「仁愛之家」的下場。

0307 引鬼入宅

Ín kúi jip thèh

【暗示】引狼入室。

【註解】把鬼引進家裡來，真是咎由自取。

【例句】陳逸雄經營出版社倒閉，為躲避債權人討債，跑到南投縣埔里鎮投靠昔日軍中難兄難弟辛進丁。

辛進丁一向朋友有難拔刀相助，便把他收留在家裡，沒想到陳日久與他老婆生情，兩人眉來眼去，還利用他上班時，把家裡當作賓館，等到辛進丁發現「引鬼入宅」時，老婆卻跟陳逸雄私奔了。

0308 心肝忭大牛肺

Sim-kuaⁿ khah tūa gû-hì

【暗示】多多益善。

【註解】心肝比牛肺還要大，表示貪心。

【例句】李爸爸是小販賣水果起家的，他要大學畢業的兒子學他由小而大，從小生意做起，等累積了資本，再擴充門面擴大營業不遲。可是他的獨生子，卻「心肝忭大牛肺」，連開了三家連鎖水果店，才導致每天跑支票跑得很辛苦。

0309 心肝好，免食菜；感情好，免結拜

Sim-kuaⁿ hó，bián tsiáh-tshài；Kám-tsîng hó，bián kiat-pài

【暗示】精誠所至，金石為開。

【註解】心地慈悲，不必唸佛吃齋，神佛也會保佑；朋友感情好，能互相照顧，用不著結拜為兄弟。

【例句】天門宮做醮大拜拜，多多利用大拜拜機會，要宴請親友，問到大

兒子，會有多少朋友以便訂桌。

「爸，我的朋友會來做客的，大概二十人二桌。」

「什麼？」冬冬頗感意外的問他：「怎麼有那麼多朋友？」

他答：「都是我的結拜兄弟。」

「阿卿，俗話說：『心肝好，免食菜；感情好，免結拜』，王哥柳哥不要交那麼多。」冬冬說。

0310 心肝若好，風水免討

Sim-kuaⁿ nā hó，hong-súi bián thó

【暗示】福地福人居。

【註解】只要心地善良，陰宅風水之類，就不用太在意了。

【例句】王前議長逝世後，王家兩兄弟對於老爸要安葬在哪兒，有不同的意見。

王家長子王任賢主張安葬北山公墓，老二任能屬意南山公墓。他們的姑丈聽到兩兄弟各執己見，以致使地理師無法進行墓地規劃，便說：「你們兄弟要記住『心肝若好，風水免討』，現在去向你們的老爸拔杯，決定哪裡就不要再有意見。」

0311 心肝窟仔

Sim-kua khut-á

【暗示】心窩裡。

【註解】身體上心肝窟仔，即前心胸凹處，另形容內心深處。

【例句】事隔五年，李美幸獨立扶養孤子，親戚朋友無不勸告她，找個對象結婚，生活重新來過，也不必一個人拖磨。

可是提到再婚，李美幸就說：「想到逝世的老公是那麼體貼，『心肝窟仔』就會絞痛，我沒有信心，能再找到這麼恩愛體貼的對象。」

0312 心肝像針搣

Sim-kuaⁿ tshiūⁿ tsiam ui

【暗示】心痛極了。

【註解】針搣：針刺進去，還旋轉。

【例句】劉伯母終於像吃了秤砣鐵了心，把獨生子阿文送到警局，希望靠
監獄替他戒毒。

鄰居葉阿姨問她：「怎麼忍心把兒子送進警局？」

劉伯母說：「我要把阿文送去戒毒時，『心肝像針搣』，晚上都睡
不著覺，心想如果不狠下心來，不但會傾家蕩產，這個兒子也等
於沒有了……」她還沒把話說完，已放聲大哭了。

0313 心無邪唔驚鬼

Sim bô siâ m̄ kiaⁿ kúi

【暗示】光明磊落。

【註解】為人不做虧心事，不暗室欺人，心坦蕩蕩的，有鬼也不怕。

【例句】葉子強與張玉芬這對寶貝夫妻，近來常常吵架，甚至大打出手。
他們夫妻關係之會這麼緊張，是有那麼一次，張玉芬禁不起同事
劉宋達一再邀約，同去好夢迪KTV唱歌，而且凌晨才盡興回到
家。因此葉子強懷疑兩人有染，偏偏劉宋達三不五時，還會到他
們家找張玉芬聊天，同事勸劉還是少去為妙。「怕什麼！」劉宋
達卻理直氣壯的說：「我『心無邪唔驚鬼』，怕什麼！」

0314 心頭若無定，想錢就無生命

Sim-thâu nā bô tiāⁿ, siūⁿ tsîⁿ tsiū bô sìⁿ-miā

【暗示】一心只為了錢，反而會害了自己。

【註解】心頭：心裡。無定：沒有定性。

錢雖然非常重要，但人生不該凡事只想到錢，這樣反而害慘自己。

【例句】施明仁經營釣蝦場不過半年，便向他老爸遊說再給他兩百萬元，

要開間網咖，他說這是目前最有利潤的行業。

他老爸算了算，退伍三年下來，連流動咖啡、卡拉OK等，他已經做有五種行業，每種行業平均都不過半年，便心猿意馬另求發展。

「我說阿仁啊！」他老爸終於忍不住的告誡他：「你『心頭若無定，想錢就無生命』，事業難經營，乾脆找個工作做吧！」

0315 戶口板仔，釘佇電火柱仔

Hō-kháu pang-á，tìng tī tiān-húe thiāu-á

【暗示】耍無賴。

【註解】沒有固定的住所，像流浪漢一樣，居無定所。

【例句】方太太對施丁榮近日頻頻到家和老人家泡茶、聊天，甚不以爲然。

「妳呀！女人家懂什麼？」她老公斥責她說：「人家老施是來說明經營六合彩的技巧。」

「我認爲什麼人的話，你都可以聽，」方太太不客氣的說：「但姓施的那個人，『戶口板仔，釘佇電火柱仔』，是個無賴，還是少來往爲妙。」

0316 手不離三寶

Tshiú put lî sam pó

【暗示】愛不釋手。

【註解】三寶：小孩子喜歡的玩具。小孩子對喜愛的玩具不離手。

【例句】自從小林喜歡上攝影後，外出總愛帶照相機出去，爸媽都說他「手不離三寶」，好像沒有照相機，便不能出門。

事實也是如此，全家人要去台北世貿參觀漫畫展，車子到了林口，小林才想到忘記帶照相機，下交流道轉回頭，從中壢到台北，一路走了快三個鐘頭。

0317 手抱孩兒，才想著父母時

Tshiú phō hâi-jî, tsiah siūⁿ-tiòh pē-bó sî

【暗示】事非經過不知難。

【註解】當手中抱著嬰兒時，才知道身為父母是怎樣的辛苦勞碌。

【例句】老實說，我的朋友炳坤，因為是獨生子，嬌生慣養、養尊處優，還對父母頤指氣使，大家都看不下去，可是是人家家內事，別人也不便說些什麼。

沒想到有了孩子後，他對於父母的態度，卻180度的改變，跟老人家說話語氣溫和，不像以前那樣大聲小聲，伯母跟我說：「每個年輕人大都這樣，『手抱孩兒，才想著父母時』，沒做過父母親，哪知道老人家的辛苦。」

0318 手捧碗，看大碗

Tshiú phâng uáⁿ, khùaⁿ tūa-uáⁿ

【暗示】坐一望二。

【註解】手中已盛了一碗，眼睛還注視大碗中的東西。

【例句】張昌順好不容易在證券公司找到一個營業員的工作，幹了還不到半年，便要老爸的田地，讓他抵押借錢，說什麼要開設理財顧問公司。

「阿順啊，不是阿爸要說你，」老人家勸告他：「你到證券公司工作，也還不到半年，不要『手捧碗，看大碗』，一個人能賺多少錢，上天都註定好好的。」

0319 手蹺屈入無屈出

Tshiú-khiau khut jip bô khut tshut

【暗示】胳膊往內彎，不會吃裡扒外。

【註解】手肘是往內彎進來，絕不會往外彎的。

【例句】橫跨崙子鄉、田寮鄉田路上那一座橋，已無法承受來往不絕的車

輛，規劃重建經費要一百六十萬元。兩位鄉長商量後，崙子鄉負擔工程費一百萬元，田寮鄉只負擔六十萬元。因此引起崙子鄉民代表會不滿，認為一百六十萬元，可每鄉鎮八十萬元，為什麼崙子鄉要多負擔二十萬元？

「各位代表先生，」崙子鄉長低聲下氣的說明：「請相信我『手蹺屈入無屈出』，我們雖然多負擔工程款二十萬元，但那座橋來往的大部分都是我們鄉人呀！」

0320 文著成童生，武著成壯丁

Bûn tiòh sîng tông-sing，Bú tiòh sîng tsòng-ting

【暗示】做什麼要像什麼。

【註解】童生：科舉時代應試而未入校就讀的讀書人。

要當個文人，就要有讀書人做學問的樣子；要當個武夫，也要有個軍人英勇的氣概。

【例句】老爸對於兒子的勤勉很高興，可是對於他鄉公所下班回來後，又經營通訊器材事業，忙得瘦巴巴的，覺得很不捨。

他要兒子「文著成童生，武著成壯丁」，白天當公務員，晚上做商人，生活何必那麼辛苦？

0321 斤雞斗米

Kin ke táu bí

【暗示】不符成本。

【註解】養了一斤的雞，用掉一斗米，成本很高，得不償失。

【例句】學校辦理親子園遊會，我們班上決定報名參加兩個攤位賣冷飲，希望能賺幾千元做班費。沒想到「斤雞斗米」，集資六千元做生意，冷飲因為很甜，只賣了一千多，剩下的飲料，喝不完都倒掉了。

0322 日本政府掛咧保正喙

Jit-pún tsìng-hú kùa-leh pó-tsìng tshùi

【暗示】作威作福。

【註解】保正：村里長。台灣在日治時代的保正，大都作威作福，處處夸言其作為，都是代表日本政府的行為。

【例句】「全國電子足感心！」是一句家曉戶知的電視廣告詞。這家賣電器製品的全國連鎖公司，強調不只所售產品品質優異、價錢比別人便宜，尤其售後服務，更是人人都稱讚。

劉伯伯看到全國電子廣告後，不由得說：

「他們的廣告，頗像『日本政府掛咧保正喙』，真那麼好嗎？」

0323 日頭赤焱焱，隨人顧生命

Jit-thâu tshiah-iāⁿ-iāⁿ, sûi lâng kò̤ sìⁿ-miā

【暗示】己達才能達人。

【註解】陽光這麼強烈，不要光站在太陽下看熱鬧，自己的安全、自己的前途要緊。

【例句】全國五金大賣場，傳出週轉不靈的風聲，連在中國東莞設廠的祥鐵工廠的何董都聽到消息，打電話回來叫台灣的同學勤益張老闆，要搬貨品抵帳，順便把他一百多萬元的貨款，也搬東西抵帳。張老闆在電話中，雖然滿口承諾，一一保證，私底下卻說：「日頭赤焱焱，隨人顧生命。」

0324 木蝨食客

Bák-sat tsiáh kheh

【暗示】主人反而佔客人的便宜。

【註解】木蝨：臭蟲，夜間活動，專吸人畜身上的血液。臭蟲不吸主人而吸客人的血液，佔客人的便宜。

【例句】林老師和太太，一直耿耿於懷的是，以前在新店服務的黃校長，

來到彰化看他們，原計劃請老長官好好吃一頓飯，沒想到餐畢要付帳時，櫃台小姐說，黃校長已經付過了，讓林老師夫婦覺得「木蝨食客」，很不好意思。

0325 欠人一份情，還人十份情

Khiàm lâng tsit-hūn tsîng，hâiⁿ lâng tsa̍p-hūn tsîng

【暗示】知恩圖報。

【註解】人家給你恩情，不但不可以忘記，還要加倍報答人家。

【例句】這是一件「欠人一份情，還人十份情」的真實故事。

在東海大學附近經營自助餐的林家雄家，突然遭到火警，而把房子燒光，林家雄變得一無所有。正在為如何活下去發愁時，突然來了貴人，載他到工業區內一家電子公司，老闆要請他接辦員工餐廳。

林家雄夫婦感到很詭異，為什麼設備那麼豪華的餐廳，要叫他們這個小自助餐來接手經營？原來老闆是東大的校友，以前每天午餐都是林家自助餐的一碗白飯，臨走時也只買了十元的白飯便當，林妻每次都默不作聲的在白飯中分別藏著肉菜。四年後，沒想到這位窮學生居然成了電子公司的董事長，進而回報他們。

0326 欠囝債夯囝枷

Khiàm kiáⁿ tsè giâ kiáⁿ kê

【暗示】為兒女做牛做馬。

【註解】為了養兒育女，辛苦忙碌有如戴著枷鎖，毫無怨言。

【例句】郭老師退休前說，退休後要偕她老公到國內外遊山玩水，可是每一次老同事有旅遊計劃去找她，不是說要照顧她老大的兒子，便是說要照顧她老二的女兒。

照理，暑假應該有時間可以到國外走走，可是郭老師依然「欠囝債夯囝枷」。輪到她老三說他結婚五年來，都沒和老婆出過國觀光，這次出國，要把兒子帶回他老家，請郭老師照顧。

0327 欠債怨債主

Khiàm-tsè uàn tsè-tsú

【暗示】好心恆雷砧。

【註解】向人家賒借，不但沒償還，還怪罪人家當初爲何要賒借他？

【例句】李阿仁從劉士榮家裡出來，口裡一直訐譙劉士榮「欠債怨債主」，不但不還錢，還臭罵他害他輸了那麼多錢。

原來李阿仁、劉士榮是對好朋友，上個月他們隨旅行團到東南亞觀光。劉士榮向他借錢賭博，輸了很多錢。

0328 欠錢大王，討錢司傅(師傅)

Khiàm-tsînn tāi-ông，thó-tsînn sai-hū

【暗示】各種絕技。

【註解】專門借錢的人，也就是有借不還；討錢師傅，專門替別人討錢的人，即現代的討債公司。

【例句】台灣雖然不會「欠錢大王，討錢師傅」，但是討錢大王碰到「欠錢大王」也沒轍。

「欠錢大王」像東帝士集團陳由豪，向行庫借了幾百億，掏空公司資產，但是人已失蹤，不知在世界上哪個角落，討錢師傅也拿他沒辦法。

0329 欠錢走主顧

Khiàm-tsînn tháu tsú-kò

【暗示】欠了錢斷絕往來。

【註解】賒欠貨款，沒錢償還，轉到別家購買。

【例句】彰化縣二林鎮農友張阿三，向農富行邱老闆賒欠肥料及農藥，合計三萬多元，之後便「欠錢走主顧」，邱老闆因而提出告訴，法官問張阿三，「怎麼欠了人家的錢還不還？」

「法官大人，不是我欠了邱老闆的錢不還，實在是債務人都比較

健忘，債權人記性比較好。」張阿三說。

0330 歹人子兒，好人晟時

Pháiⁿ-lâng kiáⁿ-jî, hó-lâng tshiâⁿ sî

【暗示】人性本善。不計前人是非。

【註解】壞人的子女，幸虧遇到好人照顧、教養，仍能發揮善良的本性。

【例句】法律無情，不因為身後有幼子，便赦免死罪，所以作奸犯科、搶劫殺人被判死刑的張明彥，臨執行死刑前詢問獄卒，他的老婆已死，被執行死刑後，誰來照顧他的幼兒？

「你問得好，你想到你被槍斃後，誰來照顧你的幼兒？」獄卒告訴他：「當初你無緣無故殺死被你搶劫的柳金龍，怎沒想到誰來扶養他的兒子？告訴你，『歹人子兒，好人晟時』。」

0331 歹子累爸，歹尪累妻

Pháiⁿ-kiáⁿ lūi pē, pháiⁿ-ang lūi tshe

【暗示】連累一家大小。

【註解】歹子：壞孩子。歹尪：壞丈夫。

不但不能奉養父母、照顧妻小，反而累壞他們。

【例句】每當星期日，便是鄰居黃太太一個頭兩個大的日子。

她要煮些好吃的東西，送到彰化監獄，給因吸毒關在那兒的兒子加菜，接著要到台中監獄，給受刑的丈夫送菜去。一個鄉下婦人，分別在台中、彰化兩地跑，鄰居都很同情她的遭遇。

可是人家是「歹子累爸，歹尪累妻」，她一個婦人，卻受到家中的丈夫和兒子連累了。

0332 歹子飼爸

Pháiⁿ-kiáⁿ tshī pē

【暗示】壞孩子反而多孝順。

【註解】歹子：浪蕩兒子。浪蕩的兒子，居然承擔起孝親的行為。
被認為放蕩的孩子，贍養父母親，正是「歹竹出好筍」。

【例句】台灣的媽媽，漸漸的成為稀少的族群。
內政部擔憂，現代年輕人結婚不生育的趨勢，越來越嚴重，特別
訂立了生育第三胎，每月補助5000元，直到小孩滿20歲為止的
補助，但仍然引不起年輕人的興趣。
因此，令人憂心的不僅是有沒有「好子飼爸」的問題，而是這樣
下去，連「歹子飼爸」的歹子也難找。

0333 歹心黑腸肚，要死初一十五，透風加落雨

Pháiⁿ-sim o͘ tn̂g-tō͘，beh sí tshe-it tsa̍p-gō͘，thàu-hong ka lo̍h-hō͘

【暗示】作惡多端，不得好死。

【註解】心狠手辣，這種人要讓他死得很難看。

【例句】苗栗縣岡泉公司被檢警查獲以豬飼料廢棄物的小麥澱粉，製造黑
心食品原料湯圓粉、芋頭糕粉、麻糬粉、珍珠奶茶粉圓粉……，
並以印有「泰國特製糯米粉」的袋子包裝，批售全台食品加工廠
加工販賣。
台北市萬華區呂姓婦人，長期使用岡泉糯米粉，製造珍珠奶茶粉
圓，聽到岡泉朱增貴、徐驍仙夫婦製造黑心澱粉，氣得破口大罵
他們：「歹心黑腸肚，要死初一十五，透風加落雨。」

0334 歹心黑澇肚，要拾骨找無路

Pháiⁿ-sim o͘-lok tō͘，beh khioh-kut tshūe bô lō͘

【暗示】作惡多端，不得善終。

【註解】心腸壞透了的人，死後要拾骨，後代的子孫也找不到地方，變成
野塚孤魂。

【例句】台鐵由高雄開往台東的自強號火車，於2005年6月21日凌晨0時
25分，經過獅子鄉掩護體時，發生人為出軌車禍，有一百多人受
傷。是台鐵第一宗人為破壞鐵軌，造成整列火車出軌事件。

鐵路局長徐達文，現場勘查南迴鐵路自強號列車出軌現場。強調破壞鐵路絕緣魚尾鋼板，不但有專業，也非常專業，是人為車禍。乘坐該班列車的旅客，個個受到驚嚇，餘懼猶存。名叫范姜招妹的婦人，罵歹徒說：「歹心黑漭肚，要拾骨找無路！」

0335 歹囝也著惜，孝男無地借

Pháiⁿ-kiáⁿ iáh tióh sioh，hàu-lâm bô tè tsioh

【暗示】手盤嘛是肉，手底嘛是肉。

【註解】孩子無論品行言行怎樣，都不可放棄教養，想想沒有孩子的人家，死了去哪裡借到孝男。

【例句】老村長出殯那天，查姆囝請來的孝男，哭得比女兒還淒慘，令親友都為之鼻酸。

阿錦伯聽到這麼會哭的「孝男」，一場是一萬元請來的，便對老吳說：

「吳仔，『歹囝也著惜，孝男無地借』，哭一場要一萬元哩！」

0336 歹年冬厚猾人

Pháiⁿ nî-tang kāu siáu-lâng

【暗示】無奇不有，層出不窮。

【註解】經濟蕭條，生活困苦，求生百態，五花八門。

【例句】謝錦春又大放厥詞，說什麼魏鄉長又再度提起，建設本鄉東外環道路為連任的政見。謝說要是他當鄉長，早在第一任鄉長任內，便會建好了，還要建設游泳池、圖書館……等。「真是『歹年冬厚猾人』，」呂村長聽了謝錦春的話後說：「我們全鄉的預算收入，百分之八十要支付人事費，哪有錢建設外環道路那麼大的工程？」

0337 歹竹出好筍，好竹出龜崙

Pháiⁿ tik tshut hó sún，hó-tik tshut ku-lún

【暗示】物種變化。

【註解】發育並不怎麼好的竹子，長出很好的筍子；長得滿好的竹子，長出來的筍子反而變形難看。

【例句】2005年6月底登場的大學指定科目考試，國文作文題：「回家」，題目頗令被父親拋棄，與母、弟三人相依為命的應考生簡士雄感到困擾。這位在惡劣環境中力求上進的青年學生，左右鄰居看到他，想到他的父親那麼放蕩都會不由得說：「幸虧『歹竹出好筍，好竹出龜崙』。」簡士雄在作文中寫著：回家，是要回到爸爸的家或是媽媽的家？

0338 歹命囝假軟嗲

Pháiⁿ-miā kiáⁿ ké nńg-tsiáⁿ

【暗示】博取同情。

【註解】窮苦人家的孩子，不幹粗活，假裝軟弱體虛，求取憐憫。

【例句】侯明華家境並不好，可是並不認命，反而是「歹命囝假軟嗲」，廠長每派他什麼工作，只要稍辛苦的事，他都提出各種推辭的理由，同事們都替他擔心，說他這種工作態度，有一天一定會被炒魷魚。

0339 歹油厚滓，歹查姆厚目屎

Pháiⁿ-iû kāu tái，pháiⁿ-tsa-bóo kāu bák-sái

【暗示】藏於心卻形於外的。

【註解】油滓：油品裡沉澱的雜物。

油不純，油滓就多；女人動不動就淚流滿臉，也不是什麼好女人。

【例句】葉杉木哭喪著，去找調解委員會湯主委，請教他是不是可以調解老婆與媳婦之間的衝突。

他告訴湯主委，自從他把老婆娶進門來後，便家無寧日，她不是

和婆婆賭氣，就是和妹妹們吵架，而且動不動就哭哭啼啼，打電話請娘家的人，來為她主持公道。

湯主委聽後，告訴葉杉木：「『歹油厚滓，歹查姆厚目屎』，去跟老人家商量，同意你們搬出去，否則無醫。」

0340 歹查伙厚兄弟，歹查姆厚母姨

Pháiⁿ-tsa-poʴ kāu hiaⁿ-tī，pháiⁿ-tsa-bó kāu bó-î

【暗示】物以類聚。

【註解】厚：多。壞男人，結拜兄弟多；亂七八糟的女人，阿姨多。

【例句】阿公問孫子，剛才跟媽咪出去的那個女人是誰？

「媽咪要我叫她阿姨，是媽咪的結拜姐妹。」

「阿珍這個媳婦，真是『歹查伙厚兄弟，歹查姆厚母姨』，真是……」

0341 歹司公，拄著好日子

Pháiⁿ sai-kong，Tú-tióh hó jit-tsí

【暗示】時來運轉。

【註解】司公：為喪家做法事的道士。好日子：旺月。

聲名狼藉的道士，碰到死人多的月份，總會有喪家找他們去做法事喪儀。

【例句】我們幾位朋友，計劃到日本賞櫻花，自然想到邀請李四海一起去。

「不行！不行！」李四海還沒聽完旅程說明，便說：「現在婚紗攝影旺月，我走不開。」

「什麼婚紗大月？人家大月，你也跟人家大月，」蔡東明揶揄他說：「你這個『歹司公，拄著好日子』了？」

0342 歹勢家己想

Pháiⁿ-sè ka-kī siūⁿ

【暗示】自我約束。

【註解】歹勢：難爲情。

你自己覺得難爲情，別人沒有這樣的感覺。

【例句】年過四十的老處女，告訴友人她回到家裡，發現有兩個男人，立即報案。警方慌慌張張的來到她的家，將兩個陌生男人捉個正著，問她說：「小姐，這兩人嗎？」

「是！是他們沒錯，」她對警方說：「不過捉走一個就好！」

「妳敢這麼說？」她的朋友問她：「這樣不會歹勢嗎？」

「歹勢？」她回說：「歹勢家己想。」

0343 歹落樓梯

Pháiⁿ lóh lâu-thui

【暗示】下不了台。

【註解】事情搞砸了，缺乏迴旋的空間。

【例句】哥哥經常跑到叔叔書房打電腦，讓叔叔感到很煩，便給哥哥許了一個諾，就是這次期中考，如果五科全部都一百分，就送哥哥一部電腦。

哥哥爲了得到一部電腦，每天晚上溫習功課，都到深夜一、兩點才睡覺，皇天不負苦心人，他期中考五科居然滿分。

叔叔看到每張試卷都一百分，知道「歹落樓梯」，非買電腦給他不可，可是錢不知從哪兒來？

0344 歹路呣通行

Pháiⁿ-lōo m̄-thang kiâⁿ

【暗示】善有善報，惡有惡報。

【註解】歹路：不正當而且有危險性的路，也就是做壞事。

唔通行：不要去做。

【例句】刑事組利用大寒深夜，大隊人馬包圍馬家，把馬明俊當場逮捕，送往分局偵訊。

人家說「歹路唔通行」，也就是說：暗路走久會碰到鬼。馬明俊近來都是做那些不法勾當，擄人勒索、強收保護費、開設賭場收稅等，幾乎無惡不做，警方早已注意他的行動，監控他，終於採取逮捕行動。

0345 歹運愛看命，穩人愛照鏡

Pháiⁿ-ūn ài khùaⁿ-miā，bái-lâng ài tsiò-kiàⁿ

【暗示】人都有劣根性。

【註解】命運不好的人，會常常卜卦算命，希望時來運轉；長得醜的人，特別喜歡照鏡子，看自己的儀容。

【例句】這好像是自然定律，「歹運愛看命，穩人愛照鏡」，我的葉姓朋友兩夫婦，一個愛看命，一個愛化妝照鏡。

小葉不知怎麼搞的，總是諸事不順，跟人家合夥做生意，被騙走了一百多萬元，駕車又撞到人，覺得自己運途很背，到處找人看命改運；他的老婆，長得並不怎麼樣，卻經常對著鏡子照儀容，好像欣賞天仙美女。

0346 歹戲熬拖棚

Pháiⁿ-hì gâu thua-pêⁿ

【暗示】欠缺自知之明及決斷能力。

【註解】人家見好就收，難看的戲，卻一直拖延下去，讓人倒盡胃口。歹戲：難看的戲。

【例句】蔡阿姨逢人便說分居的老公，怎麼又怎麼寡情薄義，這種人一定要跟他離婚，才免氣死老命。

可是這樣的訴苦，少說也有三、四年了，招來親友的批評，有人對她說：

「蔡阿姨，從妳的口中說的，妳的老公根本不是人，實在不值得和他維持婚姻關係，怎麼『歹戲勢拖棚』，妳還不跟他離婚？」

0347 比手畫刀

Pí tshiú ūe to

【暗示】肢體動作。

【註解】說起話來，比手畫腳的動作特別多。

【例句】弟弟發生車禍，弟弟說是對方先撞倒他，可是對方說他的摩托車已經停下來，卻被無緣無故地撞倒，人也受傷了。

老爸叮嚀交代出面談判和解的二哥說：「跟人家談判，口氣要溫和，不要得理不饒人，尤其談判中，千萬不要『比手畫刀』，這樣人家才會跟你再談下去。」

0348 水大流田，囝大艱難

Tsúi tūa lâu tshân，kiáⁿ tūa kan-lân

【暗示】自然變化越來越難應付。

【註解】大雨，會沖壞了農田作物。小孩子長大了，凡事有自己的意見，不見得句句聽老人家的話，會令老人家感覺到，孩子愈來愈難教了。

【例句】台灣2005年6月中旬豪雨，土石流沖下農田，造成「水大流田，囝大艱難」的情況發生。

水大，把田地都流失了；孩子長大了，管教愈來愈困難了。

0349 水牛撐過溪，屎尿才願放

Tsúi-gû khan kùe khe，sái-jiō tsiah guān pàng

【暗示】人類劣根性。

【註解】水牛拉過溪，才願意放尿排便。指的是不給他些什麼好處，或適當的人出面，不肯配合合作。

【例句】仁愛國小建校一百周年的活動經費，預定五百萬元，不足一百多萬元，家長會和學校當局，都把希望寄託在老校友，也就是遠在台北的裕泰化工貿易公司。可是家長會長去拜訪了三次，都未能得到黃得松老校友首肯。

「黃董那個人，是位『水牛捧過溪，屎尿才願放』的人，要得到他的捐款，一定要拜託他的老同學陳立委，陳立委出面就萬事OK！」

0350 水到，船著浮

Tsúi kàu，tsûn tióh phû

【暗示】水到渠成或少安勿躁。

【註解】船擱在淺灘上，只要海水上漲，船自然會浮上來。

【例句】受到景氣低迷、民生物資普遍漲價的影響，暑假期間各遊樂區的生意，與去年同一時期比較，減少了30%以上的收入。

行銷主任孔有達在壓力之下，向總經理提出聘請俄羅斯水上芭蕾舞團，表演水上脫衣熱舞的建議，他認為如此一來，自然「水到，船著浮」，不怕沒有人潮。

0351 水鬼呣敢摸海龍王尻川

Tsúi-kúi m̄-káⁿ bong hái-lîng-ông kha-tshng

【暗示】膽大妄為

【註解】尻川：屁股。水鬼：枉死在水中的孤魂野鬼。海龍王：是統管海中的魚蝦生物的大王。小鬼居然敢摸老大的屁股。

【例句】李主席在代表大會中，發了一頓脾氣，各單位主管都被點名痛罵，會後各課長、主任，對於劉工友不認識李主席，因停車問題跟他吵架，甚至叫警察來開罰單，導致他怪罪所有主管，甚感不平，要劉工友去跟他理論，討回公道。

「我『水鬼呣敢摸海龍王尻川』，還是你們去說明鄉公所前的停車規定吧。」

0352 水潑落地燴收回咧

Tsúi phuah lȯh-tē bē siu-hûe--leh

【暗示】覆水難收。

【註解】水潑出去了，是收不回來的；君子一言既出，駟馬難追。

【例句】調解委員會黃主席，告訴夫妻吵架的雙方家人說：「雖然『相罵無好喙，相扑無揀位』，但我們做親戚的，也不可以把話說得那麼死，賭咒什麼死不來往啦！會被車子撞死啦！要知道『水潑落地燴收回咧』，以後親戚如何見面？」

0353 火燒茨，燒過間

Húe sio tshù，sio kùe king

【暗示】池魚之殃。

【註解】火燒茨：火災燒房子。燒過間：燒到鄰居這邊來。

【例句】粘仲達氣呼呼的找周順結興師問罪，他責問道：
「你跟楊明達有什麼過節，關我什麼屁事，怎麼『火燒茨，燒過間』扯上我？我才不管你們這樣那樣，你們的恩怨，別將我扯進去……」

0354 父母疼囝長流水

Pē-bú thiàⁿ kiáⁿ tn̂g lâu-tsúi

【暗示】父母之愛長流不息。

【註解】父母關照孩子、疼愛孩子，像細水那樣長流。

【例句】蔡明華新購了一幢二手房子，價錢不高，只有三百八十萬元。但牆壁油漆斑剝，實在需要重新油漆。
蔡爸爸便利用星期六、日，替兒子油漆房子。同事們看到老人家用星期假日，跑到兒子家做長工，嘲笑他業障。
「我業障？」他反問同事說：「所有『父母疼囝長流水』，我就是不相信，你們能看孩子忙不過來而不伸出援手？」

0355 父母疼囝在心內，走趖艱苦無人知

Pē-bú thiàⁿ kiáⁿ tsāi sim-lāi，tsáu-tsông kan-khó͘ bô lâng tsai

【暗示】蠟炬成灰淚始乾。

【註解】疼囝：疼愛孩子。走趖：奔波。

【例句】家無恆產的連信平，爲了讓三個兒女能過著溫飽的日子，每天從工廠下班後，匆促的扒了幾口晚飯，便跟著流動攤販做夜市的生意，每天都忙到十一、二點，收攤才能休息。

鄰居烏秋伯每天看到他那麼辛苦忙碌，常以他爲楷模對兒子說：「你們看看阿平，就會知道『父母疼囝在心內，走趖艱苦無人知』。」

0356 牛屎龜撐石枋

Gû-sái-ku thìⁿ tsióh-pang

【暗示】不自量力。

【註解】牛屎龜：另稱牛屎蚼，昆蟲，身黑色，胸部及腳有黑褐色的長毛，吃動物的糞尿，會把糞滾成圓球形。

牛屎龜那麼小的昆蟲，要撐起石版，怎有可能！

【例句】莊鄉長到女兒家，找女婿邱朝榮商量。

「阿榮，我聽淑芬說，你爸爸的公司經營出了問題，你想辭掉工作回去主持公司？」

邱朝榮向岳父點頭，低聲的說：「我爸年紀那麼大了，我怎麼忍心看到他受債務折磨。」

「做人兒子有這種心意是應該的，可是聽說公司負債五千多萬元，你回去也是『牛屎龜撐石枋』，無濟於事，倒不如請你老爸放棄事業，到你這兒安享餘年。」

0357 牛若瘠著無力，人無錢著白賊

Gû nā sán tióh bô-làt，lâng bô-tsîⁿ tióh péh-tshát

【暗示】環境影響。

【註解】瘦：瘦。牛隻如果消瘦，體力就差很多；人如果沒有錢，也就會
　　　　欺騙、說謊話。

【例句】叔叔對於表哥佯稱騎機車撞傷人，要賠人家醫藥費三萬四千元來
　　　　向他借用，甚為不諒解，打電話給二姑，一直咆哮表哥明華不該
　　　　欺騙他。
　　　　阿公等叔叔火氣稍降些後，對叔叔說：「明華是你的親外甥，他
　　　　要用錢卻騙他舅舅，確實不應該，但這也是『牛若瘦著無力，人
　　　　無錢著白賊』，不要罵得那麼難聽，這樣你姐姐會很難過啊。」

0358 牛椆內觸牛母

Gû-tiâu lāi tak gû-bó

【暗示】對內耀武揚威，對外縮頭烏龜。

【註解】公牛只敢在自己的牛舍內，用頭角觸擊母牛欺侮弱小，到外面就
　　　　成縮頭烏龜，不敢吭氣。

【例句】陳縣長在記者會上，突然表示取消出缺的民政局長由府內提升的
　　　　承諾，決定聘請府外的學者出任，引起縣政府員工一陣錯愕。大
　　　　家紛紛猜測，陳縣長怎會改變由府內幹部提升的承諾。
　　　　「要是我當縣長，也會找外面的人空降！」民政局吳專員說：「縣
　　　　長剛表示要府內人員提出，有可能出任局長的人選，就人人都受
　　　　到黑函檢舉，縣長頗感慨，縣府同仁只會『牛椆內觸牛母』，令他
　　　　很失望。」

0359 牛無食過田岸草

Gû bô tsiáh kùe tshân-hūaⁿ tsháu

【暗示】潔身自愛，謹守本分。

【註解】放牛不會放到田岸上，吃田岸上的草。

【例句】緋聞不斷的莊經理，決定調派他的小姨子，到新開業的分店當店
　　　　長，引起老婆的疑心和戒心。
　　　　「唉呀！妳不要這麼疑神疑鬼好不好？」他對他老婆發誓說：「我

是看準芳琪的能力，才要她主持分店的業務，請妳收心『牛無食過田岸草』，我向妳發誓！」

0360 牛愛貫(穿)鼻，人愛教示

Gû ài kǹg (tshng)-phīⁿ，lâng ài kà-sī

【暗示】要調教，才能穩住個性，成材。

【註解】穿鼻：在牛鼻孔內肌肉穿孔，細鐵桿穿進去、拴牛。教示：教訓。

【例句】聽說阿強喝酒開車闖禍，在基督教醫院住院醫治中，鄰居歐吉桑、歐巴桑紛紛去探視。

據護士偷偷告訴他們，阿強的右腳，明天便要動手術鋸掉，讓這些鄰居眼睛都紅了起來。

他們都說阿強之所以會落得鋸腳保命，應該怪罪他那個愛喝酒的老爸。俗語說「牛愛貫鼻，人愛教示」，阿強小時候學他爸爸喝酒，他爸爸不但沒有制止，還逢人就誇阿強的酒量比大人好，阿強才有今天的下場。

0361 牛會哺鬃簑，馬會吞秤鎚

Gû ē pō tsang-sui，bé ē thun tshìn-thûi

【暗示】無稽之談。

【註解】如果說牛會吃簑衣，那麼馬也會吞吃秤鎚了。

【例句】「你呀，不必說那麼多，王課長有多少能耐，我做總經理的人，怎會不知道？」吳總經理對於推薦王課長，接任分公司經理的馬主任說：「經你這麼說，好像『牛會哺鬃簑，馬會吞秤鎚』，我是不會相信的。」

0362 牛聲馬喉

Gû-siaⁿ bé-âu

【暗示】聲音很難聽。

【註解】講話、唱歌的聲音，像牛鳴馬嘶，與「狗聲乞食喉」同。
【例句】阿公聽到爸爸在修理哥哥，走出來問爸爸說：

「明義到底做錯什麼事挨打？哭得像『牛聲馬喉』。孩子還小不懂事，難免做錯事，處罰不是報復，要有分寸，讓他知道錯在什麼地方，才有教育的效果……」

0363 王子公孫

Ông-tsú kong-sun

【暗示】權貴富豪之子。
【註解】達官貴人，有錢有勢人家的子弟。
【例句】中國有諺語「朝內無人莫做官」，台灣也是如此。朝內有人「什麼攏免驚」。

花蓮司令部參謀長董龍，是總統府武官，2004年12月1日調升花東司令部參謀長。但這位像「王子公孫」的少將，硬是不離開總統府，直到立法委員賴士葆向國防部提出質詢，他才於2005年4月14日就任。

0364 王爺公尻川，無人敢摸

Ông-iâ-kong kha-tshng，bô lâng kán bong

【暗示】懼怕權勢。
【註解】王爺公：民間祀奉的三山國王，或稱有權勢的人。尻川：屁股。
【例句】春季遠足的地點，國一甲班全班三十二位同學，有二十四位贊成到南投九族文化村，可是校長卻把地點定為劍湖山。

同學們都無法理解，校長怎麼可以改變全班民主表決的決定？想要和校長據理辦事，卻像「王爺公尻川，無人敢摸」那樣，沒有同學敢去向校長爭取，回復到九族文化村的決定。

0365 仙人打鼓有時錯，骹步踏差誰人無

Sian-jîn phah-kóo ū-sî tshò，kha-pō tàh tsha siáⁿ-lâng bô

【暗示】過錯難免，知過必改是君子。

【註解】神仙打鼓有時候還會打錯節奏，人怎麼不會做錯事呢？

【例句】演藝人員王靜瑩，被老公陳威陶施暴，用杯子投向她，讓她血流如注，送醫急救眼角縫了六針，成為媒體大新聞。

夫妻打架是常有的事，有人說：「仙人打鼓有時錯，骹步踏差誰人無？」問題是骹步踏差，是指這位南港輪胎董事陳威陶，小不忍而亂大謀，踏差骹步？或是王靜瑩嫁給有錢老公，踏差骹步？

0366 仙拼仙，害死猴齊天

Sian piàⁿ sian，hāi-sí kâu-tsê-thian

【暗示】殃及無辜。

【註解】兩家商店削價血拼，無辜的第三者都跟著遭殃。

【例句】許玉英老師是本校之花，吳張兩位老師都頻頻向她表示好感，也都獲得了些許的回應。尤其吳東華老師為了進一步獲取芳心，買了轎車找機會接送她，張四海老師見狀也買了一部加入戰鬥行為。而心中也暗戀許玉英老師的施信雄老師，在「仙拼仙，害死猴齊天」的情況下，也買了一部參加競賽，小小國小突然增加三輛轎車，熱鬧了許多。

0367 冬至在月頭，欲寒在年兜

Tang-tseh tī gue̍h-thâu，beh kûaⁿ tī nî-tau

【暗示】氣候變化的自然規則。

【註解】如果冬至在月初，天氣會冷也都在春節期間。年兜：春節期間。

【例句】農諺「冬至在月頭，欲寒在年兜」，真的會這樣準嗎？

我連續好幾年記載冬至是在月頭、月中旬、月下旬？結果確實發現，那一年的冬至在月初，那麼大寒總是在春節前後。由此證明，

古代的人所傳承下來的生活經驗，都是珍貴的智慧。

0368 出手膾扑笑面人

Tshut-tshiú bē phah tshiò-bīn-jîn

【暗示】化戾氣為祥和。

【註解】再凶再惡的人，出手要打人，看到笑嘻嘻的人，也打不下去。

【例句】在橋邊擺攤賣水果的歐金德，是個脾氣暴躁的傢伙，常常為了小事與客人起衝突，個性實在不適合做生意。

沒想到歐金德的水果攤，被一個高職的學生，騎機車撞上了，水果掉落滿地，路過的人看到這一幕，都替那個學生擔心，這下子如何向歐金德交代？可是他竟然沒罵那個學生，只是把散落地上的水果撿起來，事後歐金德說：「我雖然個性很強，但『出手膾扑笑面人』。那個學生一再的陪不是，我打得下去嗎？」

0369 出世拄著人饑荒

Tshut-sì tú-tio̍h lâng ki-hng

【暗示】生不逢時。

【註解】出生的時候，剛好碰到鬧饑荒，倒楣透頂。

【例句】台灣景氣衰落，人民生活像「草地鑼鼓陣，一冬一冬慘」。民生用品售價一再調高，失業率又節節上升。首當其衝的是今年大學畢業生，起薪不但沒調升，反而比去年約下降10%，尤其工作難找。「我們真倒楣，好像『出世拄著人饑荒』，工作竟這麼難找。」

0370 加人，加福氣

Ke lâng，ke hok-khì

【暗示】添丁發財。

【註解】孩子多，人手夠，好辦事。

【例句】教授專題演講「加人，加福氣」後，問台下聽眾：「你們認為

一千萬家財和十個孩子，哪一種會令人感到滿足？」

聽眾七嘴八舌。

「十個孩子會感到滿足。」

「教授，每個人有了一千萬元財產後，還會想能不能更多，但是有了十個孩子，還會不滿足嗎？」

0371 加水加豆腐，加囝加新婦

Ke tsúi ke tāu-hū，Ke kiáⁿ ke sin-pū

【暗示】可做灌水解釋，也可當作增加人手。

【註解】加水：多放些水。加子：多兒子。新婦：媳婦。

有了兒子，自然就會有媳婦可幫忙工作。

【例句】同年齡層的朋友，大都退休養老、遊山玩水，只有游桑夫婦倆，一直忙於廠內的工作，老朋友邀請他們出國觀光也都無法成行。「不是我和老婆愛工作，」游桑無奈地說：「你們『加水加豆腐，加囝加新婦』，有人替代工作，而我們只生女兒，嫁一個少一雙手，工作永遠做不完。」

0372 加減趁膾散，加減抾著免借

Ke-kiám thàn bē sàn，ke-kiám khioh tióh bián tsioh

【暗示】不要看不起小錢。

【註解】加減：多少，也就是或多或少。抾：撿。不管工錢多少，也都要做，這樣生活才不會更窮苦。撿火柴也一樣，不管多少，也都要撿回來，要燒飯時就不必去向人家借薪火。

【例句】江家兩兄弟經常成為鄰居的話題，老大江民欽工作勤勉，生活又節儉，雖然不是很富裕，但也過得去。老二江明欽卻眼高手低，非待遇高的工作不做，經常賦閒，生活捉襟見肘，日子過得很拮据，東借西借，挖東牆補西壁。所以鄰居提起他們，常說：「加減趁膾散，加減抾著免借。」

0373 半斤捾頭量

Pùaⁿ-kin kūaⁿ thâu-niû

【暗示】搞錯了。

【註解】半斤：重量。一斤十六兩。捾：提。

頭量：度量衡。秤物輕重，輕的用秤仔秤，重的用量仔量。每支量仔有頭量二量，重的用頭量。

【例句】金進德到美國，訪視哥倫比亞大學的同學詹姆斯，送了兩罐台灣肉鬆。幾天後接到詹姆斯的電話。

「嗨！同學，很高興你送我台灣咖啡，我們已經煮來喝了，味道和巴西的不一樣……」

「糟了。」他放下電話，對老婆說：「詹姆斯『半斤捾頭量』，把肉鬆當咖啡煮。」

0374 半桶屎，擔咧泏

Pùaⁿ-tháng sái，taⁿ leh tshuah

【暗示】沒學到皮毛愛臭屁。

【註解】半桶屎尿本不會溢出來，卻溢得滿地。形容沒學到工夫的學徒，要不出花樣來。

【例句】楊新枝學習油漆還不到半年，便自告奮勇獨當一面承接一件工程，最後錢沒賺到，又得請老師傅善後，老師傅笑他是「半桶屎，擔咧泏」，油漆沒那麼簡單。

0375 半路認老爸

Pùa-lō͘ jīn lāu-pē

【暗示】認錯了人，或為某種企圖認乾爹。

【註解】路上看到一個人，誤以為是自己的爸爸，上前叫他。

【例句】新竹市稅捐處「半路認老爸」，從1997年開始連續五年，都把同姓同名不同住址的43歲蔡添壽的地價稅補稅單，寄給74歲的蔡

添壽，讓這位老人相當氣忿。

新竹市稅捐處祕書黃素琴承認該處犯錯，已與地價課長謝妙炫打電話，向老人蔡添壽賠不是。

蔡老先生說，稅捐處一次就寄從1991~2004年的稅單給他，也真太不像話。

0376 半路斷扁擔

Pùaⁿ-lōo tīg pín-taⁿ

【暗示】中途出情況。

【註解】扁擔：挑東西的竹棍子。

指中年喪偶，爲半路斷扁擔。

【例句】郭振祥終於踏入婚姻介紹所的大門，參加擇偶登記。服務小姐打量這位客人，看來一表人才，談吐斯斯文文，選擇的條件僅是能理家就好。

「郭先生，你要求的對象，條件僅是能理家就好嗎？」

「是。能理家就好，」郭振祥說：「我是個『半路斷扁擔』的人，我老婆留下四個孩子，有人願嫁給我便要感謝了，還能要求什麼條件？」

0377 古井水雞

Kóo-tséⁿ tsúi-ke

【暗示】見識有限。

【註解】水雞：青蛙。古井：古時候的水井。青蛙存活在水井裡，從井口往上看，天地只不過井口那麼大而已。

【例句】中國各省爲了發展經濟，競相舉辦招商說明會，歡迎台商投資。昆記公司張董也是受邀到四川省考察的老闆之一，他公司一團人到了四川便受到省委以及相關廳處長接待，舉行投資簡報，張董回台後，對四川省的投資環境讚不絕口，準備移廠到四川尋求發展。

「張董，眞是『古井水雞』，見識有限，」侑記公司許董不客氣的
批評他：「中共是什麼政府，要你投資當然百般禮遇，等你眞正
投資後，便知道中共的厲害。」

0378 古意人，擔屎無偷食

Kó-ì-lâng，taⁿ-sái bô thau-tsiảh

【暗示】誠實的人難找。

【註解】看起來是那麼誠實忠厚，其實並不是那麼一回事，只是擔糞便不
會偷吃而已。

【例句】祥記食品公司王董，有意在公司員工中，爲獨生女挑個女婿，使
多位小伙子明爭暗鬥得很劇烈。
　　　王董經過多年觀察，終於挑上營業課李專員，立即引起紛紛議論。
「王董什麼人不選，怎會看上李有義那個傢伙，」研發課邱技術員
酸酸的說：「王董到底喜歡他什麼？」
「大概喜歡小李子『古意人，擔屎無偷食』吧？」

0379 只要肯吃苦，唔驚無事做

Tsí-iàu khíng tsiảh-khó，m̄-kiaⁿ bô sū tsò

【暗示】肯吃苦不會餓死。

【註解】天地不會餓死人，只要肯吃苦、能耐苦，不怕找不到工作做。

【例句】社會上常常有不堪生活壓力、攜帶兒女全家自殺的新聞，其實就
業機會相當多，「只要肯吃苦，唔驚無事做」，天地艙餓死人。
　　　何況各地政府的社會救濟機構，也能充分發揮急難救濟功能，實
在不可動輒輕生。

0380 叫豬叫狗，不如家己走

Kiò ti kiò káu，put-jû ka-kī tsáu

【暗示】要靠自己。

【註解】叫豬叫狗：差遣別人。要叫他人代替，不如自己搞比較快。

【例句】叔叔自己 DIY 油漆房間，因爲從來不曾自己動手油漆，所以叫侄兒拿松香油給他，侄兒卻拿刷子給他。侄兒後來被叫煩了，叫一聲便隨意拿一件給叔叔，讓叔叔越來越氣，最後從梯子上下來，自言自語地說：「叫豬叫狗，不如家己走。」

0381 台灣時間 ── 慢一點鐘

Tâi-uân sî-kan ── bān tsit tiám-tsing

【暗示】台灣人沒有時間觀念。

【註解】台灣人參加會議、赴宴，往往都不能按時赴會，久而久之成爲不良的習慣。

【例句】陳縣長對於局處長那種「台灣時間 ── 慢一點鐘」深惡痛絕，在一次晚上會餐後會議的安排上，定六點至六點卅分晚餐，接著開會。

陳縣長於六點卅分宣佈會餐結束，會議開始。他把會議一直開到凌晨一點結束，中間只有兩個十分鐘的休息，讓那些老是遲到的官員，餓得叫苦連天。

0382 台灣無三日好光景

Tâi-uân bô saⁿ-jit hó kong-kíng

【暗示】好景不長。

【註解】台灣人民積極，什麼事業能賺錢，什麼值得去做的生意，都會競相積極的投入。因而，常常導致一窩蜂而受損。

【例句】台灣錢淹腳目，沒有錯，台灣人有錢、消費能力高，是賺錢的天堂，可是台灣也是有名的「台灣無三日好光景」，例如八大行業的舞廳、KTV、卡拉 OK、理容業、保齡球館……只不過幾個月，台灣各地方到處林立，形成劇烈的競爭。

例如珍珠奶茶、冰茶之類的飲料，各地方大街小巷也都有人擺攤子賣。

0383 台灣蟳無膏

Tâi-uân tsîm bô ko

【暗示】草包，肚子裡面沒有東西。

【註解】台灣蟳：台灣沿海特有的海產蟳類。台灣蟳蟳殼裡膏黃很少，不是好的品種。

【例句】張議員、董議員一再向陳縣長推薦呂課長，升他接任退休民政局李局長的職位，陳縣長在多位議員的關說困擾下，終於坦誠說明，為何不讓呂課長遞補李局長遺缺。

「呂課長，活動力不錯，公共關係也很好，」陳縣長坦誠告訴張、董兩位議員：「可是像『台灣蟳無膏』，沒有內涵、能力。」

0384 司公毋驚鬼，和尚毋畏佛

Sai-kong m̄-kiaⁿ kúi，hûe-siūⁿ m̄-ùi hùt

【暗示】近廟欺神。

【註解】司公：道士。和尚：僧人。

做道士的是不怕鬼，當僧人的也是不怕佛陀。

【例句】熊小萃行為偏差、叛逆，不可理喻到那種人人都要放棄，不管他的地步，老實說與他的阿姨郭老師有絕對關係。

郭老師是熊小萃高一12班的班導師，教自己的外甥，對這位「司公毋驚鬼，和尚毋畏佛」的外甥，實在很難管教，要責備也不行，要處罰也不行了，他都將老師當作自己的阿姨，實在很難重罰。

0385 司公聖杯，客兄伙計

Sai-kong sīn-pue，kheh-hiaⁿ húe-kì

【暗示】有反諷，粘在一起。

【註解】司公：道士。聖杯：筊杯。問神求卜的半月形道具，有司公便有聖杯。客兄伙計：姘夫姘婦粘在一起。

【例句】賴欽明偷偷告訴同事，洪明山證實感染愛滋病。

「洪明山感染到愛滋病？」老劉大聲叫起來：「那和明山像『司公聖杯，客兄伙計』的石桑，一定也染到了吧？」

「聽說石桑每次都穿保險套，」賴欽明說：「所以沒染上。」

0386 司公(師公)哄死鬼

Sai-kong háⁿ-sí kúi

【暗示】虛張聲勢嚇唬人。

【註解】師公：為喪家做法事、誦經、超渡的道士。

道士做法事，虛張聲勢，嚇死鬼魂。

【例句】彰化市廖家母喪，特別請到著名黃姓師公，為亡母做法事。喪家孝眷知道「師公哄死鬼」法力無邊，齊跪靈前，默默的配合師公跪拜。

在誦經超渡亡魂正忙得不可開交之際，黃姓師公的手機突然響起來，他連忙摀著嘴巴低聲說：「幹你娘，叫什麼？」

沒想到師公這句「幹你娘」的髒話，隨著麥克風傳了出來。

0387 四九問五十

Sù-kiú mīg ngó͘-sip

【暗示】同樣是笨蛋，不相上下。

【註解】自己不會，請教也是不會的人。

【例句】何麗君快遞寄了一支手機，給她老爸做父親節的禮物。

何桑拿著手機問我功能，我看了看那一支超炫的手機，便又還給他說：

「何桑，你這下子是『四九問五十』，現在手機功能很多，連我也不會用。」

0388 四十斷子帶

Sì-tsàp tīg kiáⁿ-tùa

【暗示】沒有生男育女的機會。

【註解】女人四十雖然已經很成熟了，被喻為一枝花，但到底是年齡大了，
變成高齡產婦，或許快要停經了，所以也許沒有生殖能力。

【例句】台灣社會因經濟繁榮，男女都有經濟自主能力，誰也不依靠誰，
不但逐漸的晚婚，有的甚至要過單身貴族的生活。
有越來越多的人，結婚不生孩子，什麼傳宗接代，在他們的思想
裡，這句話已漸漸的模糊了，什麼「四十斷子帶」，現代的女孩子，
根本不當一回事，甚至「母親」也將會成為稀有人類了。

0389 四支釘仔，釘落去也膾變

Sì-ki ting-á，tìng--lòh-khì iàh būe piàn

【暗示】除非死了。

【註解】喻已活到快要蓋棺論定的年紀了，那種死人個性竟然不知改變。

【例句】左右鄰居都認為，杜伯伯請老村長來規勸杜有義戒酒，是很荒唐
的事。全村的人都知道杜有義已經是一位酒鬼了，「四支釘仔，
釘落去也膾變」，除非太陽從西邊上來，否則別妄想他能戒酒。

0390 四方落雨歸大海

Sù-hong lòh-hō͘ kui tūa-hái

【暗示】百川歸大海。

【註解】各地方下的大雨，雨水最後都會流入海洋。

【例句】警方針對張厝、劉厝兩村，村民打群架的事展開調查，想要揪出
這件差點鬧出人命的打架事件主謀。
村民們惹事後，聽到警方已準備捉人，都跑到吳村長家去，請教
怎樣回答警方的偵訊。
「你們大家不要怕，」吳村長對村民們說：「這件事『四方落雨歸

大海』，有事我負責，儘管把責任推給我。」

0391 四兩筅仔唔知除

Sì-niú ńg-á m̄-tsai tî

【暗示】要有自知之明。

【註解】筅仔：商家售東西，裝物過秤的竹製容器。商人賣東西，計斤計錢，小籃子的重量，要記得扣掉。

【例句】卓新彰向他老爸說，要到陳仰長家，請陳仰長同意他與相戀多年的其女慧珠結婚。在鄉公所任工友的卓老爸，期期以為不可。「你要到仰長家，請他答應你和慧珠的婚事？」卓老爸對他說：「你是鄉公所工友的兒子，慧珠是鄉長千金，我們自己『四兩筅仔唔知除』，怎麼可以？」

0392 四兩撥千金

Sì-niú puah tshian-kim

【暗示】簡單幾句話，應付嚴重的問題。

【註解】用四兩重的工具，輕鬆處理千斤重的物品。

【例句】前立委馮滬祥，趁家中無人性侵菲傭「ROSE」一案，士林地方法院於2005年7月8日，判處馮滬祥四年有期徒刑。

馮滬祥還不承認罪行，妄想用阿扁政府對他政治迫害，「四兩撥千金」遮蓋這件醜聞案，說什麼台灣黨外時代，他曾控告「蓬萊島」雜誌陳水扁誹謗。陳水扁被判處徒刑，挾怨報復他。

馮滬祥講得義憤填膺，卻沒交代他的精液，怎會進入菲傭「ROSE」的陰道裡？

0393 四書熟律律，十句九句唔捌

Sù-si sik-lùt-lùt，tsàp-kù káu-kù m̄-bat

【暗示】白讀了。

【註解】書讀了歸土拉庫，居然了解有限，一問三不知。

【例句】葉伯伯原是目不識丁的鄉下人，對於兒子敏雄上大學期待很大，以爲讀了大學什麼都會。兒子放春假回來叫他申報93年度綜合所得稅，搞了三、四天還是不會申報，就請林村幹事替自己填寫，不到半個鐘頭就OK了。

葉伯伯一方面感謝林村幹事，一方面罵兒子說：「我看你啊，『四書熟律律，十句九句唔詢』。」

0394 外甥食母舅，親像食豆腐； 母舅食外甥，獪輸吞鐵釘

Gūe-sing tsiàh bó-kū，tshin-tshiūⁿ tsiàh tāu-hū；
Bó-kū tsiàh gūe-sing，bē-su tsun thih-ting

【暗示】孩子奉養父母是天經地義之事，但是奉養舅舅，雙方都會不自然，怪怪的。

【註解】外甥受到舅舅照顧，像吃豆腐那麼順口、隨意，可是當有一天舅舅投靠外甥時，生活會像吞鐵釘那麼難下嚥。

【例句】康文朝和尤淑眞夫妻發生車禍，不幸雙亡，身爲母舅的尤連達，不得不把他們夫妻遺留下來的一對小兄妹，接過來扶養。朋友看到這位爲了扶養妹妹遺孤，至今仍孑然一身的尤連達，都頗爲同情和敬佩，紛紛安慰他將來外甥仔會好好孝順他，尤連達總是苦笑的說：

「沒辦法啦！『外甥食母舅，親像食豆腐；母舅食外甥，獪輸吞鐵釘』吧？」

0395 央三託四

Iang saⁿ thok sì

【暗示】到處找人請託、求助。

【註解】自己沒有能力處理的事情，四處求人幫忙。

【例句】今天上班，每位同事桌上都有一盒禮餅，是邱進益與邱麗珍訂婚

的禮盒。其實同事們都認為他們之間，只不過是邱進益單戀邱麗珍，而對於他的機會都感到渺茫。可是邱進益仍然不死心，「央三託四」前往提親，終於打動女方父母的心。

0396 夯旗仔嘩伊呵

Giâ kî-á huah i-o

【暗示】馬前卒。

【註解】拿著旗子，盲目跟從，呼喝開道的人。

【例句】劉進昌是一位知恩圖報的縣議員，劉高票當選連任的第二天，便到這兩個月來，追隨在他身邊的老呂家去，感謝他這段時間的相助、幫忙。

「劉議員，你也太客氣了，」老呂很謙虛的說：「你服務那麼好，大家都樂意支持你，我只不過是『夯旗仔嘩伊呵』，湊熱鬧而已。」

0397 尻川幾支毛看現現

Kha-tshng kúi-ki mơ khùaⁿ hiān-hiān

【暗示】有多少本事騙不了別人。

【註解】屁股上長了多少根毛，人家都看得很清楚。

【例句】台中市北屯區長黃晴曉，於2005年3月間與志工聯歡，酒後興起大喝：「脫掉！脫掉！」傳聞黃區長竟脫掉衣服上陣，事經曾朝榮議員獲悉，於市議會提出質詢。

這件區長脫掉風波，傳說他們大家酒過三巡之後，有人拍胸脯說：「黃區長，你的『尻川幾支毛看現現』。」引起大家下注，黃區長為了證明自己尻川有幾支毛，才脫掉褲子，是也？非也？

0398 尻川頭結一把蕹菜

Kha-tshng-thâu kat tsit-pé ìng-tshài

【暗示】食指浩繁。

【註解】尻川：屁股。屁股後面跟著多位孩子，表示家庭負擔沉重。

【例句】寶源製鞋廠，為了降低生產成本，增強國際競爭力，決定遷廠中
國大陸，並訂出辦法：

1.原意隨廠到中國去的員工，薪水調升20%，每年二次來回機票。

2.不能隨廠到中國者，依勞基法規定辦理遣送，外加二個月薪資。

第一線生產組長劉政陽提出申請遣送，王課長捨不得這位優秀員
工離職，一再慰留他，劉組長說：

「我也想到中國廠去，無奈『尻川頭結一把蘿荽』，走不得。」

0399 巧伬過骨

Khiáu kah kùe kut

【暗示】絕頂聰明。

【註解】非常聰明，但是聰明得過了頭，往往會聰明反被聰明誤。

【例句】雲林科技大學法律研究所，新聘一位國小畢業的唐樹正前往授課。
唐樹正現任雲林地方法院刑事庭長，家住彰化縣大城鄉，家庭貧
困，國小畢業後，做水泥童工謀生，但他「巧伬過骨」，並沒因家
庭貧困放棄力爭上游，之後靠檢定、普考、高考通過司法官特考，
一路爬到法院庭長，並即將在大學授課。

0400 巧个食愚，愚个食天公

Khiáu--ê tsiảh gōng，gōng--ê tsiảh thiⁿ-kong

【暗示】天地疼愚人。

【註解】巧个：聰明的。愚个：愚笨的。

聰明的人，欺侮愚笨的人；愚笨的人，只有聽天由命。

【例句】我的同事中，大家都知道莊信雄比較狡猾，愛輕鬆，不負責任，
所以每次編班，他一定選擇而且堅持教三、四年級。

呂校長也拿他沒辦法，只好向教五、六或一、二年級的老師說：
「有位同事後台硬，堅不教高低年級，我也拿他沒辦法，各位『巧
个食愚，愚个食天公』，無要安怎？」

0401 巧人使喙，戇人使力

Khiáu-lâng sái tshùi，gōng-lâng sái làt

【暗示】出嘴不出身。

【註解】巧人：聰明的人。戇人：愚笨的人。

聰明的人，光靠嘴巴指揮別人；愚笨的人，只有靠力氣來完成。

【例句】陳東興父親接到兒子傷害案的法院傳票，不禁數落他說：「『巧人使喙，戇人使力』，怎麼傻到無緣無故跟人家去打架？」

0402 平平錢，掠豬咬輸人

Pêⁿ-pêⁿ tsîⁿ，liàh ti kā su--lâng

【暗示】被瞧扁了的感慨。

【註解】平平錢：同樣的錢。掠豬：買小豬。

【例句】人家問張家拉麵老闆，他兒子大專聯招考上哪一所大學？

張老闆一邊做麵，一邊訐譙，說他的兒子，學費、補習費不但跟人家繳交同樣的錢，而且一年四節，對老師該送的禮，都照送不誤，結果還是名落孫山。他說：「沒辦法了，『平平錢，掠豬咬輸人』，只好回家賣拉麵。」

0403 平地跋倒人

Pêⁿ-tē puàh-tó lâng

【暗示】不該發生的事，居然發生了。

【註解】走在平坦的路上，竟然跌倒，是自己不小心，還是另有原因？

【例句】除夕夜，老人家把四個回來圍爐的兒子，聚在一起詢問他們的近況。老大和老三，都在科學園區服務，工作好、待遇高；老二經營西點麵包，生意不錯；老么在公部門工作，有保障。老爸聽後頗感安慰，叮嚀他們說：

「我和你們媽媽靠退休金生活，你們都免煩惱，自己也各有安定的工作，令我和你們媽媽都很安心，不過也要注意『平地跋倒人』，

做人要謙虛，待人要和氣，生活更要節儉。」

0404 扑一支恆汝到

Phah tsit-ki hō͘ lí kàu

【暗示】給你將一軍。

【註解】這是牌桌上的用語，釋出一支牌子，讓你接與不接都兩難。

【例句】我們學校單位主管，每人做事都很低調、謙虛，以免多做多錯，只有訓育組長比較愛臭屁，表示他很有辦法。

我看他很不順眼，曾經當面對他說：「張組長，有機會，我會『扑一支恆汝到』。」機會也終於來了，學校建校八十週年校慶，不足活動經費八十萬元，我在籌備會議上，一再稱讚張組長與家長會長、議員關係很麻吉，這件事由他負責，大家立即拍掌通過。

0405 扑人嘩救人

Phah-lâng huah kiù-lâng

【暗示】作賊喊捉賊。

【註解】自己先出手打人，還呼叫別人來救他。

【例句】台灣立法院爭取參加世界衛生組織大會(WHA)遊說團，卻於2005年5月15日，在瑞士發生一件女立委打女立委事件，轟動國際，丟臉丟到國外去。

女立委打人事件，是無盟女立委張麗善，因其胞兄雲林縣長張榮味，被台聯立委尹伶瑛檢舉林內焚化爐弊案，而被停職收押，張立委越想越氣憤，便在無預警的情況下，猛摑了尹立委一巴掌。

張麗善回國後「扑人嘩救人」，指責尹立委的不是，好像她活該挨打。

0406 扑別人囝嘸知疼

Phah pȧt-lâng kiáⁿ m̄-tsai thiàⁿ

【暗示】別人个子死繪了。

【註解】打別人家的孩子，自己沒有感覺到痛，不知他人的痛。

【例句】校長室吵雜的聲音，傳到辦公室裡來，我進去看個究竟，才知道家長會韓會長，陪著家長到學校興師問罪。

「校長，如果你不處理，不還我一個公道，我要到縣政府教育局告狀，現在已經嚴禁體罰，嚴老師竟然用藤條處罰學生。」

「焦先生，雖然現在禁止體罰，嚴老師拿藤條打學生，固然不對，但他不會使力太大。」

「不會使力太大？」學生家長說：「嚴老師那種人是『扑別人囝嘸知疼』的人，不給他一點教訓不可！」

0407 扑狗看主人

Phah-káu khùaⁿ tsú-lâng

【暗示】留給主人情面。

【註解】要打一隻狗，下手之前，先想一想牠的主人是誰。

【例句】狗很凶惡，你可以打牠，但要先瞭解牠的主人是誰，惹不惹得起？

新北市永和區發生一件狗咬人的糾紛。黃姓飼主所養狼狗咬傷一位黃姓學童，導致不是傳統的「扑狗看主人」，而是狗咬人要看咬的是什麼人。

因為被咬的學童的媽媽，看到那隻狼狗突然跑出來，咬住她的兒子，狗主人又毫無歉意，就一狀告到法院，要求凶狗出庭應訊。

0408 扑虎掠賊親兄弟

Phah hóʼ liȧh tshȧt tshin-hiaⁿ-tī

【暗示】手足情深。

【註解】要打老虎或要抓小偷，還是自己的兄弟才會團結一致，共同應付

挑戰或危險。

【例句】台中市中華電信公司門口，2005年6月6日，發生一件婦人拉布
條的抗議事件，抗議她老公與女同事有外遇。

陪同婦人拉布條抗議的民眾，據說是她的兄弟和親友，所謂「扑
虎掠賊親兄弟」，如果不是自己的姐姐、阿姑、阿姨被欺侮了，
人家才不會去管別人的感情私事。

0409 扑斷手骨顛倒勇

Phah-tīg tshiú-kut tian-tò ióng

【暗示】愈挫愈勇。

【註解】手打斷了，醫好的手，更加強壯。人經歷失敗的教訓後，才會更
加奮發堅強。

【例句】駱媽媽對於她兒子來往的那些王哥柳哥們，非常感冒，因為他們
經常電話邀約她兒子外出唱歌、喝酒，到深夜才回家。可是駱爸
爸卻認為這是男孩子成長的一個過程，只要受到教訓就會學聰
明。果然如駱爸爸所言，他們兒子與朋友在KTV喝酒、唱歌時，
為了服務小姐爭風吃醋，大打出手而被控傷害，法院跑了好幾趟，
他從此遠離那些狐群狗黨，真是「扑斷手骨顛倒勇」。

0410 扑頭損角

Phah thâu sún kak

【暗示】帶頭的人，必定會有所犧牲。

【註解】處理群眾事務或公益活動，帶頭領導者，必然要有率先付出、犧
牲的心理準備。

【例句】學校建校五十周年，周校長原要低調處理，但家長會張會長等人，
卻要擴大慶祝，舉辦一連串活動。

要辦活動便要經費，校長說：「縣政府僅能補助十萬元，其他要
靠募捐，張會長說只要其他家長委員，能募到三十萬元，他『扑
頭損角』，不夠的由他負責。」

0411 打死乞食，好人賠命

Phah-sí khit-tsiàh，hó-lâng pûe-miā

【暗示】人命同價。

【註解】乞丐雖然是社會低層的微不足道的小人物，但是人權受保障，生命受保護，打死了他也要受到法律制裁。

乞食：討飯吃的流浪人。流浪人雖然生命卑微不值錢，但也有他的基本人權，不要說打死他一命賠一命，但絕對會受到法律制裁。

【例句】台南市麻豆區曾經發生一件失主誣賴路過的乞丐，雙方爭執的事件。失主禁不起乞丐冷言相譏，出手打死乞丐，後來也難逃法律制裁。雖然未達「打死乞食，好人賠命」，但也被判八年徒刑。

0412 打鐵趁火熱

Phah-thih thàn húe jiàt

【暗示】趁勢而為。

【註解】打鐵：用高溫熔鐵打造各種器具。

打鐵製造各種器具，要善用火候。

【例句】高雄市就讀國小二年級的盧姓學童，因迷上偶像劇「格鬥天王」，想要CD專輯卻沒有錢買，就到量販店「家樂福」偷拿。「家樂福」抓到小偷後，300元的CD竟然索賠11倍多的三千多元。

盧生父母外出旅遊，他的奶奶柯女士，對於「家樂福」將原價300元的CD，要求11倍賠償的不合理而不願支付。

消保官顏福瑞說，商家「打鐵趁火熱」，已達取財目的的恐嚇行為。

0413 未生囝先號名

Būe seⁿ-kiáⁿ sing hō-miâ

【暗示】本末倒置。

【註解】孩子還沒生下來，就先為他取了個名字，也不知是生男還是育女、平安順產否？

【例句】劉鄉長競選連任，好像很有把握的樣子；民政課長退休後，由誰
　　　　接任？哪一位接任哪一位的職位，都已經安排好，真的是「未生
　　　　囝先號名」。
　　　　許多人也都競相送紅包買職位。

0414 未行軍先選糧

Būe hîng-kun sing suán-niû

【暗示】未雨綢繆。

【註解】行軍：部隊開拔，即前進。
　　　　部隊換防或上戰場，防務與軍需都要事先規劃，準備充足，不能
　　　　臨時抱佛腳。

【例句】選舉日期還沒到，劉耿祥就交代競選總幹事，選舉經費必須到位。
　　　　「劉鄉長，」劉總幹事說：「選舉日期還有四十天，要那麼早嗎？」
　　　　「劉總，你沒聽到『未行軍先選糧』嗎？」劉鄉長又附在劉總幹事
　　　　的耳邊，細聲說：「現在買票的錢不先到位，屆時被調查局鎖定
　　　　跟住便慘了。」

0415 未肥先假喘，未有錢先假好額人款

Būe pûi sian ké tshuán，būe ū-tsîⁿ sian ké hó-giàh-lâng khuán

【暗示】未得志先裝腔作勢。

【註解】還不怎麼富態，便假裝走不動會氣喘；也沒有多少錢，便裝起有
　　　　錢人的派頭。

【例句】陳縣長確實於競選連任之際，向黃振權承諾，只要幫他競選連任，
　　　　當選後一定給他安排家畜市場主任的肥缺。黃振權因為有陳縣長
　　　　的承諾，「未肥先假喘，未有錢先假好額人款」，用分期付款方式，
　　　　買了一部賓士轎車代步。選舉結果，陳縣長連任失敗，不知老黃
　　　　養不養得起那一輛轎車？

0416 未食五日節粽，破裘唔甘放

Būe tsiảh gō-jit-tseh tsàng，phùa-hiû m̄-kam pàng

【暗示】時機未到。

【註解】五日節：端午節。

台灣的氣候，端午節過後，初夏的天氣才算穩定，冬天的衣服，才可以收起來。

【例句】台灣人很喜歡打破世界記錄，連製作肉粽也要申請金氏世界紀錄。人家都認爲「未食五日節粽，破裘唔甘放」，而於端午節前後，才把冬天的衣服收藏起來。但彰化縣溪湖鎮汴頭社區的楊根旺理事長，卻於2005年6月10日端午節前，又請一百多位婆婆媽媽，合力製作一個重1433台斤，有正常5000個粽子那麼大的超大肉粽，挑戰金氏世界紀錄。

0417 未食直直迷，食了嫌殕貨

Bē tsiảh tit-tit tùe，tsiảh liáu hiâm àu-hùe

【暗示】喜新厭舊。

【註解】殕貨：爛貨。不是好東西。

這是形容男人追女人的現象，還沒追到手，老是獻殷勤長相左右，一旦上過床就百般挑剔，甚至不理不睬。

【例句】羅文定鎖定騷包彭莉玉後，一直討好、獻殷勤，不但做馬夫載她出出入入，還經常買禮物送她。

趙新堯想瞭解羅和彭莉玉交往的情形。他拍著羅文定的肩，問道：「好吃嗎？」

這個「未食直直迷，食了嫌殕貨」的傢伙說：「老實說，不比我老婆好。」

趙新堯聽後，隨口說：「我也覺得不比你老婆好。」

0418 未曾好額驚賊偷

Būe-tsîng hó-giàh kiaⁿ tshàt-thau

【暗示】不切實際。

【註解】未曾：從來沒有過。

從來沒發過什麼財，卻害怕小偷來偷他的錢。

【例句】卓昌欽這個傢伙，心思非常縝密，大賣場剛開張便訂了許多規則約束員工，例如規定所有員工的包包不得帶進公司裡，也就是要集中保管。

「老闆為什麼不讓我們把包包帶進去？」

楊組長回售貨員陳黃子說：「老闆怕我們把賣場的東西偷出去。」

「怎有這種老闆！『未曾好額驚賊偷』？」

0419 未曾學行先學飛

Būe-tsîng òh kiâⁿ sing òh pue

【暗示】好高騖遠。

【註解】還不會走路，就想要學飛行。

【例句】胡錦聰醫學院畢業後，先在基督教醫院當醫師，不到兩年，便展現他的雄心，請他老爸把未來應分給他的田地變賣，準備開一家綜合醫院。

他老爸說：「開綜合醫院，不只是資金問題，醫院的行政管理才是重要問題，不是會看病的醫師，便會經營醫院。」

他老爸最後說：「你先用心做個好醫師，不要『未曾學行先學飛』。」

0420 未想贏先想輸

Būe siūⁿ iâⁿ sian siūⁿ su

【暗示】凡事不可能如預料的。

【註解】未想贏：還沒想到贏了以後。先想輸：要先想到如果輸了。

要賭總會有輸贏，做事總有成敗。

【例句】在農業改良場服務的羅技正，接獲行政院農委會發展農業提高農
民收入的方案，決定提前辦理退休，以便利用退休金，成立農業
科技公司，發展花卉細胞繁殖產業。

當老師的羅太太對她老公說：

「花卉細胞繁殖，有沒有前途？我是外行人，不過有個古訓說，
凡事『未想贏先想輸』，卻是該有這種心理準備。」

0421 正手入，倒手出

Tsiàⁿ-tshiú jip，tò-tshiú tshut

【暗示】不會量入為出，賺多少便花多少。

【註解】正手：右手。右手剛拿到錢，左手便將它花掉。

【例句】林媽媽對於女兒阿芬到東南亞旅遊，要向她借五萬元大感驚訝：

「怎麼？妳工作一年了，連五萬元也沒有？」

「媽，妳不知道在台北生活不容易，」阿芬說：「每個月都『正手
入，倒手出』，要房租、要吃飯、要化妝費、要水電費、要電話費，
一個月三萬多元，還能剩多少？」

0422 甘蔗粕，喫無汁

Kam-tsià phoh，khè bô tsiap

【暗示】資源已乾了。

【註解】甘蔗粕：甘蔗榨乾後的殘渣。喫無汁：吃不到汁液。

【例句】公司外遷到越南後，總經理指定沈芳明等三人，留守公司守護。

沈芳明留守公司已經快一年了，其間有多家公司來接洽，要他跳
槽過去，沈芳明認為，總公司總有一天會回來重整旗鼓，明楊公
司的魏經理在挖角不成後，對他說：

「沈仔，你該知道『甘蔗粕，喫無汁』，別想你公司會再回台經營。」

0423 甘蔗雙頭甜

Kam-tsià siang-thâu tiⁿ

【暗示】享齊人之福。

【註解】吃甘蔗，無論從哪一頭嚼起都很甜，像男人娶了兩個老婆，恩恩愛愛和睦相處。

【例句】涂總事業有成，金屋藏嬌，把會計小姐吳金英安置在中國深圳的工廠，他則中國、台灣工廠輪流督陣。

有人說涂總事業大，中國、台灣兩頭忙，知己朋友常常揶揄他「甘蔗雙頭甜」。

不過有些朋友擔心，要是被他老婆知道了，不知他如何求饒？

0424 生个撥一邊，養个功勞忭大天

Seⁿ--ê puah tsit-piⁿ，iúⁿ--ê kong-lô khah-tūa thiⁿ

【暗示】恩情深似海、大如天。

【註解】孩子生下來，沒有含辛茹苦的扶養，怎能平安長大？所以養父母的恩情，比親生父母還要偉大。

【例句】《中國時報》2005年5月8日焦點新聞，標題：「超級寄養媽媽，拉拔22個寶貝」，這位超級奶媽林美惠，養有兩個兒子，心中盼望女兒，卻始終不能如願。她便把這份愛轉化為寄養家庭，先後扶養拉拔22個遭受到各種不幸的兒童，將他們視如親生兒女那樣，無微不至的照顧他們。她說不用經過懷孕生產過程，就能享受拉拔孩子長大的樂趣，讓她覺得很幸福。

俗語說：「生个撥一邊，養个功勞忭大天。」這位林媽媽，反而沒有這種想法。

0425 生女兒免悲傷，生男兒免歡喜

Seⁿ jú-jî bián pi-siong，seⁿ lâm-jî bián huaⁿ-hí

【暗示】生男育女，都是一樣。

【註解】生女兒不用悲傷，生男兒也不要高興得太早。是一句安慰沒有男兒家庭父母親的話。

【例句】「生女兒免悲傷，生男兒免歡喜」，這句話是安慰家中只有女孩，沒有男孩的父母，事實上無論男孩女孩，有子有女萬事足。

在台北市榮總擔任骨科主任的陳全木醫師，2005年2月，執行完長達九小時的開刀手術後，累得爆發急性肝衰竭，非得換肝才能活命。

陳全木遠在加拿大的兒子陳逸豪，立即趕回來捐肝救父親。並交代主治醫師龍藉泉、夏振源，說萬一有情況發生，一定要先救他的父親。

0426 生不帶來，死不帶去

Sing put tài-lâi，sí put tài-khì

【暗示】來也空空，去也空空。

【註解】人生就是這樣，來去都空空，不必太計較，名利別看得那麼重。

【例句】康董事長請在病房照護他的小老婆阿眞出去，招手叫公司林總務到病榻前，低聲的對他說：

「林仔，一個人不管他擁有多少名利、地位，都是『生不帶來，死不帶去』，我知道你很喜歡阿眞，我也知道你們常常約會，我年紀這麼大了，她還那麼年輕，也是應該的，我死後，希望你能娶她、照顧她，我會留一筆錢給你們做生意。」

0427 生米煮熟飯

Tsheⁿ-bí tsú sik-pn̄g

【暗示】木已成舟了，又能怎樣？

【註解】米既已煮熟了，已經變成飯了，不可能恢復原狀了。

【例句】筱梅到台北工作，要租屋獨居，她母親一再叮嚀，絕對不能讓她男朋友在她那裡過夜。

一段時期後，母親問筱梅，是否遵照自己的話，沒讓她男朋友到

她那裡過夜。

「媽！妳安心啦！」這位「生米煮熟飯」的女兒，告訴她母親說：
「我都到他那裡睡覺，一次也沒讓他到我這裡過夜。」

0428 生食都無夠，佫有通好曝乾

Tshe^n-tsiah to bô-kàu，koh ū-thang-hó phak-kua^n

【暗示】不可能的要求。

【註解】現吃都不夠了，哪還能留下來曬乾，留下以後再吃。

【例句】老婆看到銀行的低利廣告，興奮的告訴老公說：

「老公，我們買房子沒問題了，」她說：「銀行有年息二分的低利
貸款，寄多少借多少。」

「妳呀，看清楚沒有？我們『生食都無夠，佫有通好曝乾』？寄多
少借多少，我們哪有錢寄銀行？」

0429 生理囝歹生

Sing-lí kiá^n phái^n se^n

【暗示】會做生意的人不多。

【註解】生理子：商人的兒子。生意難做，所以會做生意的人不多。

【例句】暑假，在台北讀大學的兒子明祥回來，老人家想輕鬆一下，就叫
他照顧家裡的生意。

賴老闆娘知道「生理囝歹生」，原不奢望明祥能賣得多少錢，沒想
到他一天就賣出一百多輛搖控玩具汽車。賴老闆娘好奇的問他：
「阿祥，你用什麼辦法，一天能賣那麼多輛？」

「我只是把兩輛同一款式的搖控汽車」，阿祥告訴他老媽祕訣：「標
兩種價碼，一輛一千元，一輛六百元而已。」

0430 生理在人做

Sing-lí tsāi lâng tsò

【暗示】怎樣做，誰也管不著。

【註解】生意要怎樣經營，那要看各人的理念與經營手法了。

【例句】「裕記商行」老闆王有信，說什麼都不相信，別家雜貨行會將進價成本160元的台麗洗衣粉，賣150元。

其實「生理在人做」，台麗洗衣粉是暢銷貨，賣150元，消費者都會知道便宜，而跑到這裡來買洗衣粉，也難免會再買其他東西，洗衣粉雖賠10元，但從其他東西賺進來的錢更多呢！

0431 生理人騙熟似

Sing-lí-lâng phiàn sik-sāi

【暗示】熟似：熟悉的人。

【註解】熟悉的客戶，有信任感，不會挑剔，比較好說話、好騙。

【例句】陸記茶行許老闆，到南投縣鹿谷鄉採買了五十斤的冠軍茶，另買次級茶葉二百斤，混合在一起，以冠軍茶高價賣出。

他的好友張校長問他，長期客戶都是基本顧客，怎麼可用混充茶葉，冒充冠軍茶賣他們！

「老弟啊！這年頭『生理人騙熟似』，不這樣還有飯吃嗎？」

0432 生理無做顛倒好

Sing-lí bô tsò tian-tò hó

【暗示】不按牌理出牌。

【註解】物價波動，不必貪賣。

【例句】台灣塑膠原料，受到國際景氣影響，漲了二成多，這讓關門二週，到歐洲觀光旅遊的祥泰塑膠吳董事長，「生理無做顛倒好」，少賣了幾百噸塑膠粒仔，多賺了很多錢。

0433 生無張持，死無揀時

Seⁿ bô tiuⁿ-tî，sí bô kíng sî

【暗示】由不得你。

【註解】無張持：不是有意，是無意中的行為。無揀時：沒有挑選良辰吉日。
人的生與死，都不能安排的。也是由不得你的。

【例句】在張教授專題演講「如何享受人生」時，我最欣賞的一句話是，
他說每一個人都「生無張持，死無揀時」，在這種無奈的情況下，
如何讓人生過得多彩多姿，則要靠自己如何規劃。
說來也真是這樣，沒有一個人能自己決定生死日期，只能靠後天
的努力與修持來增加人生的樂趣。

0434 生緣免生媠，生媠無緣尚刻虧

Seⁿ iân bián seⁿ súi，seⁿ súi bô-iân siōng khek-khui

【暗示】有緣千里能相會。

【註解】男女婚事，緣分很重要。有的長得並不怎麼樣，但有了緣分，便
能找到好伴侶；有的長得很漂亮或帥氣，但是缺乏緣分，反而很
吃虧。

【例句】游董把妻子休掉，娶了會計小姐，大家都覺得很奇怪，游董前妻
吳淑芬長得比會計呂秀珠漂亮得多，怎會休前妻而娶呂秀珠？
「女人啊，還不是……」黃總務說出原因：「女人啊，『生緣免生
媠，生媠無緣尚刻虧』……」

0435 生雞卵無，放雞屎有

Seⁿ ke-nñg bô，pàng ke-sái ū

【暗示】坐著茅坑不拉屎。

【註解】好事做不來，盡是惹出一大堆麻煩。

【例句】喝醉酒走路跌跌撞撞的哥哥，看到弟弟正在粉刷圍牆，自告奮勇
的要幫弟弟粉刷。

弟弟認爲，這下，讓這個酒鬼幫忙就慘了，說了句「謝謝」正要阻止時，已來不及，哥哥已在乳黃色的牆壁上，刷了幾道藍色的油漆。

「眞是『生雞卵無，放雞屎有』！」弟弟咕噥著。

0436 用伊个塗、糊伊个壁

Iōng i-ê thô、kô i-ê piah

【暗示】以君之矛，攻君之盾。

【註解】塗：泥土。用他人的泥漿，抹塗他們的牆壁。

【例句】林大洋他們幾個人，今晚也不知道續攤第幾攤了，還要到「美女卡拉OK」唱歌，小柳偷偷的把他拉到旁邊對他說：

「老大，你錢不要再花，一攤一攤的出錢請客，張嘉仁、李義賢……那幾個人，吝嗇得要命，不可能再回請你，別再續攤了。」

「管他媽的，這些錢都是向他們贏來的，『用伊个塗、糊伊个壁』，怕什麼？」

0437 用別人拳頭拇椿石獅

Iōng pàt-lâng kûn-thâu-bó tsing tsiòh-sai

【暗示】慷他人之慨。

【註解】利用別人的力量，卻幹那些損人利己的事。

【例句】下班時間還沒到，老張便一個個通知同事，晚上黃老大要請大家大吃一頓，要大家在六點時到海霸王餐廳會合。

同事圍著桌子坐下來，老張說今天啤酒通海，因爲黃老大中了六合彩二十多萬元彩金，花錢絕對不會皺眉頭。

這時候大家才知道，老張「用別人拳頭拇椿石獅」的原因。

0438 用肚臍想嘛知

Iōng tō-tsâi siūⁿ mā tsai

【暗示】簡單的道理，不必費神思考。

【註解】用肚臍想，就是這麼簡單的問題，不必動用到頭腦，如「1＋1」的問題，還需要用腦筋想嗎？

【例句】女同事們看到柳淑芬挺著大肚子，私下紛紛議論，她肚子裡面的嬰兒，會是誰的孩子？同事們會這樣猜測，是因為她的老公長期在中國大陸工作，一年難得回來幾天，而柳淑芬又常常在辦公室與男同事打情罵俏，並經常由課長載出載入，一定不是她老公的種。「阿芬肚子裡的孩子，『用肚臍想嘛知』」，大姐頭仔李淑娜說：「一定是王課長留下的種吧！」

0439 田無溝，水無流

Tshân bô kau，tsúi bô lâu

【暗示】斷絕往來。

【註解】農田互通流水的水溝都作廢，不再互流互惠了。

【例句】諾魯是南太平洋的一個小國，面積32萬平方公里，人口只有12800人，2002年7月，諾魯史科南總統宣佈與中國建交，台灣立即宣佈與諾魯共和國斷交，從此台灣與諾魯變成「田無溝，水無流」。

諾魯與中國建交，沒有得到他們要的好處，新任總統奇里斯於2005年5月14日，又再度宣佈與台灣恢復邦交，希望能從台灣獲得援助。

諾魯是個很窮的小國，曾經傳出政府付不起公務人員的薪水。

0440 田嬰若結歸堆，戴笠仔穿棕簑

Tshân-iⁿ nā kiat kui-tui，tì lėh-á tshīng tsang-sui

【暗示】由蜻蜓的聚合，瞭解氣象。

【註解】田嬰：蜻蜓。結歸堆：聚集在一起。

看到蜻蜓聚在一起，便知道要下雨了。

【例句】阿爸帶我們到南投縣杉林溪，享受山中的新鮮空氣和森林所散發
出來的芬多精，阿公卻說會下雨，不要到山上去，以防土石流。
「爸，你放心啦。」阿爸對阿公說：「天氣這麼好，怎會下大雨呢？」
「你沒聽說過『田嬰若結歸堆，戴笠仔穿棕簑』嗎？」阿公指著花
園說：「一大群的蜻蜓告訴我們：今天一定會下大雨！」

0441 田螺疼尾溜

Tshân-lê thiàⁿ búe-liu

【暗示】沒有計劃，後來才叫苦。

【註解】田螺：軟體水產物，產在水田裡，殼橢圓形，卵胎生，肉可食用，
炒、煮皆佳。吃田螺時，要先將尾端剪掉，才能用吸的或挖出來吃。

【例句】俞國賓誤判房屋市場趨勢，當時進行兩場房屋興建計劃，沒想到
人算不如天算，以為能順利推出的願望落空，預售率不及一成，
造成他資金嚴重壓力。
俞國賓受此教訓，評估自己的實力，和房市需求的情況後，不得
不採斷然措施，「田螺疼尾溜」，把另一場的機會讓給建築同業。

0442 白嘖無滋味

Pe̍h-tsiáⁿ bô tsu-bī

【暗示】索然無味。

【註解】煮出來的菜餚，不甜也不鹹，一點兒味道也沒有。

【例句】呂鄉長為了提高地方文化水準，邀請各位專家學者舉辦一連串的
專題演講，演講完後，都有意見調查表，有位民眾，在意見欄上
寫上：「本鄉舉行過的六場演講，我參加過五場，全部都是『白
嘖無滋味』。要麼，舉辦才藝競賽；要麼，請演藝人員表演，不
要講那些『白嘖無滋味』的演講了。」

0443 白白布恆人染伊烏

Pėh-pėh pò hō lâng ní kah o

【暗示】含冤受屈。

【註解】好好的一塊白布，被染成黑色。

【例句】所有鄉公所的同事都說，林主計和他太太程老師離婚的導火線，是光雲村幹事高正棋的傑作。要不是他說看到林主計和國中助理主計詹小姐，兩人乘車進入汽車旅館，也不致引起程老師雇請偵探社捉姦在床，才訴請離婚。

高村幹事卻指天發誓，只說過好像是林主計跟詹小姐到汽車旅館，沒有明確說是林主計，他要同事們不要「白白布恆人染伊烏」。

0444 白紙寫烏字，青瞑看告示

Pėh-tsúa siá o-jī，tsheⁿ-mê khùaⁿ kò-sī

【暗示】有憑有據。

【註解】盲胞雖然看不到文字，但是唸給他聽，也一樣會有效力。
雙方討論的口說無憑，白紙黑字寫得清清楚楚，不准要賴。

【例句】柯筱薇以趙天景沒有履行婚前契約，打贏了離婚官司。
這場離婚官司，柯筱薇之所以獲勝，是她提出一張有力的證據，這張「白紙寫烏字，青瞑看告示」的證據，是趙天景保證婚後生活費用，由他全額負擔，柯筱薇的薪水，是她的私房錢，不得干涉云云。事實上他沒有做到，經常要柯筱薇分擔生活費用。

0445 白賊話講歸擔

Pėh-tshȧt ūe kóng kui-tàⁿ

【暗示】胡言亂語。

【註解】謊話一大堆，臉不紅氣不喘。

【例句】媽媽看到兒子回來，從冰箱裡拿出冰淇淋給他消暑，然後關心的問他，今天功課溫習得怎樣。

「媽，我說讀書要去圖書館沒錯，在家裡溫習功課，常常要分心接電話，也會去開冰箱找零食吃。我今天在圖書館，先溫習數學再溫習英文，下午還要到圖書館複習。」

「你呀，『白賊話講歸擔』，」媽媽捏著兒子的耳朵，罵說：「早上我到圖書館二次，都沒看到你。」

0446 目漱目滴

Bak tâm bak tih

【暗示】一把眼淚，一把鼻涕。

【註解】漱：濕。傷心欲絕，哭得令人掬一把同情淚。

【例句】李劉兩對夫妻出遊，在中橫碰到土石掉落下來，李東明當場被落石壓死，其他三人都輕傷。沒想到李東明往生，劉炳傳的老婆竟哭得「目漱目滴」，令親友都感到一頭霧水而問她，又不是死了老公，怎麼哭得那麼傷心？劉妻說：「歹尪唔死，死好客兄，怎麼不傷心？」

0447 目金錢做人

Bak-kim tsîⁿ tsò-lâng

【暗示】勢利鬼。

【註解】張開眼睛，看到的只有財勢，以財勢衡量別人。

【例句】小鄭從金錢豹酒家出來，一直訐譙不停。

也難怪小鄭這樣忿忿不平，今天這一場鴻門宴，是由他作東，可是服務生莉莉、雪娜等人，只是一味向林桑、吳桑獻殷勤，幾乎把他冷落一邊。

「小鄭，你別吃那麼大的醋好不好？」林桑對他說：「酒家女都一樣，『目金錢做人』，我們常常去喝酒，你今天才頭一次到酒家，她們還不知道你是有錢的少爺呀！」

0448 目屎流目屎滴

Ba̍k-sái lâu ba̍k-sái tih

【暗示】傷心欲絕。

【註解】眼淚流個不停的淒慘狀況。

【例句】媽媽白天要上班，就把三歲的女兒送到幼稚園就讀，女兒因為不曾離開媽媽身邊，看到媽媽要回去時，「目屎流目屎滴」，也要跟著回家。

媽媽看到女兒哭個不停，跟著傷心地「目屎流目屎滴」起來了，幼稚園園長對她說：

「小妹妹是來上學的，又不是送給人家做養女，做媽媽的要橫下心走。走！很快便沒事的。」

0449 目眉尾會挾胡蠅

Ba̍k-bâi-búe ē giap hô-sîn

【暗示】青春不再，歲月不饒人。

【註解】女人的年紀大了，臉上會有皺紋，尤其是眉尾的皺紋，甚至能挾住蒼蠅。

【例句】電視介紹周遊。老婆問我：「那個『目眉尾會挾胡蠅』的女人是誰？」

「妳不要亂講好不好，她是名製作人周遊女士。」

「她怎麼那麼老了？」

「妳還不是一樣！」我說：「周遊的『目眉尾會挾胡蠅』，妳的會挾蜘蛛。」

0450 目睭恔金狗羼核

Ba̍k-tsiu khah kim káu lān-hu̍t

【暗示】眼睛清明，別想矇蔽。

【註解】狗羼核：狗的睪丸。

眼睛比狗的睪丸還要明亮，形容別想騙過他。

【例句】各金融機關、商店，爲了防止假鈔，都購買驗假鈔的檢驗器，每張鈔票都先用儀器檢驗一番，才安心的收下來。但是我到彰銀繳交兒子的註冊費，竟然看到有位行員小姐，根本不用儀器檢查鈔票，令我頗爲訝異，問一位男士：「她只用目測，不會收到假鈔？」「不會的。」那位先生說：「你別小看她，她的『目睭恔金狗屎核』，假鈔騙不過她。」

0451 目睭恆屎糊

Bȧk-tsiu hō sái kô·

【暗示】事理不明，是非不分。

【註解】目睭：眼睛。
眼睛被矇蔽了，看不到眞相，以致眞僞不分。

【例句】陳爸爸與孩子們約定，星期六帶他們到礁溪泡溫泉，參加國際童玩節的活動。
當天，孩子們幫忙要把郊遊用具搬上車子，可是卻找不到車子的鑰匙，他們找了整整一個多小時，找得滿頭大汗，仍然沒看到鑰匙，爸爸只好自己找，只一會兒工夫，便在機車的儀表板上找到，爸爸把鑰匙拿得高高的，對孩子們說：「你們『目睭恆屎糊』？怎麼沒看到？」

0452 目睭皮無漿泔

Bȧk-tsiu-phûe bô tsiuⁿ-ám

【暗示】不會察言觀色，知所進退。

【註解】漿泔：泔，米漿。爲了要讓衣服筆挺，以米漿浸後曬乾。

【例句】陳議員被砍殺重傷的消息，幾乎全縣都知道了。
陳議員發生橫禍，可說咎由自取。人家朋友都警告過他，那位叫美娜的服務生，是某位大哥包養的，坐坐檯沒關係，開房間千萬不可。

陳議員「目睭皮無漿泔」，自恃議員身份，「我一定要上她，他又能怎樣？」硬把美娜拉上車，到了汽車旅館，剛脫下褲子，殺手已闖進來了。

0453 目睭金金人傷重

Ba̍k-tsiu kim-kim lâng siong-tiōng

【暗示】無可奈何。

【註解】眼巴巴的看事情發生，人卻像病情沉重那樣，沒有力氣可回天。

【例句】高雄市一名李姓男子，以孫姓妻子離家十六年，惡性遺棄訴請離婚，結果因他兒子作證他打妻子而被法官駁回。

李姓男子復以要求他妻子履行同居之義務，說他妻子回家但不睡同房，再訴請離婚。孫姓妻子辯說她已回家同居，但她丈夫不和她說話，故不同房。法官認為夫妻兩人同居，並不以有無性生活為唯一要件，再度駁回李姓男子離婚請求。

李姓男子接到敗訴判決後說：「名義上有妻子卻不能睡在一起，晚上獨眠真的是『目睭金金人傷重』。」

0454 目睭看誕秤花

Ba̍k-tsiu khùaⁿ tâⁿ tshìn-hue

【暗示】看錯了人或事物。

【註解】目睭：眼睛。看誕：看錯了。秤花：秤桿上的刻度。

【例句】黃家還沒把新娘子娶回來，鄰居都傳說新娘子如何又如何美麗。

這也難怪，陪黃家兒子到越南相親的林伯伯，看到新娘子長得那麼漂亮，也驚為天人，回來就一直讚揚新娘子的容貌。

可是新娶進門的新娘，卻臉扁平，很多雀斑，長相實在不怎麼樣。讓林伯伯感到奇怪的是，當初他們一行人，到底是「目睭看誕秤花」，還是新娘被人調包？

0455 目睭看懸無看低

Bak-tsiu khùaⁿ kuân bô khùaⁿ kē

【暗示】狗眼看人低。

【註解】眼睛長在額頭上，看上不看下，對有錢有勢的人，巴巴結結，卻瞧不起身份地位低的人。

【例句】台中私立修平技術學院，邀請學術交流單位——中國山東理工大學副校長杜瑞成一行到台參觀，並參加2005年6月12日學校的畢業典禮。爲了討好客人，該校主任祕書林倉民，於杜副校長等人進入畢業典禮會場前，下令拆除國旗及國父遺像。
修平學院這種「目睭看懸無看低」，有損國格，不但引起校友及網友強烈抗議，教育部已經下令取消給該校的三千萬元補助款。

0456 目睭紅紅欲食人

Bak-tsiu âng-âng beh tsiah-lâng

【暗示】欲食，愛佔人家便宜。

【註解】貪婪張狂，一心一意只想佔別人好處。

【例句】同事聊天，話題聊到同事中哪一個最慷慨，哪一位又是最凍酸。
「我們同事中，我認爲熊老師最慷慨，每一次同桌吃飯，還沒吃完，他便搶著去付帳，而且還經常掏腰包請小朋友吃枝仔冰。」
「最凍酸的應該要算是趙主任，不要說請吃飯，就是飲料也沒請過人家，他是個『目睭紅紅欲食人』的人。」

0457 目睭眯眯，接骨館看做排骨飯

Bak-tsiu bui-bui，tsiap-kut-kuán khùaⁿ-tsò pâi-kut-pñg

【暗示】視野有限，看不清楚。

【註解】眼睛眯起來，看事物不清楚。

【例句】女詩人陳秀喜，在關仔嶺有一「笠園」別墅，經常邀請我們夫妻到那兒小住幾天，聊聊天，她也常到我們的農舍作客。

有一天我們開車載她回關仔嶺，車子到了嘉義市，車上三人飢腸轆轆，可是禮拜天餐廳、小攤多歇業。我們穿梭於大街小巷尋找了好久，終於找到一家賣排骨飯的店，大家喜形於色，待車子開過去，才知道彼此「目睭眯眯，接骨館看做排骨飯」。

0458 目睭糊著蜊仔肉

Bảk-tsiu kô tiỏh lâ-á-bah

【暗示】沒長眼睛。

【註解】眼睛好像被蜊仔肉糊著，看不到是非善惡，分不出好壞。

【例句】兒子送走朋友回來後，被媽媽痛罵了一頓。

兒子那個胡姓朋友，是前鄉長的公子。不是說那個孩子有什麼不好，而是他老爸是鄉人引以為恥的大家長。

胡前鄉長的特別嗜好是A錢，大錢如工程回扣，小錢如人事紅包、文具紙張的折扣，也都要A，全鄉人都知道，只有他自己不知道，還以為鄉民「目睭糊著蜊仔肉」。跟這種人的兒子來往，也會被指指點點的。

0459 目睭醪醪，閹豬看做產婆

Bảk-tsiu lô-lô，iam-ti khùaⁿ-tsò sán-pô

【暗示】是非不分，張冠李戴。

【註解】目睭醪醪：眼力迷迷糊糊。閹豬：昔時農村有為豬牛去勢的行業，叫閹豬師傅。產婆：助產士。

【例句】于定和傅娟娟結婚喜宴上，朋友們都懷疑于定「目睭醪醪，閹豬看做產婆」，才會娶傅娟娟這個騷包。

0460 交官窮，交鬼死，交著牛販仔食了米

Kau kuaⁿ kîng，kau kúi sí，kau-tiỏh gû-huàn-á tsiảh liáu-bí

【暗示】愛虛榮受傷害。

【註解】花錢愛巴結官吏會窮自己，要和鬼打交道的，也只有死路一條。
　　　　要結交牛販，除了白賠米飯，也沒什麼好處。

【例句】自稱與鎮長非常麻吉的羅有杉，這次住家樓上屋頂加蓋鐵皮屋，
　　　　被檢舉到鎮公所建設課，違章建築調查屬實，建設課已擇期派拆
　　　　除大隊執行。羅有杉獲悉，立即到鎮長家找他這位麻吉鎮長，可
　　　　是鎮長卻雙手一攤說拆除大隊是獨立機制，他這個鎮長愛莫能助。
　　　　阿仁伯聽到後，對羅有杉說：「我早告訴你『交官窮，交鬼死，
　　　　交著牛販仔食了米』，你不聽，現在總該覺悟了吧？」

0461 邨落蛇傳邨落蛋，邨落種死繪斷

Hit-lòh tsûa thuân hit-lòh nn̄g，hit-lòh tsíng sí bē tn̄g

【暗示】有那樣的父親，便有那樣的兒子。

【註解】什麼蛇便生什麼蛋，那邨落種，怎會生出好品種？

【例句】電視播出郭永金搶劫超商，被刑警抓個正著的畫面，知道他家世
　　　　的里長伯對著眾人說：「我們里內別家我不知道，姓郭那一家人，
　　　　『邨落蛇傳邨落蛋，邨落種死繪斷』，不意外。」

0462 邨落尪著有邨落姆，邨落旗著擂邨落鼓

Hit-lòh ang tiòh-ū hit-lòh bó́，hit-lòh kî tiòh lûi hit-lòh kó́

【暗示】臭氣相投，狼狽為奸。

【註解】邨落尪：那樣的老公。邨落姆：那樣的老婆。

【例句】有那樣狼狽的先生，便有那種狼狽的老婆，才會同流合汙，狼狽
　　　　為奸，所以邱有杉和他的老婆因吸毒雙雙被捉去，才有人說：「邨
　　　　落尪著有邨落姆，邨落旗著擂邨落鼓。」

0463 先小人後君子

Sing siáu-jîn hiō kun-tsú

【暗示】有話說在前面。

【註解】凡事先把話說清楚，條件符合了，再進一步互動。

【例句】人與人之間的交往，應該要「先小人後君子」才正派，也才能成為君子之交，但一般人都是「先君子後小人」，因而問題層出不窮。花蓮市中正路一家甚至沒有店名的小食攤，邱姓老闆被騙七千五百萬元。騙徒本名葉許世賢，她以林淑霞的假名經常到食攤吃飯，因而結識邱姓老闆夫婦，知道老闆娘娘家很有錢，因而從好友到幫忙打掃、洗碗開始，逐漸建立親密情誼，繼而以投資土地為由，一步步誘騙邱姓夫婦七千五百萬元。

0464 先生無在館，學生搬海反

Sian-si^n bô tsāi-kuán，ha̍k-sing pua^n hái-huán

【暗示】無人維持秩序的情形。

【註解】館：學館，即私塾。

老師不在學校裡，學生胡鬧得像快要造反了。

【例句】校長在晨間會議中，一再強調教室管理的技巧和重要性，其實他是意有所指，看似提醒大家，實際是指責五年乙班周老師。

為何五乙特別引起校長注意？原來是周老師參加研習那天，他那一班竟成為「先生無在館，學生搬海反」，吵鬧的聲音傳到校長室，剛好教育局長到校內，讓校長的臉幾乎掛不住。

0465 先生緣，主人福

Sian-si^n iân，tsú-lâng hok

【暗示】互相呼應。

【註解】先生：醫師。主人：病患。

醫師的醫術雖然高明，但也要病人還有命，自然就會藥到病除。

【例句】被署立醫院判死刑，要求退院的郭爸爸，肝病居然好起來，原來病黃的臉色也好看了很多。

我問鄰居，郭爸爸是服哪裡的藥，病情才好轉起來？

「我聽說後來是服中藥，」邱老太太說，「還是『先生緣，主人福』，

有命便有醫。」

0466 先得先，後得後

Sian tit sian，hiō tit hiō

【暗示】先後按照順序。

【註解】先來的先輪到，後來的輪到再上來。

【例句】尤淑美與魏榮輝訂婚，引起了一件荒唐的糾紛。

引起糾紛的原因是，賴仕強聽到他們訂婚，立即找上魏榮輝理論。賴仕強說是他先認識尤淑美，「先得先，後得後」，後來的人怎能佔先來的人的便宜？

「我已經跟尤淑美上過床，所以她要嫁我。」魏榮輝說。

「上床？」賴仕強反譏他說：「我跟她上床時，你還不認識她呢！」

0467 全家勤，出金銀

Tsuân-ke khîn，tshut kim-gîn

【暗示】一勤天下無難事。

【註解】家和萬事興，一家人通力合作，勤勉工作，就會富裕起來。

【例句】高庭瑤夫婦在鹿谷鄉開了一家「鍋貼之家」小吃店，平時遊客不多，夫婦倆還照顧得來，但遇到星期假日，兩人便忙得人仰馬翻，也幸虧他們一雙在外邊讀書的兒女，都會趕回來幫忙，左右鄰居都稱讚他們的兒女很貼心、孝順。黃村長每次看到他們一家人合作無間，都會說：「全家勤，出金銀。」

0468 共椆牛，相知氣力

Kāng tiâu gû，Sio tsai khùi-làt

【暗示】彼此瞭解底細。

【註解】大家都是同單位的人，有多少能耐，彼此都瞭解。

【例句】台灣結婚最久，達82年的台南市103歲人瑞甘謨、林占夫婦，總

統頒贈「仙眷長春」匾額，稱讚他們是台灣之寶。全國長春協會將替他們申請結婚最久的金氏世界紀錄。

甘謨一生知福惜福，六歲喪父，與寡母同住，21歲入贅同庄17歲少女林占家，與她共度一生。

這對「共椆牛，相知氣力」的老尪老姆，一生和睦相處，不曾打罵過一次。他們回憶起當年生活困苦，靠著一輛牛車做搬運工作，常常用牛車載著三個小孩到處打工，其樂也融融。

0469 共飯坩，無共碗籃

Kāng pn̄g-khaⁿ，bô kāng úaⁿ-nâ

【暗示】同床不同夢。

【註解】大家在同一個地方吃飯，卻不在同一個工作單位，互相不認識。

【例句】暑假，我參加佛學營一個星期。本來以為可以在那裡交到一些興趣相同的朋友，可是七天六夜的相處，卻是「共飯坩，無共碗籃」，彼此見面微微一笑、點點頭而已，再見面恐怕也都不認識。

0470 共館，都無共師傅

Kāng kuán，to bô kāng sai-hū

【暗示】各有千秋。

【註解】同在一個武館學習武術，卻不是同一個師傅教的，學到的也各不相同。

【例句】剛考上大學的阿弟，好奇的問叔叔說：「大學生活真的多彩多姿嗎？」

叔叔答：「那當然囉！雖然大家都在一個學校裡，『共館，都無共師傅』，每個教授，有每個教授的風格；每個學院，有每個學院的傳統。」

0471 囡仔人有耳無喙

Gín-á-lâng ū hīⁿ bô tshùi

【暗示】守口如瓶。

【註解】囡仔：小孩子。

大人講話，小孩子聽到，不要亂插嘴，更不能隨便說出去。

【例句】有長舌婦之稱的柳媽媽，看到鄰居幾位婦人聚在一起聊天，便走
過來告訴大家，趙太太利用老公出差，叫姘夫到家裡幽會，被公
公當場看到兩人在房間嘿咻。

「柳媽媽，」妹妹好奇的問她：「妳說趙太太，是趙媽媽嗎？」

媽媽聽到妹妹問柳媽媽，打了她一巴掌，罵她：「走開！『囡仔
人有耳無喙』，不能亂說。」

0472 囡仔人尻川三斗火

Gín-á-lâng kha-tshng saⁿ-táu húe

【暗示】小孩子不怕冷。

【註解】囡仔：小孩子。小孩子體溫高，不像老人家那樣怕冷。

【例句】寒假過後，天氣也因立春而較暖和，上學可以少穿些衣服，可是
阿弟卻老愛穿舅舅送給他的那件大衣，媽對他說：

「阿弟，冬天過去了，現在是春天，不要再穿大衣啦！」

「媽，人家是怕冷嘛！」

「怕冷？」媽又說：「你呀是『囡仔人尻川三斗火』，還怕冷？」

0473 囡仔放尿漩過溪，老人放尿滴著鞋

Gín-á pàng-jiō suān kùe ke，lāu-lâng pàng-jiō tih tiòh ê

【暗示】生理現象。

【註解】小孩子膀胱有力，尿道力強，小便尿液濺得很高很遠；老人攝護
腺多數會腫大，壓到尿道，小便會滴到鞋子。

【例句】陳水扁在前往中南美洲訪問飛機上，對記者說曾和立法院長王金

平，提及下屆監察院長人選。他說前國民黨祕書長吳伯雄，也是適當人選。吳伯雄是客家大老，受此喜訊干擾，經常接到來自各方的電賀，他對老友說：「現在我都不管政治，只關心老朋友晚上起來小便幾次，俗語說『囝仔放尿漩過溪，老人放尿滴著鞋』，一點兒也沒錯。」

0474 在生食一粒豆，恰好死後拜豬頭

Tsāi-seⁿ tsiảh tsit-liảp tāu，khah-hó sí āu pài-ti-thâu

【暗示】子欲養而親不待。

【註解】父母在的時候，給他們一粒豆子吃，也比父母死後，給他們拜豬頭等豐盛供品好得多。

【例句】林家兄弟商量的結果，決定隆重辦理他們父親的喪禮，並用一百萬元建設墓園。深知林家兄弟並不怎麼孝順他們父親的村長伯，聽到他們兄弟這麼誇張，冷冷的說：「我認為『在生食一粒豆，恰好死後拜豬頭』。」

0475 在生無人認，死後歸大陣

Tsāi-seⁿ bô-lâng jīn，sí āu kui tūa-tīn

【暗示】貪圖遺產。

【註解】老人家在生時，子女置若罔聞，沒人探頭；老人家死後，因為有遺產，一大堆的人都跑出來要分遺產。

【例句】新北市前土城區長盧嘉辰，為了執行金城路的「靈恩寺」納骨塔，遷移明德路、永豐路的第三、五公墓，通知四百多位家屬召開遷移會議，討論遷徙遺骨及改墓補償問題。

前民政課長祝養嚴說，通知四百位遺族，竟來了一千多位，不但區公所難得那麼熱鬧，而且多數人關心補償費多寡，真是「在生無人認，死後歸大陣」，印證古詩：「平日荒塚無人問，今日孝子何其多？」

0476 地球是圓令，相拄會著

Tē-kiû sī în--ê, sio-tú ē tiỏh

【暗示】退一步天下太平。

【註解】凡事不要弄到沒有迴旋的餘地，以免以後有那麼一天，會很尷尬。

【例句】陸金盾費了很多心血，終於邀到班花趙小寧，到日月潭划船。

出發前，他向他表哥借車子，卻被一口回絕，他離開他表哥家，一邊走一邊自言自語的說：

「好！你給我記住，『地球是圓令，相拄會著』，你以後別向我借東西！」

0477 多情恆人看做澳鹹菜

To-tsîng hō lâng khùaⁿ-tsò àu kiâm-tshài

【暗示】眞情換來侮辱。

【註解】澳鹹菜：發酸的鹹菜。眞心眞愛，被視爲虛情假意的東西。

【例句】王金卿愛上了檳榔西施，一天不知跑多少次檳榔攤買檳榔，藉機跟檳榔西施聊天，希望能獲得她芳心，可是好幾次要約她出去，都被冷漠拒絕。

這時候王金卿才知道，「多情恆人看做澳鹹菜」。

0478 奸巧一時，忠厚一世

Kan-khiáu thit-sî, tiong-hō tsit-sì

【暗示】忠厚傳家。

【註解】奸巧：聰明狡詐。忠厚：誠篤敦厚。

社會不變的定律，奸巧很快會被揭穿。忠厚的人，永遠都會被歡迎、懷念。

【例句】錦祥食品原由林錦榮和劉祥利合資經營，後來由於帳目不清，兩人合不來而拆夥。

拆夥時，公司由林錦榮接手經營，劉祥利投資一千二百萬元的資

金，只拿回六百萬元，也就是賠了六百萬元。他心有不甘準備檢舉新公司逃漏稅，可是他的老婆堅決反對，她說：

「老林雖然賺了不少黑心錢，我們也吃了很多虧，可是『奸巧一時，忠厚一世』，不信到頭來，他會過得比我們好。」

0479 好天愛積雨來糧

Hó-thiⁿ ài tsik hō-lâi-niû

【暗示】未雨綢繆。

【註解】工人有工作才有錢賺，有錢賺才有得吃，平時便要勤儉，碰到下雨天或生病不能工作，才有飯吃。

【例句】許耿祥終於被送到仁愛之家度晚年。

他雖然一輩子光桿，生活卻也過得蠻好的，尤其有一個穩定的工作，每月有固定的收入，只是他不曉得「好天愛積雨來糧」，認為自己光桿一個人，肚子要吃飽，有什麼困難？所以不懂得節儉，累積老本。

人老了，退休後的那些勞工退休金，也很快的用光了，生活頓時陷入困境，才被送到仁愛之家。

0480 好心恆雷咕

Hó-sim hō lûi tsim

【暗示】好心沒好報。

【註解】雷咕：被雷打到。好心：做善事。

台灣民間有俗語：「善有善報」，做善事不但沒得到福報，反而被雷擊，真令人心疼。

【例句】台南更生保護協會，九十年底安排十三歲小妹施姓小女，住進張運山和李秀英的家庭式中途之家。張家離施家只有一公里，但四年來，施姓小女走了四年尚回不了家。

施姓小女每次回家都被父母毒打，想要申請一份在學證明也遭毒打，實是人間悲劇。

施女已改過，卻未被父母接納，甚至好心的張運山夫婦，也遭指責靠收養七位孩子賺錢，「好心恆雷咕」，令他們很洩氣。

0481 好手段，一滾就爛

Hó tshiú-tūaⁿ，tsit kún tsiū nūa

【暗示】一手好工夫。

【註解】好手段：好工夫。工夫好不好，一出手便見眞章。

【例句】林組長因爲被捉姦在床理虧，所以低聲下氣，要求與對方和解。
可是黃村長前後到對方家四、五次，都談不出結果。
後來，聽說崙雅國小施校長擅長調解男女感情糾紛，林組長就特別央請他出面。施校長果然「好手段，一滾就爛」，只走了一趟，遮羞費便談妥了，對方同意撤銷妨害家庭之訴。

0482 好名好聲，查姆囝嫁老爺

Hó-miâ hó-siaⁿ，tsa-bó͘-kiáⁿ kè lāu-iâ

【暗示】名實不符。

【註解】好像是富有人家，風評良好，讓女孩子以爲嫁給了富豪人家，其實是善於包裝，虛有其表而已。

【例句】俗語說：「英雄難過美人關，美人難過金錢關。」一點兒也不錯。
那些影歌星，有很多都嫁給有錢的大爺，有的甚至甘願屈就二房。
從歌壇迅速竄紅的秋麗，八卦新聞說她突然嫁給香港一個大她二十歲的富商，眞正變成「好名好聲，查姆囝嫁老爺」，令人惋惜不已。

0483 好囝嘸免諙，諙囝餓死爸

Hó-kiáⁿ m̄-bián tsē，tsē-kiáⁿ gō-sí pē

【暗示】孩子不必多，有會孝順的就好了。

【註解】出色的兒子，不必很多。兒子太多了，反而累死了父母。

【例句】我的兩位好朋友，老年的日子過得卻有天壤之別。

老蕭有五個兒子，四個在公部門服務，一個經營事業，大家都羨慕他有那麼多孩子服侍，一定很幸福，但他現在被送進安養中心。

老魏只有單傳，兒子已將他老人家接到台北住在一起。真是「好囝毋免諓，諓囝餓死爸」。

0484 好好鱟，刣到屎流

Hó-hó hāu，thâi kah(kàu) sái lâu

【暗示】弄巧反拙。

【註解】鱟：節肢動物。有甲殼的海產魚類，像螃蟹有十二隻腳。

好好的一隻鱟魚，因為不會殺，卻殺得屎流尿流不能吃。

【例句】這起車禍，本來很容易解決，沒想到拜託鄭代表斡旋，變成「好好鱟，刣到屎流」。

原本對方只要求負責修理腳踏車的費用和一萬元的醫藥費。鄭代表因為喝了些酒，協調的態度，不但強勢又惡劣，對方才決定由法官來判決是非而走上法院。

0485 好事無過三人知

Hó-sū bô kùe saⁿ-lâng tsai

【暗示】眾樂不如獨樂。

【註解】美好的事，不要讓其他的人知道，要自己獨享，另云「好話無過三人耳」。

【例句】台中市林姓婦人，難耐丈夫到大陸經商寂寞，多次帶十歲的女兒，到汽車旅館與男友玩3P性愛遊戲，被女兒就讀的學校發覺，報請警方與社會局調查。

人家「好事無過三人知」，林姓婦人竟荒唐到把女兒帶到汽車旅館與男友分享，真正是某名牌咖啡代言人孫越的信徒，孫越說：「好東西要和好朋友分享！」

0486 好佫唔訓寶

Hó-koh m̄-bat pó

【暗示】不知好歹。

【註解】人生活在幸福中，不知惜福。

【例句】我媽氣得跑到台北住我家，說要讓哥哥理家照顧兒女，嚐嚐做女人的辛苦。

哥哥和嫂嫂離婚這件事，讓媽媽對哥哥很不諒解，她說：「你哥哥真的『好佫唔訓寶』，那麼一位賢慧的老婆不會疼惜，說他幾句在外面搞女人，就動手打人家，要脅離婚，現在離婚了，看他一個男人如何打理一家三個孩子的生活？」

0487 好命唔值著勇健，好額唔值著會食

Hó-miā m̄ ta̍t-tio̍h ióng-kiaⁿ，hó-gia̍h m̄ ta̍t-tio̍h ē tsia̍h

【暗示】健康第一，口福至上。

【註解】命運無論有多好，都不如身體健康；無論多麼富有，都比不上能吃能享受美食。

【例句】在我們鄉裡的郭信潭老先生，算是數一數二好命的老人，三個兒子有兩位官場得意，一個是處長、一個是主任，另一位是上市公司的總經理。兩位女兒也都過得很幸福，可是老先生百病纏身，空有財富，卻無法享受人生，因此他與老朋友聊天時，經常說：「好命唔值著勇健，好額唔值著會食。」

0488 好物脹飽無人食

Hó-mih tiùⁿ-pá bô-lâng tsia̍h

【暗示】物多不稀奇。

【註解】好吃的東西，已經吃得很多，吃得肚子都脹了，再也沒有人吃了。

【例句】我和朋友，到彰化縣王功漁港去，遇到邱老師，她說：「劉主任，你們也專程來王功吃小吃蚵仔煎嗎？」

「邱老師，『好物脹飽無人食』，」林老師回說：「我們是來看王功漁火對愁眠……。」

0489 好狗命

Hó káu miā

【暗示】幸虧。

【註解】差點兒就發生意外，也就是不幸中的大幸。

【例句】台北市溪口國小五年級張姓學生，被單親的父親以狗鍊鍊腳，拖到學校門口，當眾用腳踹他，並在他臉上寫著：「我是壞孩子，逃學。」

這位壞孩子「好狗命」，被發現的家長報警帶往警局，尋求社會局安排照顧。

張父說：「他都不替我留面子，我幹麼給他面子？」這位單親父親又說：「這孩子逃學、偷竊、說謊，還放火燒教室，他已經沒法管教了。」

0490 好花插牛屎

Hó-hue tshah gû-sái

【暗示】糟蹋了美事。

【註解】一朵好美麗的花，竟然插在牛糞上，多可惜。

【例句】我們鄉親一直引以為傲的第一屆「葡萄仙子」楊惠珊小姐，回來參加第四屆的選拔活動，卻讓人感到很失望，昔日美如天仙的葡萄仙子，如今竟然像位歐巴桑。

楊惠珊當選首屆葡萄仙子後，嫁給全國十大神農獎得主黃樹木，整天忙於果園的工作，才像「好花插牛屎」，人人都很惋惜。

0491 好看唔好食

Hó-khùaⁿ m̄ hó-tsiàh

【暗示】中看不中用。

【註解】看起來相當美麗、好看，但卻不怎麼好吃。

【例句】張老師這一趟到日本觀光旅遊，回來告訴親友旅遊日本的觀感，他說：「世人都說日本料理是世界第一美食，但我的經驗告訴我，日本料理是『好看唔好食』，小盤子、小碟子很多、很精緻，但漬物不是很鹹，就是很淡，都不好吃。」

0492 好柴無通流到安平港

Hó-tshâ bô thang lâu kah An-pîng-káng

【暗示】好東西留不住。

【註解】好的木材早就被撿走搶光了，怎會被河流沖到港口？

【例句】留美八年榮獲博士學位的江政宗，回國要與女友重續前緣，朋友告訴他：「『好柴無通流到安平港』，她早已經做媽媽了。」

0493 好酒沉甕底

Hó-tsiú tîm àng té

【暗示】好事在後頭。

【註解】陳年美酒，要慢慢喝，慢慢品嚐，才會越喝越覺得香醇。

【例句】新台灣歌舞團開演半小時後，觀眾漸漸地不耐煩起來，此起彼落的噓聲，也漸漸多起來，接著觀眾咆哮受到欺騙，要求退票。團長看事態嚴重，原本「好酒沉甕底」的三點全露演出，不得不提前，這才平息了觀眾的怒火。

0494 好馬嗯停蹄，好牛嗯停犁

Hó-bé m̄ thîng tê，hó-gû m̄ thîng lê

【暗示】腳踏實地，全力以赴。

【註解】優良品種的馬匹，奔跑不會偷懶；勤勉的牛隻，會不停的工作。

【例句】邵鄉長決定提升民政課張以德課員，出任清潔隊長，令大家都感覺到很意外。

邵鄉長說他長期觀察員工，發現多數的人都很投機，好像怕被鄉公所佔便宜，只有張以德像「好馬嗯停蹄，好牛嗯停犁」，該做的工作，都做得有條不紊。

0495 好頂手嘛著好下手

Hó tíng-tshiú mā tiòh hó ē-tshiú

【暗示】借力使力，相輔相成。

【註解】頂手：上游廠商。下手：下游販賣商。

商品再好，也要販賣者會熱心推銷，以及推銷能力。

【例句】名牌內衣公司「卡娃伊」總經理，招待第一線專櫃小姐，到東南亞旅遊七天，預定32人花費100萬元。

101大樓的專櫃小姐林莉娜問馬總經理，怎麼捨得花這筆錢？

「卡娃伊內衣『好頂手嘛著好下手』，應該好好感謝妳們。」

0496 好無過三代

Hó bô kùe saⁿ-tāi

【暗示】好景不長。

【註解】三代：三世代。

要能惜福，要知道不可能三代都處在順境。

【例句】我利用暑假回老家小住了幾天，給我印象最深刻的是，我們這一輩的人，大都搬到台北桃竹縣市去了，見面的大都是陌生的年輕人。唯一認識的人，是以前賴家的兒子賴正雄，他是靠著一部卡

車謀生。

賴家在我們村子裡，原是大富人家，可是「好無過三代」，只不過
三、四十年間，賴家後代已淪爲靠勞力謀生的貧窮人家了。

0497 好琵琶掛壁頂

Hó pî-pê kùa piah tíng

【暗示】懷才不遇。也可解釋爲暴殄天物。

【註解】琵琶：四弦樂器。

好的琵琶閒置不用，高掛在牆壁，不會好好利用。

【例句】莊士源才五十出頭，卻賦閒在家，大家都說像他那麼有才幹的人，
實在是「好琵琶掛壁頂」，很可惜。

可是可惜歸可惜，民主政治是政黨政治，縣長居然是民進黨籍，
那麼縣政府其他政黨籍的機要人員，只有追隨主管進退了。

0498 好話唔出門，歹話脹破腹肚腸

Hó-ūe m̄ tshut-mn̂g，ḥ haiⁿ-ūe tiùⁿ-phùa pak-tó-tn̂g

【暗示】好話不出門，壞話傳千里。

【註解】好人好事的話，很少會有人傳出去，卻都是那說人壞話缺德的話，
到處流傳。

【例句】同事們原先只有兩、三個人，私人在討論胡淑妹肚子裡那個孩子，
是會計李先生的還是營運股林先生的種？

沒想到「好話唔出門，歹話脹破腹肚腸」，閒話傳來傳去，全公司
的男職員，竟然有半數五、六個人，都有可能是孩子的爸爸。

0499 好話無過三人耳

Hó-ūe bô kùe saⁿ lâng hīⁿ

【暗示】好東西和好朋友分享。

【註解】好消息只告訴你而已。

【例句】2005年6月18日是前總統陳水扁先生兒子陳致中，與鹿港鎮黃百
祿先生女兒黃睿靚結婚大喜之日。
前總統陳水扁在喜宴中，將「好話無過三人耳」的祕密大爆料，
他說他和吳淑珍結婚之時，只拍了六張紀念照，後來每一次吵架，
吳淑珍便撕掉一張，到現在連一張都沒有了。
「我終於知道……」陳水扁說：「為什麼現代年輕人，結婚照要拍
那麼多的原因。」

0500 好詼諧，臭腹內

Hó khue-hâi，tshàu pak-lāi

【暗示】表裡不一。
【註解】談吐風趣，給人好印象，其實內心狼心狗肺，壞人一個。
【例句】「小林，我看你最近與總務老鄭走得很近，當心上當吃虧呀！」
「老鄭講話很風趣，我很喜歡他這樣的人。」
「他是個『好詼諧，臭腹內』的人，還是少接近為妙！」

0501 好嘛一句，歹嘛一句

Hó mā tsit-kù，pháiⁿ mā tsit-kù

【暗示】對人不要造口業。
【註解】同樣都是說話，為什麼一定要說壞話？為什麼不說好話呢？
【例句】嘉義市婦人黃楊嬌罵男子徐智雄：「你比宋楚瑜還奸！」徐智雄
深感人格受辱，向法院提出告訴。檢方認定被告公然侮辱，聲請
簡易判決。
六十三歲的黃楊嬌擔任公司監察人，爆發股權糾紛，與公司員工
徐智雄發生訴訟，出庭時黃婦罵徐，「好嘛一句，歹嘛一句。」
什麼話不能罵，竟罵他：「你比宋楚瑜還奸！」
用這種話罵人，真正受傷害的，可能是前台灣省長宋楚瑜吧？

0502 好精唔精，好靈唔靈

Hó tsing m̄ tsing，hó lîng m̄ lîng

【暗示】表現失常。

【註解】好：應該。應該表現精明的時候，卻隨便放水；應該計較的時候，卻馬虎隨便。

【例句】可樂美旅行社，黃周兩大股東不和的消息，已經傳聞了很久，直到最近才進入到實質的談判。

周董這邊派出精打細算的長子周明義，參加拆夥談判，結果分到的旅遊路線，並沒有依照周董的預期，因而周董不斷的說：「明義你啊，『好精唔精，好靈唔靈』，像東歐、俄羅斯路線，一年能有幾團？」

0503 好頭不如好尾

Hó thâu put-jû hó búe

【暗示】上台靠機會，下台靠風度。

【註解】良好的開始，不如有美好的結局。

【例句】有「漂亮寶貝」之稱的演藝人員王靜瑩，成為2005年7月5日，媒體競相報導的新聞人物。

王靜瑩曾經主演多部電視劇，之後嫁給南港輪胎小開陳威陶，當時曾讓多少演藝圈朋友羨慕。可是婚後不久，便傳出王靜瑩生活在家暴陰影中，直到她在台北市議員林奕華陪同下召開記者會，正式申請保護令，才證實受到家暴傳聞。其實夫妻嘛，「好頭不如好尾」，不能相處，也要歡喜分手才對。

0504 好頭好面，臭尻川

Hó thâu hó bīn，tshàu kha-tshng

【暗示】表裡不一。

【註解】好頭好面：笑嘻嘻的。臭尻川：屁股。

見面的時候很親切、熱情，背地裡卻是一副臭臉。

【例句】學校用的文具紙張，指定就近現代書局購買，但多位老師都寧願多走一些路，到宏文書局買。柳校長在校務會議上詢問老師們說：「為什麼有些老師買文具用品時，都要遠到宏文書局去買呢？」「其實，現代書局價錢也不比宏文書局貴，」莊老師告訴校長說：「但現代書局老闆娘給人一種『好頭好面，臭尻川』的感覺，大家都不喜歡到那裡消費。」

0505 好額人，乞食性命

Hó-giàh lâng，khit-tsiàh sèn-miā

【暗示】吝嗇鬼。

【註解】好額人：有錢人。

有錢人生活卻非常節儉，幾乎過得像乞丐那樣寒酸。

【例句】賴校長夫妻退休後，一個月還有十三、四萬退休金；加上他們原來土地很多，是我們村裡的有錢人。

可是我們幾次和他們夫妻出去旅遊，他們都挑著路邊攤吃，不是簡單的自助餐，便是拉麵，這樣就解決了民生問題。陳伯伯才常常說：「賴校長夫妻『好額人，乞食性命』。」

0506 字詘深，人袋屎

Jī bat tshim，Lâng tē sái

【暗示】不懂做人的道理。

【註解】書讀得很多，腦袋卻像裝糞便一樣，不懂得人情義理。

【例句】前總統陳水扁公子陳致中，與鹿港黃天祿先生女兒黃睿靚，於2005年6月訂婚，並訂2005年6月結婚。

趙少康「新聞一把抓」節目，邀請國民黨發言人鄭麗文、親民黨立委李永萍參加座談。兩位名嘴從頭到尾沒有一句祝福這對新人之詞，且以譏諷笑話批評第一家庭婚事。甚至新娘子的禮服、喜宴中的音樂、新娘子與婆婆吳淑珍，都被批得一文不值。王伯伯

看後把電視關掉，罵道：「她們這些人『字訓深，人袋屎』，眞她奶奶的……」

~~~~~~

0507 尖骹幼秀

Tsiam-kha iù-siù

【暗示】大家閨秀。

【註解】有錢人家的閨秀，細膩標緻。

【例句】丹比禮品食品行的老闆娘告訴她老公，她的妹妹想利用暑假到食品行打工，賺些學費。

「妳妹妹『尖骹幼秀』，不適合我們這種食品行的工作，」她老公對她說：「自己的妹妹，學費多少給她就好了，何必用打工的方式賺學費？」

~~~~~~

0508 年冬好收，分予鳥食

Nî-tang hó siu，pun hō͘ tsiáu tsia̍h

【暗示】仁人愛物。

【註解】年冬：農作收穫期。好收：豐收。分予：給予。

農作豐收，也要留給田野間的小鳥吃。

【例句】德記食品公司今年訂單應接不暇，著實賺了不少錢，員工都盼望楊董年終獎金能大方一點，讓這些辛苦的員工好過年。

呂經理瞭解員工的心聲後，建議楊董頒發三個月的獎金，他說：「人家農民『年冬好收，分予鳥食』，我們員工那麼賣命，多給他們一些獎金，也不是被別人佔便宜呀。」

~~~~~~

0509 扛棺柴兼摜哭

Kng kua^{n}-tshâ kiam kāu kháu

【暗示】校長兼摃鐘仔。

【註解】能者多勞，份內的、份外的工作一手包辦，不假手他人。
~~~~~~

【例句】清記冰果室謝老闆，又把隔壁店家買下來，準備賣熱飲。
　　　　「喂！老謝。」老胡拉住他問道：「你現在賣冰果，又準備賣熱飲，
　　　　『扛棺柴兼攢哭』，該留些錢給別人趁呀！」

0510 扛轎毋扛轎，管新娘放尿

　　　　Kng-kiō m̄ kng-kiō，kuán sin-niû pàng-jiō

【暗示】多管閒事。
【註解】抬轎子的轎夫，不認真抬轎子，卻管起人家新娘的私事。
【例句】弟弟向爸爸打小報告說：「姐姐整個晚上，都坐在電腦前跟網友
　　　　網來網去，根本都沒寫作業。」
　　　　「你的作業好了嗎？」
　　　　「還沒，我都在催姐姐不要網來網去，趕快寫作業。」
　　　　「你呀！」爸爸用手指頭，指著弟弟的額頭說：「你呀！『扛轎毋
　　　　扛轎，管新娘放尿』，去！趕快去寫作業！」

0511 早頓食飽，中晝頓食巧，暗頓半枵飽

　　　　Tsá-tǹg tsia̍h pá，tiong-tàu-tǹg tsia̍h khá，àm-tǹg puàⁿ iau-pá

【暗示】飲食有節制。
【註解】早上要吃飽，才有體力工作，中午吃得精緻一點，晚上半飽便好
　　　　了，這是健康飲食法則。
【例句】TVBS記者專訪本縣106歲人瑞，請教老人家長壽的祕訣，人瑞慢
　　　　斯條理的說：「要長壽『早頓食飽，中晝頓食巧，暗頓半枵飽』，
　　　　如此而已。」

0512 曲館邊个豬母，會扑拍

　　　　Khik-kuán piⁿ ê ti-bó，ē phah-phik

【暗示】近朱者赤。

【註解】曲館：國樂的館子。扑拍：打拍。

耳濡目染，多少也學到一些奧妙。

【例句】我們這些被「泰源公司」資遣的同事，人各一方謀生，但都互相
關心彼此的近況。

我聽到阿祥說賴茂清被資遣後，開了一家接骨館，患者還蠻多哩。

「賴茂清開接骨館？」我訝異的問他：「他會替人接骨？」

「怎麼不會？」阿祥說：「賴茂清的叔公、叔叔，都是接骨師，『曲
館邊令豬母，會扑拍』，沒聽說過嗎？」

0513 有姆無底睏

Ū bớ bô tè khùn

【暗示】窩囊之至。

【註解】有姆：有妻子。

有老婆的人，居然沒地方睡覺，說來也夠窩囊。

【例句】我哥不知到哪裡喝酒，顛顛倒倒的來按我的門鈴，深夜有人按鈴，
我立即披衣出來，看到哥已經爛醉如泥了。

「弟弟！今晚我睡在你這裡。」

「怎麼啦？」我明知故問的說：「怎麼『有姆無底睏』？」

「你嫂嫂……」他沒把話說完，已經醉倒在地上了。

0514 有个人吗講，無个人品棒

Ū-ê-lâng m̄-kóng，Bô-ê-lâng phîn-phông

【暗示】會的人低調，不會的人臭屁。

【註解】有本事的人謙虛客氣；沒才華的人，都愛現、吹牛。

【例句】學校召開家長會會議，針對如何提升升學率，請家長提供意見。

會中，有的家長熱烈發言，提出的藥方數十種；有的默默的聽，
都不發一言。

會後，教務處把家長的發言記錄送給校長，黃校長詳閱後，冷冷
地說：

「還不是『有令人嗯講，無令人品棒』，廢話一堆。」

0515 有人懺土豆，有人懺燒酒

Ū-lâng hìng thô-tāu，Ū-lâng hìng sio-tsiú

【暗示】興趣不盡相同。

【註解】懺土豆：喜歡吃花生米。懺燒酒：愛喝酒。

多元社會，各人都有各人的偏愛和興趣。

【例句】學期結束聚餐，依例，福利社會提撥一筆錢買紀念品送給教職員，
但是每一年買的東西，都有人不滿意，令主辦人感到非常頭痛，
同事那麼多，「有人懺土豆，有人懺燒酒」，到底什麼是人人需要
的東西？

主辦楊大哥分給每人意見調查表，回條竟然全部都要現金。

0516 有人有份，大肚雙份

Ū-lâng-ū-hūn，Tūa-tō-siang-hūn

【暗示】人人有責。

【註解】好事獨佔，倒霉的事，人人有份，共同分擔責任，懷孕的可分到
雙份。

【例句】春秋酒店開幕典禮，因有影歌星助興，來賓擠得水洩不通，公關
主任周小姐卻因紀念品準備不足，不知該如何是好而苦惱，總經
理告訴她說：

「人多紀念品不夠，是好事，『有人有份，大肚雙份』，把沒拿到
紀念品的來賓登記下來，十天內郵寄給他。」

0517 有人娶作姆，無人娶姆作嫖

Ū-lâng tshūa-tsò-bó͘，Bô-lâng tshūa-bó͘ tsò-piáu

【暗示】再窮的人，也不會讓妻子出賣靈肉。

【註解】可以娶要從良的妓女回來當老婆；不要娶老婆後再讓她去當妓女。
【例句】大家聽到供銷部小蔡，要娶芝蘭理容院的阿嬌，都議論紛紛。
「天下沒有女人，也不必娶風塵女郎……」
「是啊，那個阿嬌看來不錯，不過我們農會，至少也有三、四人跟她上過床，怎麼娶作姆？」
「娶作姆有什麼不好？」吳股長說：「不是有句話說『有人娶作姆，無人娶姆作婊』嗎？」

0518 有山便有水，有神便有鬼

Ū-suaⁿ piān-ū-tsúi，Ū-sîn piān-ū-kúi

【暗示】自然現象。
【註解】有山自然有水源；有神明那一定有鬼魂。
【例句】林老師上課，學生問他世間有沒有神鬼？
老師說：「有山便有水，有神便有鬼。」
學生不相信，請老師舉證鬼的存在。
「那還不簡單，而且我們天天都會碰上。」老師告訴大家：「酒鬼、賭鬼、色鬼、笑面鬼……。」

0519 有孔無榫

Ū khang bô sún

【暗示】有的沒的。
【註解】孔榫：木器傢俱的凹凸部分。凹部分叫：孔，凸部分叫：榫。
【例句】陳總經理被祕書指控性騷擾，她提出訴訟，要求賠償精神、心理損害。陳總經理向庭上提出性無能的醫院證明，並咆哮說：「柳美芬祕書只是要求我加薪不成，惱羞成怒，才講那些『有孔無榫』的話，我已經有五、六年沒和妻子行房，還有能力性騷擾祕書？」

0520 有手伸無路，有骹行無步

Ū tshiú tshun bô lō͘，ū kha kiâⁿ bô pō͘

【暗示】走投無路。

【註解】有手伸無路：信用破產，有困難卻借不到錢。有骹行無步：有親友卻不受歡迎，無處可去。

【例句】桃園市有一個楊姓媽媽，留下遺書後，和兩個女兒燒炭自殺。最令人鼻酸的是，這位媽媽說家中只剩下一百元，已經「有手伸無路，有骹行無步」了，只有帶著女兒共赴黃泉。

台灣已經是開發國家，國家累積那麼多財富，竟然不能對生活陷入絕境的人民，適時伸出援手，也眞是遺憾。

0521 有功拍無勞

Iú kong phah bô lô

【暗示】徒勞無功。

【註解】辛辛苦苦的付出，卻沒有得到應得的獎賞、鼓勵。

【例句】許阿財順利當選連任鄉長後，論功行賞，招待環島五日遊，在遊覽人員的名單中，沒有陳有信的名字，大家都爲他抱不平，認爲他出錢出力，怎麼「有功拍無勞」呢？

其實許鄉長利用選舉功臣出遊之際，安插陳有信爲清潔隊員，讓他有固定的工作。

0522 有功無賞，攏破著賠

Ū kong bô siúⁿ，lòng phùa tiȯh pûe

【暗示】無功有過。

【註解】攏破：打破。勤勞有功卻沒有獎，稍不小心弄壞了，反而要賠償。

【例句】「要不是一個月有四萬多元的薪水，」黃主任憤憤不平的說：「我也不會鼓勵阿欽出來選村長……」

「是啊！大家都說阿欽要靠你加持，才能當選。」

「可是他的老婆，竟怪罪我叫阿欽出來選村長，現在才會跟那些村長朋友花天酒地，我眞是『有功無賞，攏破著賠』，好人眞難做。」

0523 有囝有囝命，無囝天註定

Ū kiáⁿ ū kiáⁿ miā，bô kiáⁿ thiⁿ tsù-tiāⁿ

【暗示】由不得你的事。

【註解】命中有孩子，自然就會有孩子，沒有也要認命。

【例句】一位受社會局安排住進仁愛之家的老婦人，訴說老年無依的經過。「我家生活算來是小康，只是我的肚子不爭氣。」她一邊流淚一邊說：「後來收養了一個兒子，辛苦的養育長大成人，以爲老了有依靠，沒想到兒子卻因車禍往生，眞是『有囝有囝命，無囝天註定』，由不得人。」

0524 有寺廟無和尚，有鼎灶無火熏

Ū sī-biō bô hûe-siūⁿ，ū tiáⁿ-tsàu bô húe-hun

【暗示】虛有其表。

【註解】有了寺廟，卻沒有和尚與信徒燒香、唸經；有了廚房，卻沒有開伙煮飯、燒菜。

【例句】有人對於中國近年來經濟的發展，讚不絕口，說只要再幾年，一定超過台灣。

「中國最近幾年，經濟雖然進步很多，」剛從中國考察回來的張理事長說：「中國沿海省分，確實進步很多，但內陸省分，大都『有寺廟無和尚，有鼎灶無火熏』，還是很落後貧窮。」

0525 有來有往，無來清爽

Ū lâi ū óng，bô lâi tshing-sóng

【暗示】來去兩相宜。

【註解】親戚朋友來來往往，倒有些熱鬧。如果都沒探頭，難得悠閒自在，
也不錯呀！

【例句】張老師和吳主任，是我們學校兩位最麻吉的朋友，近來因為他們
的老婆之間傳話產生了誤會，兩人關係已沒昔日那麼熱絡，甚至
不再來往。

有人問吳主任，兩人過去來往那麼密切，現在卻如陌生人，會不
會覺得怪怪的？

「朋友之間，『有來有往，無來清爽』，如此而已。」吳主任說。

0526 有兩步七仔

Ū nn̄g-pō tshit--à

【暗示】有兩把刷子。

【註解】不是草包，確實有兩三下子，只是看不出來而已。

【例句】高雄市新興區德生里長楊山林，自1962年當選里長，一直連任里
長51年，榮獲內政部一等內政獎章。

楊山林說51年前他27歲，受到鼓勵競選里長，只贏對手5票。當
時里長沒有薪水，後來從每月50元升至200元、400元，一直到
現在4萬多元。這位能連任里長51年的楊山林，確實「有兩步七
仔」，才能獲得里民的歡迎。他說他喜歡服務，服務使人年輕，
也是有他的道理。

0527 有姑是姑丈，無姑野和尚

Ū ko͘ sī ko͘-tiūⁿ，bô ko͘ iá hûe-siūⁿ

【暗示】善裝善變。

【註解】姑姑在家的時候，姑丈就一本正經，有姑丈的樣子；姑姑不在家，
便原形畢露，像野和尚那樣亂來。

【例句】我對於姑丈、阿姑被鄉公所選為模範家長而受到表揚，感到滑稽。
由於我寄宿在他們家裡，平時固然看到他們兩人相敬如賓。姑丈
在姑姑面前中規中矩，但是有一次，姑姑到歐洲旅遊，姑丈便把

妖精帶回家過夜。

這種「有姑是姑丈，無姑野和尚」的人，居然也受到表揚！

0528 有爸有母初二三，無爸無母頭擔擔

Ū pē ū bó tshe-jī-saⁿ，bô pē bô bó thâu taⁿ-taⁿ

【暗示】有父母的女兒多福氣。

【註解】嫁出去的女兒，父母還健在，春節初二、三回娘家見父母，多高興、有福氣；沒有爸媽的女兒，抬頭遙望娘家，會垂頭喪氣的。

【例句】台灣民俗農曆新年，初二回娘家，娘家還有父母的女兒，大都帶著兒女回家，一方面向老人請安，一方面外孫向外公外婆伸手討紅包。沒有父母的出嫁女兒，也只有抬頭遙望娘家，因此而有：「有爸有母初二三，無爸無母頭擔擔」之句。

0529 有狀元學生，無狀元先生

Ū tsiōng-guân hak-sing，bô tsiōng-guân sian-siⁿ

【暗示】青出於藍。

【註解】有絕頂聰明的學生，沒有絕頂聰明的老師。

【例句】國中升學考試，成績空前優異，以前考上台中一中、女中、彰中、彰女等名校，都寥寥幾位。今年總共考上45名，家長會特別設謝師宴，席上張會長一再感謝校長及老師的辛苦與教導有方，使這個鄉村的國中，一夕爆紅。

張校長謙虛地說：「今年升學考試，這麼優異的成績，除了家長會的支持外，其實『有狀元學生，無狀元先生』，都是同學努力的成果。」

0530 有者做一下斬，無者虎托頷

Ū--tsiá tsò tsit-ē tsám，bô--tsiá hó͘ thuh-ām

【暗示】要自我節制。

【註解】有錢的時候，花些錢買吃買喝，是可以的；沒有錢的時候，像老虎托著下巴，看看就好啦。

【例句】被警方捉進警局的賭客鄭振雄，堅持他沒有參與賭博，絕不在偵訊書上簽名。

「我問你，你既然沒參與賭博，為何三更半暝還在賭場？」

「我的錢昨天便輸光了，」鄭振雄振振有詞的說，「你們沒聽過『有者做一下斬，無者虎托頷』，難道看人賭博也犯法嗎？」

0531 有查姆囝仔賊，無外家虎

Ū tsa-bó͘-kiáⁿ-á tshát，bô gūa-ke hó͘

【暗示】父母袒護出嫁女兒。

【註解】查姆囝仔賊：女兒出嫁後，回娘家看到喜歡的東西便想要，形容為小偷。外家虎：娘家不會虎視眈眈女婿家的財物。

【例句】鄰居歐巴桑花了八萬多元，新買了一部液晶電視，不但畫面非常鮮豔、自然，音效也很好。因有立體音效，我常常到她家去找她聊天，欣賞高品質的電視畫面。可是我早上過去，客廳中那一台液晶電視，竟然不見了，問她是不是小偷搬走了？

「是啊！被查姆囝仔賊偷了，」歐巴桑打趣說：「我女兒回來，說她很喜歡這麼好的電視，叫我給她，我說妳喜歡就搬回去吧！」

俗語說「有查姆囝仔賊，無外家虎」，一點兒也沒錯。

0532 有看見針鼻，無看見城門

Ū khùaⁿ-kìⁿ tsiam-phīⁿ，bô khùaⁿ-kìⁿ siâⁿ-mn̂g

【暗示】因小失大。

【註解】針鼻：穿棉線的細孔。

連針鼻那麼細的小孔都注意到，卻沒看到有一扇大城門。

【例句】耿祥電子科技公司楊經理，對於設計大昇紡織公司的防測盜火計劃被退回來，感到無限遺憾。

他對大昇的周總務股長說：「你們公司那麼大，怎麼連安全設備的小錢，也要省下來？這會得不償失呀！」

「楊經理，真是抱歉，」周總務股長滿臉歉意的說：「我們張董是位『有看見針鼻，無看見城門』的人，我們做部屬的又能怎麼樣？」

0533 有食有行氣，有燒香有保庇

Ū tsiảh ū kiâⁿ-khì，ū sio-hiuⁿ ū pó-pì

【暗示】有拜有保庇。

【註解】吃了飯才有精神體力；有燒香拜神，神明才會保庇你。

【例句】胡明祥和李友仁農專畢業後，同時進入縣農會服務。五年下來，胡明祥已經連升三級，擔任推廣股長；李友仁仍然在總務股辦理收發工作。

同窗會上，同學們議論紛紛說，李友仁還在原地踏步，是他辦事不力、人緣不好所致。

「什麼我辦事不力？」李友仁不服氣的說：「胡明祥只不過是人緣好，『有食有行氣，有燒香有保庇』而已！」

0534 有食有食仝工夫，無食無食仝工夫

Ū tsiảh ū tsiảh ê kang-hu，bô tsiảh bô tsiảh ê kang-hu

【暗示】送禮，巴結文化的極致。

【註解】有食：有收受禮物。無食：沒收受禮物。

有沒有送禮，收或不收，後果會不一樣。

【例句】李文中一直在猶疑，要不要送禮？

他一直認為這是他爭取股長一次最好的機會。主任經濟上有困難，送禮過去對他多少有些幫助。可是送禮這回事，又不能告訴別人，如果主任收下又裝糊塗，豈不是肉包子打狗嗎？

他把心中的憂慮告訴他老婆，沒想到她卻爽直的說：「你認為該送就早點送，通常『有食有食令工夫，無食無食令工夫』，主任不會收下紅包不做事。」

0535 有食，油面；有穿，媠身

Ū tsiàh，iû-bīn；Ū tshīng，súi-sin

【暗示】喜形於色。

【註解】生活情況如何，可以從表情、穿著看出來。

【例句】台中市霧峰警分局仁代派出所員警巡邏，發現柯盈吉手推車上，有一中華電信專用鐵蓋，便上前查問，柯盈吉坦承他是小偷，鐵蓋是偷來的，令員警們哭笑不得。

因為所有的小偷都會抵賴不承認偷拿東西，可是柯盈吉被抓了卻很高興。他說他已快十天沒吃東西了，被警察抓到坐牢便有得吃了。員警們聽到他那麼多天沒吃東西，於心不忍，買便當飲料讓他充飢，真的「有食，油面；有穿，媠身」，柯盈吉吃完後，連忙向員警們磕頭致謝。

0536 有食擱有掠

Ū tsiàh koh ū liàh

【暗示】一舉兩得。

【註解】有好吃的東西，又有禮物帶回家。

【例句】王立委娶媳婦，席開五百桌，好不熱鬧。賓客們都說王立委這一場喜宴辦下來，少說也有千萬元進帳。

可是喜宴近尾聲，司儀突然宣佈好消息說，王立委為了感謝大家的光臨，祝福新人，所有的來賓，大家「有食擱有掠」，婉謝賀儀退回紅包，每人還贈一份精緻禮物。

0537 有時星光，有時月光

Ū-sî tshiⁿ kng，ū-sî gueh kng

【暗示】三年一閏，好歹照輪。

【註解】好花不常開，好景不常在，有好有壞，有圓有缺，不要太得意，也不必太消極。

【例句】中國國民黨繼2000年選輸總統後，2004年又再度敗選，所以挾其立法院多數杯葛政府。不只是軍購案，甚至民生法案，也多數被擱置。

「其實，政黨應該向全體國民負責，不能挾怨報復，這樣反而苦了老百姓，」楊桑對政黨惡鬥提出看法說：「要知道『有時星光，有時月光』，冤冤相報何時了？」

0538 有情有愛，成長無礙

Ū tsîng ū ài，sîng-tióng bô gāi

【暗示】有情有愛的人生，凡事順利。

【註解】世間如果有情義愛情，便能使成長沒有阻礙，不會受到限制。

【例句】「盲人鋼琴手」許哲誠於2005年7月9日，在國父紀念館舉行演奏會，為前進波蘭參加蕭邦音樂大賽預做暖身。

許哲誠的暖身演奏，在「我看見音樂，你聽見愛情」活動中揭開序幕。他演奏蕭邦的〈奏鳴曲〉、〈搖籃曲〉、〈波蘭舞曲〉、台語歌〈阿爸的五角銀〉。許哲誠去年因為視網膜長繭，連光都感覺不到，幸因「有情有愛，成長無礙」，才有今日的成就。

0539 有眾人舅，無眾人姐夫

Ū tsìng-lâng kū，bô tsìng-lâng tsé-hu

【暗示】稱呼也有限制。

【註解】親友的舅舅，也可以稱呼舅舅，但是姐夫只有一個，不能亂叫人家姐夫。

【例句】台語教學，老師說明台灣俗語「有唐山公無唐山媽」時，學生問老師，什麼叫「有眾人舅，無眾人姐夫」？

「眾人舅的意思是，朋友的舅舅，左右鄰居大家都能跟著朋友，也稱呼舅舅，」老師詳細解說：「姐夫則是專有名詞，如果隨便叫人姐夫，表示姐姐的老公有很多位，這樣會被嘲笑的。」

0540 有寒著有曘，有艱苦著有快活

Ū kûaⁿ tiȯh ū juȧh，ū kan-khó͘ tiȯh ū khùi-uȧh

【暗示】一分耕耘，一分收穫。

【註解】曘：熱也。有冬天就有夏天，有辛苦的付出，便有快樂的收穫。

【例句】連老師利用週休二日，到一家科技公司兼差，許多朋友都說教師待遇不薄，連老師實在不必如此賣力工作，要他多計劃休閒生活。可是連老師卻認為趁年輕、體力充足，多打拼積些錢，將來生活較有保障。

「你可聽過，『有寒著有曘，有艱苦著有快活』這句諺語嗎？」連老師說：「我還年輕，多做些工作沒關係，不要吃老才來打拼。」

0541 有揀選，無不管

Ū kíng-suán，bô put-kuán

【暗示】隨緣而已。

【註解】有多的時候，就挑選；沒有多的時候，便將就隨便。小事平常心。

【例句】帥哥顏明進女朋友多位，他選為終身伴侶的江淑芬，長得實在比不上他其他那幾位女朋友，我問他，條件那麼好，怎麼會與江淑芬結婚？

「阿兄，『有揀選，無不管』，同樣都是女人嘛。」顏明進說。

0542 有量才有福

Ū liōng tsiah ū hok

【暗示】量大福多。

【註解】有量：有肚量，能體諒別人。

能體諒別人，多為他人設想者，自然會有福報。

【例句】故蕭明雄鄉長之喪，凡是昔日鄉公所員工及認識他的鄉民，都來
向他致祭，場面備極哀榮。

蕭故鄉長任內，代表會由反對派多數控制，不僅多方為難鄉長，
並對於鄉長及各課室的施政，極盡挑剔，甚至一度退回年度預算。
蕭故鄉長都逆來順受，儘管面有難色但未曾口出惡言，尤其受到
反對派蠻橫攻擊刁難，也從不懷恨。晚年他過著安穩的退休生活，
享壽96歲，大家都說他「有量才有福」。

0543 有路去路，無路揣主顧

Ū lōo khì lōo, bô lōo tshūe tsú-kòo

【暗示】人情留一半。

【註解】有辦法，可以去找發展；沒有更好的去處，回頭找老東家。

【例句】卓新象在西點麵包店當了二年學徒，便計劃出來創業，問老闆的
意見。

老闆鼓勵他說：「年輕人要有理想、抱負。創業維艱，不過只要
肯吃苦、能耐勞，一定會成功的。」老闆又對卓新象說：「我一向
對於員工，都抱持『有路去路，無路揣主顧』，如果真正維持不下
去，你再回來工作。」

0544 有樣看樣，無樣家己想

Ū iūn khuàn iūn, bô iūn ka-kī siūn

【暗示】憑空創造。

【註解】有了樣板，就照著樣板，依樣畫葫蘆；沒有樣板看，便要用腦筋

自己想辦法解決。

【例句】屏東縣九如鄉35歲菜農陳志雄，平時很喜歡和女人做那種愛做的事。沒想到夜路走多了會碰到鬼，他和女友嘿咻，竟被人偷拍下來恐嚇勒索。

陳志雄覺得這樣賺錢確實輕鬆不錯，便「有樣看樣，無樣家己想」，也學習偷拍人家情侶嘿咻的錄影帶，再通知對方付款贖回。高雄市有一名叫「小雲」的社交名媛，和情人在福高斜張橋下嘿咻，被陳志雄拍到，陳志雄立刻電話通知她付款贖回錄影帶，沒想到他錢還沒拿到，已被警方逮捕了。

0545 有緣做牽手，無緣做朋友

Ū iân tsò khan-tshiú，bô iân tsò pîng-iú

【暗示】婚姻不必強求。

【註解】有緣分做夫妻，沒有緣分做朋友，友情依然存在。

【例句】在左岸咖啡館，看到昔日的班代與班花，兩人悠閒的喝著咖啡，令我們想起大學四年，他們兩人出雙入對，形影相隨，所有同學都認為畢業後，同學之間會最先結婚的，一定是他們這一對情侶。沒想到造物者捉弄人，男女竟各自婚嫁，大家以為他倆一定會埋怨對方，沒想到他們還能坐下來喝咖啡。

「好朋友，怎不可以坐下來喝咖啡？」班花葉素秋說：「男女之間，『有緣做牽手，無緣做朋友』，不是很好嗎？」

0546 有錢使鬼會挨磨

Ū tsîⁿ sái-kúi ē e-bō

【暗示】金錢萬能。

【註解】有錢好辦事，連鬼都能叫他來推石磨。

【例句】天聖宮中秋節的康樂表演中，請來了幾位藝人，現場表演歌舞節目，把德賢宮的表演都給壓下去，熱潮與冷清形成強烈對比。

我們以為交遊廣闊的村長，也有演藝界的朋友來捧他的場，但是

他說：

「這些演藝人員，除了在電視上看過，我一個也不認識，不過確實『有錢使鬼會挨磨』。」

0547 有錢講話會大聲，無錢講話無人聽

Ū tsîⁿ kóng-ūe ē tūa-siaⁿ，bô tsîⁿ kóng-ūe bô lâng thiaⁿ

【暗示】有錢能使鬼推磨。

【註解】有錢眞好，講話大聲，大家也都會相信；沒有錢，無論是不是金科玉律，也沒有人相信。

【例句】現代的年輕人，都是拜金主義者，多數都認爲「有錢講話會大聲，沒錢講話無人聽」，因此爲了取得金錢，什麼事都敢做。

高雄市29歲的衛豐保全運鈔車司機吳伯霆就是其中之一，爲了錢而於2005年6月20日，利用收取高雄郵局七家支局的現金時，監守自盜開走車上有三千五百萬元的運鈔車，警方正追蹤他的下落。

0548 有錢講話算話，無錢講話狼狽

Ū tsîⁿ kóng-ūe sǹg ūe，bô tsî kóng-ūe lông-pūe

【暗示】有錢好做人。

【註解】講話算話：所講的話爲準。狼狽：形象難看不堪。
有錢講話是眞理，沒錢講話像放屁。

【例句】詹勝樺認爲民進黨前主席施明德倒扁活動，總會迫使阿扁總統下台，他要和大家打賭，如果阿扁沒下台，他願意一人賠一千元；如果下台，只贏每人五百元。

這種一千賭五百的打賭方式，他同事們都躍躍欲試，可是想到詹勝樺窮光蛋一個，縱使贏了他的錢，能拿到手嗎？

眞是「有錢講話算話，無錢講話狼狽」，一點兒也沒錯！

0549 有聽見聲，無看見影

Ū thiaⁿ-kìⁿ siaⁿ，bô khùaⁿ-kìⁿ iáⁿ

【暗示】只聞樓梯響。

【註解】有聽到聲音，沒看到人影。

【例句】阿勇伯三不五時，便來找林桑借錢，害林桑遠遠看到阿勇伯便躲了起來。

天剛亮，阿勇伯又來向林桑借錢買酒喝，林太太告訴他：「我老公出去了。」他仍然不相信，屋前屋後一邊找，一邊喃喃自語：「怎麼『有聽見聲，無看見影』，人到底跑到哪兒去？」

0550 死姆換新衫，死尪換飯坩

Sí bó͘ ūaⁿ sin-saⁿ，sí ang ūaⁿ pn̄g-khaⁿ

【暗示】死了老婆再娶，死了老公再嫁，都是尋常事。

【註解】飯坩：盛飯的用具，也就是飯桶。

老婆死了，像換新衣服那樣，隨時都可以再娶人進來；老公死了，像換飯桶那麼簡單，也就是另找良人容易得很。

【例句】媒人瑤仔，要把新寡的鄭秀英，介紹給鰥夫殷老師。她在安排兩人見面時，很直接的說：

「死尪死姆，再婚是很正常的事，所謂『死姆換新衫，死尪換飯坩』，千萬不要感到難為情，而誤了青春。」

0551 死父扛去坮，死母等待後頭來

Sí pē kng khì tâi，sí bó tán-thāi āu-thâu lâi

【暗示】娘家為大。

【註解】後頭：娘家。

父親死了，子女可隨時辦理喪事埋葬；母親死了，還要等母親娘家來封釘才能埋葬。

註：封釘：母舅或母親娘家的人親自打釘封棺木。

【例句】孫兒問阿公，前年他父親車禍死亡時，沒幾天就出殯下葬；爲何
　　　　如今他母親已經逝世十天了，還不出殯下葬？
　　　　阿公告訴孫兒，台灣風俗「死父扛去坮，死母等待後頭來」，他父
　　　　親是自己人，死因不會有人懷疑，所以只要選個好日子可以馬上
　　　　出殯；他母親因爲還有娘家，必須等到娘家親人來了，對死因沒
　　　　有懷疑，才可以下葬。

0552 死目唔願瞌

Sí bȧk m̄-guān kheh

【暗示】死不瞑目。

【註解】瞌：蓋眼。人死了，眼皮自然會垂蓋下來。
　　　　含恨而死或枉死的人，才會死而不願閉目。

【例句】以彰化縣秀水鄉公所主辦，鄉長王瑞雄爲主祭的超渡法會，2005
　　　　年6月27日，在溫銘鐘及其三名子女溺斃的秀水鄉番社排水幹線
　　　　岸上舉行，超渡供品800多桌，綿延排水幹線3000多公尺。
　　　　2005年6月初，鹿港鎮男子溫銘鐘，因受不了生活壓力，載三名
　　　　子女在番社排水溝投水自殺。事後附近居民多人，深夜聽到小孩
　　　　嬉鬧聲音，認爲溫家三個小孩，一定是「死目唔願瞌」，才由秀水
　　　　鄉公所主辦這場超渡法會。

0553 死坐活食

Sí tsē uȧh tsiȧh

【暗示】坐食山空。

【註解】不事生產，只會吃喝拉屎，再多的家業，也會坐食山空。

【例句】所謂「一樣米飼百樣人」，有人生活在富裕環境中「死坐活食」，
　　　　終至家道敗落；有人身居逆境還咬緊牙根刻苦奮鬥，並捐款
　　　　四百五十萬元，爲母校台東市仁愛國小建設圖書館。
　　　　這位辛苦賺錢，靠著賣蔬菜陸續捐給母校巨款的婦人陳樹菊說，
　　　　她小時候家庭發生巨變，父親、弟弟相繼死亡，幸經學校老師鼓

勵照顧，讓她終於爬起來，她爲了報答老師而回饋母校。校長陳
清正說，陳樹菊至今未嫁，已經把整個人獻給社會。

0554 死皇帝唔值活乞食

Sí hông-tè m̄-ta̍t ua̍h khit-tsia̍h

【暗示】生命尊貴。

【註解】皇帝雖然位高尊崇，但死了就比不上一個乞丐。

【例句】阿球伯雖然窮苦潦倒，卻也是我們村子裡，壽命最長的一位老人，
他今年已九十三了。

村人在討論他時，幾乎人人都說，像他生活那麼窮苦，活著是一
種懲罰，可是村長伯另持一種看法，他說：

「皇帝雖然擁有無上的權勢和財富，可是『死皇帝唔值活乞食』，
聖嚴法師不也說：『活著就有希望』嗎？」

0555 死馬作活馬醫

Sí bé tsò ua̍h bé i

【暗示】不到最後關頭不放棄。

【註解】死去的馬匹，還盡最後一分鐘，想把牠救活起來。

【例句】馬維民確實不是讀書的料子，可是他爸爸媽媽一定要他唸大學，
實在給他很大的壓力。幸虧聽到屏東大金榜補習班，公開保證一
定考上國立大學，負責人黃太民表示，保證班收費每人60萬元，
如果不及格則退費！

馬爸媽望子成龍，明明知道馬維民絕對考不上國立大學，也只能
「死馬作活馬醫」了。

0556 死蛇活尾溜

Sí tsûa uáh búe-liu

【暗示】餘孽猶存。

【註解】蛇被打死了，尾巴還是會跳動一下子。蜥蜴也一樣，雖然死了，尾巴仍會跳動。

【例句】鄉民們聽到黑牛被抓去管訓，以為從此便能過著不受恐嚇、勒索的日子，沒想到仍然發生了多起被恐嚇勒索的案件。

「你們想得太單純了。」黃老師告訴左右鄰居：「黑牛雖然被抓去管訓，但『死蛇活尾溜』，他的小弟還不是照樣為非作歹？」

0557 死蛇諍佮變活鰻

Sí tsûa tsìⁿ kah piàn uáh mûa

【暗示】強詞奪理。

【註解】已經死去的蛇，也要把牠說成活的鰻魚，顛倒是非，莫此為甚。

【例句】范家父子相偕到越南娶回新娘，一門雙喜，親友競相道賀。喜宴開始，父子各挽新娘出場，霎時驚豔眾人，兩位新娘子不但長得都很漂亮，而且年齡相若宛如姐妹。

到底范家父子新娶的這對新娘子，是姐妹或姑姪？也在喜宴中「死蛇諍佮變活鰻」，范家只有微笑而不答。

0558 死無人哭

Sí bô lâng khàu

【暗示】不得好死。

【註解】人死了，是很不幸的事，竟沒人傷心、哭泣！因此可見其為人之失敗了。

【例句】台南市新營區林乘高死亡後，雖不至「死無人哭」，但也很淒涼，可做為劈腿族的殷鑑。

林乘高去年四月死亡，享年五十七歲，有二子一女。林乘高死後，

林妻始知其生前在外面與二名女子租屋同居，分別生下兒子，到靈堂祭拜時被發現，因此妒火中燒，堅不讓林乘高神位題入公媽牌位。

林乘高託夢好友蔡芳芳遊說林妻原諒，仍不得要領，只有做孤魂野鬼。

0559 死窟水無若濟通舀

Sí khut tsúi bô jūa-tsē thang iúⁿ

【暗示】固定有限的收入，禁不起沒節制的花用。

【註解】死窟：沒有活水流入的小池塘，很快會乾枯了。

【例句】暑假，我回老家小住幾天，多年沒回家鄉，人事已全非，老鄰居還記得，年輕人都不相識，最令人感到唏噓的是，我們村的首富——裕祥碾米廠黃老往生後，他的田地、房屋，一件件被法院拍賣。

「怎會淪落到這種地步？」我問鬍鬚伯。

「黃家三個兒子，吃喝嫖賭都來，你想想『死窟水無若濟通舀』，不是嗎？」

0560 死豬唔驚燙，嫖客唔驚瘡

Sí ti m̄ kiaⁿ thǹg，phiâu-kheh m̄ kiaⁿ tshng

【暗示】死皮賴臉。

【註解】唔驚燙：不怕開水滾燙。唔驚瘡：不怕感染性病。

不知羞恥，也是馬不知臉長。

【例句】方組長聽說，「大橋腳卡拉OK歌廳」又來了幾位泰國妹，便約了幾位朋友，要去泡妞嚐鮮。

「你們去好啦，」吳桑說：「聽說歌廳有位泰國妞染上愛滋病，組長，你還敢去？」

「怕什麼？」方組長大無畏的說：「愛滋病的潛伏期長達十五、二十年，病情發作時，我們不是在天堂，便已在地獄，你怕什

麼？」

「我看你真正是『死豬唔驚燙，嫖客唔驚瘡』的嫖客。」吳桑說。

0561 **死豬鎮砧**

Sí ti tìn tiam

【暗示】佔著茅坑不拉屎。

【註解】死豬肉橫放在屠商砧板上，沒有人買，空佔位子，等於尸位素餐。

【例句】盧新裕到這種地步，也快死心了。

他原來一心一意盼望吳課長能夠申請退休，他才有機會頂上那個缺，升任課長，而且這件事，鄉長也一再表示沒問題。可是吳課長不但沒申請提前退休，還請一年期的長假，而鄉長的任期，只剩下半年而已，吳課長「死豬鎮砧」，令他從失望跌入絕望的深淵。

0562 **死貓吊樹頭，死狗(豬)放水流**

Sí niau tiàu tshiū-thâu，sí-káu (ti) pàng tsúi lâu

【暗示】有違環保與衛生的風俗。

【註解】貓死：掛在樹上。豬死：丟入水溝漂流。

民間流傳下來的死貓、死豬處理方式。

【例句】「林伯伯，林伯伯，」邱淑貞一大早便攔住他問道：「我那隻貓咪死了，要怎麼辦？」

「台灣民俗是『死貓吊樹頭，死豬放水流』，」林伯伯告訴她：「不過，這是民智未開前的風俗，現在來說是有違環境衛生，實在不可再吊樹頭了，最好焚化。」

0563 **死鴨硬喙盃**

Sí ah ngē tshùi-pe

【暗示】嘴硬不承認。

【註解】鴨子雖然死了，鴨嘴巴還是很硬，一點兒也不會軟下去。

【例句】2005年5月17日，台中市發生十多家超商、藥房被千面人放毒事件。警方由一萬多支錄影帶中，找到喜美HA2332號轎車可疑，再由車號找到車行，由車行找到家住三重區的王進展。

王進展曾於民國82年4月28日，犯下中正機場台銀外匯兌換處搶案，有犯罪知識，相當狡猾，被捕之後「死鴨硬嗓盃」，始終不承認這件下毒案是他做的，直到警方把他帶到死者周乙桂靈前，他才俯首認罪。

0564 汝看我霧霧，我看汝殕殕

Lí khùaⁿ gúa bū-bū，gúa khùaⁿ lí phú-phú

【暗示】互相輕視。

【註解】殕殕：灰色的、不明顯的。你看我沒什麼，我看你也不怎麼樣。

【例句】農曆七月鬼門關開門，大家都不敢晚間外出，尤其不敢到公墓去。有那麼一對朋友，就是為了敢不敢晚上到公墓去而打賭。誰敢到公墓，誰得到一千元獎金。

「我去！我去！」其中一個自信滿滿地說：「鬼有什麼可怕？『汝看我霧霧，我看汝殕殕』，我敢去，你一定不敢去！」

0565 汝無嫌人大骹蹄，人無嫌汝穿草鞋

Lí bô hiâm lâng tūa kha-tê，lâng bô hiâm lí tshīng tsháu-ê

【暗示】互相包容。

【註解】男方不要嫌棄女方腳大沒秀氣，女方也不要討厭男方沒錢買皮鞋而穿草鞋，彼此彼此而已。

【例句】媒人瑤仔也真會配對，把瘦身薄扁的阿棋，與胖得像橡木桶的阿嬌，撮合成一對新婚夫妻。在喜宴中，男方親友，對於胖新娘，頗多批評；而女方親友，又一直在說新郎弱不禁風，怎有能力房事？「喝酒！喝酒！不要管那些，」同桌一位阿桑說：「做親戚，『汝無嫌人大骹蹄，人無嫌汝穿草鞋』，合意就好。」

0566 汝無嫌我臭頭，我無嫌汝老猴

Lí bô hiâm gúa tshàu-tshâu，gúa bô hiâm lí lāu-kâu

【暗示】互相包容，絕配一對。

【註解】臭頭：頭上生瘡。老猴：形容老人家。你不厭惡我頭上生了瘡，
我也不嫌棄你已經那麼老了。

【例句】王叔叔正式結束光棍生活，要迎娶妓女戶那位阿珠，阿珠很爽快
的答應這門婚事，對向她求婚的王叔叔說：「汝無嫌我臭頭，我
無嫌汝老猴。」

0567 江湖一點訣

Kang-ô tsit-tiám kuat

【暗示】要懂得竅門。

【註解】江湖：黑社會。
要在黑社會混飯吃，沒那麼簡單，必須要有一點祕訣的。

【例句】親友們參加賴豐榮開設於二林鎮的釣蝦場開幕典禮，在席間聽到
二林這個地方，是黑道的故鄉，對於賴豐榮孤鳥竟敢飛到鶴群，
紛紛替他擔憂。
賴豐榮知道親友們關心，告訴他們：
「你們放心好啦！『江湖一點訣』，我要來這裡經營事業，事先都
拜訪過角頭兄弟，請他們多多照顧。」

0568 百般工藝，唔值鋤頭落地

Pah-puaⁿ kang-gē，m̄-tàt tî-thâu lòh-tē

【暗示】腳踏實地，努力去做。

【註解】縱使學到很多技藝、技巧，都不比親自下田農耕，來得實際。

【例句】農事指導員韓亦成，對著四健會班員，滔滔不絕的講解農業經營
的原理、台灣農業未來的趨勢，甚至農業如何才能獲致長期穩定
的成長和利益。

他口沫橫飛，像一位農業經營專家，沒想到一位年輕班員，插嘴唱反調：「指導員，你的理論一大堆，其實『百般工藝，嘸值鋤頭落地』吧？」

0569 老人老步定，少年忭膽嚇

Lāu-lâng lāu-pō-tiā^n，siàu-liân khah tàng-hiah^n

【暗示】老少有別。

【註解】老年人生活經驗豐富，辦事比較穩健；年輕人缺少歷練，比較畏縮，不敢放膽去做。

【例句】花椰菜生產過剩，一顆通常可以賣二十元的花椰菜，批發只不過三、四塊錢而已。

老爸決定用拉車沿街叫賣，一顆十元，六顆五十元，他拉一車，叫放寒假回來的兒女兩人拉一車，雖然「老人老步定，少年忭膽嚇」，看到老爸如此，兒女們也不得不出去叫賣。

0570 老公無婆，親像細囝無母

Lāu-kong bô pô，tshin-tshiū^n sè-kiá^n bô bó

【暗示】年老失伴的悲哀。

【註解】老年人失去了老婆，像幼小的孩子沒有母親照顧那麼可憐。

【例句】莊村長看到黃婆婆，推著半身不遂的老公，到老人活動中心看人家唱卡拉OK，就走過去說：

「老兄弟，有姆愛疼，要知道『老公無婆，親像細囝無母』，就知道淒慘。」

0571 老牛想食幼菅筍

Lāu-gû siū^n tsiáh iù kua^n-sún

【暗示】非分之想。

【註解】老牛只想食幼嫩的筍子，俗語云：「老牛吃嫩草。」
【例句】高雄市八十歲許姓老翁，在摸摸茶店結識小他六十一歲的楊姓女子，居然還有性趣，一心一意「老牛想食幼菅筍」。楊女說她「喜歡在家裡做愛」，這位有錢的老翁二話不說，居然花了四十五萬，以楊女之名，在鹽埕區為她買間套房。
2005年5月3日，老翁將房屋權狀交給楊女後，楊女即避不見面。老翁提出詐欺告訴，楊女同意還屋，還說她實在無法想像，他那麼大把年紀，怎麼做愛？

0572 老尪疼侭婆，世間通人無

Lāu-ang thiàⁿ tsíⁿ-pô，sè-kan thong-lâng bô

【暗示】天下所有老公，都會疼愛年輕的老婆，令人羨慕鴛鴦不羨仙。
【註解】老人疼愛年輕幼嫩的妻子，頗像天上人間只有這麼一對仙侶。
【例句】我覺得陳代表有點兒缺德，他每次看到姚伯伯和新娶的中國新娘，卿卿我我的牽手到市場買菜，便會問身邊的人說：「姚伯伯的大陸妹那麼年輕，不知道晚上要不要找人家幫忙？」
「其實，『老尪疼侭婆，世間通人無』，陳代表你應該多給這對老夫少婦祝福才對呀！」

0573 老命配汝清肉粽

Lāu-miā phùe lí tshìn bah-tsàng

【暗示】豁出去了。
【註解】隔餐的飯叫清飯。清：冷。
老命一條跟你拼了，看你能怎麼樣！
【例句】胡伯伯的獨生兒子在KTV聽歌，與其他客人發生爭執打架，被打得遍體鱗傷，他決定親自去討回公道。
他到對方家叫陣，叫打他兒子的人出來，許多圍觀的人，看到胡伯伯年紀那麼大了，怎能打贏年輕小伙子，紛紛勸他息怒，以免吃虧。

「怕什麼？我『老命配汝清肉粽』，不怕死的，給我出來！」胡伯伯說。

0574 老罔老半暝後

Lāu bóng lāu pùaⁿ-mê aū

【暗示】老當益壯。

【註解】年紀雖然大了，人也老了，但身體還很健康，晚上的事情還不輸年輕人呢。

【例句】已經七老八老的楊伯伯，據說要再結婚，對方是少他將近五十歲的俏麗女郎。他老人家爲了要向該女郎提出他還有能力，特別找來兒孫輩的劉醫師，開具能力證明書。

「伯公，你真的還有能力嗎？」

「沒問題！」楊伯伯說著，伸出舌頭和手指頭，當面表演說：「你不要看不起老人，『老罔老半暝後』，不輸你們少年人的。」

0575 老虎無展威，看做破病貓

Lāu-hó͘ bô tián-ui，khùaⁿ-tsò phùa-pēⁿ niau

【暗示】被看走了眼。

【註解】無展威：不展示威力。破病：生病。

人若不展示一下實力，會被看不起。

【例句】林縣長八年的任期，只剩下一年七個月，卻已明顯的感受到有些局科長陽奉陰違，不把他的話當作一回事。

他召集主任祕書和機要祕書，三人祕密會議，討論把民政局長劉新欽調任參事，社會局長周首陽降調爲專員。劉主祕對他說：

「縣座，你再一年多便要卸任了，有必要大動手術嗎？」

「劉主祕，『老虎無展威，看做破病貓』，不給他們點顏色看是不行的。」

0576 老神在在

Lāu-sîn tsāi-tsāi

【暗示】氣定神閒，安如泰山。

【註解】見識多，經驗豐富，氣定神閒，不受風吹草動影響。

【例句】時代不同了，不但內閣各部長，隨時會被立委叫去罰站、痛罵，
連「錢多、事少、離家近」的土地公，也被掃地出門。
這尊被掃地出門的土地公，原在台中市吉龍里，里長廖哲雄因
三百多個信徒連署，就為土地公改建神舍。廟將建成之際，卻有
更多里民反對土地公落籍該里進行抗議，雙方僵持不下，後來因
反對一方人多勢眾，他們籌募一百萬元，請廖里長另覓新址建廟，
「老神在在」的土地公因次被掃地出門。

0577 老馬展鬃

Lāu-bé tián tsang

【暗示】老當益壯，不容忽視。

【註解】馬雖然老了，不能忽視牠，從豎立的鬃毛，看出餘威猶存。

【例句】鄉長選戰已經進入最後的肉搏戰，在邱樹仁與張添勇兩位候選人
中，沒有人敢確定誰會當選。
「這麼劇烈的選戰，邱鄉長如果要打倒張議員順利連任鄉長的話，
唯有到台北請回老議員何老伯伯『老馬展鬃』，才能當選連任。」

0578 老骨硬硞硞，老皮獪過風

Lāu-kut tīng-khong-khong，lāu-phûe bē kùe-hong

【暗示】老當益壯。

【註解】硬硞硞：很硬也，骨頭很硬。獪過風：臉皮很厚，不透風。

【例句】我們到中國觀光旅遊，今天的行程是爬萬里長城，導遊對阿春伯
說：「外面溫度零下八度，萬里長城階梯又多，你可以不去。」
「什麼？」阿春伯叫起來：「我是專門要來爬萬里長城，你們年輕

人別小看我！我這個人『老骨硬硞硞，老皮繪過風』！」

0579 老猴無粉頭

Lāu-kâu bô hún-thâu

【暗示】人老了，沒人要了，要有自知之明。

【註解】老猴：老頭子。

人老了，已經失去了吸引力，再沒有投懷送抱的紅粉知己。

【例句】老婆在挑選胸罩，老公等得不耐煩，說：

「妳那兩顆那麼小，還買什麼胸罩？」

「是嗎？我胸部小就不用穿胸罩？」老婆反唇相譏：「你這個『老猴無粉頭』，弟弟那麼小，爲什麼還要穿內褲？」

0580 耳孔鬼仔吱吱叫

Hīⁿ-khang kúi-á ki-ki-kiò

【暗示】耳鳴，有耳疾或有某人在唸他。

【註解】耳朵裡吱吱叫，這種耳鳴通常是顯示耳朵內有毛病，有的是有人在想念他。

【例句】我們第一次到歐洲觀光旅遊，沿途發現莊媽媽經常用小指頭挖耳朵，問她的耳朵是不是有蚊子跑進去？

「不是被蚊子跑進去，只是『耳孔鬼仔吱吱叫』，覺得很不舒服。」

「耳朵有毛病？要不要看醫師？」

「不必啦！」莊媽媽說：「大概是孫女在想我吧。」

0581 耳仔皮怀薄屪脬皮

Hīⁿ-á phûe khah póh lān-pha-phûe

【暗示】命薄之相。

【註解】耳皮：耳朵。屪脬皮：陰囊。

耳朵比人家陰囊還薄，淺命薄福之相也。

【例句】董有士好像猜到大樂透的開獎號碼，不只自己大手筆要簽注二萬元，他還邀請親友大家共同投資。

「謝謝你的好意，」他堂弟有明說：「我『耳仔皮怊薄屛脬皮』，你們自己簽就好啦！」

0582 肉劏恆人食，骨唔恆人齧

Bah beh hō lâng tsiàh，kut m̄ hō lâng khè

【暗示】忍耐有限度。

【註解】委屈求全，忍耐有一定的限度，超過無法忍受的限度，便要拼個死活。

【例句】我對謝家三兄弟到魏東雄家興師問罪，並且把人家打到送醫急救，很不以爲然。

可是謝家大哥謝啓明說，魏東雄欺侮他弟弟個子矮小，經常在工作上嘲笑諷刺他。最令他們兄弟不能原諒的是，魏東雄三番兩次藉機會吃他弟媳的豆腐。他說：「肉劏恆人食，骨唔恆人齧。」

0583 肉文笑，目睭矙

Bah-bûn tshiò，bàk-tsiu kàng

【暗示】眉目傳情。

【註解】微微的笑著，眼睜睜的看著人。

【例句】台灣地區各農會，於2005年6月下旬，在中興新村設攤推銷各鄉鎮農特產，讓中興新村強強滾。

原來大家都擔心，各地農會源源過來的水果那麼多，怎麼賣得完？不過各農會找來的促銷小姐，不但都長得很漂亮，賣聲也甜甜的對著顧客，都是「肉文笑，目睭矙」，男士們不買，實在也難。

0584 自古好事厚拖沙，人間好事多拖磨

Tsū kó hó-sū kāu thua-sua，jîn-kan hó-sū to thua-bûa

【暗示】好事不順遂。

【註解】好事：美好的事。厚拖沙：多數都會有意外。

人間：世間。多拖磨：常常發生情況，不如預期。

【例句】厚德公司許老董生前，三番兩次對賴鄉長說，如果鄉公所有適當
的地點建設老人會館，他要捐八千萬元的硬體建設經費。

賴鄉長不但心存感謝，也積極尋覓會館地址，雖然選中了三個地
方，提請鄉民代表會審議。無奈代表們基於私人以及派系作遂原
因，未曾作成決議，現在許老董已經往生，八千萬元的承諾也就
泡湯了。真是「自古好事厚拖沙，人間好事多拖磨」。

0585 自作孽不可活

Tsū tsok-giảt put-khó uảh

【暗示】咎由自取，活該。

【註解】自作孽：自己惹禍端。自己找自己麻煩，活該。

【例句】同事們一再勸告小揚，不要跟有夫之婦來往。雖然沒有明講，但
大家都知道，指的是他不該與淑娟明修棧道，暗渡陳倉。

小揚都馬耳東風，心想淑娟老公人在中國，怎麼會被他發現？只
要他回台那幾天，收斂一下便沒事了。

可是沒想到淑娟懷了他的孩子，信佛的她堅持要生下來。這下子
小揚天天愁眉苦臉，不知道該怎麼辦，同事都說他「自作孽不可
活」。

0586 行、行、行，無行膾出名

Kiâⁿ、kiâⁿ、kiâⁿ，bô kiâⁿ bē tshut-miâ

【暗示】光說不練，那是沒辦法實現願望的。

【註解】行、行、行：行動的意思。不能抓住機會，採取行動，怎會成功？

【例句】許志祥看準農業未來的**趨勢**，是往觀光農場事業發展，因此與人相處，開口閉口都說他要經營觀光農場，而且也先後說了兩三年。「老大！」他的表弟阿強說：「你光說不練，『行、行、行，無行燴出名』，還不採取行動，著手計劃！」

0587 行東行西，四界嬈驃

Kiâⁿ tang kiâⁿ sai，sì-kè hiâu-pai

【暗示】到處宣揚、炫耀。

【註解】到東邊，又到西邊，到處炫耀自己得意的事情。

【例句】柳樹仁是個很臭屁的傢伙，人家有錢不露白，他中了大樂透獎金五百多萬元，卻「行東行西，四界嬈驃」，吹牛他怎樣推算出中獎的號碼。

相信柳樹仁會算明牌的沒幾個人，要來找他借錢的反而一大堆，其中還有兄弟。

0588 行船跑馬三分命

Kiâⁿ-tsûn pháu-bé saⁿ-hun miā

【暗示】危險性高的工作。

【註解】船員：靠航海運輸謀生的工作人員。跑馬：用馬做為陸上運輸謀生的人。

船員和馬夫，從事的都是高危險性的工作。

【例句】颱風裡忽然停電，我打電話到台電服務處，大概十五分鐘，台電工程車便來了，幾個技工摸黑修理變電桶上的什麼故障的東西。

沒多久，就大放光明，我一再感謝他們，也問摸黑修理不危險嗎？帶班的郭先生說：「我們和『行船跑馬三分命』一樣，都要特別注意生命安全。」

0589 西瓜偎大爿

Si-kue uá tūa pîng

【暗示】現實、選邊站。

【註解】西瓜切開來，挑選大片的吃。

【例句】前行政院長李煥的兒子李慶華，於2005年宣佈退出親民黨。
李慶華退出親民黨，政壇人士並不意外，因為他原是國民黨立
委，後來脫黨成立新黨，再由新黨轉檯親民黨。有人說李慶華「西
瓜偎大爿」，似乎形容恰當，因為親民黨從2004年立委選舉，到
2005年任務型國代選舉，已經是「一年掃墓一年少人」。

0590 伴嫁恔婿新娘

Phūaⁿ-kè khah súi sin-niû

【暗示】喧賓奪主。

【註解】女儐相長得比新娘子美麗、動人。

【例句】詹淑華算來也是活該，結婚挑選的女儐相，竟然「伴嫁恔婿新
娘」，給她花心的老公，有機會認識那位姓高的女儐相。聽說結
婚的第二天，她老公便約高女喝咖啡，現在兩人打得火熱，詹淑
華真是「叫天天未應，叫地地未靈」，不知該怎麼辦。

0591 佛在心中不遠求

Hút tsāi sim-tiong put uán kiû

【暗示】心存善念，不必捨近求遠。

【註解】不遠求：不必到處求神拜佛保佑。

【例句】今年暑假，我都沒有看到王智遠老師，我以為他是暑期進修，讀
研究所修碩士學位。
王師母告訴我說：「王老師一放暑假，便跑到印度修佛坐禪。」
「到印度修佛坐禪？」我問：「我們台灣的佛光山、中台禪寺等不
是都辦佛教夏令營嗎？」

「就是說嘛！『佛在心中不遠求』，」王師母抱怨道：「他卻非常固執，一定要到印度去坐禪。」

0592 佛聖嘛著人正

Hút siàⁿ mā tiỏh lâng tsiàⁿ

【暗示】人愛衫妝，神愛人扛。

【註解】佛祖和聖神，雖然神威顯赫，也需要真正的好信徒配合，才不會被惡用，走入邪門。

【例句】天正宮的玄天上帝，神威遠播，香火鼎盛。信徒添香油錢已經累計多達兩億多元，鄉內國中要建設活動中心，縣政府希望學校自籌一億元建設經費，學校家長會動腦筋到天正宮的香油錢。可是天正宮管理委員會鄒主委卻避不出面，引起委員們的懷疑，經查帳目始才發現香油錢被鄒主委Ａ走了兩億元。

「我常說『佛聖嘛著人正』，吳委員事後說：「你們都不聽，現在已經慢了吧？」

0593 佮天公借膽

Kā thiⁿ-kong tsioh táⁿ

【暗示】膽大包天。

【註解】向天借膽，膽大妄為。

【例句】聯合大學四技化工系鄭姓學生，不知是不是「佮天公借膽」，竟然把劉姓女同學，放在實驗室外邊置物箱內的礦泉水，摻入實驗用「氫氧化鈣」，造成劉姓及詹姓同學口腔灼傷。

聯合大學學務長吳有基指出，幸虧劉詹兩位同學喝了一小口，發現味道有異立即吐出來，只受輕傷，否則後果不堪設想。涉嫌的鄭姓同學，靜待校務會議決定懲處。

0594 佮客兄帶孝

Kā kheh-hiaⁿ tùa-hà

【暗示】應付一下而已。

【註解】客兄：姘頭、姘夫。姘夫死了，為他披麻帶孝，不是真心的。

【例句】林家豪宅火災，雖然沒有人傷亡，但是整棟別墅付之一炬，許多人前往探視、慰問這位放重利的林伯伯，雖然他們表現得很關心，其實是「佮客兄帶孝」，藉此想瞭解他們向林伯伯借錢的借據有沒有被火燒掉？

0595 作生意著叫，作婊著愛笑

Tsò sing-lí tiȯh kiò，tsò piáu tiȯh-ài tshiò

【暗示】笑臉迎客人。

【註解】做生意的人，要親切招呼客人，客人才會樂意上門買東西；作妓女的，也要笑嘻嘻的迎接客人，他們才會樂意花錢。

【例句】阿水賣的拉麵，生意那麼好的原因，有人說因為湯頭好喝，有人說因為他的嘴巴更甜，不管他在做什麼，只要見到人，便「來坐！來坐！」叫個不停。

我曾異想天開的建議他，他招呼客人，都只是「來坐！來坐！」，那麼何不用錄音機錄下來，看到客人走過來，按鈕播放出去，不是更省事嗎？可是他說：

「這怎麼可以？『作生意著叫，作婊著愛笑』，這樣才有誠意。」

0596 作田揀田底，娶新婦揀娘嬭

Tsò-tshân kíng tshân-té，tshūa sin-pū kíng niû-lé

【暗示】要選門當戶對。

【註解】揀田底：選田地，是良田或旱田。揀娘嬭：看女孩子媽媽的德性。

【例句】「有人說選舉無師傅，用錢買就有。娶姆也一樣，無師傅，」婚姻顧問黃教授，在專題演講時，提醒年輕人：「像『作田揀田底，

娶新婦揀娘嬭』，絕對差不了的。」

0597 作田人扑栳槤

Tsò-tshân-lâng phah lȧk-tȧk

【暗示】工欲精必先利其器。

【註解】栳槤：耕田農具。田地犁好用農具打平水田叫打栳槤。
另解忙裡偷閒，敲打栳槤取樂。

【例句】今天餐廳有一股不安的氣氛，像暴風要來臨前的寧靜，有點詭異。
在老師喊開動時，同學們便將碗筷當作「作田人扑栳槤」那樣敲
打，突然抗議說飯菜一成不變，都是那幾樣菜餚，吃膩了。

0598 作田望落雨，作乞食望普渡

Tsò-tshân bāng lȯh-hō͘，tsò khit-tsiȧh bāng phó͘-tō͘

【暗示】各有希望。

【註解】做田：農民。普渡：農曆七月拜好兄弟。

【例句】如果要選本村誰最喜歡選舉，吳村長一定當選無疑。
每次選舉，吳村長往往同時擔任幾個候選人的樁腳，選舉下來都
賺了很多錢，怪不得他說：
「我們村長哪，正如『作田望落雨，作乞食望普渡』，做村長的，
只有靠選舉了。」

0599 作石磨仔心

Tsò tsiȯh-bō-á sim

【暗示】夾心餅也。

【註解】石磨仔：堅硬的礦物石做成的磨具，上下兩層中央有軸固定，用
以磨碎穀物。指兩者之間受折磨之苦。

【例句】張老先生有一個觀念是人多福氣多，所以兩個兒子都已成家，都
留在自家公司工作。

可是老大、老二個性截然不同，一個保守，一個開放。爲了經營方式，兩兄弟經常爭執，兩位媳婦彼此也勾心鬥角，導致張老先生「作石磨仔心」苦不堪言。後來他終於想通了，決定讓兩兄弟分家，他不再做夾心餅乾。

0600 作料夠，姆是新婦勢

　　Tsò-liāu kàu，m̄-sī sin-pū gâu

【暗示】根基良好，自然完美。

【註解】指完美的菜餚，是因爲準備的原料充分足夠，不是媳婦的手藝怎樣高明。

【例句】我們鎮裡最漂亮的房屋，是鍾董那一棟乳白色的別墅。
　　　　許建築師和營造公司，常拿來當作傑作吹噓。其實，要不是鍾董「作料夠，姆是新婦勢」，否則，有馬無人不能自往，不是嗎？

0601 作惡作毒，騎馬轆硞

　　Tsò-ok tsò-tȯk，khiâ-bé lȯk-khȯk

【暗示】不要得意忘形。

【註解】作惡作毒：作惡多端。作惡多端的傢伙，雖然暫時會逍遙法外，但有那麼一天會有報應，惡來惡去，騎馬到處流浪，逃避追緝。

【例句】逍遙法外多年的流氓程賜全，終於在逾法律追訴期前，被逮捕到案。這下子少說也要坐十年的大牢吧。
　　　　程賜全魚肉鄉民，橫行鄉里，可說「作惡作毒，騎馬轆硞」，他以爲逃到中國就能平安無事，沒想到卻被捉了回來。

0602 作賊一時，守賊一更

　　Tsò tshȧt tsit-sî，siú tshȧt tsit-kiⁿ

【暗示】道高一尺，魔高一丈。

【註解】小偷偷東西是瞬間的行為，要捉小偷卻要埋伏守候整個晚上，也不一定捉得到哩。

【例句】颱風過後，以盛產青蔥出名的宜蘭三星鄉蔥農，又增加一項額外工作，那就是晚上值守蔥園，以免蔥被偷。

每次颱風，蔥仔價就飆漲，有時候從每斤五十元，漲到兩、三百塊錢，偷蔥事件也就一再發生。蔥農們明知「作賊一時，守賊一更」，也不得不在晚上顧守蔥園。

0603 作賊嘩捉賊

Tsò tshát huah liàh tshàt

【暗示】打人喊救人。

【註解】小偷偷東西被發現了，靈機一動混入人群中，跟著人家嘩捉賊。

【例句】我到苗栗去，順便探訪好友李桑，他剛從法院回來。我問他何事上法院？

他說：「同事楊順光個性風流，小李說他很豬哥，他竟誤會是我說的，來向我興師問罪，還揮拳揍我，當然我也不示弱的回打他，打垮了他的鼻子，沒想到這個傢伙竟『作賊嘩捉賊』，告我誹謗、傷害，真是『扑人嘩救人』。」

0604 作雞著筅，作人著摒

Tsò ke tiòh tshíng，tsò lâng tiòh píng

【暗示】要守本分，盡力而為。

【註解】雞是用雙爪不停的翻找、尋求食物啄食；人則要靠不停的工作，生活才能安定。

【例句】台南市大內鄉68歲農民楊金倉，二十年前遭車禍，1992年楊金倉在大理石場工作，左手被機器捲入，導致左手肩部完全截肢。但楊金倉本著「作雞著筅，作人著摒」，不向命運低頭，找不到工作，仍然要經營祖先留下的五分山地，種植水果和龍眼，雖然只剩下左手，依然騎著機車上山下山，載送水果、龍眼到市場賣，是鄰

里心目中的生命鬥士。

0605 刣豬也佮身，二九暝也佮身

Thâi ti iā(iảh) hit sin，jī-káu-mê iā(iảh) hit sin

【暗示】隨便、不懂禮儀。

【註解】衣著隨便，不看場合穿衣服，近於不懂禮儀。二九暝：除夕夜。

【例句】邱美佳老師幾乎用宣佈的口吻，向各自已經兒女成群的同班同學們說：

「我現在終於知道，我們班上的廖世朝同學，已快五十歲了，還沒有結婚的原因。」

同學們都豎耳靜聽邱美佳宣佈，她停了一會兒，看了老同學，才說：「廖世朝還跟學生時代一樣，『刣豬也佮身，二九暝也佮身』，我介紹我同事給他，他相親時也穿得邋邋遢遢的，人家見了面不到二十分鐘，便藉故離開了。」

0606 刣豬公無相請，嫁查姆囝睨(衒)大餅

Thâi ti-kong bô sio-tshiáⁿ，kè tsa-bó-kiáⁿ hīng tūa-piáⁿ

【暗示】打秋風，佔便宜。

【註解】刣豬：殺豬。衒大餅：台灣風俗女兒訂婚，分給街坊鄰居喜餅，吃到人家喜餅的便要包紅包送禮。

殺豬有肉卻不請客，倒是要嫁女兒，卻要向親友揩油。

【例句】「他們那一家人，老是要佔人家便宜，新居落成、做生日、兒女結婚都發喜帖，幾乎讓大家受不了，」周友仁的鄰居見到他都指指點點：「中了樂透彩假裝無事，簡直是『刣豬公無相請，嫁查姆囝衒大餅』，真受不了！」

0607 刣雞唔免用牛刀

Thâi ke m̄-bián iōng gû-to

【暗示】大材小用。

【註解】要殺一隻雞，實在用不著殺牛的刀具了。

【例句】哥哥傍晚到國小操場運動，被幾個小混混打得鼻青臉腫，爸爸說要報警，叔叔說：「對付那些小混混，『刣雞唔免用牛刀』，我一個人就夠了。」

0608 刣雞俺公名

Thâi ke án-kong miâ

【暗示】借用他人名義，達到自己的目的。

【註解】俺公：長輩的名字，或解為自己的祖父。刣雞：殺雞。

想要吃雞肉殺雞，怕被說話，就謊稱是祖父要他做的。

【例句】縣刑警隊邱隊長，殷勤的接待陳議長到貴賓室泡茶，一陣子後才說：

「議長，有件事想跟您商量，今天您來得正好，凡是議長交辦的事，我們絕對不敢怠慢！只是有些案件，實在很為難，例如強姦案件、竊盜案件要交保，真的很難處理。」

「邱隊長，我到這裡來也是要向你說清楚講明白，」陳議長說：「最近我指示交保的案件，有幾件不是我要求的，都是『刣雞俺公名』，假藉我名義給你們電話，弄得被害者罵我……」

0609 刣雞教猴

Thâi ke kà kâu

【暗示】迫人就範。

【註解】刣雞：殺雞。用殺雞來教訓猴子。

【例句】陳縣長決定給那些慢條斯理，毫無時間觀念的局科室主管「刣雞教猴」，他交代機要室通知主管會議，六點半晚餐七點準時舉行。

陳縣長看看時鐘，已經六點五十分了，才進來三、四個人用餐，
七點時間一到，他便宣佈聚餐結束，會議正式開始。

陳縣長故意將會議拖到凌晨二時才結束，達到「刣雞教猴」的目
的，看那些局科室主管們以後還敢不敢遲到。

0610 恆人笑到無日偅曝褲

Hō͘ lâng tshiò kah bô ji̍t thang pha̍k khò͘

【暗示】笑死人。

【註解】行為舉止被人笑話得，連太陽都躲在雲裡面偷笑，不敢出來曬衣
褲。

【例句】重度近視的孟芬蘭小姐，難得交到一位男朋友，兩人到東台灣遊
玩了三天，陪她回家的竟是另外一位男士。

這件妙事傳出去後，同事們都說孟芬蘭：「恆人笑到無日偅曝褲。」

0611 恆人請唔偅嫌鹹唥

Hō͘ lâng tshiáⁿ m̄-thang hiâm kiâm-tsiáⁿ

【暗示】做客人不要挑剔。

【註解】做客，給人家請上館子吃飯，不要嫌棄人家寒酸，料理不好。

【例句】今天黃家新婚之宴，實在辦得不怎麼樣。有的來賓說，這都是因
為久大餐廳廚藝不怎麼好的關係；另有些人說，黃伯伯若是出不
了錢，再好的廚藝還不是一樣，辦不出特色。

阿公靜靜的聽著來賓對於菜餚的批評，才藉機告誡大家：

「你們年輕人要有修養，『恆人請唔偅嫌鹹唥』。」

0612 恆鬼扑著

Hō͘ kúi phah--tio̍h

【暗示】飛來橫禍倒霉透頂。

【註解】鬼：人死後靈魂。

被打又不能討回公道，也不能大拳換小拳的倒霉者。

【例句】新北市新莊地區的計程車司機，遠遠看到一個肥胖的婦人招呼叫車，都像「恆鬼扑著」那樣，腳踏油門疾速開過去。

這位讓司機視為瘟神的婦人，是四十三歲的楊忠晅。她振振有詞地說因出過車禍不能走路，出門要坐計程車，問題是每次車費都三、四百元，而她根本沒有錢。

她還對司機說她可以向鄰居借錢，「有借有還，再借不難。」可是鄰居都不理她，所以司機都怕她。

0613 別人令姆忰婿

　　Pảt-lâng ê bớ khah súi

【暗示】見異思遷，把持不住。

【註解】男人總是覺得別人的老婆，比較妖嬌美麗。

【例句】男人大部分都是只能共艱苦，不能同享受，所以在男人的眼中，「別人令姆忰婿」，才有「握著老婆的手，一點感覺都沒有；握著情人的手，彷彿回到十八九」的心情。

0614 別人令囝死燴了

　　Pảt-lâng ê kiáⁿ sí bē liáu

【暗示】偏心護子。

【註解】偏私的人，認為別人家的孩子，怎麼死也死不完，特別呵護自己的孩子。

【例句】許多位就讀國小的小朋友告訴伍伯伯，蔡家那一棟沒人住的老樓房有鬼。

伍伯伯堅持世間沒有鬼，要小朋友們晚上陪他去探虛實。晚上約定的時間還沒到，便有幾位爸爸和媽媽找伍伯伯理論，指著他的鼻尖罵道：「要去，你自己不去？怎麼『別人令囝死燴了』！」

0615 別人錢開繪痛

Pàt-lâng tsîⁿ khai bē thiàⁿ

【暗示】慷他人之慨。

【註解】賺錢不易，自己的錢捨不得花；別人的錢，永遠都花不完。

【例句】蕭主任他們一夥人，從五月花到杏花閣，已是第三攤，還意猶未盡，準備續攤到白雪去。

大家都知道蕭主任雖然不是很寒酸，但也不是很海派的人，怎麼今天出手這麼大方？

原來蕭主任最近替裕祥公司，拿到一份為數頗鉅的訂單，裕祥李董要酬謝他，拿了一疊鈔票給他，蕭主任才是「別人錢開繪痛」。

0616 君子愛財取之有道

Kun-tsú ài tsâi tshú--tsi iú-tō

【暗示】光明正大，非分之財莫取。

【註解】錢財，大家都愛。但是正人君子，賺錢都是光明正大，絕對不會用旁門左道方法取財。

【例句】雲林郵局方文楨經理，2005年6月8日已向雲林調查站報案，並派員接管台西郵局。台西郵局被該郵局經理黃貞樑，監守自盜二千九百一十五萬公款。

黃貞樑，台中人，今年四十五歲，服務郵局已二十年，所謂「君子愛財取之有道」，他的愛財取財之道，是利用該郵局人事調動即將移交，摸黑盜取金庫內二千多萬元現金。

0617 君子落魄，扁擔苦力

Kun-tsú lòk-phik，pín-taⁿ khó͘-lik

【暗示】認命莫怨天。

【註解】君子：品德高尚、有才智的人。落魄：潦倒困苦。時到時擔當，無米煮蕃薯湯。

【例句】我在輔導就業方案的登記表上，看到同學徐自強的名字，感到非常地詭異，他怎會淪落到鄉公所登記輔導就業？
我打電話給他，問他會不會同姓同名，又在同一村同一條街上？
這位大學畢業，前毛巾工廠的負責人，感嘆的表示，台灣的毛巾產業敵不過中國低價傾銷，如果不遷往中國，只有等待倒閉，他不信邪，導致破產。接著他又嘆了一口氣說：「君子落魄，扁擔苦力。」

0618 坐人船，愛人船走

Tsē lâng tsûn，ài lâng tsûn tsáu

【暗示】希望順利達成願望。

【註解】坐在人家的船上，希望船隻能早一點平安抵達。

【例句】中榮貨櫃公司黎董事長，特別嘉獎旗下許有朋司機，他妻子臨盆，還把天祥公司外銷中東的成衣趕在期限內送至梧棲港，順利裝船。
許有朋把貨櫃車開到港口，再回到醫院探視妻子。有親友問他，怎麼妻子頭胎生產，他還是工作要緊？許有朋說：「其實，我只不過『坐人船，愛人船走』而已。」

0619 坐車看風景，坐船看海湧

Tsē-tshia khùaⁿ hong-kíng，tsē-tsûn khùaⁿ hái-íng

【暗示】摸蜊仔兼洗褲──順續工。

【註解】難得乘車出遊，要好好的欣賞沿途的風景；有機會乘船出海，也要看看海洋洶湧的波濤。

【例句】台灣的老人人口越來越多，這些老人為了打發時間，經常參加一日遊，而且大多數的老人，都是上車睡覺，下車尿尿。
「還有，」林水善告訴我：「還有『坐車看風景，坐船看海湧』，這樣一天便過去了。」

0620 坐官椅，唔管百姓生抑死

Tsē kuaⁿ-í，m̄-kuán peh-sèⁿ siⁿ iȧh sí

【暗示】怠忽職責。

【註解】坐官椅領俸祿，卻不管人民死活。

【例句】台灣近年來，經濟衰退，失業率節節上升，民生物資說漲就漲，
雖然尚未到民不聊生，但是日子過不下去者比比皆是，舉家燒炭
自殺的時有所聞。
在大家都感受到日子越來越難過的時候，只有「坐官椅，唔管百
姓生抑死」的政府官員，繼水電、電話、汽油漲價之後，也要提
高健保費。

0621 孝男拴棺

Hàu-lâm khîⁿ kuaⁿ

【暗示】糾纏不清，令人厭倦。

【註解】孝男：居父母之喪的男子自稱。拴棺：綑綁棺木。
喪葬儀式中，有一種儀式是由孝男綑綁棺材，很繁雜，已經沒人
沿用。

【例句】林老村長往生，家屬邀請多位長輩討論喪禮儀式，阿秋伯說老村
長享壽九十歲，應該遵循往例辦理喪事，馬虎不得。
家屬問他：「要遵古例？那麼『孝男拴棺』，那種煩死人的儀式，
也要照演？」

0622 尪姆共心，石頭變金

Ang-bó͘ kāng sim，tsiȯh-thâu piàn kim

【暗示】合作無間，共謀發展。

【註解】共心：觀念、思想、行為一致。
夫妻能夠同心協力、共同打拼，再多再大的壓力或挑戰，也都能
順利應付過去，並改善生活。

【例句】彰化縣北斗鎮賣北斗肉圓的攤子，少說也有七、八家，每個攤子
都是夫妻胼手胝足，艱苦經營。雖然飲食小生意，但「尫姆共心，
石頭變金」，不但每一個小攤子，都改建了樓房，有幾家還在別
的地方開起連鎖店呢。

0623 尫勢姆驕頭

Ang gâu bớ kiau-thâu

【暗示】妻以夫貴。

【註解】老公能幹，有身份、地位、金錢，做妻子的便蹺起，驕傲倨慢起來。

【例句】呂秀娟的老公當選立法委員後，她待人接物的態度，有了
一百八十度的轉變，眼睛朝上不看下，講話聲音大、音調又高，
一副「尫勢姆驕頭」的姿態，朋友們都很感冒。
感冒歸感冒，人家是立委夫人，你又能怎樣？

0624 尫仔姆，抐樬鼓

Ang-á-bớ，làk-tàk-kớ

【暗示】打打罵罵很熱鬧。

【註解】抐樬鼓：樂器鼓名，扁圓形，鼓聲短促結實。
俗語無冤家不成夫妻，夫妻吵吵鬧鬧，床頭打床尾和，像打抐樬
鼓一樣熱鬧。

【例句】星期六，爺爺準備偕奶奶到都會公園散步，小孫女娟娟，來電話
哭哭啼啼的說爸媽吵架，要爺爺過去勸和。奶奶很緊張的要爺爺
過去看看，都會公園不要去啦！
「沒事啦，『尫仔姆，抐樬鼓』，無聊才會吵架。」

0625 尫生姆旦，食飽相看

Ang sing bớ tùaⁿ, tsiảh-pá sio-khùaⁿ

【暗示】寶貝一對，不事生產。

【註解】生：戲台上的小生，即男主角。旦：戲台上的花旦，即女主角。
夫妻吃飽沒事幹，關在房子裡，互相打情罵俏。

【例句】伍民橋與張敏是一對寶貝夫妻，兩人原在寶泉鞋廠工作，該公司
後來遷到越南後，夫妻倆便沒再找工作。兩個寶貝像「尫生姆旦，
食飽相看」，左右鄰居都感到很奇怪，互相打聽：「他們的生活費
用從哪兒來的？」

0626 尫死，拄著歹大家

Ang sí, tú-tiỏh pháiⁿ ta-ke

【暗示】屋漏偏逢連夜雨。

【註解】尫死：丈夫死了。大家：婆婆。
人在倒霉的時候，不如意的事都會跟著來。

【例句】王老師也確實想不出原因，爲何陳校長會將他視爲異類，處處爲
難他、給他難堪？好不容易陳校長調走了，新來的曹校長，不知
是否聽信前校長的叮嚀，也對他另眼看待，處處刁難他，讓王老
師有些「尫死，拄著歹大家」的感嘆。

0627 尫姨順話尾

Âng-î sūn ūe-búe

【暗示】順著人家說話。

【註解】尫姨：女巫人，會通靈的人。
尫姨講話，都是順著當事人的話意推敲說下去。

【例句】莫老師一時情緒失控，處罰楊俐眞同學青蛙跳一百下，造成楊同
學關節受傷。楊家家長前往投訴張議員，張議員到學校咆哮一番
後，臨走還說要在議會提出質詢。

莫老師和校長才覺得事態嚴重，央請林家長會長，陪他們到張議員府上說情，請求諒解。

他們以爲林會長會替莫老師說好話，沒想到會長「尪姨順話尾」，都順著張議員說話，一再苛責莫老師。

0628 尪婆尪婆，床頭扑床尾和

Ang-pô ang-pô，tshn̂g-thâu phah tshn̂g-búe hô

【暗示】夫妻吵架是常事，不會記恨。

【註解】夫妻嘛，老公婆嘛，打架拌嘴難免，但是到了晚上兩人擁抱而睡時，已經和好如初了。

【例句】尪仔姆，夫妻嘛，難免吵架，大都是「尪婆尪婆，床頭扑床尾和」，可是豐原一對吳姓夫妻卻不是這樣，老婆與老公打架後，竟然跑去與別的男人相擁而眠，被老公尾隨發現捉姦在床。

吳姓丈夫不甘心戴綠帽，已將黃姓奸夫告上法庭。

0629 尪親姆親，放老公婆仔拋車轔

Ang tshin bó tshin，pàng lāu-kong-pô-á pha-tshia-lin

【暗示】娶姆姆生。

【註解】拋車轔：翻跟斗。

夫妻恩恩愛愛，如膠似漆，把老人家放在一邊，不理不睬，讓他們自己打理生活。

【例句】台灣有這麼一句「尪親姆親，放老公婆仔拋車轔」的俗語。事實上社會並不盡然如此，居住於高雄市大寮區的張超然，對於老母親張邱秀菊非常孝順。每天用經過改造的加長型老爺機車，將母親生活必需用品，如午餐、雨具、藥瓶、經書及張超然承包工程的基本工具，搬上那輛造型奇特的老爺車，把母親載到高雄市的道場，然後再去工作。下午或晚上把母親載回家，每天往返十多公里。每星期一到六，風雨無阻，從沒讓老人家自己拋車轔。

0630 庄頭有親，隔壁有情

Tsng-thâu ū tshin，keh-piah ū tsîng

【暗示】敦親睦鄰，生命共同體。

【註解】庄頭：村落。隔壁：鄰居。

【例句】內政部特別撥款五十萬元，補助彰化縣社頭鄉張厝村的巡守隊，
增購守望相助的設備。

張厝村半年來，先後發生多起小偷偷雞摸狗的事件，因為是「庄
頭有親，隔壁有情」的村落，張森波村長才發起組織巡守隊，每
晚全村巡邏。

0631 弄狗相咬

Lāng káu sio-kā

【暗示】搬弄事非。

【註解】對事件雙方當事人，傳達不實的訊息或指控，造成誤解、心結。

【例句】在整個團體中，最怕有那種「弄狗相咬」的同事，不幸我們學校
二十多位同事中，那個侯晉朝是這樣的人。因此，經常引起同事
們的是非、爭吵。

為了不讓他挑撥是非，破壞同事間的情誼，在一次他參加校外的
演習會時，同事們捐棄成見，想辦法要孤立他，後來決議除非公
事，否則一個月內，任何人不能與他談論事情、聊天，這樣就算
他想再「弄狗相咬」，也無法得逞。

0632 弄家散宅

Lōng ke sùaⁿ thėh

【暗示】搬弄是非導致家庭破碎。

【註解】搬弄是非，造成家人失和，拆散人家的家庭。

【例句】孫主任夫妻之所以會走上離婚這條路，都是因為紀老師「弄家散
宅」。

本來他們和諧、平安過日子，但紀老師卻在孫太太面前，問她常常打電話找孫主任的那個女人是誰？以及自己在哪一天看到孫主任的車子開進汽車旅館，是借朋友開的嗎？紀老師這些話，便成為他們夫妻吵架離婚的導火線。

0633 忍氣求財，激氣相刣

Lún-khì kiû tsâi，kik-khì sio-thâi

【暗示】忍讓求安。

【註解】在人生過程中，能沉得住氣的人，才能得財獲利。若是處處嚥不下氣，有一天終會意氣用事，招惹是非。

【例句】楊記食品加工廠老闆，對於交給經銷商三千個西點餐盒，一個多月來還未收到貨款，已經滿肚子火了，又被說餐盒裡的麵包，比以往的小了許多，應該要折價。

楊老闆氣呼呼地說：「西點已交貨了，也吃完了，才說什麼偷斤減兩，欺人太甚！分明是刁難不付錢，不怕我把他殺了……」

「楊兄，別生那麼大的氣了……」朋友苦勸他：「有道是『忍氣求財，激氣相刣』，千萬別這樣。」

0634 扶南扶北

Hû lâm hû pak

【暗示】四處求人，到處碰壁。

【註解】情況危急，南北到處找人幫忙，卻欠貴人相助。

【例句】父親告訴兒子「人若衰，種匏仔生菜瓜」，在倒霉不順的時候，言行舉動要謹慎、收斂，以防意外事情發生。

父親說一輩子看過很多例子，人在困頓不順時，「扶南扶北」，過河拆橋多，冬天送衣少。

0635 旱冬收無粟

Ūaⁿ-tang siu bô tshik

【暗示】缺水歉收。

【註解】旱冬：冬天缺水乾旱。無粟：稻穀欠水分，造成無粟收穫。

乾旱的冬天，農作物歉收。

【例句】阿欽伯種了兩分田地的水稻，天天都到田裡察看，拔些雜草、稗草，忙得不亦樂乎。

鄰居阿羊仔來叫他到建築工地做小工，阿欽伯以田裡工作忙而婉拒。

「唉呀！你腦筋還轉不過來，」阿羊仔說：「不要說『旱冬收無粟』，做一個月的小工，遠遠勝過兩分田地一年的收入，你還在種田？」

0636 步罡踏斗

Pō kong tàh táu

【暗示】不順利、很難堪。

【註解】步罡踏斗：民間傳說的奇門遁甲法術之一。

窮途末路，最後的招數。

【例句】台鐵台北站長邱榮萃在2005年6月16日，接到一封附5000元的懺悔信說：「我向你懺悔，我在30年前往返台北至汐止之間，都跑了票，現在回想起來後悔莫及，附上5000元以表悔意。」

邱站長說持信送到站長室的是一位四十多歲的小姐。想來該小姐當時生活一定「步罡踏斗」才會逃票，他希望大家坐車一定要買票，心才不會不安。

0637 男人女體，誤恁娘嬭

Lâm-jîn lú-thé，gō͘ lín niû-lé

【暗示】禍延母親，導致被誤會養子不教。

【註解】男人女體：男人娘娘腔。娘嬭：母親。

男人沒有男人樣，連母親都會被恥笑。

【例句】林億東是不是同志，同事中沒有人敢說，但看他的說話和舉動，多數同事認為八九不離十。

他跟人家說話，不但娘娘腔，也像女人那樣音調很高，而且比手畫腳的，所以已經快四十了，卻沒有人向他介紹女朋友。

林媽媽只有他這個孩子，他卻不能分擔老人家的工作，而林媽媽那麼一大把年紀了，還要為她兒子張羅三餐，同事們都互相咬耳朵，指林億東「男人女體，誤恁娘嬭」。

0638 秀才人情紙一張

Siù-tsâi jîn-tsîng tsúa tsit-tiuⁿ

【暗示】物輕情意重。

【註解】秀才：古代讀書人。

讀書人君子之交淡如水，互相贈禮也不過是一張字畫而已。

【例句】老師家庭訪視，眼睛瞪著客廳一幅，題名「母愛」的母雞教小雞啄食的水彩畫。許久，才問我那幅畫在哪兒買的？

我告訴他是人家送的，他大吃一驚說，這是台灣有名的水彩畫家陳定秋的作品，現在價值連城。他再問我是誰送的？我告訴他說，有一天我在往台中的路上，碰到一位車禍受傷者，緊急把他送到醫院急救，挽回了他的一條生命。事後這位傷者專程來向我道謝，並送這幅畫給我，還說：「秀才人情紙一張。」

0639 見面三分情

Kìⁿ-bīn saⁿ-hun tsîng

【暗示】見面好說話。

【註解】當事人面對面，彼此礙於情面，會互讓三分。

【例句】黃長經村長很生氣，決定要找出撞傷他女兒的騎士。他了解任何車禍都不是故意的，但既然撞倒人，就應該下車看看，必要時要送醫急救，才不會延遲就醫時間，好在他女兒只遭受輕微的外傷。

肇事的周同學，知道黃村長從監視器得知，是他撞傷他的女兒，想去請罪，卻怕挨罵，正在猶疑不定時，他老爸叫他去請罪：「別怕！撞傷人應該去探望，『見面三分情』，不會怎樣啦！」

0640 豆油分伊搵，連碟仔也欲捧去

Tāu-iû pun i ùn，liân tih-á iảh beh phâng--khì

【暗示】乞食趕廟公。

【註解】你要醬油，分給你沾荣，沒想到你竟連碟子也拿去

【例句】「豆油分伊搵，連碟仔也欲捧去。」這句話是前台灣省議會五虎將之一郭國基的名言，他在省議會質詢國民黨政府佔據台灣施行暴政，佔據所有資源時，嚴厲指責政府「豆油分伊搵，連碟仔也欲捧去」，指國民黨統治台灣，趕盡殺絕。

0641 豆腐肩鴨母蹄

Tāu-hū king ah-bó tê

【暗示】軟弱無用的人。

【註解】肩膀像豆腐那麼軟、那麼弱，走起路來又像母鴨那麼不穩。

【例句】吳人事主任簽請楊光雄領隊，參加縣長盃拔河比賽，體育主任笑說：

「學校同事這麼多，什麼人不可派，怎麼派楊光雄那個『豆腐肩鴨母蹄』的人，帶隊參加比賽？」

0642 赤骹大家踅踅唸

Tshiah-kha ta-ke sẻh-sẻh-liām

【暗示】澎湖荣瓜十唸。

【註解】赤骹：打赤腳，等於困苦低級的人。大家：婆婆，丈夫的媽媽。平民的家庭、嘮叨的婆婆。

【例句】沈老師的心情又跌落谷底，眼睛紅紅的，見到同事都自動閃開，

顯然怕被人家發現她傷心流淚。

沈老師的先生風流成性，大家都知道他的底細，嫁給這種緋聞不斷的人，幸福不幸福，可想而知。

沈老師身心遭受這樣的煎熬，家中卻還有沒同情、安慰她的「赤骹大家踅踅唸」，令她幾度想用燒炭的方法，結束坎坷的人生。

0643 走魚大，死囡仔乖

Tsáu-hî tūa，sí-gín-á kuai

【暗示】失去的比現有的好。

【註解】被跑掉的魚，總覺得比較大；死去的兒子，比較聽話、乖巧。

【例句】吳秀琴遇到朋友就訴說，現任丈夫許先生，好吃懶做、愛喝酒，脾氣又不好……並一再的說被她強迫離婚的前夫，是怎樣溫柔體貼，說著說著，便一把眼淚一把鼻涕。

「秀琴，因爲我們是好朋友，所以我要勸妳，不要『走魚大，死囡仔乖』。」林嘉莉勸告她說：「家庭需要夫妻共同經營，夫妻的感情，也要共同付出才能維持美滿和諧，妳老批評妳丈夫，也應該檢討妳自己。」

0644 身犯事，心無主

Sin huān sū，Sim bô tsú

【暗示】方寸大亂。

【註解】犯了事，心亂如麻、六神無主。

【例句】周課長常常提起退休後，要到各國觀光旅遊，現在退休聯誼會安排了兩個國外行程，多數的退休同事都分別參加，只有周課長兩邊都沒參加。同事們都想不通，未退休前天天說，退休後要到世界各國觀光，怎麼現在有機會卻不去？

「你們都不知道啦，」邱莉文告訴老同事：「周課長最近因一件工程回扣案，地檢署傳訊他，他才『身犯事，心無主』，哪有心情……」

0645 身苦病痛

Sin khó pēⁿ thiàⁿ

【暗示】疾病纏身。

【註解】體弱多病，病魔纏身。

【例句】黃楠棋在四個候選人圍攻下，能夠當選連任村長，實在是他這位老人家，服務殷勤，很受村民稱讚。

尤其黃村長對於村內「身苦病痛」、孤苦無依的老人，特別關心照護，不僅自動替他們申請政府居家照顧，也按月掏腰包給這些不幸的老人零用金。

0646 車前船後

Tshia tsîng tsûn āu

【暗示】不搭調。

【註解】不是在車子的前面，就是總走在船的後面，不是超前就是落後。

【例句】大家都知道，形容一個人小事不搭調叫做「車前船後」。沒有人想到，會有「車床族」這一個不是「車前船後」，而是在車中做愛的族群。

屏東縣九如鄉荣農陳志雄，接連在福高斜張橋下，拍「車床族」做愛做的事，然後電話恐嚇詐財，許多「車床族」都自認倒霉散財消災。

0647 車熊摸獅

Tshia hîm bong sai

【暗示】靜不下來。

【註解】又要車子又要熊，又想摸獅子，像過動兒，搞蛋胡鬧不停。

【例句】胡老師對著柳朝陽的姐姐說：

「朝陽這個孩子，是很聰明，可是『車熊摸獅』靜不下來，從來沒安安靜靜的坐下來超過五分鐘，是不是帶他去輔導過動兒的診所

檢查一下？」

0648 佮字僫寫

Kap--jī oh siá

【暗示】合夥的生意難做。

【註解】佮：合作。合夥的生意，老闆多、意見多，很難經營。

【例句】林桑參加「錢來也KTV」股東會議回來，分到紅利1060元，氣沖沖的說，天天車水馬龍，生意這麼好，一個月下來只有這麼一點紅利，鬼會相信！

林桑揚言要請會計師把帳算清楚，算算合作至今被A走多少錢？

林太太說：「早跟你說『佮字僫寫』，把本錢拿回來就好了，何必惹是非？」

0649 使豬使狗，呣值家己走

Sái ti sái káu，m̄-tàt ka-kī tsáu

【暗示】動嘴不如動手。

【註解】叫喚孩子或差遣別人，不如利用差遣的時間，自己就做好了。

【例句】總務股長余新城總覺得現在的新進職員，素質都不怎麼樣，許多工作要教到他們會做，都要花費很多精神，因此常說：「使豬使狗，呣值家己走。」所以他永遠也都有做不完的工作。

0650 忰長竹篙

Khah tn̂g tik-ko

【暗示】高挑瘦長。

【註解】人比竹篙還長、還高，形容高個子。

【例句】阿惜姑媒人婆今天撮合了阿珠和鄰村邱鎮守的婚事，就不斷的誇口，像阿珠長得那麼矮，除了她，絕對沒有人能為阿珠找到適合的新郎。

「什麼？」阿秋伯不相信的問她：「妳將矮仔珠，介紹給那個『忭長竹篙』的邱鎮守？這樣一高一矮走在街上，不會笑死人嗎？」

0651 忭貧憚乞食

Khah pîn-tūaⁿ khit-tsiàh

【暗示】好吃懶做。

【註解】忭：比。懶惰已經不應該了，還比討飯吃的人更偷懶、更糟糕。

【例句】蔡伯伯又在罵他那個好吃懶做的獨生子，「忭貧憚乞食」。

「你呀！我和你媽那麼辛苦，培養你到大學畢業，你卻整天待在家裡，不去找個工作，還要我們供給你生活費用，也不覺得過分？……」

0652 忭慘落油鼎

Khah tshám lòh iû-tiáⁿ

【暗示】慘不堪言。

【註解】油鼎：炸油的鍋鼎。比掉落油鍋還要凄慘，境遇之慘可想而知。

【例句】佑祥製傘公司多年前因感於台灣工資昂貴，佔生產成本的30%，在國際市場上逐漸失去競爭力，便把工廠移往中國，分別在深圳和東莞設廠。

我到中國觀光，在上海浦東見到佑祥簡董，看到他非昔日精神飽滿模樣，反而萎靡落魄。問他在中國事業如何？

提到事業，簡董就哽咽起來，他說不該把工廠遷到中國，現在他「忭慘落油鼎」，兩家工廠都被廠長和會計掏空……。

0653 忭險擔油

Khah hiám taⁿ-iû

【暗示】沒有比這更危險了。

【註解】忭：更的意思。油很燙，擔時要小心以免被燙傷，所以沒有比擔

油更危險的工作了。

【例句】法務部為杜絕賄選，於各縣市地檢署組賄選小組緊盯各候選人。鄉長候選人林文明，前腳剛送走了來拿賄款的各村樁腳，後腳地檢署檢察官一群人，便將林公館團團包圍起來進行搜證工作。

檢察官一行人搜不到證據空手而返後，林文明方喘了一口氣說：「真是『怙險擔油』，要是早來一步就慘了。」

0654 兩三下子

Nn̄g saⁿ ē-á

【暗示】形容手腳伶俐，不拖泥帶水，一下子清潔溜溜的意思。

【註解】本事高強，有兩把刷子。

【例句】「海棠」颱風帶來的豪雨，雖然家裡沒有淹水，但雨水傾盆而下，造成室內排水系統全部淤塞，一二三樓的排水都不通。高老師利用颱風假，要清理疏通各層樓的排水管，整整忙了一天，但越通塞得越嚴重，多虧他老婆眼看情況不妙，叫了水電工人來。不叫水電工人來處理，埋在樓板的水管要是給高老師弄破了，那就慘了。

人家水電工人「兩三下子」便讓排水系統暢通無礙，專業就是專業，實在沒話可說。

0655 到彼落時，攑彼落旗

Kàu hit-lo̍h sî, giâ hit-lo̍h kî

【暗示】到時候再說。

【註解】不必慌張，靜等機會，到那個時候，再見機行事。

【例句】教育部對於台中修平技術學院畢業典禮，為了歡迎中國山東理工大學教授進入會場，當場拆下國旗、國父遺像，認為有損國格及國家尊嚴，下令凍結三千萬元補助款。

主導修平技術學院拆國旗迎中國教授的，是主任祕書林倉民。他對於為何「到彼落時，攑彼落旗」，不願多說明，只說他已負起責

任請辭，可是校友卻紛紛到學校舉牌抗議，抨擊「修平」無恥！

0656 刺鞋合著人个骹

Tshiah-ê hảh-tiȯh lâng ê kha

【暗示】正中下懷。

【註解】製造的新鞋子大小，剛好與別人的雙腳大小符合。

【例句】同事們都對小李這個瘦子與胖妹周小春訂婚，覺得很不登對，一肥一瘦走在一起，一定會引起人家側目。

「你們這些人真是莫名其妙，人家小李和小春訂婚，關你們屁事？」林桑不以為然的說：「他們一瘦一肥，二一添作五，生出來的兒子，不是合乎標準嗎？這叫做『刺鞋合著人个骹』，人家覺得剛好匹配，你們少管些閒事。」

0657 受人酒禮，恆人稽洗

Siū lâng tsiú-lé，hō lâng khé-sé

【暗示】吃人嘴軟。

【註解】受到人家酒菜招待，就會受制於人。

【例句】前新偕中建設董事長梁柏勳的父親，三不五時向前總統府副祕書長陳哲男討錢，是因陳前副祕書長曾經收了梁柏勳七百多萬元，誆稱要幫他擺平官司，梁父才一直來向他討錢。所謂「受人酒禮，恆人稽洗」就是這樣，陳副祕書長沒有收人家金錢禮物，便不會有這種後遺症。

0658 嘸捌一箍芋仔蕃薯

M̄-bat tsit-khơ ō-á han-tsî

【暗示】愚昧無知。

【註解】嘸捌：不知道。連什麼是芋頭？什麼是蕃薯？都不知道。

【例句】「大法官到底是不是法官？」這個問題，因監察院於1957年提請

大法官釋憲，至今懸宕半世紀，尚未正式解釋。這件提請司法院
大法官釋憲，是因監察院對憲法第81條：「法官爲終身職。」及
司法院組織法第4條：「法官任期……」的矛盾，感到迷惑。

司法院大法官因爲「姆捌一籤芋仔蕃薯」，所以半個世紀以來，都
不敢作出解釋。

0659 姆捌字央人看，姆捌人死一半

Ṃ-bat jī iang lâng khùaⁿ，ṃ-bat lâng sí tsı̍t-pùaⁿ

【暗示】學問其次，要緊的是能認清是非善惡。

【註解】姆捌：不懂。一個人不識字沒學問，都可以請教人家，而分辨不
出善惡的人，就很糟糕了。

【例句】楊基玩具公司楊董，每次從中國回台，都向朋友誇耀他投資東莞
公司的正確性與前瞻性，並形容公司業務，如何倍速成長。

可是曾幾何時，昔日滿面春風的楊董，竟結束在東莞的公司，垂
頭喪氣的回到家鄉。朋友們從側面得知，楊董是得罪了當地公安，
從此公司永無寧日，被迫逃回台灣，眞是應驗了「姆捌字央人看，
姆捌人死一半」的諺語教訓。

0660 姆捌字兼無衛生

Ṃ-bat jī kiam bô ūe-sing

【暗示】修身養性十項欠九項。

【註解】自己不識個斗大字的人，又沒有衛生觀念。

【例句】社會上對於「姆捌字兼無衛生」的人，一定不大歡迎他，沒有人
歡迎，人生只不過少了朋友，比較孤單、寂寞而已，如果「姆捌
字佮獪曉算」那就很糟糕了。

苗栗市顏姓女子因與賴姓女子的會款糾紛，遷怒賴女的林姓妹
婿，將一包大便及寫著「去死吧！」的字條，丟進林某的工作室，
林憤而報警，顏女依恐嚇罪嫌被移送法辦。

顏女姆捌字的價值，罵人「去死吧！」被處每字罰款13500元，

你說糟不糟糕？

0661 嗶訓看大蛇放尿

Ḿ-bat khùaⁿ tūa-tsûa pàng-jiō

【暗示】沒見過大場面。

【註解】沒見過大蛇拉屎，是什麼樣的拉法，古井之蛙也。

【例句】阿公答應孫子們柏宏、柏君，暑假帶他們到台北叔叔家。他們到了台北，阿公又帶他們去西門町。

他們在西門町，看到那些小歌星在那裡辦簽名歌唱會，他們就一直往人群中間擠進去，只一會兒工夫，已鑽進人群中了。

阿公只好靜靜地在外等他們，嘴裡不斷地自言自語：「嗶訓看大蛇放尿。」

0662 嗶訓撿豬屎，拄著豬漏屎

Ḿ-bat khioh ti-sái，tú-tiȯh ti làu-sái

【暗示】出手不順利或出師不利。

【註解】嗶訓：不曾。從前人撿豬屎做基肥。此指有人從來不曾撿豬糞，第一次便遇到豬下痢。

【例句】盧校長退休後，第一個計劃是要帶他老婆出國玩，原定八月十日到東南亞，爲期八天七夜的觀光旅遊。

沒想到盧校長實在是「嗶訓撿豬屎，拄著豬漏屎」，夫妻兩人趕到桃園機場，才聽到受到颱風影響，班機停飛的廣播。

0663 嗶訓燒香，拍斷佛手

Ḿ-bat sio-hiuⁿ，phah-tⁿg hȯt-tshiú

【暗示】青狂撞破窒窒膽。

【註解】做事慌慌張張，還沒做好一件事，便弄得一塌糊塗了，像還沒點香拜神，便把神的手打斷了。

【例句】老爸新買了一部雙B轎車，二哥自我推薦說他駕車一流、快又穩，要載媽和我們兩姐妹，到西濱公路兜風。不到一個月，家裡接到三張紅單子，一張闖紅燈，二張超速，哥哥回家時，媽拿出罰單對他說：
「你這個孩子『唔剝燒香，拍斷佛手』，這三張罰單要罰你一年不得開車了。」

0664 唔關雞母扑鶫鴞

Ḿ kuaiⁿ ke-bó phah bā-hiȯh

【暗示】不檢討自己，只會怪罪他人。

【註解】鶫鴞：灰色的狂鷹。
自己的母雞不關起來，讓鶫鴞有攻擊目標，怎能怪罪鶫鴞？

【例句】達人高工的黃教官帶著幾位教師到永興農工興師問罪說，他們的學生在上學途中，被永興農工學生圍毆，而且已經三次了。
達人和永興兩校的學生，是在縣運爭奪籃球冠軍時結下梁子的，永興農工蕭校長，對黃教官等人說：「你們怎麼可以『唔關雞母扑鶫鴞』？」

0665 唔聽老人言，會拖屎憐

Ḿ thiaⁿ lāu-lâng giân，ē thua-sái-liân

【暗示】經驗之言不得不聽。

【註解】老人家見多識廣，人生歷練豐富，叮嚀的、告誡的，如果不聽，重蹈覆轍會很糟糕的。

【例句】郭子祥傾其所有，投資經營「KTV歌唱俱樂部」，在還沒進行前，他老爸就勸告他，他們家不是道上人，不適合經營那種是非多的特種行業，要他不要沉迷於暴利的誘惑。
郭子祥對於他老爸的勸告卻聽不進去，沒想到還不到半年時間，他投資千萬多元的俱樂部，就因為顧客之間的爭風吃醋，雙方大打出手，而被放火燒掉。

郭子祥面對廢墟斷垣，才領略到「嗎聽老人言，會拖屎憐」的意義。

0666 嗎聽老人話，會狼狽

Ṃ thiaⁿ lāu-lâng ūe，ē lông-pūe

【暗示】忠言逆耳。

【註解】把老人家的話當作耳邊風，不聽勸告、訓示，終有一天會吃虧，弄得難善後。

【例句】這是典型的「嗎聽老人話，會狼狽」的例子。

劉黃兩對夫妻是工廠裡的同事，來往非常密切，密切到像親兄妹那般令人羨慕。可是劉伯伯一直認為雖然是好朋友，也還要保持些許的距離，就告誡他兒子，再怎麼忙，老婆也不該交給朋友帶出帶入。但是他兒子不但不聽老人家的話，反而笑老人家封建、疑東疑西的，現在卻傳出他老婆與他朋友明修棧道，暗通款曲的緋聞。

0667 嗎通佮飯碗激氣

Ṃ-thang kah pñg-úaⁿ kik-khì

【暗示】與自己過不去。

【註解】嗎通：不可以。

不可以與自己的飯碗過不去，也就是眼睛要張開，看清楚環境。

【例句】康育達悶坐在沙發上，媽媽便問他在公司有什麼不愉快的事？他的情緒終於爆發了，說送貨單明明寫屏東市，老闆竟罵他怎麼把彰化市的訂貨送到屏東市？他白走了一趟遠路又挨罵，說著說著就說要辭職不幹了。

「要辭職？」他老媽說：「送錯地方，你只多花些時間，又沒花你的汽油錢，怎麼要辭職？『嗎通佮飯碗激氣』。」

0668 呼狗食家己

Kho͘ káu tsiàh ka-kī

【暗示】口惠實不惠。

【註解】雖然慷慨招呼大家吃喝，但是僅止於口說而已，錢還是個人要支付的。

【例句】醉漢在酒吧，大聲的呼叫其他的客人說：

「來！我喝酒的時候，大家也可來一杯！」

他這樣連叫了四、五次，大家都圍了過來，一杯再一杯的跟他乾杯。

醉漢喝得差不多了，掏錢付帳時，又舉杯向大家說：

「現在我付錢了，大家也可以付錢了！」

大家面面相覷，以爲醉漢要請客，原來是「呼狗食家己」。

0669 命中有無免相諍，但求平安無破病

Miā tiong ū bô bián sio-tsèⁿ，tān kiû pîng-an bô phùa-pēⁿ

【暗示】都是命。

【註解】相諍：爭論。破病：生病。

人生短暫，凡事不必強求、不必計較，只要健康就好。

【例句】我們幾位好朋友一致認爲，莊秀雄人生最大的遺憾，一定是光有龐大的財富，卻沒有子嗣繼承產業。

「其實，」曾茂清說：「夫妻不孕，不管問題出在男女哪一方，以現代醫學那麼進步，是能夠解決的。只是莊秀雄非常固執，不到醫院檢查，他的老婆也拿他沒辦法。」

「可是，」謝維閔說：「人家莊秀雄說『命中有無免相諍，但求平安無破病』就好，我們外人能說什麼呢？」

0670 命底天註定，恨命莫怨天

Miā-té thiⁿ tsù-tiāⁿ，hūn miā bòk uàn thian

【暗示】凡事勉強不得。

【註解】命底：命裡或命運。莫怨天：不要怨老天不公平。
　　　　命運如此，除了恨運途不順，怎麼埋怨老天爺？

【例句】吳茵茵雖然是位富家女，可是她長大後命運多舛，要與相戀多年
　　　　的男朋友踏上紅地毯之際，卻發生車禍，留下她與肚子裡的女兒。
　　　　過了三年之後，她走出悲傷，聽親友勸告嫁給了現在的丈夫，丈
　　　　夫卻又患高血壓、中風，一手一腳癱瘓，生活重擔落在她肩上，
　　　　每當有朋友同情她的遭遇，她反而說：「這一切都是『命底天註
　　　　定，恨命莫怨天』了。」

0671 和尚若無花樣，佛祖無人燒香

Hûe-siūⁿ nā bô hue-iūⁿ, hu̍t-tsó͘ bô lâng sio-hiuⁿ

【暗示】職業的特性或花樣。

【註解】若無：如果沒有。花樣：點子，耍花樣。

【例句】社會普遍感到景氣衰退，生活越來越困苦，只有寺廟不受影響，
　　　　香火依然鼎盛，信徒源源不絕於途。
　　　　「這有什麼好奇怪的，」呂老師對在座的朋友說：「你們沒聽到『和
　　　　尚若無花樣，佛祖無人燒香』，所以他們三不五時，便會舉辦法
　　　　會，財源便會滾滾而來。」

0672 咒詛恆別人死

Tsiù-tsūa hō͘ pa̍t-lâng sí

【暗示】別人家的孩子，死不完。

【註解】咒詛：毒誓。自己賭咒，卻讓別人承擔可怕的後果。

【例句】縣警察局長傳聞大炮議員許東龍，將在議會提案組織專案小組，
　　　　調查警局吃案情形。他召集各分局、派出所主管討論，派哪一位
　　　　去和許大炮攀關係，化干戈為玉帛。
　　　　「局長，伸港分駐所李所長和許議員私交很好，請他跑一趟吧！」
　　　　「何所長，你自己不去？」李所長抱怨：「每次都要『咒詛恆別人
　　　　死』。」

0673 咒詛若會聖，查姆著唔敢討客兄

Tsiù-tsūa nā ē siàⁿ，tsa-bớ tiòh m̄-káⁿ thó-kheh-hiaⁿ

【暗示】迷信不可取。

【註解】賭咒如果靈驗，那麼女人就不敢找外遇了。

【例句】江淑華與姘頭到旅社開房間，被她老公捉姦在床，因為穿著衣服，她堅決否認有不軌行為，還發重誓如果她有偷漢子，出門會給汽車撞死。

「你嫂嫂敢發那麼重的誓，」她老公對陪他去捉姦的弟弟說：「我想他們大概還沒吧？」

「哥！『咒詛若會聖，查姆著唔敢討客兄』，你聽過這句話嗎？」他弟弟說。

0674 坮無三个死囡仔，也覕做土公；
食無三把蕹菜，也覕上西天

Tâi bô saⁿ-ê sí-gín-á，iàh beh tsò thớ-kong；
Tsiàh bô saⁿ-pé ìng-tshài，iàh beh tsiūⁿ se-thian

【暗示】門都沒有。

【註解】坮：掩埋。死囡仔：死嬰或童屍。
土公：被雇請處理喪葬掩埋雜事的人。西天：西方極樂世界。

【例句】只參與了幾次工作，就自以為什麼都懂了，可以做師傅了。林木村幫了幾位朋友競選公職後，認為自己很行了，要競選鄉長。他的老爸堅決反對，還說：「你呀！『坮無三个死囡仔，也覕做土公；食無三把蕹菜，也覕上西天』，告訴你，選鄉長哪有那麼簡單？」

0675 孤不而終

Ko·-put-jî-tsiong

【暗示】不得已如此。

【註解】左右為難，不得不這樣。

【例句】法官問犯人：「你爲什麼印假鈔？你知不知道，印假鈔是犯法的呀！」

「法官大人，我會印假鈔是『孤不而終』，」犯人理直氣壯的說：「我是不會印眞鈔才印假鈔！」

0676 孤木難做梁

Ko-bȯk lân tsò niû

【暗示】獨木難支。

【註解】梁：梁木。欠缺團隊支持，孤掌難鳴。

【例句】雪山隧道正式通車後，台北到宜蘭的行車時間，只剩一個多小時，連帶帶起宜花東地區的觀光旅遊人潮，左岸咖啡館老闆杜明華，也想到花蓮市開一家咖啡屋。

「你和誰過去東台灣？」他老爸問他：「筱梅也過去嗎？」

「我一個人過去。」杜明華說：「她還是留在台北好。」

「一個人過去？這樣『孤木難做梁』，何必那麼辛苦？」他老爸說。

0677 孤鳥插人群

Ko-tsiáu tshah lâng-kûn

【暗示】孤軍奮鬥。

【註解】如鶴立雞群、猛虎難敵猴群那樣，孤單無力。

【例句】經營傳統製傘工業的邱董，決定結束台灣的生產線，只留下設計部門，其餘遷往中國大陸繼續生產。

邱董丈人黃老，對女婿「孤鳥插人群」，搬到大陸，在人地兩疏的異地謀求生存，頗爲擔憂。一再交代他凡事要低調，不可強出頭。

「爸，你老人家放心，」邱董對老丈人說：「我知道『在家日日好，出外朝朝難』，可是『不入虎穴，焉得虎子』？」

0678 官司若會扑咧，路邊个狗屎會食咧

Kuaⁿ-si nā ē phah--leh，lō-piⁿ ê káu-sái ē tsiàh--leh

【暗示】官司千萬打不得。

【註解】若會扑咧：如果能夠打的。會食咧：也可以吃。

　　　　打官司興訟，與吃狗屎一樣，千萬使不得。

【例句】李順昌是有名的訟棍，左右鄰居挨過他告的人，幾乎比比皆是，
　　　　大至衝突打傷，小至罵他一句三字經，都會被他告上法院。
　　　　李順昌為了打官司，不但把家財散光，左右鄰居也都當他是陌生
　　　　人，如果他有了意外傷害，相信也沒人會探頭。所以有人告訴他
　　　　說：「官司若會扑咧，路邊个狗屎會食咧。」

0679 官清國家興

Kuaⁿ tshing kok-ka hing

【暗示】官場風紀好，國泰民安。

【註解】官員清廉，政治清明，自然國富民強。

【例句】雖然政府官員都知道「官清國家興」，但是民間仍然傳說：
　　　　「新政權在腐化，舊政權在等火化，人民生活簡單化，誰管政治
　　　　民主化。」

0680 忠臣死在先，奸臣死路尾

Tiong-sîn sí tsāi sian，kan-sîn sí lō-búe

【暗示】同樣都會死。

【註解】在先：在前面。路尾：後面。別高興太早，早晚都會死。

【例句】警政署長對於桃園警分局包庇電玩賭博相當震怒，要求員警自
　　　　首，會酌予減輕處分，否則一律嚴辦。
　　　　自分局長以次，沒有一人承認犯行，署長大怒，揚言要將全體員
　　　　警移送地檢署偵辦，在壓力之下，許巡佐只好自己先承認包庇電
　　　　玩，他自言自語的說：「好啦！『忠臣死在先，奸臣死路尾』。」

0681 抹壁雙面光

Buah piah siang-bīn kng

【暗示】兩面討好。

【註解】抹壁：粉刷牆壁。

粉刷一面牆壁，光線反映到另一面牆壁，兩面都會亮起來。

【例句】激烈的鄉民代表選舉，造成地方陳林兩派對立的激化，洪鄉長夾在兩派中間，如何運作鄉政，是鄉民關心的焦點。

洪鄉長一個書生，在教職退休後，靠桃李滿天下，出馬競選鄉長當選，並非派系推出來的產物，昔日的學生都建議他們這位老師鄉長，保持中立，「抹壁雙面光」。

0682 抾佮人米斗仔滇

Khioh kah lâng bí-táu-á tīⁿ

【暗示】形容做事二二六六。

【註解】米斗：容器。量米的容器。

分爲合、升、斗、石，十合一升，十升一斗，十斗一石。

滇：滿的意思。人家撿你掉下來的東西，可以裝滿米斗。

【例句】媽媽看到女兒，從庭院收曬日的龍眼殼仔，只剩下半桶，走到庭院去看，發現掉了滿地，叫她把掉下去的全部撿起來，還說：「女孩子，做工作怎麼那麼馬虎，妳看！『抾佮人米斗仔滇』，只剩下半桶。」

0683 抾人屎尾

Khioh lâng sái-búe

【暗示】看人家臉色。

【註解】自己沒有主見，跟著人家行事，等於拾人牙慧。

【例句】前立法委員邱毅爆料，前第一家庭駙馬爺趙建銘涉嫌內線交易，低價買進水餃股的台開股票，賺了一億多元。

老劉把這個消息，告訴同事們，大家都說老劉關係好，消息很靈通。「老劉關係好？消息靈通？」小李子嗤之以鼻的說：「老劉這些消息，都是『抾人屎尾』，只是你們沒有看『2100全民開講』節目。」

0684 抾柴添(填)火燒

Khioh tshâ thiⁿ húe sio

【暗示】火中加油。

【註解】抾柴：撿樹枝。
把撿回來的樹枝，放入火中燃燒，助長火勢。

【例句】鄭永在一直懷疑老婆紅杏出牆，但苦無證據。
一日鄭永在和周火金，到賓館同泡一位大陸妹，出來時周火金問鄭永在覺得怎麼樣？
「不怎麼樣！」鄭永在搖頭說：「不比我老婆好，你呢？覺得怎麼樣？」
「我也覺得沒有你老婆好。」
周火金無心的一句話，像「抾柴填火燒」，把鄭永在夫妻的感情，燒成灰燼。

0685 拄著鬼

Tú-tiỏh kúi

【暗示】意外。

【註解】拄著鬼：碰到鬼。沒有的事，被誣賴了。

【例句】我接到警察分局通知，前往說明5月21日晚上7到11點的行程。
我一五一十的告訴警方整個過程，也說明大約8點時，曾到好友林明新家去，和他聊天聊了大約半個鐘頭便告辭了。
警方很仔細的反覆問我到林家的許多事情後，讓我覺得好像「拄著鬼」，到朋友家有什麼可以問的？後來他們才告訴我，林明新被殺了，不知道凶手是誰？

0686 拆人籬笆，著圍牆仔還人

Thiah lâng lî-pa，tiȯh ûi-tshiûⁿ-á hîng--lâng

【暗示】損物賠錢，加倍奉還。

【註解】佔人便宜，應加倍賠償人家；姦淫人家妻女，會報應在自己妻女身上。

【例句】台灣有句俗語：「食人一口，還人一斗。」意思是受人幫忙、恩惠，不但不可忘記，還要加倍報答人家。

也有一句「拆人籬笆，著圍牆仔還人」，意思是損害人家的財物，不可以等值賠償，要加值賠償，才不會招致怨恨；但是政府徵收公共設施土地，都不及市價，吃定人民。

0687 拍斷喙齒含血吞

Phah-tn̄g tshùi-khí kâm hueh thun

【暗示】逆來順受。

【註解】牙齒被打落了，強忍著痛楚和血吞下肚子裡。

【例句】慶隆房屋推出的「田園之春」系列專案，售屋小姐向參觀預售屋的黃小姐，鼓起三寸之舌，最後一個「拍斷喙齒含血吞」，只要三百八十萬元，便收訂金成交。

「為什麼說是『拍斷喙齒含血吞』？」

「這是妳的福氣。」售屋小姐對看預售屋的黃小姐說：「我們這一次推出四十八戶，最低是四百二十萬元，因為專案要結束了，只賣妳三百八十萬元，訂金拿來便成交。」

0688 拎牛頭唔通拎牛尾

Lîng gû-thâu m̄-thang lîng gû-búe

【暗示】先君子後小人。

【註解】牽著牛趕路，一定拎著牛頭，千萬不可拉著尾巴，否則會失控，無法善後。

【例句】周陶藝工作室的主持人周景仁，對於與競選立法委員連任的廖立委，達成訂製一萬個手工捏陶的茶杯訂單一直喜形於色，他爲這筆生意高興得不得了。

「當然，這是一筆很大的生意，」他老婆問他：「廖委員有沒有先給些訂金？」

「廖委員很客氣說要先給三成訂金，我說不用了，一個月便要交貨，到時付款就好啦！」

「你這個人，」他老婆嘀咕說：「人家做生意，都是『拎牛頭唔通拎牛尾』……」

0689 拔賭家賄了

Puảh-kiáu ke-húe liáu

【暗示】輸掉財產。

【註解】拔賭：賭博。賭博的人，大部分都落得家財散光下場。

【例句】以基隆爲母港，經營東北角航線的「麗星遊輪」，2005年6月10日，發生宋姓婦人用浴袍腰帶在浴室上吊自殺事件。

「麗星遊輪」是賭客天堂，在海上公開賭博，天高皇帝遠，警方拿它也沒辦法。據同船旅客張先生說詞，宋姓婦人上船以來都在船上賭博，有人看到她輸得精光，當場用手錶要當，但沒有人有興趣，令她揚言要跳海自殺。同船旅客猜測，宋姓婦人自殺原因，十九是「拔賭家賄了」。

0690 拔賭驚青骹

Puảh-kiáu kiaⁿ tshiⁿ-kha

【暗示】怕青暝牛亂闖。

【註解】青骹：新手。

賭博的人，下注都會深思熟慮，也都老謀深算，可是碰到新手，沒有脈絡可循，無法摸清對方底細。

【例句】「拔賭無穩贏」一點兒也沒錯，同樣的「選舉無師傅，加錢買就

有」，也是眞理。

吳倍競選連任鄉長，對手是現任橋頭村村長的年輕小夥子，無論怎麼看，這場選舉吳鄉長桌頂拿柑，穩當連任。

可是「拔賕驚青骹」，碰到青骹拔賕無穩贏，選舉也一樣，青骹只求當選，沒錢也敢借錢買票，吳鄉長就在「選舉無師傅，加錢買就有」的情況下，被買倒了。

0691 放尿佫脫褲

Pàng-jiō koh thǹg khò

【暗示】多此一舉。

【註解】小便時，拉開拉鍊把小弟弟掏出來就行了，脫褲子實在大可不必。

【例句】小杞和幾個朋友，在小攤喝酒聊天，酒酣耳熱之餘，意猶未盡的要去KTV續攤。

「你們幾位稍等我一下，」小杞付了帳後，對朋友說：「我回家換套衣服，很快就會回來。」

「什麼？到KTV唱歌，就要換漂亮的衣服？」老卯把他拉坐下來說：「怎麼『放尿佫脫褲』？」

0692 放尿看風勢

Pàng-jiō khùaⁿ hong-sè

【暗示】視情況而爲。

【註解】小便時要看風向，不要迎風解便，以免小弟弟受到風涼。

【例句】黃四川老師每次和朋友聊天，話題總會轉到周鄉長的諸多敗德劣行，也一再揚言，只要周鄉長敢競選連任，他一定奉陪。

鄉長選舉到了，周鄉長已經宣佈爭取連任，可是信誓旦旦的黃老師，卻一點兒動靜也沒有，還說他要拜訪各村村長，徵求他們的意見，苗主任反問他：「黃老師，我還不知道你『放尿看風勢』？」

0693 放尿逃性命

Pàng-jiō tô sèⁿ-miā

【暗示】藉機逃生。

【註解】利用尿尿的時候，逃離險境求生。

【例句】有人說烈士只不過春秋享受冷牲禮祭拜，元老都是「放尿逃性命」，有以致之。

依據中國孫中山十次革命，雖然那些衝鋒陷陣的人，都成為烈士，被奉祀於忠烈祠，但是那些狡猾之輩，聽到上前線的口號，都會藉機尿遁，其本人便成為黨國元老，子孫代代享受榮華富貴。

0694 放尿摵鹹菜順續工

Pàng-jiō me kiâm-tshài sūn-sùa kang

【暗示】順手而已。

【註解】放尿：尿尿。摵鹹菜：拿鹹菜。

尿有尿酸味道，鹹菜也有酸味，兩者味道接近，所以利用尿尿之便，順便抓一把鹹菜，也沒費什麼工夫。

【例句】台北市一名許姓女子，肚子絞痛，到板橋醫院就診，初診判斷為盲腸炎，轉往急診，王醫師立即進行盲腸切除手術。

王醫師「放尿摵鹹菜順續工」，也將這位即將結婚的許小姐的卵巢切除，事後許女再到台大醫院檢查，知道她的卵巢遭切除，有如晴天霹靂，不知如何向她未婚夫說明、交代。

新北市衛生局許鋸能說：「王醫師違反醫師法處二萬罰鍰，民事部分八十萬元和解。」

0695 放尿攪沙𣍐做堆

Pàng-jiō kiáu sua bē tsò-tui

【暗示】一盤散沙，各自為政。

【註解】用尿和沙子攪在一起，是無法凝成一堆的，喻團結才有力量。

【例句】我問江主任，怎麼他和許老師合夥的補習班，關門歇業了？

江主任說許老師看來很熱忱、親切，但是和他合夥做生意，才知道他很龜毛、很會計較。

江主任甚至說：「我用補習班的電話他也有意見，和來應徵的老師去吃午飯，報公帳也不行，還有……」他越說越氣：「總而言之，許老師這種人『放尿攪沙燴做堆』，只好拆夥。」

0696 放屁安狗心

Pàng-phùi an káu-sim

【暗示】畫大餅充飢。

【註解】狗喜歡吃糞便，主人沒有糞便給牠吃，便放了屁，讓屁的臭味安撫待吃的狗。

【例句】新北市蘆洲區黃姓建築商人，多年來懷疑妻子有外遇，長期拿妻子做出氣筒。人家「放屁安狗心」，他卻故意在他妻子面前放屁，每次黃妻抗議，他都說他的屁根本沒臭味。

黃妻忍無可忍，向地方法院訴請離婚，法院於2005年5月21日判准離婚。

0697 放屁是腹內風，嗯驚大伯也叔公

Pàng-phùi sī pak-lāi-hong，m̄ kiaⁿ tūa-peh iȧh tsik-kong

【暗示】無可厚非。

【註解】放屁是自然的生理現象，不必擔心如何面對親人長輩。

【例句】陳英英高職畢業後，便到台北找工作，還不到兩年，也沒聽到她結婚、嫁人的訊息，她回家裡來竟抱了個嬰兒。

「小姑，」她嫂嫂看看她手中抱著的嬰兒，神情緊張的對她說：「妳還沒結婚，怎麼能有孩子？」

「這有什麼關係？」陳英英大言不慚的說：「嫂嫂，妳沒聽過『放屁是腹內風，嗯驚大伯也叔公』，我們女人生孩子是天經地義的事啊！」

0698 放屎無拭尻川

Pàng-sái bô tshit kha-tshng

【暗示】做事不乾淨，留著別人替他善後。

【註解】放屎：大便。

大便沒擦拭屁股，不但沒衛生，也要人替他善後，眞是不像樣子。

【例句】邱鄉長被以貪瀆罪移送法辦，調查局所查獲的罪證，是邱鄉長收受德利營造公司工程回扣七百萬元的支票，竟軋進他老婆洪淑珍帳戶代收，人贓俱獲，令他不得不承認。也是邱鄉長摯友的前鄉長董樹良，搖著頭說：

「邱鄉長眞是『放屎無拭尻川』，才招致官司。」

0699 明來暗去

Bîng lâi àm khì

【暗示】偷雞摸狗。

【註解】明修棧道，暗渡陳倉的鬼祟行爲。

【例句】彰化縣一名黃姓男子，發現他妻子常常半夜外出，然後再打電話要求他騎車載她回家，令他始終感覺到他妻子，一定在外面跟人家「明來暗去」。但他苦於沒有證據，不得不忍下來。

去年有一天深夜裡，他發現他妻子還沒回家，擔心她的安全便騎車到外面尋找。卻看到他妻子在路旁和一男子有說有笑，狀似親密，他上前詢問對方是否爲他妻子婚外情對象，不料，他妻子竟答：「你們可以公平競爭。」讓黃男憤而提出離婚之訴。

0700 明知戲是假，家己抾來搬

Bîng tsai hì sī ké，ka-kī khioh lâi puaⁿ

【暗示】假戲眞做。

【註解】明明知道戲裡的情節都是假的，卻成爲劇中人。

【例句】林明文常常說：「『嫁恆跋賙丕、跋贏三頓雞酒香、跋輸相扑摸頭

鬏』，告訴那些女工，千萬別嫁給跋胴尪。」

可是，曾幾何時，一向痛恨跋胴的林明文，竟然沉迷賭博，已經不分晝夜了。林明文這種「明知戲是假，家己抾來搬」，朋友們都搖頭，替他惋惜。

0701 明槍易閃，暗箭難防

Bîng tshiuⁿ ī siám ，àm tsìⁿ lân hông

【暗示】小人難防。

【註解】明槍：當面攻擊。暗箭：背後搞你。

當面攻擊，容易躲避，難防背後捅你一刀。

【例句】在國民黨統治台灣時代，各機關設有安全室，對公務人員進行思想監控，言行調查。

有些安全人員公報私仇，將與自己有過節的同事，提報思想言行偏差，這種「明槍易閃，暗箭難防」的手段，害慘了很多人，造成不少冤枉事件。

0702 朋友，友朋，錢銀分明

Pîng-iú ，iú-pîng ，tsîⁿ-gûn hun-bîng

【暗示】人長交，帳短結。

【註解】所有朋友都一樣，金銀借貸來往，帳都要記得清清楚楚，以免發生糾紛，壞了友誼。

【例句】老周一再地叮嚀兒子，朋友之間金錢往來要清清楚楚，尤其和朋友合夥的餐飲店，帳目要分清楚。

「你要記住『朋友，友朋，錢銀分明』，」老周說：「這樣朋友交往才會長久，千萬不要爲了金錢翻臉。」

0703 東港無魚西港拋

Tang-káng bô hî sai-káng pha

【暗示】退而求其次。

【註解】東邊港口撈不到魚，便到西邊港口撈。此處不留人，自有留人處。

【例句】我回到老家，便想到戲院前吃「北斗肉圓」，那是我從小吃到大的，特別懷念它的口感和甜甜辣辣的佐料。

可是我走到戲院前，卻找不到阿順的「北斗肉圓」，清記冰果室周老闆說它已搬到市場那邊去。我走到那兒去找「北斗肉圓」吃，阿順還認得我，我問他怎麼搬到這邊來賣？

「現在家家戶戶都有電視了，誰還去戲院看戲？」阿順說：「只好『東港無魚西港拋』，市場口才有生意做。」

0704 枉屈錢失德了，冤枉錢跋輸賙

Óng-khut tsîⁿ sit-tik liáu，uan-óng tsîⁿ puảh su kiáu

【暗示】非流汗錢，留不住。

【註解】冤枉人家得來的錢財，會因為敗德賠光，或賭博輸掉。

【例句】詹鄉長二任任期下來，家財萬貫，令左右鄰居都非常羨慕，稱讚他「三年官兩年滿」。

可是詹鄉長會撈財，卻不會理財，他將所撈得的錢，四處投資，到處虧本，曾幾何時，不僅賠光了，生活還得靠借貸過日子，所以林主席才說他是「枉屈錢失德了，冤枉錢跋輸賙」。

0705 狗母若無搖腮，狗公獪走來

Káu-bó nā bô iô-sai，káu-kang bē tsáu--lâi

【暗示】狗母屁，芳千里。

【註解】搖腮：發情。獪走來：不會跑來。春情蕩漾、招蜂引蝶、招惹是非。

【例句】福德社區理事會程理事，對於社區晚間常聚集一些陌生年輕人，對婦女的安全，感到很憂心。

他說明後，提議要成立巡守隊，每晚巡迴巡守社區。

「以前我們社區晚上都很安靜，」游理事問大家：「現在怎會有那些不三不四的少年，到社區遊蕩？」

「最近有幾位檳榔西施，在社區內租屋，」劉理事說道：「所謂『狗母若無搖腮，狗公膾走來』……。」

0706 狗母屁，芳千里

Káu-bó tsi，phang tshian-lí

【暗示】招蜂引蝶。

【註解】狗母屁：母狗發情有一種特殊味道，會引誘公狗。

【例句】我們家的巷口三更半夜，常有不少的年輕人徘徊、吹哨子。起先不覺得什麼，後來吹哨子的人越來越多，多得幾乎打擾家家戶戶的安寧。

我打電話給住在同一巷子的里長，問他是不是應該報警處理？他說警察來了也一樣，他們並沒犯法，警察走了他們還是會回來吹口哨，我問他為什麼會這樣？

「還不是『狗母屁，芳千里』，」里長說：「我們巷子最近搬來了幾位辣妹。」

0707 狗肉忌葱

Káu-bah kī tshang

【暗示】事物相剋。

【註解】格格不入，互相抵制的意思。

【例句】學校上烹飪課時，有同學問老師：

「老師，我聽說『狗肉忌葱』，是不是吃了會中毒死亡？」

「這個我可不清楚，不過既然有這樣的話，就不要做這樣的菜。」

老師詳細地解釋說：「也有傳說紅柿不能與毛蟹同吃，到底吃了會不會中毒死亡，也沒人敢試，不過既然有這樣的話，什麼菜不能料理，何必開生死的玩笑？」

0708 狗肉無食，狗肉湯有飲

Káu-bah bô tsiảh，káu-bah thng ū lim

【暗示】雖非要角，卻也是配角。

【註解】吃素當然不能殺生吃狗肉，但僅喝狗肉湯，是否罪輕一等，從輕發落？

【例句】立法委員到東歐考察，旅行社當然會安排到荷蘭欣賞櫥窗女郎的行程，並有三小時的自由活動時間。

晚上回來大家在飯店咖啡廳聊天，話題自然聊到泡妞的事，陳委員問默默喝咖啡都沒發言的林委員：

「怎麼啦，你那個女郎好不好玩？」

林委員搖頭否認他有泡妞。

「唉呀！你怎可這樣問林老大？」黃委員揶揄地說：「他這個人『狗肉無食，狗肉湯有飲』，你不知道嗎？」

0709 狗拍呵唱(交嗆)

Káu phah khah-tshiùⁿ

【暗示】講話沒內容或沒分量。

【註解】狗打噴嚏，稀鬆平常、沒有什麼大不了的事。

【例句】「爸，巷口的邱家夫妻又在打架了，而且邱太太哀嚎慘叫，一定被打得很厲害！」周淑真聽到鄰居邱家夫妻吵架哭罵聲，把她老爸的報紙拿開：「你過去給他們勸勸架，或打110電話，否則出了人命，怎麼辦？」

「咳！」她爸爸又把報紙搶回來，接著說：「他們這一家人打架，是『狗拍交嗆』，何必管他人瓦上霜？」

0710 狗咬衰人

Káu kā sue-lâng

【暗示】狗眼看人低。

【註解】衰人：倒霉的人。

一個人淪落到連狗都要欺侮他，可見其倒霉的情形了。

【例句】我們到油菜籽田捕捉蝴蝶，正當我們看到黃花遍野的油菜花上，成群飛翔的蝴蝶，要開始捕捉時，從油菜田裡跑出一隻小小的流浪狗，對著周勝雄狂吠，他用捕蝶網假裝要打牠。

這麼一來，那隻小流浪狗，也不甘示弱的衝上前要咬周勝雄，我們一邊欣賞人狗戰爭，一邊鼓掌加油，邱文諒竟說：「這是『狗咬衰人』」！」

0711 狗屎也是寶

Káu-sái iā-sī pó

【暗示】不知取捨，分不出好壞。

【註解】狗屎之臭，人人嫌惡，但也有人視其為寶物。

【例句】換季，翁筱薇把衣櫥裡不穿的各式衣服二十多件清理出來，放在垃圾袋要給垃圾車帶走的當下，被她媽媽搶了回來。

「媽……妳……」

「我怎麼樣？『狗屎也是寶』，妳不穿沒關係，怎麼可以隨便丟掉？」她媽媽數落她說，「妳可以把不穿的衣服，放入舊衣箱，讓有需要的人拿去穿呀！」

0712 狗屎埔狀元地

Káu-sái poʻ tsiōng-guân tē

【暗示】今非昔比。

【註解】狗屎埔：荒廢，任由流浪野狗放屎的土地。

早期荒廢的土地，突然變成熱鬧繁華的地段。

【例句】我們於三十年後，才首次召開國小同學會，在出席同學會的三十多位同學中，郭俊欽居然是駕駛一輛全新的「積架」轎車前來，讓同學們的眼睛，都為之一亮。

「班長，」劉政傳告訴我說：「郭俊欽有一塊『狗屎埔狀元地』，賣

了一億多元，才……」

0713 狗食豬肝心內知

Káu tsiȧh ti-kua^n sim-lāi tsai

【暗示】做虧心事，心裡有數。

【註解】豬肝不是狗的食物，狗偷吃豬肝，知道自己不應該偷吃的。

【例句】徐鄉長競選連任，擔任競選總幹事的游副主席，專程跑去找果菜
市場張主任，除要他鼎力協助外，還說因經費捉襟見肘，競選總
幹事幾乎幹不下去了。

「副主席，不用多講了，徐鄉長提拔我當市場主任，我這個人『狗
食豬肝心內知』。」張主任握著他的手，不斷的說：「我不會袖手旁
觀，家裡剛好有二十萬元，先意思意思一下，請你轉告徐鄉長……」

0714 狗無中晝頓

Káu bô tiong-tàu-tǹg

【暗示】養狗不給中餐吃。

【註解】中晝：中午。頓：餐。如早餐、午餐、晚餐。
狗不能吃太飽，所以不給牠吃午餐。

【例句】林中雄往生後，留下的家庭重擔，落在長子林子明肩上。林子明
為了不讓老年病困床上的母親，操心家人的生活，連中午短短一
個半鐘頭的休息時間，也請老闆讓他加班。

老闆對於這位部屬，為了家人生活幾乎「狗無中晝頓」，甚為心
疼，特別安排他中午加班，守護辦公室，讓他看起來有職務，卻
也等於讓他休息。

0715 狗聲乞食喉

Káu sia^n khit-tsiȧh âu

【暗示】聲音難聽。

【註解】像狗叫的聲音、乞丐討食的音調那樣難聽。

【例句】社區居民中秋節聯歡晚會，節目很多，有猜謎、摸彩，還有卡拉
OK唱歌比賽。呂太太蹦蹦跳跳的回到家裡，看到她老公便說：
「老公，我已經報名要參加卡拉OK唱歌比賽，你一定要多請幾位
朋友來給我捧場！」
「什麼？妳這種『狗聲乞食喉』，也要參加比賽？」老呂潑她冷水
說：「妳呀！怎麼不積點陰德？」

0716 知性可同居

Ti sìng khó tông-ki

【暗示】互相瞭解，便能在一起了。

【註解】知性：瞭解性情。互相瞭解，彼此包容，便能生活在一起。

【例句】王茂得與李美良結婚時，認識他們的朋友，沒有人認為他們能白
頭偕老，甚至覺得他們兩人若能維持二年的婚姻，已經阿彌陀佛
了。
沒想到三八美良與豬哥得的婚姻，轉眼已經維持十三年，人人都
覺得是奇蹟。
「其實，『知性可同居』，」王茂得說：「我對於阮三八仔，都不當
一回事，不得體的時候，相應不理就沒事了。」

0717 知進呣知退，會曉算膾曉除

Tsai tsìn m̄-tsai thùe，ē-hiáu sǹg bē-hiáu tî

【暗示】貪得無厭。

【註解】只知道收入，不知道要支出；只想佔便宜，而不衡量身份。

【例句】民政課林課長工作能力沒什麼，但討好鄉長的工夫，確實有他的
一套。所以從村幹事做起，每一次鄉長選舉，都是他表現的機會，
也往往讓他有所斬獲，一路爬到民政課長的位子。
這次賴鄉長尋求連任，順利當選後，林課長又想爭取主任祕書一
職。賴鄉長竟把他改調降為圖書館管理員，還說：「林課長那個

傢伙，『知進呣知退，會曉算艙曉除』，他以為我當選連任靠的是
他？」

0718 知識無底，錢銀僫買

Tì-sik bô té，tsîⁿ-gûn oh bé

【暗示】用錢買不到知識。

【註解】知識這種東西，實用無窮，用金錢是買不來的。

【例句】蕭立委競選連任，文宣工作還是請鄧老師等朋友幫忙，他專程拿
了八十萬元的文宣工作費到鄧家。

「鄧老師，多次選舉文宣都靠你幫忙，我已經感恩不盡了。」蕭立
委一定要他把錢收下來，「其實『知識無底，錢銀僫買』，一點兒
小錢，只是表示心意而已。」

0719 空手撈蝦

Khang tshiú hò hê

【暗示】打如意算盤。

【註解】空手就想抓蝦子，沒那麼簡單。

【例句】台中市大甲鎮瀾宮副董事長鄭銘坤，於2005年6月1日，在大甲
街頭遭綁，歹徒並向家屬勒贖一億元。據說由黑道仲裁人物「憨
面」李照雄出面牽線，鎮瀾宮董事長顏清標斡旋，以二千五百萬
元放人。

這件綁架勒贖案，由黑道人物出面解決，警方被排除在門外非常
尷尬，家屬事後否認付款。但有人會相信，自稱去年底犯下台中
耕讀園搶案的主犯林明樺，會「空手撈蝦」而放人嗎？

0720 空手收單刀

Khang tshiú siu tan-to

【暗示】工夫非凡。

【註解】空著雙手，對付手持雙刀的壞人，仍然把他制服了。

【例句】電視新聞報導，中壢區精神異常男子譚致祥，疑似病情發作，拿著菜刀，看到人就要砍，弄得整個住宅區，人人東鑽西鑽，在家裡不敢外出。

幸虧一位名叫李育奇的醉漢，喝醉了酒顛三倒四的經過，兩人擦身而過，互看不順眼而起了衝突，譚致祥舉刀向李育奇砍過去，卻被他「空手收單刀」，推倒在地，而被警員綑綁起來。

0721 空氣在人激

Khong-khì tsāi lâng kik

【暗示】隨便人家要裝怎樣的架勢。

【註解】空氣，是模樣或形勢的形容詞。

【例句】以前頭髮白了，才有人染髮，現在染髮已經變成一種流行裝飾，各種顏色甚至花樣都有人嘗試。

小邱也一樣，每星期染一種顏色，有時候還染成彩色，小賴很不以為然，對他說：

「小邱，你的頭髮常常改變顏色，不怕你女朋友認不出你來嗎？」

「認不認得出我，是我家的事，『空氣在人激』，你老兄管不著。」小邱說。

0722 空喙哺舌

Khang tshùi pō tsih

【暗示】空口說白話。

【註解】光靠一張嘴巴，天花亂墜，是得不到信任的。

【例句】阿弟下課回家，氣忿忿的把書包往床上一摔，嘟著嘴，臉臭臭的。

原來他下課時，順便到他姐姐家，找他姐夫實行買腳踏車給他的諾言。

他姐夫說：「阿弟，姐夫雖然說過只要你月考考第一名，便買腳踏車送你，姐夫不是『空喙哺舌』騙你，姐夫是說下次月考，不是這一次呢。」

0723 芥菜無剝𣍐成欉

Kuah-tshài bô pak bē sîng tsâng

【暗示】玉不琢不成器，孩子要不斷地調教。

【註解】芥菜：蔬菜類，一年生或多年生的草本植物，莖葉和種子具有辣味，可製成芥茉粉。

【例句】我每天上班，都要經過農富農藥行，每一次都看到潘老闆的兩個兒子，一個負責掃地，一個負責擦拭桌椅。

有一次參加喜宴和潘老闆同桌，我就問，他兒子們每天早上要準備上學，怎麼還叫他們做掃地、擦桌椅的工作？

「姚老師，你不是農民，才不知道『芥菜無剝𣍐成欉』的道理。」

0724 花無百日紅，人無千日好

Hue bô pah-jit âng，lâng bô tshian-jit hó

【暗示】好景不長。

【註解】美麗嬌豔的花朵，都會凋謝，人也不可能永遠春風得意。

【例句】誠記食品公司近來因外銷罐頭被退貨，造成財務吃緊，總經理阮日章找同業李董幫忙。

李董不但不幫忙，還一再誇耀自己的穩健作風，不像誠記那樣，還得向朋友伸手。

「你不借就不借，何必說那些五四三？」阮總經理聽後發起火來：「李董，你該知道『花無百日紅，人無千日好』，你給我記住，有困難別再來找我。」

0725 花無錯開，姻緣無錯對

Hue bô tshò khui，in-iân bô tshò tùi

【暗示】門當戶對，自然結合。

【註解】各種花都按照時序而綻開，從來沒有春天的花，開在秋天。男女姻緣也一樣，不能亂點鴛鴦譜。

【例句】高雄市民周勝煌，十年前投資2500萬元，於四維路底打造一家四樓歐風的咖啡廳。由於設計佈置營造出迷人浪漫氣氛，生意非常興旺。尤其二樓214號桌處於角落一隅又面窗，是年輕男女最喜愛的地方，也是媒人撮合男女雙方最愛選擇的座位。十年來，已經成功的撮合1000對以上的男女佳偶，真是「花無錯開，姻緣無錯對」，214號相親桌也因此眾所周知。

0726 虎過才開槍

Hó kùe tsiah khui-tshìng

【暗示】馬後炮。

【註解】老虎在前面，嚇得不敢怎樣，待老虎走了後，才開槍要打牠。

【例句】年度業務檢討會議剛結束，財務課周專員嘴巴一張便像連珠砲般那樣，火力全開的批評趙總經理，那個也不對，這個也不是，趙總經理幾乎被罵得一文不值。

「周專員，你呀，剛才在檢討會上，怎麼默默無言？現在會議結束了，才像『虎過才開槍』，把趙總經理罵得幾乎不像人？」

0727 虎頭貓鼠尾

Hó thâu niau-tshí búe

【暗示】有頭無尾，三分鐘熱度。

【註解】老虎的頭很大，老鼠的尾巴很細，兩者不成比例。開始做事情的時候轟轟烈烈，後來漸漸的無聲無息。

【例句】教育部通知各縣市政府教育局，國中小學每校要辦理「媽媽成長

營」，計劃很周詳、規模也很大，好像要各學校視爲常態推行。
「教育部的計劃，還不是『虎頭貓鼠尾』，我們也只好等因奉此一番，」周校長對喋喋不休的老師們說：「無要安怎？」

0728 近山剉無柴，近溪擔無水

Kīn san tshò bô tshâ，kīn khe taⁿ bô tsúi

【暗示】靠勢被勢誤。

【註解】近山：住在臨山的地方。近溪：靠近河川。
凡事早做準備，不致臨時抱佛腳。

【例句】老爸往生前交代後事說，法事要請對面阿秋伯道士團，兄弟商量後，由老二負責與阿秋伯接洽。
老二並不是不關心他們老爸的喪事，而是認爲阿秋伯就住在對面，隨時都可以過去，沒想到造墓的事處理好，去請阿秋伯爲他們老爸誦經做法事時，理想的時辰已被另一喪家預約了。這時候，他才懂得「近山剉無柴，近溪擔無水」的意義了。

0729 近廟欺神

Kīn biō khi sîn

【暗示】近鄰相輕。

【註解】住在廟旁，卻沒感受到神明的存在。

【例句】彭伯伯的女兒莉芬，大學畢業後想到農會工作，彭伯伯是個懂「禮數」的人，就拜託吳理事向李總幹事推薦。他後來才知道，農會那個事務員的缺，已被他人佔去了，介紹人是鄰居劉小組長，可惜彭伯伯「近廟欺神」所託非人。

0730 金光岔岔滾

Kim-kong tshiâng-tshiâng-kún

【暗示】不可一世的樣子。

【註解】沓沓滾：水往下衝的聲音，或開水開了的滾滾聲。光芒輝煌燦爛，
　　　　豪氣萬千。

【例句】社頭鄉蕭姓人口佔一半，歷年來鄉長非姓蕭的莫屬，本屆改選
　　　　卻被鄉內居小姓的魏家當選，導致魏姓民眾，個個像「金光沓沓
　　　　滾」，人人不可一世。

0731 金棗尾味，查姆囝罔飼

Kim-tsó búe bī，tsa-bó-kiáⁿ bóng tshī

【暗示】不要重男輕女。

【註解】金棗：水果，金黃色小柑。金棗這種水果，吃後才會品嚐出甜美
　　　　的口感。女兒雖然長大後要嫁出去，但也有可能奉養父母，也要
　　　　好好教養。

【例句】葉姓婦人連生了十個女兒，由於她夫家傳宗接代的壓力很大，所
　　　　以在她三女出生後，她便沒有了做媽媽的喜悅。聽到是女兒，都
　　　　會躲在棉被裡哭泣。
　　　　她丈夫在她連生五個女兒後便另娶二房，她痛不欲生，含辛養育
　　　　十個女兒，現在她女兒都已經長大，有當法官、醫師、教師、工
　　　　程師……讓她晚年感到「金棗尾味，查姆囝罔飼」，而喊出：「生
　　　　女兒無罪！」

0732 門扇板閂唔著爿

Mn̂g-sìⁿ-pán tàu m̄-tio̍h pîng

【暗示】迷迷糊糊。

【註解】門扇：門板。閂唔著爿：掛錯了。
　　　　門板掛錯了，東邊掛在西邊，西邊掛在東邊。

【例句】陳立委的助理準備把紅白包送出去，立委的兒子阿軍說，與朋友
　　　　約好要郊遊，向他借車子，願意代送紅白包。
　　　　助理看到阿軍回來，把他拉到外邊低聲地對他說：「你慘了！看
　　　　你怎樣跟你爸解釋，為何『門扇板閂唔著爿』？把禮金送到楊府，

把奠儀拿到劉家去？」

0733 阿里不達

A-lí-put-tát

【暗示】亂七八糟、不像樣。

【註解】言行舉止不正經，被瞧不起。

【例句】台北市百齡高中國中部，2005年5月中旬，傳出一件同學丟了一百元，老師叫四位值日生站在講台，由同學投票指出小偷的新聞。

發明投票指出小偷的「阿里不達」老師，名叫王明華，後來丟錢的同學發現，錢並沒有丟失，但是被指為小偷的章偉傑同學，在真相大白後，行為越來越怪，甚至離家出走。

家長知道兒子被票選當選小偷後，非常不滿，擬上法院討回公道，並提出妨害名譽，要求老師賠償二百萬元。

0734 阿里腌臢

A-lí-a-tsa

【暗示】髒兮兮。

【註解】生活環境或個人衛生極差，齷齪不堪。

【例句】板橋區有一位七年級生吳姓護士，名叫「如如」，將她那些「阿里腌臢」的小內褲，以「原味小褲褲」、「蜜汁小褲褲」、「生理淫水褲」等名義上網拍賣，居然生意興旺。

警方已著手調查這位「如如」小護士，並以妨害風化罪嫌將她移送法辦。

0735 青狂狗，食無屎

Tsheⁿ-kông káu，tsiáh bô sái

【暗示】沉不住氣，便得不到。

【註解】青狂：狂妄。屎：糞便。

狗喜食糞便，狂妄的狗，連糞便也吃不到。

【例句】全國珠心算比賽，獎金獎項都很豐富，各補習班莫不卯盡全力，給學生加強複習，期望爭取榮譽，好做為招生的宣傳。

比賽前一天，主任特別召集參加比賽學員訓話，要大家沉著應考，在考試結束鈴響再交卷。縱使答題全部寫好，也不必急著交卷，利用時間每題再驗算，最後他說：「要記住『青狂狗，食無屎』！」

0736 青瞑唔驚槍，瘂口唔驚兵

Tsheⁿ-mê m̄ kiaⁿ tshìng，é-káu m̄ kiaⁿ ping

【暗示】不知天高地厚。

【註解】瞎子不怕槍，啞巴不怕阿兵哥。

【例句】歐悅汽車旅館來了六位年輕貌美的大陸妹，愛好此途的傢伙，都爭先恐後要去嚐鮮。

周休二日，紀課長打算載小鄭一同去見識見識大陸妹，想不到小鄭「海龍王辭水」，竟然說什麼也不去。紀課長不得不問他，為何反常不去？

「我沒說你不知害怕，我聽說有一位大陸妹感染愛滋病，」小鄭說：「你們真是『青瞑唔驚槍，瘂口唔驚兵』，不要跟自己開玩笑。」

0737 青瞑精，瘂口靈

Tsheⁿ-mê tsing，é-káu lîng

【暗示】不要看扁人。

【註解】青瞑：瞎子。瘂口：啞巴。

不要將瞎子、啞巴等殘障人士當作傻瓜，他們的內心都非常清楚，很精很靈呢！

【例句】盲人股票分析師李奇明，他的收入比其他三個兄弟還多，令他的兄弟感到很不好意思，尤其他們老爸老媽的生活，都由這個目盲的弟弟獨自負擔。

股友們對於李奇明，這位「青暝精，瘟口靈」的分析師，也佩服得五體投地，委託他殺進殺出，經常日進斗金。

0738 青暝雞啄著蟲(粟)

Tsheⁿ-mê ke tok-tiȯh thâng (tshik)

【暗示】意外獲得。

【註解】瞎了眼睛的雞隻，竟然啄到粟子，眞是福氣啦。

【例句】台灣區運拳擊錦標賽，彰化縣洪姓選手榮獲冠軍，眞是「青暝雞啄著粟」。

本來在經過初賽、複賽的幾輪激烈比賽後，剩下屏東縣陳姓選手和彰化縣洪姓選手來一決雌雄，比賽前夕，陳姓選手因吃到不潔的海產而上吐下瀉，無法參加決賽，洪姓選手意外獲得冠軍。

0739 俗物無好貨，好貨唔賣俗

Siȯk mih bô hó hùe，hó hùe m̄ bē siȯk

【暗示】一分錢一分貨。

【註解】俗：便宜。

便宜的東西，相對地質料也較差；質料好的東西，成本也較高，當然售價不便宜。

【例句】溫老師要她老公上班時，順便將音響送修。

「什麼？音響又壞了？」

「沒壞，怎會叫你送修？」

「早就告訴妳『俗物無好貨，好貨唔賣俗』，」她老公抱怨說：「這部音響買不到兩個月，已送修三次了，修理費比音響貴，妳眞是個呆頭鵝！」

0740 眉眉角角

Mê-mê-kak-kak

【暗示】規定限制特別多。

【註解】規定、設限、吹毛求疵，讓人感到厭煩。

【例句】小華問爸爸：「什麼叫做『眉眉角角』？」

爸爸利用星期六放假，帶小華到中正紀念堂，看憲兵換班儀式。

小華看到那幾個憲兵，都那麼有板有眼，看得入神，大呼過癮。

爸爸這才告訴他，那些憲兵的動作「眉眉角角」很多⋯⋯。

0741 保入房，無保領歸世人

Pó jip pâng，bô pó-niá kui-sì-lâng

【暗示】事在人為。

【註解】保證新娘娶進洞房，但是夫妻以後會有什麼樣的造化，就要看自己了。

【例句】楊伯母每次碰到為她兒子做媒的阿金嬸，總是連連抱怨她那個兒媳婦，至今已七年了，還沒給她生個金孫抱抱。

阿金嬸這個媒人婆，覺得這個老人實在不可理喻，便不客氣的回話說：

「我啊！做媒人『保入房，無保領歸世人』，沒生嫒牽拖媒人。」

0742 保平安嘸免添福壽

Pó pîng-an m̄-bián thiam hok-siū

【暗示】知足，只是謙卑的要求。

【註解】只要平安、健康，就須感謝天地，不要求富貴長壽。

【例句】蕭鄉長自己很清楚，這次能順利當選連任，鄉公所的幹部幫助他很多，尤其幾位村幹事特別賣力。

被蕭鄉長點名的邱永偉幹事，碰到同事調侃他說：「鄉長很賞識你，看樣子你要升為課長啦！」邱幹事總是低調的回應說：「我

呀！只求『保平安唔免添福壽』，什麼課長？我連想都不敢想呀！」

0743 信用唔顧，人客斷路

Sìn-iōng m̄ kò͘，lâng-kheh tn̄g lō͘

【暗示】人無信不立。

【註解】不講究信用，久而久之，顧客知道了，便不會再交易買賣了。

【例句】以「299元吃到飽」聞名的東港海鮮火鍋店，前陣子門庭若市，若想去吃海鮮火鍋，還要在等候室，等待服務生招呼才能入座。沒想到前天要去吃火鍋，店卻大門深鎖，我問隔壁商家它為什麼關門？「袁老闆看生意那麼好，想要多賺些錢。」鄰居老闆說：「都從雲林縣買進便宜的死豬肉做火鍋料，『信用唔顧，人客斷路』。生意怎麼做得下去？」

0744 剃頭照輪辦

Thì-thâu tsiàu lûn piān

【暗示】輪流上陣。

【註解】剃頭：理髮。要理頭髮，按照順序先來先理，一個一個來。

【例句】高雄市大武營發生一件五位不良少年，挾持一位輟學的國中女生，「剃頭照輪辦」，集體輪姦的事件。
這件駭人聽聞的強姦案，經路人發現以行動電話報案，已被警方捉到四位嫌犯，另一位在逃的張姓不良少年，警方正在追緝中。

0745 前擴金後擴銀，擴頭查姆做夫人

Tsîng khok kim āu khok gîn，khok-thâu tsa-bó͘ tsò hu-jîn

【暗示】命運天註定。

【註解】前擴金是福相，面相學上說會成為官夫人；後擴銀是聰明相。

【例句】已經三十八歲還光桿一人的吳桑，找對象仍然那麼挑剔，尤其歐

巴桑介紹在鄉公所任工友的阿素，他還嫌人家長得不夠高，臉陋難看。「吳桑，阿素雖然矮些，但其他找不出缺點，」介紹人林媽媽說：「尤其阿素『前擴金後擴銀，擴頭查姆做夫人』，人家點燈籠都找不到，人家不嫌你，你還敢嫌人家？」

0746 勇勇馬縛死將軍柱

Ióng-ióng bé pák sí tsiong-kun-thiāu

【暗示】英雄無用武之地。

【註解】一隻強壯驍勇的馬兒，被綁得死死的困住著。

【例句】林縣長上任後，縣民都拭目以待，以為縣府人事會有一番新氣象，結果大家都有點失望。

大家失望的是縣府二級以上主管中，論能力、魄力、眼光，具有標竿作用的農業局許副局長，被調為縣政府參議，像「勇勇馬縛死將軍柱」，無法展現身手，也可看出新縣長的格局。

0747 南北二路行透透

Lâm-pak jī lō kiâⁿ thàu-thàu

【暗示】到處奔波。

【註解】南北：各地。行透透：到處都去過了。

為了生活各地奔波，尋找機會。

【例句】老馬到中國做生意，難得回來，邀請我們幾位老朋友到他家泡茶聊天。

他認為中國民主自由沒有，但泡妞處處有。他說中國「南北二路行透透」，女孩子都很漂亮，泡妞的價錢比台灣便宜很多，個個笑嘻嘻的，服務親切又周到。

0748 姻緣天註定，唔是媒人勢行

In-iân thiⁿ tsù-tiāⁿ，m̄-sī mûe-lâng gâu kiâⁿ

【暗示】百年修得同船渡，千年修得好姻緣。

【註解】男女之間的緣分，上天早就安排好啦，絕不是光靠媒人拉線的。

【例句】媒人婆逢人一再誇耀陳議員兒子陳啓東，與赫赫有名實業家李董
事長千金李淑惠的婚事，是她怎樣用心撮合的，如果沒有她，陳
家怎能娶到李家千金，而且陪嫁的現金一千萬元，還有一幢樓房
和雙B轎車。

「歐巴桑，陳家這件喜事，當然妳居首功，」陳議員弟弟對媒人說：
「其實『姻緣天註定，唔是媒人勢行』。」

0749 客鳥報唔著喜

Kheh-tsiáu pò m̄-tiȯh hí

【暗示】空歡喜一場。

【註解】客鳥：喜鵲，外型似烏鴉，腹部與背白色，傳說能報喜事。
客鳥飛過來叫了一番，人們以為是來報喜訊的，原來不是那麼一
回事。

【例句】縣議員選舉當晚，林有樹競選總部被派在縣政府開票中心的小
張，突然像「客鳥報唔著喜」那樣，打回來電話說林有樹確定當
選無誤。圍在競選總部的民眾，立即歡聲雷動，沖天炮響個不停。
不久，縣選務中心發布各候選人得票數，林有樹落選，害大家相
擁哭成一團。

0750 捋佮金熠熠

Lu̍t kah kim sih-sih

【暗示】叫苦連天。

【註解】擦拭得亮晶晶。

【例句】以前當兵再苦也不敢哭，「捋佮金熠熠」也不敢對家人說，只有

默默的算饅頭，等待退伍的日子。

現在的阿兵哥都是草莓族，訓練稍微嚴格一點便受不了，立即利用軍中人權電話，向國防部投訴，大家都憂心忡忡，如此阿兵哥，將來發生戰事，怎能上戰場？

0751 勁顛搦猚

Keh tian la̍k siáu

【暗示】裝瘋賣傻。

【註解】假裝精神有問題，故意裝作不正常。

【例句】梁東昇酒醉駕車，被交通警察攔截下來酒測，超過規定很多，要給他開罰單。他借酒裝瘋，令交警感到很不耐煩，不客氣的說：「你再這樣『勁顛搦猚』，就要給你多加『妨害公務』，移送法辦。」

0752 屎桶開花

Sái-tháng khui-hue

【暗示】事情大條了。

【註解】屎桶：貯裝糞便的桶子。開花：框住糞便桶子的木片散開。

裝糞便桶子的木片散開，會搞得到處糞便、臭味，真的「屎」大了。

【例句】同事們常常提醒緣投桑詹仔，「朋友妻不可戲」，暗示他不要以為阿芬的老公人在中國，就可以跟她暗通款曲。

同事們的耽心果然成為事實，阿芬的老公，聽聞她跟緣投桑詹仔有曖昧關係，暗中請徵信社搜集證據，終於被拍到兩人到汽車旅館開房間的照片，而提出告訴。

緣投桑詹仔始才發現「屎桶開花」──事情大條了。

0753 屎桶蜘蛛，屎桶蜊蜞

Sái-tháng ti-tu，sái-tháng lâ-giâ

【暗示】消息靈通、瞭解內幕之人士。

【註解】在糞尿間那種隱私的地方，存活的蜘蛛、蜑蜞，什麼都會看到、知道。

【例句】我們同事中，有個包打聽外號的鄭英男，偷偷的告訴大家不能說的祕密：「劉主任與馬老師到汽車旅館開房間，被馬老師的老公請徵信社人員拍到照片。」

「英男，你的小道消息怎麼那麼多？」

「鄧老師，你不知道鄭英男老師是『屎桶蜘蛛，屎桶蜑蜞』嗎？」

0754 屎緊嘸驚鬼

Sái kín m̄ kiaⁿ kúi

【暗示】狗急跳牆。

【註解】屎緊：內急。也就是急著要解便。

急著要解便，找到解便的地方，先蹲下去要緊，還管它有沒有鬼。

【例句】法院民事庭，已經正式公佈拍賣盧群生的房屋。

朋友都替他擔心，房子被拍賣了，他們一家五個人要住哪裡？盧群生之所以會落得如此田地，肇因於沒錢買車子，向地下錢莊告貸。當時朋友都警告他，千萬不可向地下錢莊周轉，可是他偏偏「屎緊嘸驚鬼」，才會利上加利。母利滾了一番，已經讓他承受不了，就這樣連房子也被扣押拍賣了。

0755 屎緊，褲帶扑死結

Sái kín，khò-tùa phah sí-kat

【暗示】緊要關頭，什麼情況都會發生。

【註解】急著要拉屎解便，卻碰到褲帶打了死結解不開。

【例句】熊校長是有名的緊張大師，初次出國觀光旅遊，班機十二點三十分起飛，提前一個鐘頭到機場便可以了，他竟在十點鐘前就抵達桃園機場了。

朋友都笑他退休了，要讓自己輕鬆下來，怎麼還那麼緊張？

「你們這樣悠閒悠哉，有時候會『屎緊，褲帶扑死結』就誤大事了。」

他剛把話說完，導遊要收集護照，他才發現忘記帶來了。

0756 屎礜仔蟲泅清水

Sái-hȧk-á thâng siû tshing-tsúi

【暗示】逐臭之輩假清流。

【註解】屎礜仔蟲：糞坑中蠕動的蟲。

存活在糞坑中的小蟲，也想能在清水中游泳。

【例句】紡織業界都知道，坤記孫董近來財務吃緊，到處調頭寸。可是卻又發現，他買了一套頂級的高爾夫球具，假日便帶著球具出去打球。

「你看！孫董又要出去打高爾夫球了。」薛經理看到他開著雙B轎車出去，就嘲笑著說：「『屎礜仔蟲泅清水』！狗不認吃屎。」

0757 屎礜仔愈捞愈臭

Sái-hȧk-á jú lā jú tshàu

【暗示】沒有自知、自省能力。

【註解】糞坑是愈攪愈臭，甚至臭氣四溢，許多糗事也都會被抖出來。

【例句】我們這條巷子的居民，最喜歡欣賞的節目是馬朝祥與苗小梅，這對寶貝夫妻的吵架。

他們兩人吵起架來，不像其他夫妻都會關起門在家裡吵，而是到巷子吵，一個冷言冷語地數落老公的風流帳，一個暴跳如雷地訐譙老婆，男朋友比牛毛還要多，像「屎礜仔愈捞愈臭」，很精彩。

0758 屎礜仔蠓，無嫌好歹尻川

Sái-hȧk-á báng，bô hiâm hó pháiⁿ kha-tshng

【暗示】飢不擇食。

【註解】屎礜仔：廁所。

廁所裡的蚊子，有糞便吃就好了，才不管你的屁股好不好看。

【例句】因工廠外移中國，失業多年的老李仔，接到朋友通知，有一家工廠需要一位打雜的工友，問他願不願去。

老李仔接到朋友的訊息，異常高興的說：「劉兄，請你告訴他們，我去！我去！」

老李仔對這位好友說，他已失業多時了，「屎礐仔蟲，無嫌好歹尻川」，有工作就好。

0759 怨生無怨死，怨死無天理

Uàn seⁿ bô uàn sí，uàn sí bô thiⁿ-lí

【暗示】一死萬事休。

【註解】活著的時候，縱使再深再大的恩怨，一旦死了萬事皆休，再埋怨已死了的人，那是沒有天理的。

【例句】周老師和魏老師同車參加因癌症去世的涂主任喪禮，路上周老師一再埋怨涂主任怎樣又怎樣的刁難他，甚至家長們指責他時，不但沒替他打圓場，還加油添醋。

「周老師，別再說了，」魏老師不耐煩的說：「俗語說『怨生無怨死，怨死無天理』，涂主任已做神了，不要再計較了。」

0760 恔个顧身體，戇个顧家賄

Khiáu--ê kò͘ sin-thé，gōng--ê kò͘ ke-húe

【暗示】賢愚觀點不同。

【註解】恔个：聰明的。

聰明的人重視的是身體的健康；笨的人才只想到家產。

【例句】社區老人活動中心，聘請學者專題演講：「退休生涯」。

陳教授對一百多位老人家說，「恔个顧身體，戇个顧家賄」。他舉了很多台灣富豪長年病魔纏身，空有億萬財產，卻每天過著與藥包針筒為伍的日子，有錢又怎樣？

0761 恬恬(惦惦)食三碗公

Tiām-tiām tsia̍h saⁿ uáⁿ-kong

【暗示】人不可貌相。

【註解】看起來忠厚可靠，卻默默的、不動聲色的暗搞。

【例句】你不要以為和尚唸經拜佛與世無爭，其實有些和尚是「惦惦食三碗公」。

高雄市美濃區大悲山蘭若寺住持融宗和尚，唸經拜佛，一向慈悲為懷。竟於2005年6月22日，因變更喪葬設施用地受阻，在區長室與區民代表鄭登海等人，發生口角大打起來，後來還因「和尚袈裟內之萬元不見」而互控傷害恐嚇。

~~~~~~

0762 拱，較大米升

Kióng，khah tūa bí-tsin

【暗示】本來就是這樣。

【註解】拱：容器。米升：也是容器的一種。容量分為：合、升、斗、石。拱本來就比米升大了，沒什麼。

【例句】總統府國務機要費，拿「台灣紅」負責人李慧芬，在君悅飯店消費的發票假報銷，被前立法委員邱毅爆料後，引起全國議論紛紛。前民進黨立委王世堅，指責邱毅的爆料不該，他說：「邱毅懂什麼東西?!『拱，較大米升』，本來都這樣報銷，還大驚小怪？」

~~~~~~

0763 拼䢢流汗，恆人嫌䢢流汨

Piàⁿ kah lâu-kūaⁿ，hō͘ lâng hiâm kah lâu-nūa

【暗示】有功無賞。

【註解】流汨：流口水。

汗流浹背，認眞工作，不但得不到應有的稱讚、鼓勵，還被罵得快要臭頭。

【例句】周課員早上發了一頓脾氣，堅決不接受鄉長要他規劃的全鄉清潔

計劃。他說：「去年也是我執行全鄉清潔計劃，前後被鄉長叫去痛罵五、六次，『拼俉流汗，恆人嫌俉流汨』，連一句鼓勵都沒有，為什麼還要我規劃？」

0764 指天揆地

Kí thiⁿ tùh tē

【暗示】天南地北，雞同鴨講。

【註解】語言不通，比手畫腳，指天畫地，無法溝通。

【例句】張輔導組長垂頭喪氣的回到學校，許校長感到很奇怪問他，是不是家長還不諒解邱老師體罰林麗娜同學？

「我倒看不出家長的態度，」張組長說：「我原來不知林麗娜的家長是個啞巴，和我談起話來『指天揆地』，根本無法溝通。」

0765 是唔是罵家己

Sī m̄-sī mē ka-kī

【暗示】嚴以律己。

【註解】是不是先罵自己，再怪別人。

【例句】新北市土城區林姓女子控告梁姓老闆強姦，地檢署檢察官認為林女應該「是唔是罵家己」才對，而作出不起訴處分。

林女說老闆到地下室和她談事情談到深夜，看老闆不回去她便先睡了，早上醒來老闆裸體睡在她身旁，她原本以為和她嘿咻的是她男朋友，一氣之下就到地檢處告老闆強姦。

梁老闆說嘿咻是兩相情願，林女說嘿咻時雖然眼睛是睜開的，但暗暗黑黑的，才誤將老闆當作男朋友配合嘿咻。

0766 枵狗想食豬肝骨

Iau-káu siūⁿ tsiàh ti-kuaⁿ-kut

【暗示】妄想之症。

【註解】枵狗：餓狗。

豬肝無骨是上品，狗狗有肉骨可啃已經很好了，還妄想有豬肝這種上品食物。

【例句】台東縣一位林姓男子，氣忿忿的到警察局，控告某一私立中學司機黃文清，「枵狗想食豬肝骨」。

林姓男子因就讀高二的女兒，每日乘坐學校外包的交通車上下學，竟與黃文清司機朝夕相處，日久生情，進而發生肉體關係。

林女苦苦向其父親求情，但林父對這位「枵狗想食豬肝骨」的黃姓司機非常不諒解，堅持提出告訴。

0767 枵著呻，食飽叫艱苦

Iau tiỏh hai^n，tsiảh-pá kiò kan-khớ

【暗示】無病呻吟。

【註解】肚子餓了會叫，吃飽了也會叫不舒服。

【例句】葉校長對於駱老師漸漸地感冒起來。本來葉校長視他為心腹，他有所要求時，都會體諒他。他說每週十七堂課，沒有格外鐘點費，日子會比較難過，葉校長因而給他規劃上二十四節課；他又說這樣太累，簡直要磨死他。葉校長就生氣起來：「駱老師這種人『枵著呻，食飽叫艱苦』，實在不識抬舉。」

0768 枵過饑、飽傷胃

Iau kùe ki、pá siong-ūi

【暗示】過與不足都不好。

【註解】肚子餓的時候，幾乎餓昏了頭；吃太飽的時候，肚子好難受。

【例句】兄弟分家，老二接掌印刷廠，剛開始做老闆，特別認真賣力，要出人頭地，連三餐飲食都不正常。

媽媽看兒子那麼辛苦，心裡十分不忍，一再勸告他事業雖然重要，但「枵過饑、飽傷胃」，飲食一定要正常。

0769 枵雞無惜筅，枵人無惜面底皮

Iau-ke bô sioh tshûe，iau-lâng bô sioh bīn-té-phûe

【暗示】食飯皇帝大，民以食為天。

【註解】枵雞：饑餓的雞。

雞餓了，不斷地用腳爪找東西吃；人飢餓了，也顧不了面子找吃、討吃。

【例句】胡鎮長為了讓流浪漢在這冬夜能吃到一頓溫飽飯，請來總舖師大張旗鼓的準備大魚大肉，請他們大吃大喝一頓。

呂祕書認為流浪漢吃相一定很難看，要請他們大吃大喝一頓，倒不如一個人發給一些錢比較省事。

「俗語說『枵雞無惜筅，枵人無惜面底皮』，那是生活所逼迫出來的，」胡鎮長對呂祕書說：「我要請流浪漢吃一餐溫馨的晚餐，是要讓他們知道，社會還是有人關心他們。」

0770 查姆嫺仔骨，無做會鬱卒

Tsa-bó-kán-á kut，bô tsò ē ut-tsut

【暗示】天生業命。

【註解】查姆嫺仔：女佣人。無做：沒工作做。會鬱卒：會難過。

天生殘骨頭，閒不下來，沒工作會難過。

【例句】楊秀美老師退休後，每月有18%的退休利息，月退全部領起來也有六萬多元，生活會過得很優渥才對。可是她天天都有忙不完的工作，退休公教人員聯誼會的所有活動，她從來都沒參加過一次，不是幫忙大兒子工廠的襪子包裝工作，便是到二兒子家幫些什麼。同事們都說楊秀美老師「查姆嫺仔骨，無做會鬱卒」。

0771 查姆人忭勢，放尿嘛𣍐濺上壁

Tsa-bó-lâng khah gâu，pàng-jiō mā bē tsūaⁿ tsiūⁿ piah

【暗示】輕視女人。

【註解】查姆人：女人。女人再聰明、能幹，尿尿也不會濺到牆壁上。

【例句】我們這條街的街頭巷尾大家都稱讚，患小兒痲痺不良於行的古水深的老婆，如何又如何賢慧，不但把三個兒女都栽培到大學畢業，以及事業如何又如何成功，外銷訂單源源而來。

「當然古家有今日的成就，古水深的老婆是關鍵人物，但是『查姆人忭勢，放尿嘛燴濺上壁』，要不是古家是有錢人，無米怎樣挨粿仔夫？」

0772 查姆囝仔菜籽命

Tsa-bó-gín-á tshài-tsí miā

【暗示】命運自己不能作主。

【註解】查姆囝仔：女兒。菜籽：蔬菜種子。女人的命運，隨著環境而改變。

【例句】所謂「查姆囝仔菜籽命」一語，印證呂校長五個女兒的命運，一點兒也不差。

大女兒大學畢業，雖然是位老師，老公卻因貪腐入獄，家庭重擔由她承擔；二女兒和其他女兒都一樣是大學畢業，前後任丈夫都死於車禍；三女兒的丈夫是電子公司的新貴，身價五十億；四女兒貌合神離，終至結束婚姻生活；老么快四十了，仍然找不到合適的伴侶。

0773 查姆囝教娘嬭轉臍

Tsa-bó-kiáⁿ kà niû-lé tńg-tsâi

【暗示】荒唐。

【註解】娘嬭：母親。轉臍：接生。

【例句】說什麼「查姆囝教娘嬭轉臍」，當然是很荒唐的事，但是陌生男子給產婦接生，卻是真有這一回事。

基隆市消防局中正分隊隊員邱東成，於2005年6月27日上午8時30分接到通知，指一名住五樓的孕婦肚子痛到無法下樓。他衝到那裡見到嬰兒的頭已經出來，但卡著生不出來，孕婦的先生愣在

那兒不知所措，他立即要那位丈夫協助在老婆腹部推擠施壓，自己則將嬰兒慢慢拉出來，順利完成接生的「額外服務」。

0774 查姆囝飼大十八變

Tsa-bó͘-kiáⁿ tshī tūa tsȧp-pėh piàn

【暗示】女大十八變。

【註解】女孩子長大了，亭亭玉立，變得幾乎都認不出來了。

【例句】今年62歲的婦人葉曾飾，爲了傳宗接代，替葉家求得一子，二十年來連生十個女兒。爲此她曾在暗夜嚎哭，沒想到她丈夫仍然外遇生下一男。

這位連生十個女兒的婦人，看到自己的女兒「查姆囝飼大十八變」，有當教師、醫師、檢察官、牧師的，個個都很傑出，終於敢大聲的說：「生女無罪！」

0775 查姆唔認穤，查仪唔認獃

Tsa-bó͘ m̄ jīn bái，tsa-po͘ m̄ jīn tai

【暗示】欠缺自知之明或不守本分。

【註解】女人不認爲自己長得醜，男人也不知自己是很笨的人。

【例句】達人高職的教官閒下來聊天，聊到高二美容班鄒美芬同學，報名參加「葡萄仙子」選美比賽。

「這也沒什麼。」教官主任郭少校說：「天下『查姆唔認穤，查仪唔認獃』，敢秀便有機會。」

0776 查姆體愛人罵

Tsa-bó͘ thé ài lâng lé

【暗示】娘娘腔。

【註解】罵：惡言咒罵。

男人言行舉止婆婆媽媽的，說女人不像女人，說男人不像男人，

令人厭煩、討罵。

【例句】我們公司裡，最令人厭惡的是總務周課長，他與女員工說話，不但娘娘腔，還手來腳來，常常被女員工當眾謾罵，也都不以為意。這位「查姆體愛人罵」的課長，員工們都好奇，總經理到底喜歡他什麼，怎麼叫他當課長？

0777 查姆人褲頭，掌櫃後

Tsa-bó-lâng khò-thâu，tsiáng-kūi āu

【暗示】重要地方，瓜田李下之地。

【註解】褲頭：腰圍間。掌櫃後：商店帳房櫃檯。

【例句】台語教師研習會學員問教授：「什麼是『查姆人褲頭，掌櫃後』？」教授說這兩個地方都是很重要的部位，別人碰不得的，如果碰到女人的腰間，不管是有意或無意，都會很失禮，以現在來說，難免被指為性騷擾；要是到人家商店，都不該走到櫃檯或收銀機後，以免人家懷疑動機與企圖。

0778 歪喙雞，佫欲食好米

Uai-tshùi ke，koh beh tsiàh hó-bí

【暗示】妄想、不切實際。

【註解】歪了脖子的雞，能夠啄到米就該滿意了，還想吃最好的米粒？

【例句】待業已經一年多的柳居明，好不容易找到紡織公司事務員的工作，可是他上班三天便又不幹了。
推薦他到該公司上班的賴伯伯，知道他是因為辦公室沒有冷氣，受不了而不幹。
「你呀！『歪喙雞，佫欲食好米』？」賴伯伯罵他：「少年人只會享受，怪不得那麼久還找不到工作。」

0779 歪膏砌趄

Uai-ko-tshih-tshuah

【暗示】事情搞得亂七八糟。

【註解】要辦的事，搞得歪七扭八，雞飛狗跳。

【例句】教育界人士都非常地納悶，大華國中黃校長何德何能，能夠高升到國立高中校長。

「大華國中弊案連連，不但狀況百出，」鄒校長對其他校長說：「就連黃校長在法院都有三、四個案子，貪污瀆職和家長會訴訟的都有，辦學辦到『歪膏砌趄』，還高升高中校長，這公平嗎？」

0780 活久嫌瘦

Uàh kú hiâm siān

【暗示】活得不耐煩。

【註解】瘦：累也。長壽者反而覺得再活下去很累、很無聊。

【例句】中國著名作家巴金，1904年生於四川成都市，1927年赴法留學，發表小說《滅亡》。其後著作甚多，主要作品《激流三部曲》、《海的夢》……其獨特的文風和豐碩的作品，被魯迅稱之為一個有熱情、有進步思想的作家。

2003年11月25日，中國上海、北京、四川……各地分別熱烈慶祝巴金百歲壽誕，巴金卻說「長壽是一種懲罰」。這話令人聽起來，感覺到有點兒「活久嫌瘦」的味兒。

0781 活馬縛死樹

Uàh bé pàk sí tshiū

【暗示】懷才不遇。

【註解】活馬綑綁在枯樹，動彈不得，顯然生不逢時。

【例句】農會四十多位員工中，鄭明顯是一位公認有幹勁、創意的年輕人，是推動農會經營轉型的人才；可是陳總幹事，卻將他安排在總務

課，負責公文書收發的工作，等於是把一隻「活馬縛死樹」。不但讓他沒有發揮的空間，對於農會要推動轉型，也毫無幫助。

0782 流水無毒，流人無惡

Lâu-tsúi bô tȯk，lâu-lâng bô ok

【暗示】來來往往的，都不會有害於人的東西。

【註解】流水：活水。流人：街友。

流動的水，是不會有毒性的；街友：流浪漢。

【例句】詹里長召集鄰長討論組織冬令巡守隊，夜間巡守里內各街巷，維護治安，減少偷竊事件發生。朱鄰長在會中建議分駐所，把在里內的流浪漢都趕出本鎮，他覺得失竊事件與流浪漢有關。

「朱鄰長說流浪漢，與本里發生的幾件失竊案有關，」詹里長答覆說：「一般來說，『流水無毒，流人無惡』，街友只是有礙觀瞻而已。」

0783 流汗不近風，行(走)路不凹胸

Lâu-kūaⁿ put kīn hong，kiâⁿ-lō͘ put àu hiong

【暗示】要知道保健的方法。

【註解】流汗：出汗。不凹胸：不駝背行走。要知道保健的方法和禁忌。

【例句】搬新家，全家大小一起來。

哥哥和我搬書桌、電視，搬得氣喘如牛，汗流浹背，休息時哥哥站在電風扇前吹涼，爸爸看到了，對他說：

「要知道『流汗不近風，走路不凹胸』，這樣才不會傷風感冒。」

0784 流鼻呣知通擤鼻

Lâu-phīⁿ m̄ tsai thang tshìng-phīⁿ

【暗示】沒有自知之明，或不會善後。

【註解】會流鼻涕，卻不會擦拭鼻涕。

【例句】吳明發利用他老婆參加元極舞隊友環境遊行的機會，三個晚上都帶女朋友到家裡過夜。

由於他老婆不在，兩人乾柴烈火，但「流鼻呣知通擤鼻」，三天來所使用的衛生紙，竟然沒處理掉，讓他老婆發現，做為訴請離婚的呈堂證物。

0785 皇帝嘛會欠庫銀

Hông-tè mā ē khiàm khò-gîn

【暗示】錢銀三不便。

【註解】皇帝雖然是一國之尊，有時候也會手頭不便，向國庫借錢。

【例句】魏媽媽喋喋不休地數落她老公的不是說，孩子自從學校畢業找到工作後，從沒再向老人家伸手借錢，要不是買了房子，哪會向他開口？

「我知道啦，我知道啦！」魏爸爸有點不耐煩的說：「自己的孩子，我怎麼不知道他的個性？『皇帝嘛會欠庫銀』，你把那張二百萬定期存款單，拿去解約給他好啦！」

0786 相愯食有偆，相搶食無份

Sio jím tsiàh ū tshun，sio-tshiúⁿ tshiàh bô hūn

【暗示】謙讓有餘。

【註解】相愯：互相謙讓。

彼此客氣謙讓，東西便吃不完；搶食的話，東西就會不夠吃；手腳慢的人會吃不到。

【例句】姐姐聽媽媽說冰箱裡面有布丁，隨即打開冰箱，差點連頭都伸進去，結果布丁一個也沒有。

「一定是被阿弟和哥哥吃光了，」媽媽說：「我看到剛才他們兩人爭吃，真是『相愯食有偆，相搶食無份』，布丁連妳的份有四個，都被吃掉了。」

0787 相命喙糊纇纇

Siòng-miā tshùi hô-lùi-lùi

【暗示】天花亂墜，不可相信。

【註解】糊纇纇：天花亂墜。

　　　　算命的是靠嘴巴賺錢，一張嘴巴含含糊糊，口若懸河，不可相信。

【例句】「我告訴你『相命喙糊纇纇』，你偏不相信，」趙良任告訴他的朋友：

　　　　「現在你總該相信了吧？」

　　　　「我怎麼相信你？」

　　　　「如果相命的嘴能準，他的家就不會被大火燒光吧？」

0788 相爭尪捔鼻孔；翻骹徛無彩工

Sio-tseⁿ ang ó͘ phīⁿ-khang；Huan-kha-tshia bô-tshái-kang

【暗示】要謹言慎行，否則後悔翻案都來不及。

【註解】二妻爲了爭寵，討好老公，互揭瘡疤，這樣互相翻老帳，是沒用的，白費心機。

【例句】黃淑蓮和李麗君，是一對親如姐妹的同事，黃淑蓮和她老公外出郊遊，也都經常三人行，有人警告她，朋友好也不應該好到那麼親密地在一起，可是她都不以爲意，反而怪人家心胸狹窄。

　　　　朋友的預言，終於成爲事實，她老公居然與李麗君產生情愫，偷偷地上床，兩個女人終於翻臉，經常打架互揭瘡疤，然而「相爭尪捔鼻孔；翻骹徛無彩工」，對於黃淑蓮的婚姻來說，已經產生裂痕，破鏡難圓了。

0789 相看駛死牛

Sio-khùaⁿ sái sí gû

【暗示】相互推諉互不做事。

【註解】相看：你看我，我看你。

　　　　互相觀看卻不動手去做，讓牛做得半死。

【例句】老爸出國旅遊前，交代兩個兒子，把他還沒粉刷完的牆壁刷完。
老爸東南亞旅遊八天回來，不但沒人替他粉刷，甚至油漆、工具，
都依然原封不動地放在那兒。他把兒子們叫過來，罵他們兄弟「相
看駛死牛」，連體諒他的心情都沒有。

0790 相敆米煮有飯

Saⁿ-kap bí tsú ū pn̄g

【暗示】團結產生力量。

【註解】相敆：合在一起。
你有一點米，我也有一點米，數量少難煮，合在一起來煮，便有
飯吃。

【例句】冬末拜平安，預定請二台野台戲演出，廟祝郭阿伯正愁於經費不
足，剛好遠赴台北經商發展的三記董事長連信宏回鄉參拜，聽到
廟祝說演戲經費不足，就從褲袋裡摸出一把鈔票給廟祝，誠懇的
說：
「阿伯，這一萬元你收下，人家說『相敆米煮有飯』，我盡點心意
而已。」

0791 相罵恨無話，相扑恨無力

Sio-mē hīn bô ūe，sio-phah hīn bô la̍t

【暗示】口不擇言。

【註解】一但吵起架來，只恨找不到更惡毒的話罵人；打起架來，只恨沒
有更大的力氣打對方。

【例句】謝心蘭和許志坤是一對寶貝夫妻，小倆口子吵架，經常從家裡吵
到學校。沈校長把謝老師叫到校長室，對她說：「你們夫妻倆，
這樣吵個不休，倒不如大打一次，把所有的積怨與不滿都打出來，
不要這樣天天吵架，不是更好嗎？」
「校長，我真的也很想揍他一頓，」謝老師說：「但我知道『相罵
恨無話，相扑恨無力』，只好跟他吵架。」

0792 相罵無好喙，相扑無揀位

Sio-mē bô hó tshùi，sio-phah bô kíng ūi

【暗示】衝動、失去理智，什麼事都做得出來。

【註解】彼此相罵，什麼話都罵得出口來；互相打架，也管不了那麼多的亂打。

【例句】嘉義市婦人黃楊嬌，與擔任監察人的公司爆發股權糾紛，並與該公司員工徐智雄發生訴訟，在嘉義地檢署法警室二人口角。
黃婦「相罵無好喙，相扑無揀位」，罵徐姓員工一句：「你比宋楚瑜還奸！」徐某認為人格受到侮辱，控告黃婦，嘉義地檢署2005年5月19日認定，黃婦涉嫌公然侮辱，申請簡易判決。

0793 相識滿天下，知心能幾人

Siong-sik buán thian-hā，ti-sim lîng kí jîn

【暗示】知己朋友到底不多。

【註解】相識：認識。知心：知己，能談心的朋友。
朋友固然很多，能談得來的沒有幾個。

【例句】尤新富認為自己受到眾多朋友支持，出來競選市議員的時機已經成熟，就不顧家人反對，登記參加競選。
劇烈的選戰結束，老尤不但沒有選上市議員，而得票數少得不忍卒睹，是議員選舉以來候選人得票數最低者，僅兩位數而已。
尤新富面對這次挫敗，心中大概有「相識滿天下，知心能幾人」的感慨吧！

0794 洗面礙著鼻

Sé-bīn gāi tiȯh phī^n

【暗示】無辜傷到第三者。

【註解】話說張三的種種事情，卻無緣無故的把李四也扯進來。

【例句】陳水扁前總統的親家趙玉柱，身為國小退休校長，每月退休金少

說也有七、八萬元，卻利用身份到處掛顧問 A 錢。因此，人家提起 A 錢的事，必會「洗面礙著鼻」。說到校長 A 錢的事，害我們這些退休的校長，感到臉紅。

0795 看人大細目

Khùaⁿ lâng tūa-sè-bảk

【暗示】勢利眼，待人分等級。

【註解】待人接物的態度和禮節，因人的身份地位有別而不同。

【例句】兒子失業在家，想要經營歌唱 KTV，向老爸借資本，老爸欣然答應，不過告訴他，經營事業，千萬不可以「看人大細目」，也就是對待客人，要一視同仁，同樣親切、殷勤，人家才會喜歡來唱歌、消費。

0796 看人放屎，喉管就滇

Khùaⁿ lâng pàng-sái，âu-kńg tsiū tīⁿ

【暗示】盲目模仿。

【註解】放屎：大便。看到人家做什麼，便要模仿。滇：滿的意思。

【例句】夏天還沒到，街上賣冷飲的小攤，少說也增加七、八家。小辛看到人家競相賣出冷飲，也著手規劃要賣紅茶、冰品。他老爸看到他開始裝潢店面，喃喃自語地說：「怎麼『看人放屎，喉管就滇』？」

0797 看人無目第

Khùaⁿ lâng bô bảk-tē

【暗示】狗眼看人低。

【註解】自視甚高，瞧不起身份地位比自己差的人。

【例句】在鄉村限速 50 公里的公路上，交通警察攔截了一輛急速開過來的轎車。

「我從你轉彎過來時，便知道已經超過六十了。」

「警察先生，你不要這樣『看人無目第』好不好？」歐巴桑拿駕照出來：「你看！我才四十八歲，怎說我超過六十？」

0798 看人撒油

Khùaⁿ lâng suah iû

【暗示】差別待遇。

【註解】古時候經濟沒有現代富裕，熱能都靠油脂食物，因此小攤上的料理，對於好顧客都會在煮炒之際，多撒些油。

【例句】各種文獻都說食物油過量，將導致肥胖症。因此現代人飲食，已沒有人抱怨餐廳老闆「看人撒油」。

倒是彰化縣享有盛名的芳苑王功美食街，有外地遊客投書報紙抱怨，炸蚵使用回鍋油，油脂雜質過多，有害健康。

王功美食商店街協會理事長林家裕，為保證成功打響知名度的炸蚵美食，將建議衛生局定期檢查。

林理事長並請業者自律，共同維護聲譽。

0799 看天食飯

Khùaⁿ thiⁿ tsiȧh-pn̄g

【暗示】看老天爺的臉色吃飯。

【註解】台灣的農田，因地勢、氣候、水源之差異，農作物收穫，有一年三期、有二期，也有一年才能收穫一次。

一年收穫一次，大都是旱地，看天田，看天吃飯。

【例句】老農民宋來義坐在樹下，一面乘涼一面埋怨，他耕作這五分田地，都是「看天食飯」的旱田。沒有下雨、乾旱，就沒有收穫，吃飯就要想辦法了。

他忽然想到三百六十行，還是當和尚最好，「住在廟寺，食在廟宇，唸經恆伊拄」，還有更好的行業嗎？

0800 看外表知腹內

Khùaⁿ gūa-piáu tsai pak-lāi

【暗示】見微知著。

【註解】看言行舉止，便知道肚子裡面有什麼東西了。

【例句】村民大會，張村長把議員候選人鄧超俊，介紹給村民認識，把幾乎所有讚美民選公職人員的美語，全部形容出來。

邱阿份會後問其他民眾，對於鄧超俊的印象，一位村民淡淡的說：「看外表知腹內！」也不說好，也不說壞，留下想像空間。

0801 看安公食雞胘，脆脆

Khùaⁿ an-kong tsiáh ke-kiān，tshè-tshè

【暗示】得來不易。

【註解】孫子看阿公吃雞胘很脆、好吃，怎知得來不易。

【例句】叔叔新買了一部豐田轎車，哥哥試坐後，覺得很舒服，又很安穩，便向老爸要求也要買一輛給他。老爸靜靜地聽哥哥說明豐田可樂娜的優越性能後，才說：「你『看安公食雞胘，脆脆』，可知道你叔叔儉多久，才能買這部新車？」

0802 看有食無乾擔愁，親像神明鼻熏煙

Khùaⁿ ū tsiáh bô kan-taⁿ giàn，tshin-tshiūⁿ sîn-bîng phīⁿ hun-ian

【暗示】沒有實惠，只過乾癮而已。

【註解】看得到卻吃不到，像神明滿桌三牲四酒禮桌，卻只能聞信徒燒香熏鼻子而已。

【例句】陸建祥向來不吃檳榔，近來也學人家吃檳榔，還頻頻到檳榔攤買回來請大家吃。原來大家也不知道，陸建祥怎麼突然變得那麼慷慨，難道是神經有問題？後來才發現，檳榔攤新來了一位檳榔西施，他是想利用買檳榔接近她、追她。吳文彬一邊嚼陸建祥給他的檳榔，一邊揶揄他說：「你呀！『看有食無乾擔愁，親像神明

鼻熏煙』，別再花冤枉錢了。」

0803 看形骸，無看腹内

Khùaⁿ hîng-hâi，bô khùaⁿ pak-lāi

【暗示】以貌取人。

【註解】只重視外表長得英俊不英俊，不計較肚子裡有沒有東西、品德好不好。

【例句】幾位官夫人偷偷地相約去欣賞午夜牛郎表演鋼管舞。她們看到午夜牛郎身材魁梧、肌肉結實，無不驚嘆連連，頻頻咋舌。「那有什麼了不起！」一位官夫人說：「午夜牛郎都是『看形骸，無看腹内』嘛。」「你要老公的是形骸或腹内？」

0804 看命若會準，草埔仔嘛會生竹筍

Khùaⁿ-miā nā ē tsún，tsháu-po͘-á mā ē seⁿ tik-sún

【暗示】江湖術士之言，不可相信。

【註解】命相師之言只是提供參考而已，還是腳踏實地打拼。

【例句】媽祖廟口掛著「真半仙，鐵口直斷，若無準，絕對免錢」招牌的相命師羅半仙，家裡發生火災，雖然沒有人傷亡，但他整棟房屋已燒成灰。

街上的人，對於羅半仙的遭遇，都寄予無限的同情，但也感到很奇怪，他算命那麼準，怎麼沒算到家裡會發生火災？媽祖廟廟祝邱伯伯說：「看命若會準，草埔仔嘛會生竹筍。」

0805 看命無褒，食水都無

Khùaⁿ-miā bô po，tsiåh-tsúi to bô

【暗示】投其所好。

【註解】看命：算命的。

靠算命維生的江湖術士，總要說幾句讚美的話，博取好感，才有

錢賺，否則連喝開水的錢也無著落。

【例句】司馬中最近好像人逢喜事精神爽，看到同事都笑嘻嘻的，笑容常掛在臉上。我問他近來怎麼心情那麼好？他說去算過命，算命師告訴他，今年中秋後財運亨通，而且能升為單位主管，至少也有課長的椅子坐。我聽後心裡覺得很好笑，老司難道沒有聽過「看命無褒，食水都無」這句話嗎？

0806 看症忭好摸脈

Khùaⁿ tsìng khah hó bong me̍h

【暗示】瞞不了人。

【註解】看臉色不用把脈，便知道病情了，且很準。

【例句】淑眞告訴她婆婆，近來毫無食慾，還頻頻嘔吐，不知是不是胃有了毛病？

她婆婆聽後，又看了看媳婦病黃的臉色，欣喜地告訴媳婦說她有喜了！

「眞的！我有孩子了？」淑眞高興得幾乎叫出來。

「傻媳婦，」她婆婆蠻有信心的說：「我『看症忭好摸脈』，準錯不了，快打電話告訴阿祥吧！」

0807 看破骹手

Khùaⁿ phùa kha-tshiú

【暗示】認清面目。

【註解】看透了一個人。

【例句】袁志雄與苑玉君這對結婚不到一年的夫妻，突然離了婚，讓朋友們都很感意外。

原來有一天，袁志雄用機車載著老婆，參加白河荷花節活動，竟將她掉落在半路上。苑玉君到了現場，見她老公不但沒發現到老婆跌落了，還在那裡看活動湊熱鬧，才讓她「看破骹手」要和他離婚。

0808 紅花膾香，香花膾紅

Âng-hue bē phang，phang-hue bē âng

【暗示】好吃不等同於好看，好看不等同於好吃。

【註解】紅花欠缺香味，有香味的花不紅，沒有十全十美的東西，總有缺陷。

【例句】上台語課程時，學生問老師：「『紅花膾香，香花膾紅』怎樣解釋？」老師說：「我從今年大學聯考女生榜首的照片看來，這些天資聰明的女生，大都長得不怎麼漂亮，這樣懂得意思嗎？」

0809 紅面令快落籠

Âng-bīn--ê khuài lóh-láng

【暗示】緊紡無好紗。

【註解】個性急躁的、情緒比較衝動的大都會吃虧。

布袋戲裡那些出場殺氣沖天的角色，很快就會因被殺死而收進戲籠裡了。

【例句】生產課的周益民課長，指責負責品檢的吳仁鴻不用心，導致瑕疵品比率偏高，被吳頂撞了一句，一時惱羞成怒，兩人從拌嘴而至大打出手。

同事們看在眼裡，擔心兩人結下梁子，以後工作推動起來會不順利，而請行銷課張課長出面，替他們化解誤會。

「不必啦！」張課長搖手說：「周課長那個人『紅面令快落籠』，不會記恨。」

0810 紅媠，烏大扮

Âng súi，o͘ tūa-pān

【暗示】服飾象徵。

【註解】紅色的衣服漂亮，黑色的衣服大方。

【例句】教授給學生上「服裝設計」的課，學生問：「教授，『紅媠，烏大

扮』是什麼意思？」
「紅婿，是說紅色讓人覺得熱情、漂亮；烏就是黑色，黑色給人的感覺，是正式、端正、穩重。」

0811 紅圓紅圓甜，新婦忭好嘛別人生

Âng-îⁿ âng-îⁿ tiⁿ, sin-pū khah hó mā pàt-lâng siⁿ

【暗示】媳婦非女兒，會有隔閡。

【註解】多數的婆媳，因媳婦非自己生的女兒，有隔閡，不會感到貼心，才有這句順口溜。

【例句】程老太太臨終前，請杜律師來對她的遺囑簽名見證。杜律師看到程老太太把大部分的財產，指定給她媳婦淑真繼承，只留下小部分的錢財，給她稱的不孝子，期期以為不可，他說：「程太太，俗語說：『紅圓紅圓甜，新婦忭好嘛別人生』。」

0812 紅龜粿包鹹菜

Âng-ku-kúe pau kiâm-tshài

【暗示】中看不中用。

【註解】紅龜粿：糯米磨漿套模印製出來的一種食用粿類，紅龜粿用鹹菜為餡，叫包鹹菜，比較不好吃。

【例句】蔡鄉長對於林代表於鄉長選舉中義不容辭地相助，他才扭轉劣勢順利當選，心存感激，一直想找機會回報。
蔡鄉長請林代表到鄉長室商量說，社區托兒所有八百名師生，餐點要讓他承包，每人每月三百元，每月總計為二十四萬元。
林代表掏出計算機計算一下後，對蔡鄉長說：「鄉長，『紅龜粿包鹹菜』，燴做咧。」

0813 胡蠅舞屎盃

Hô-sîn bú sái-pe

【暗示】花拳繡腿。

【註解】胡蠅：蒼蠅。屎盃：扁薄木片，古時候還沒有衛生紙，都用屎盃擦拭屁眼。屎盃沾有糞便，胡蠅聞臭沾食。

【例句】哥哥整個早上都在修理他的電腦，連午飯也沒時間吃，還忙得汗流浹背，爸爸看了搖搖頭，對他說：
「阿宏啊！你不會修理送到電腦店修理便好，不要『胡蠅舞屎盃』，弄得不能修理就糟了。」

0814 胡蠅蠓仔歸大堆

Hô-sîn báng-á kui-tūa-tui

【暗示】損友一大堆。

【註解】胡蠅：蒼蠅。蠓仔：蚊子。
蒼蠅、蚊子一大堆，表示環境衛生不好，才會衍生蚊蟲、蒼蠅。喻結交三教九流無賴之徒。

【例句】阿公覺得就讀農校的孫兒，朋友像「胡蠅蠓仔歸大堆」，交代兒子說：「阿明，孩子讀書，做老爸的不是只交學費便沒事了，也要注意結交的是什麼樣子的同學？」

0815 若是愛計較，量早拆爐灶

Nā-sī ài kè-kàu，liōng-tsá thiah lô-tsàu

【暗示】無法相處，不如分道揚鑣。

【註解】若是彼此斤斤計較，倒不如早一點拆夥。

【例句】姚家大小妯娌，又為了小孩子分配的工作，發生爭執，公公看到兩個媳婦，為孩子的工作爭個不休，便對她們說：「妳們兩人呀！『若是愛計較，量早拆爐灶』好啦！」

0816 衫褲笑破無笑補

Saⁿ-khòʼ tshiò phùa bô tshiò póʼ

【暗示】笑懶不笑窮的人。

【註解】笑人家穿破爛的衣服，不笑人家穿修補的衣服。

【例句】孫兒女暑假要到台北叔叔家玩，正爲了要穿什麼衣服爭執不下，
弟弟想穿那件名牌的夏季外出服，卻被姐姐扯破，他向阿嬤哭著
要給他買新的。

阿嬤將衣服補好後，拿給孫兒說：「現在來不及去買新的，先穿
上去沒關係，人家是『衫褲笑破無笑補』，到台北再給你買新的。」
孫兒只好勉爲其難地穿上它了。

0817 面皮忾厚壁

Bīn-phûe khah kāu piah

【暗示】厚臉皮。

【註解】忾：比，也可做「更」解釋。臉皮比牆壁還要厚，不知廉恥也。

【例句】江淑娟已經用非常堅定的口氣，告訴林文鎮說，兩人不能重修舊
好，而且還說即將與新男友訂婚。

林文鎮仍不死心，三番兩次到女方家去鬧，也一再地被女方家人
掃地出門，仍然堅持要再親自問江淑娟，否則不走。

江家看到這位「面皮忾厚壁」的傢伙，無奈之下，只好報警將他
帶走。

0818 面皮拭塗骹

Bīn-phûe tshit thô-kha

【暗示】丟臉之至。

【註解】塗骹：地上。面皮：面子。面子在地上任人踐踏。

【例句】前行政院副院長吳榮義，2005年6月18日，在工商協會會員大會
表示，期許立法院新會期，能優先通過「取消軍教免稅案」。他說：

「有所得就要課稅，不能因職業不同就不用繳稅，否則老師都不繳稅，如何有臉上課？」

教師課稅問題，2003年全國教師還爲課稅，上過台北街頭遊行抗議，因得不到輿論支持，訴求改爲：「課多少補多少？」反應更差。既然課多少要補多少，哪還用勞師動眾開稅單？社會批評說老師是家己「面皮拭塗骹」。

0819 面皮會挾胡蠅

Bīn-phûe ē kiap hô-sîn

【暗示】時不我與。

【註解】胡蠅：蒼蠅。年歲多了，連臉上的皺紋，都會挾住蒼蠅。

【例句】老公要與老婆赴宴，老公等老婆化妝卻等得不耐煩而說：

「別再粉刷了，妳的『面皮會挾胡蠅』，用水泥才能抹平……」

「你講什麼話？」老婆氣沖沖的說：「你小弟軟綿綿，都沒叫你用筷子綁著，你還嫌……」

0820 面細，怨人大尻川

Bīn sè，uàn lâng tūa kha-tshng

【暗示】疑心忌妒。

【註解】自己的臉小，卻埋怨別人的屁股大，也就是自己不努力奮發，怪罪別人成就好。

【例句】張、林兩位老師在討論她們班上這一次班長選舉，爲什麼兩位最優秀又最有能力的李麗君和顏淑敏都落選了？

「我們班上的李麗君和妳班上的顏淑敏，」張老師說：「平常的表現、言語態度都不錯，尤其兩人都是美人兒，同學怎都沒選她們呀？」

「女孩子嘛！比較會嫉妒！」林老師回說：「大部分都會說『面細，怨人大尻川』呀！」

0821 風聲諜影

Hong sia^n pòng iá^n

【暗示】誇張事實。

【註解】傳聞與事實不符，所謂看「一個影，生一個子」，捕風捉影，誇大其詞。

【例句】奧運跆拳道國手朱木炎，在網路「聊天室」與一名叫「雪兒」的小姐，打得火熱，導致被歹徒敲詐110萬元。各家媒體「風聲諜影」，說朱木炎被設計敲詐一千多萬元，另報導朱家二樓玻璃窗，於2005年5月7日凌晨二時，被歹徒丟磚塊砸破。

0822 食欲食，蝨母唔愛掠

Tsiàh beh tsiàh，sat-bó m̄ ài liàh

【暗示】好吃懶做。

【註解】吃的時候，要吃最好的，但懶得做工作。

【例句】盧總經理就任以來，特別注意員工的工作效率，且現有些幹部「食欲食，蝨母唔愛掠」，這樣勞力不均，有的人工作輕鬆，薪水又領得比別人多；有的人工作繁重，又沒有什麼津貼。實在不公平，一定要重整。

0823 食恆肥肥，激恆槌槌

Tsiàh hō pûi-pûi，kik hō thûi-thûi

【暗示】與世無爭。

【註解】吃飽沒事，裝傻過日子。

【例句】我們農會理監事分成兩派，影響所及職員也分理事派、常務監事派，造成推行上有互相牽扯的現象。在五十多位同事中，只有農事指導蕭清喜，兩方都不介入，每天像「食恆肥肥，激恆槌槌」，從不言是非，天天簽出差賺外快，都沒有人管他。

0824 食燴死，脹燴肥

Tsiảh bē sí，tiùⁿ bē pûi

【暗示】勉強渡日。

【註解】食燴死：不致於沒飯吃而餓死。脹燴肥：勉強過得去，不會有多餘的。

【例句】畢業三十年後，才召開的第一次同學會，老同學見面，除了津津樂道小時候，許許多多傻事和樂事外，便是互相關懷近況，做些什麼工作？兒女婚嫁了沒？有沒有孫子啦？

多位同學都羨慕我在鄉公所當村幹事，工作輕鬆又安定。

「那有什麼好？」我對他們說：「鄉公所只是一個『食燴死，脹燴肥』的機關而已。」

0825 食人一斤，嘛著還人四兩

Tsiảh lâng tsit-kin，mā tiỏh hîng lâng sì-niú

【暗示】禮尚往來。

【註解】常常受人禮遇、招待，多少也要回報人家。

【例句】李麗萍老師對於她老公經常應酬，三更半夜才回家，頗有微詞。

「妳放心好啦，當校長不得不跟地方人士建立人際關係，」她老公對她說：「我不會隨便浪費金錢，大多數的應酬，都是地方人士招待的。」

「縱使有人招待你，」李老師不以為然的說：「俗語說『食人一斤，嘛著還人四兩』，你總不會不知道吧？」

0826 食人歡喜酒，趁人歡喜錢

Tsiảh lâng huaⁿ-hí tsiú，thàn lâng huaⁿ-hí tsîⁿ

【暗示】清清白白的獲得。

【註解】食人：吃人家的。趁人：賺人家的錢。

得到的都是人家高高興興的付出。

【例句】失業在家多時的周明德，近幾天來不但滿臉通紅，又有錢買香菸，
　　　　大家都覺得很奇怪，他哪裡能借到錢？
　　　　「我向人家借的？請問你們之中，誰會借我錢？」他醉眼惺忪的告
　　　　訴大家：「我是『食人歡喜酒，趁人歡喜錢』！」
　　　　「哪裡有這麼好康的？」
　　　　「告訴你們也無妨，」他說：「我被請到黃議員競選總部打雜，有
　　　　食佫有掠。」

0827 食少有滋味，食諸傷脾胃

Tsia̍h tsió ū tsu-bī，tsia̍h tsē siong pî-ūi

【暗示】適可而止。
【註解】東西少吃一些會覺得滋味很美；吃多了反而會傷害身體。
【例句】阿嬤告訴要陪她到她弟弟家，參加喜宴的兩位孫兒：
　　　　「應酬做客人，講話要輕聲細語，只要對方聽得到便好，在喜宴
　　　　中不要客氣，但不可狼吞虎嚥，喜歡吃什麼美食都沒關係，但動
　　　　作要文雅有禮，桌上有菜有美食，都『食少有滋味，食諸傷脾胃』，
　　　　知道嗎？」

0828 食未老死繪臭，變相未磹到

Tsia̍h bē lāu sí bē tshàu，piàn-siùⁿ bē kûn kàu

【暗示】變化未定。
【註解】人，蓋棺論定，還沒老去死掉，會變成怎樣，都還是未知數呢。
【例句】一向天天醉茫茫的阿枝，聽說已經戒酒，讓朋友們都感到很意外，
　　　　紛紛向他的老婆恭喜。
　　　　「有什麼可恭喜的，」他的老婆不屑的說：「我那個老猴『食未老
　　　　死繪臭，變相未磹到』，誰知道戒酒能戒幾天？」

0829 食好倒相報

Tsiàh hó tàu sio-pò

【暗示】好東西與好朋友分享。

【註解】吃到好吃的東西,告訴親友,大家分享美食。

【例句】一位李姓大學生在國中時因思想不成熟,被已婚黃姓男友誘騙,黃某還帶李女到賓館,與另三名朋友,「食好倒相報」,說多人相交,便不會懷孕,設局輪暴她。

李女後來懷孕,並順利產下女嬰,但黃姓男友不承認是他的種,經DNA檢驗,果然不是黃的後代,現在李女已22歲並上了大學,她勇敢出面指控黃姓男友性侵害,請求民事賠償,法院判被告賠償五十萬元。

0830 食好、做輕可

Tsiàh hó、tsò khin-khó

【暗示】吃美食、做輕鬆工作。

【註解】輕可:輕鬆的差事。

吃得好,工作又輕鬆,是人人羨慕的生活。

【例句】台灣第一次也可能是最後一次的「任務型國代」選舉,已於2005年5月14日,選出三百位國代,要進行「複決立委減半⋯⋯」等修正案。

任務型國代選舉沒選人,所以由政黨推舉三百位國代當選人,都是坐在客廳等著當選,不必奔波拜託拉票,一個月的任期中,出席費⋯⋯等可領到27萬元,真是「食好、做輕可」令人羨慕。

0831 食早飯挾無豬屎

Tsiàh tsá-pñg ngeh bô ti-sái

【暗示】晚起的鳥兒沒蟲吃。

【註解】挾無豬屎:撿不到豬糞。

吃了早飯才要去撿豬糞，那是來不及的，因為豬的習性，早上進
食之前便已解便了，吃飽後才來找豬糞便，早已被撿走了。

【例句】王偉哲暑假回來，說什麼要到果園幫爸爸，修剪番石榴的長枝，
卻每天玩電腦玩到三更半夜，早上十一、二點才起床，等他趕到
果園，老人家已經中午要休息了。
因此，他老爸說：「你這個孩子，這時候才到果園，『食早飯挾
無豬屎』，還說要幫我工作？」

0832 食老哺無土豆

Tsia̍h-lāu pō bô thô-tāu

【暗示】歲月不饒人。

【註解】食老：年紀大了。土豆：花生。
年紀大了，不像從前了，要吃花生也沒有牙齒了。

【例句】喜歡運動的黃校長心懷壯舉，是他這輩子一定要登過一次玉山山
頂，所以他利用退休校長聯誼會，邀請大家來一次爬玉山活動。
黃校長雖然興致盎然，但大家的反應都很冷淡，其中邵校長說：
「大家『食老哺無土豆』，去找小姐恐怕也沒幾個人有能力，何況
爬玉山？」

0833 食老就無效

Tsia̍h-lāu tsiū bô-hāu

【暗示】年紀大了，要認命。

【註解】食老：上了年紀。老大徒傷悲。

【例句】尤世景老師退休後轉任導遊，專門帶砲兵團到海南島實彈射擊，
反攻大陸。
尤老師在教育界人脈廣闊，縣內各國中、小學，只要有男老師退
休，他都會去拜訪，請他們參加砲兵團。
他聽到興永國小劉校長退休，便鼓起三寸不爛之舌，邀請劉校長
參加海南島砲兵團。劉校長靜靜的聽他說明後，冷冷的說：「唉

啊！『食老就無效』啦！」

0834 食肥走瘠

Tsiah pûi tsáu sán

【暗示】得不償失。

【註解】奔波忙碌，顧此失彼，到頭來仍然覺得不合算。瘠：瘦。

【例句】郭天進為了想多賺些錢，早日還清房貸，每天下班回來後，匆匆忙忙的扒了幾口飯，又跑到大賣場當夜班，雖然多了一份薪水，可是人消瘦了許多。

他老爸老媽難得到台北來，看到兒子「食肥走瘠」瘦到變形，非常心疼。

0835 食若牛，做若龜

Tsiah ná gû，tsò ná ku

【暗示】好吃懶做。

【註解】吃的時候像牛吃那麼多；做工作的時候卻像烏龜那樣退縮。

【例句】楊總經理調查總務課李專員所負責二廠的籌建工作，案子送到董事會被退了回來，還附加評語說：

「該員『食若牛，做若龜』，請另推人選。」

0836 食清飯鐺等你

Tsiah tshìn-pñg tng-tán--lí

【暗示】等著看你能怎麼辦？

【註解】清飯：隔餐的米飯。

吃飽沒事幹，等著看你能拿我怎麼樣？

【例句】黃鄉長在連任的大好機會下，突然宣佈放棄爭取連任，令鄉民們都很錯愕。

黃鄉長放棄競選連任的理由，是年紀大了，該退出政壇，安享晚

年。其實黃鄉長才六十一歲，比他年紀大的，還在擔任公職的大有人在。黃鄉長之放棄角逐連任，是他和梁前議員結過梁子，梁前議員宣稱若老黃競選連任，他「食清飯蹌等你」，一定奉陪到底，所以黃鄉長才打退堂鼓。

0837 食家己个飯，煩惱別人个戴誌

Tsiáh ka-kī ê pñg，huân-ló pát-lâng ê tāi-tsì

【暗示】事不關己，不必費心。

【註解】戴誌：事情。吃的是自己的飯，何必為他人的事傷腦筋？

【例句】胡台生見到朋友，便提起張明新與李莉莉到賓館開房間，被李莉莉老公捉姦在床，告進法院的官司。並以內行人姿態，分析張明新這件官司吃定了，什麼又什麼的……。

他又將法院傳訊張明新的事，告訴朋友們，老劉聽得已經感到很煩了，便對他說：

「台生，你這個人怎麼『食家己个飯，煩惱別人个戴誌』？」

0838 食甜著愛忕著鹹

Tsiáh tiⁿ tióh-ài it-tióh kiâm

【暗示】人要有憂患的意識。

【註解】忕著：喜歡或想到。

常常吃甜食，不要忘記曾經有過吃鹹食的落難日子。

【例句】我一直不明白，現今小孩子生活衣食無缺，同時可預知將來的台灣，應不至於發生饑荒，為什麼要舉辦「饑餓三十」折磨孩子呢？「饑餓三十」活動主持人的解釋是，現在的孩子大部分都養尊處優，不但沒有憂患意識，也不會同情弱勢，舉辦「饑餓三十」這項活動，就是要他們「食甜著愛忕著鹹」，知道窮苦的滋味。

0839 食魚食肉愛菜佮

Tsia̍h hî tsia̍h bah ài tshài kah

【暗示】不要有所偏好喜惡。

【註解】常常大魚大肉，也要吃些蔬菜，營養才能均勻，不致產生毛病。

【例句】根據教育部對國小學童體重超過標準的調查統計，發現肥胖學童，多數患有偏食、愛食油炸食物。

因此，加強宣導「食魚食肉愛菜佮」的正確飲食方法，是今後營養教育的重要指導原則。

0840 食無三條蕃薯，就臭屁

Tsia̍h bô saⁿ-tiâu han-tsî，tsiū tshàu-phùi

【暗示】半桶水會外溢。

【註解】還沒學到真功夫，逢人誇耀自己的本事。

【例句】余勝雄在證券公司擔任跑腿不到半年，便自以為學到炒股票的祕訣，覺得留在公司擔任跑腿，簡直是大材小用，因而辭職回家，要他老爸提供五百萬元，給他操作股票，他保證每年賺一百萬元以上，會比銀行定期存款多了十多倍。

「我可不是傻瓜，怎會把錢讓你去炒股票？」他老爸當面潑他一盆水：「你呀！『食無三條蕃薯，就臭屁』，股票那麼好炒，為什麼股市死了那麼多人？」

0841 食無油菜湯，睏無骹眠床

Tsia̍h bô iû tshài-thng，khùn bô kha bîn-tshn̂g

【暗示】窮苦潦倒。

【註解】吃的是粗茶便飯，睡的是地鋪。

【例句】電視報導桃園市吳某，一家五口燒炭自殺的畫面，令人不勝吁噓。

他們一家人，爸爸車禍不良於行，媽媽中度智障，欠缺謀生能力，全家擠在六、七坪的破屋中，每天過著「食無油菜湯，睏無骹眠

床」的日子，大家很納悶的是政府社會福利機構，怎沒對他們伸出援手？

0842 食無貓仔胘

Tsiàh bô niau-á kiān

【暗示】哪有得吃？

【註解】貓仔胘：胘是雞鴨兩腳禽類動物的內臟，貓咪沒有胘。
妄想吃貓咪的胘，哪來這東西吃？

【例句】新北市一名鄭姓男子向朋友陳女借錢，沒錢還就把自己信用卡交給陳女使用抵償，並告訴她信用卡規定700元以下免簽名。
陳女有了鄭男信用卡，就天天到永和地區百貨公司美食街，刷卡吃霸王美食，半年內吃了七十多萬元，逼得信用卡中心報警逮人。
陳女以為「天下有白吃的午餐」，「食無貓仔胘」咧。

0843 食睏無分寸

Tsiàh-khùn bô hun-tshùn

【暗示】日夜顛倒或生活不正常。

【註解】吃飯、睡覺沒有固定時間，隨興而為。

【例句】學校放暑假，張東加以為兩個兒子會在家幫他們老夫妻一點忙，招呼早餐店的客人，沒想到連這個卑微的期望，也因兒子們「食睏無分寸」而落空。
張家早餐店賣著各式各樣的早餐，有漢堡、吐司、包子等，必須從早上五點起床準備，六點客人便會陸續上門，可是張家兩個兒子晚上玩電腦到兩、三點才睡覺，也到中午十一、二點才起床吃早餐，這時張爸、張媽早已忙完了。

0844 食果子拜樹頭

Tsia̍h kúe-tsí pài tshiū-thâu

【暗示】飲水要思源。

【註解】吃到水果的甜蜜，就要感恩種水果的農夫。

【例句】李登輝任總統期間，曾感慨台灣有很多人欠缺「食果子拜樹頭」的想法，不認同台灣，還處處挾中國恫嚇台灣。

李前總統說，居住台灣島上的民眾，像在同一條船上，已是命運共同體，必須要認同台灣、愛惜台灣，才能同心協助，保護台灣。

0845 食菜，食到肚臍為界

Tsia̍h-tshài, tsia̍h kàu tō-tsâi ûi kài

【暗示】食菜：素食。

【註解】出家人四大皆空、戒色，但有些野和尚，吃齋唸佛只到肚臍為止，肚臍下面便不算了。

【例句】台中市警方破獲一名叫阿達的佛教徒，他一邊誦經唸佛，一邊販賣 K 他命、大麻、搖頭丸等毒品。

這位「食菜，食到肚臍為界」的出家人阿達的販毒網路，廣及台灣北中南部。令警方啼笑皆非的是，他還贈大悲咒光碟片，給向他買毒品的客戶，但把佛經改為搖頭歌。

0846 食菜無食臊，食狗肉忱米糕

Tsia̍h-tshài bô tsia̍h-tsho, tsia̍h káu-bah tīm bí-ko

【暗示】違反戒律清規。

【註解】臊：腥。屬肉類之葷食。食菜：素食。

出家吃素的人，要守清規戒律，怎麼可以吃米糕忱狗肉呢？

【例句】受到全國佛教界尊敬的印順導師，於 2005 年 6 月 4 日圓寂，慈濟證嚴法師等說印順導師是全佛教界的導師，聖嚴法師推薦印順導師為「人間佛教之父」。印順導師彌留時說：「不是這樣！不是那

樣！一切法皆空。」

印順，生於浙江省海寧縣，原名張鹿芹，1930年在普陀山皈依於清念上人，著有《妙雲集》等七百五十萬字，深受佛教界讚譽與尊敬，和那些「食菜無食臊，食狗肉忱米糕」的和尚不可同日而語。

0847 食飯皇帝大

Tsiȧh-pn̄g hông-tè tūa

【暗示】民以食為天。

【註解】皇帝：中國秦朝以下天子的稱號，世襲。

吃飯比尊崇皇帝還要重要，不能在這時候差遣人，所以有句話說：「管他皇帝死在後壁溝。」

【例句】連戰是前國民黨主席，曾任行政院長、副總統，系出名門，故非常重視生活品味。

2000年他代表國民黨競選第十屆總統，有一天，雲林縣長蘇文雄利用連戰南下西螺主持某一活動時，於虎尾席開五十桌，邀請縣內鄉鎮市長、議員、農會總幹事聚餐，大家眼巴巴的等著連戰。

連戰於十二點半始到達，可是他不知「食飯皇帝大」，認為滿身汗臭怎麼可以先吃飯，因此，他要大家等一下，讓他先沖個涼。

0848 食飯看火燒

Tsiȧh-pn̄g khùaⁿ húe sio

【暗示】隔岸觀火。

【註解】吃飯沒事做，看火災打發時間，反正事不關己。

【例句】松立食品公司陳老闆問隔壁溫媽媽，她的兒子是不是可以到他的公司幫忙打工，薪水一小時80元。「好啊！好啊！」溫媽媽滿口答應下來：「我這兩個兒子，暑假回來無所事事，『食飯看火燒』，有個工作給他們做，他們也不會那麼無聊。」

0849 食飯食佮流汗，工課做佮畏寒

Tsiàh-pñg tsiàh kah lâu-kūan，khang-khùe tsò kah ùi-kûan

【暗示】好吃懶做。

【註解】為了吃飯爭得汗流浹背；做工作像碰到冬寒畏首畏腳。

【例句】番石榴園的徒長枝必須修剪，老爸要請工人來做，大兒子錦南自告奮勇，要叫好朋友來幫忙，只要爸爸他們請吃飯就好，不必付工資。媽媽聽到兒子要叫他的王哥柳哥來幫忙，就對她老公說：「老公，千萬不要叫阿南的朋友來幫忙，他們那些年輕人，每個人都『食飯食佮流汗，工課做佮畏寒』，一定比請工人還貴。」

0850 食飯食阿爹，趁錢趁私奇

Tsiàh-pñg tsiàh a-tia，thàn-tsîn thàn sai-khia

【暗示】私而忘公。

【註解】阿爹：老爸。私奇：自己獨享，也就是私房錢。
有事公司負擔，好康卻歸自己。

【例句】張老爹是位愛熱鬧的老人，把三個兒子都留在身邊，一家三個兒子八位孫兒女，連媳婦算在裡面，全部十六個人，不只是非常熱鬧，也是本鄉家產人口最多的一戶人家。
蕭鄉長把張家推薦為模範家庭，接受縣長表揚，記者採訪他，如何維持這麼多人，和諧生活在一起？
張老爹說：「祕方是他們『食飯食阿爹，趁錢趁私奇』而已。」

0851 食飯配菜脯，儉錢開查姆

Tsiàh-pñg phùe tshài-pó，khiām-tsîn khai tsa-bó

【暗示】開支不正當。

【註解】平常生活很節儉，卻把省下來的錢，拿去花天酒地、嫖妓。

【例句】以林建銘在紡織廠當技術人員的薪水，實在有能力讓一家四人過著像樣的生活，可是他們的日子，卻像三級貧民那樣寒酸、簡陋。

左右鄰居都不解，林建銘做為一家之主，竟然「食飯配茱脯，儉錢開查姆」，讓生活那麼清苦。

0852 食碗內說碗外

Tsiảh úaⁿ lāi sueh úaⁿ gūa

【暗示】吃裡扒外。

【註解】吃這邊的飯，卻說那邊的好話。

【例句】這件事委實令人匪夷所思，連有彬登記競選連任村長，他的老婆居然說對手的好話，要大家不要投她老公，要投給莊某某。

連有彬老婆之會「食碗內說碗外」，據說是連村長常常以公務為由早出晚歸，他老婆懷疑他有外遇，若他沒當村長便缺乏早出晚歸的理由。

0853 食飽換枵

Tsiảh-pá ūaⁿ iau

【暗示】盡做無聊的事。

【註解】枵：餓，如肚子餓。吃飽沒事幹，盡做沒意義的事。

【例句】朱老師星期假日有空便往素珠老師家跑，好像義工那樣幫忙她做這個做那個，甚至載素珠老師的媽媽去看病。

同事們紛紛猜測，朱老師這麼殷勤、體貼，能得到素珠老師的好感而嫁給他嗎？

「哪有可能？」蔡主任說：「素珠老師的男朋友，已經完成博士學位，即將回國和她結婚，朱老師只不過是『食飽換枵』而已。」

0854 食飽睏，睏飽食

Tsiảh-pá khùn，khùn-pá tsiảh

【暗示】英英沒代子。

【註解】吃飽了沒事幹便睡覺，睡醒了便吃飯，這樣過日子而已。

【例句】我很久沒到舅舅家去，竟然發現到表弟阿清只半年不見，竟變成
　　　　一位胖子，大約一百二十公斤以上。
　　　　舅媽告訴我：「阿慶，你這位表弟每天都『食飽睏，睏飽食』，才
　　　　肥得像一頭豬。」

0855 食緊攏破碗

　　　　Tsia̍h kín lòng phùa uáⁿ

【暗示】欲速則不達。

【註解】為了想多吃幾碗，吃得很快，結果把碗打破了。

【例句】新竹市就讀清華大學的柳姓學生，在網路上認識今年才十六歲的
　　　　高一女生黃小慧，兩人初次約會，便情不自禁攜手進入賓館，做
　　　　他們愛做的事。
　　　　事後，因為這位柳姓學生「食緊攏破碗」，被女方家長告進法院。
　　　　他的女朋友黃小慧說嘿咻是兩相情願的事，苦求檢察官不要起訴
　　　　男朋友。

0856 食蒜仔，吐蕗蕎

　　　　Tsia̍h suàn-á，thò͘ lō͘-kiō

【暗示】得不償失。

【註解】蒜仔：植物名，地下莖及葉均可食，有辣味。蕗蕎：植物名，可
　　　　食用。

【例句】指責人說得不償失或貪小失大，為「食蒜仔，吐蕗蕎」。台中市神
　　　　岡區民王清雄老先生，也犯了「食蒜仔，吐蕗蕎」的毛病，而且
　　　　差點賠掉老命。
　　　　王清雄生活很節儉，所以吃喝很隨便，家裡一樓租給張姓女房客
　　　　賣紅茶，2005年5月30日清晨，他看到紅茶店有一瓶「礦泉水」
　　　　就開瓶喝下，也沒看清楚那是人家的清潔劑，已在瓶上寫上斗大
　　　　的一個「毒」字，要不是立即被送到綜合醫院急救，老命恐沒有了。

0857 食欖柭放銃只，食柚仔放蝦米

Tsia̍h nâ-pa̍t pàng tshìng-tsí，tsia̍h iū-á pàng hê-bí

【暗示】無法消受或消化不了。

【註解】欖柭：番石榴。

吃了番石榴，消化不良，連柭仔籽都排泄出來；吃了柚子也一樣，排放出來的糞便，也如蝦米。

【例句】梁檢察官率領調查員、刑警多人，到鄉公所搜查邱鄉長就任以來，所有工程招標的相關資料。

吳代表是揭露邱鄉長貪瀆的鄉民代表，他看到檢警帶回大批帳冊，對圍觀的鄉民說：「邱鄉長這下子『食欖柭放銃只，食柚仔放蝦米』，不可能全身而退。」

0858 食職怨職

Tsia̍h tsit uàn tsit

【暗示】幹一行怨一行。

【註解】工作缺乏耐心，做哪一行埋怨哪一行，欠缺敬業精神。

【例句】譚明山在新秀科技公司擔任軟體工程師，待遇優渥，去年年終獎金12個月，令左右鄰居都很羨慕，可是譚工程師「食職怨職」，聽說在「台積電」、「鴻海」、「聯電」服務的同學，他們的年終獎金都是幾十個月，他就積極的想要跳槽。

0859 倖查姆囝，𣍐落人家教

Sīng tsa-bó-kiáⁿ，bē lo̍h lâng ka-kàu

【暗示】過分寵愛女兒，反而不好。

【註解】過分寵愛女兒，以後女兒嫁到夫家，可能無法適應人家的生活方式。

【例句】凌教授對於女兒的教育，採取美式的放任式教育，讓她們隨著自己的興趣、志向發展。

偏偏他兩個女兒，最特別的興趣是不愛做家事，導致書房、客廳、洗手間凌亂不堪，好像難民營。

難得來兒子家小住的凌母，看到這種髒亂的景象，就對著媳婦罵道：「我說妳啊，『倖查姆囝，燴落人家教』！」

0860 倖豬夯灶，倖子不孝；倖嬸说人走，倖查姆囝说烏狗

Sīng ti giâ tsàu，sīng kiáⁿ put-hàu；
Sīng bó͘ tùe lâng tsáu，sīng tsa-bó͘-kiáⁿ tùe o͘-káu

【暗示】姑息養奸。

【註解】倖：寵愛。说：追隨。烏狗：帥哥。

【例句】孫伯母啼啼哭哭來問我，她的寶貝兒子吸毒被捉進警察局，要怎麼辦？我其實也不知怎麼辦。孫伯母也只有志群這個孩子，因為是獨生子，自幼就很寵他。他要錢有錢，要東西有東西，在校時不讀書，常常鬧事，畢業後遊手好閒，親友都告訴孫伯母：「妳呀：『倖豬夯灶，倖子不孝；倖嬸说人走，倖查姆囝说烏狗！』」果然不幸言中。

0861 逃生閃死

Tô seⁿ siám sí

【暗示】貪生怕死。

【註解】沒擔當，凡事推托，敷衍了事。

【例句】搶劫銀行的通緝犯李坤榮，在「逃生閃死」八年後，終於被緝獲歸案，接受法律制裁。

李犯被緝獲後，透露逃亡這段期間，每天過著一有風吹草動，就提心吊膽的日子，雖然搶到錢，身上也帶著很多錢，卻怕被捉到不敢去消費，有錢等於沒錢，真是生不如死。

0862 逃東逃西逃無錢，閃東閃西閃過年

Tô tang tô sai tô bô tsîⁿ，siám tang siám sai siám kùe-nî

【暗示】負債累累，躲債如逃命。

【註解】年關到了，債務滿身的人，東躲西躲，躲債權人討帳。為了躲債，連除夕團圓也不敢回去圍爐。

【例句】對鄒文雄來說，過年是個恐怖的日子，不只是要付員工年終獎金，也要支應由四方八面而來的債款。「如果人生能重來，我寧願做個每月有固定薪水的員工，也不再當『逃東逃西逃無錢，閃東閃西閃過年』的老闆。」

0863 借荊州，霸荊州

Tsioh King-tsiu，pà King-tsiu

【暗示】借東西不還，還佔為己有。

【註解】《三國志》裡劉備向孫權借荊州，結果佔據不還。

【例句】「阿桑！小周要向妳租房子做生意，妳那一間房子也沒用，怎麼不租給人家，多少還有房租啊！」

「小周那個人『借荊州，霸荊州』，不租他也罷。」

0864 借錢一樣面，討錢一樣面

Tsioh-tsîⁿ tsit-iūⁿ bīn，thó-tsîⁿ tsit-iūⁿ bīn

【暗示】十分現實，嘴臉不一。

【註解】借錢的時候笑嘻嘻的，要向他討債時，表情就很難看。

【例句】老爸看到兒子的朋友吳君，經常到家來串門子，問兒子他是來幹啥？

兒子說：「吳應元有些困難，要我幫忙。」

「你千萬不可借錢給他，」老爸叮嚀兒子說：「他的爸爸吳水連是個『借錢一樣面，討錢一樣面』的人，有那樣的老爸，就有那樣的兒子。」

0865 俗佫有力

Sông koh ū-la̍t

【暗示】不搶眼，但有兩三下子。

【註解】俗：俗氣。土裡土氣，但確實有力氣。

【例句】公司聘請守衛，張總經理告訴人事，守衛人員不要選談吐文雅、
言行中規中矩那種人，外表令人看起來要「俗佫有力」，才能發揮
守衛公司的功能，那些古惑仔才不敢來鬧事。

0866 俗佫掛柄

Sông koh kùa pèⁿ

【暗示】裝扮神氣。

【註解】土裡土氣，卻又裝腔作勢。

【例句】林明成對於他姑姑介紹的那位小姐，不但滿懷信心，也充滿希望，
所以天一亮他便跑到理髮店，爲今天的相親裝修儀容。
他爲了博取女人歡心，除了裝修門面，還穿著西裝去相親，並在
西裝上插了兩枝鋼筆，加上那一副金框眼鏡，讓人覺得「俗佫掛
柄」。

0867 姆死矣，佫看佣彼跨屎桶

Bó͘ sí--ah，koh khùaⁿ kah hit-kha sái-tháng

【暗示】大勢已去，其他都是小事。

【註解】老婆都死了，還要那個便桶幹麼？

【例句】工場大火，燒掉楊子木材廠，楊董在灰燼中，尋找他的勞力士錶。
前來探訪的老程，看到他老態龍鍾的在餘灰中翻尋手錶，對他說：
「楊董，別找了，『姆死矣，佫看佣彼跨屎桶』？」

0868 姆是玉皇大帝，序大人是囡仔大細

Bó͘ sī giȯk-hông-tāi-tè，sī-tūa-lâng sī gín-á tūa-sè

【暗示】心目中只有老婆，沒有父母。

【註解】對老婆像對天公那樣，尊敬得不得了；對自己的父母，卻當作小孩子看待。

【例句】周美惠隨夫移居加拿大，過年；回國來探視年老的媽媽。媽媽看到女兒從國外回來，拉著她的手，一把眼淚一把鼻涕的要求把自己送到安養院去。「媽，到安養院去，那兒沒有親人，」女兒苦勸著媽媽：「住在家裡還有哥哥會照顧您……」「你哥哥會照顧我？」媽媽哭訴著：「愚查姆囡仔，『姆是玉皇大帝，序大人是囡仔大細』……」

0869 冤家路頭窄

Uan-ke lō͘-thâu ȯh

【暗示】冤家路窄。

【註解】冤家仇人總感覺到，路很窄小，經常遇到。

【例句】台南市善化區178線、新化台20線、關廟台86線……等公路測速桿，被人故意開車撞倒，經檢視路邊監視器，發現蘇姓貨運司機涉有重嫌，經查訪偵訊後，蘇姓司機承認是他故意倒車撞毀。
蘇姓司機因一年內，接獲警方超速罰單百多張，所以看到公路測速器，像「冤家路頭窄」，分外眼紅，才故意倒車衝撞洩恨。

0870 冤家變親家

Uan-ke piàn tshin-ke

【暗示】化干戈為玉帛，仇人變成好朋友。

【註解】冤有頭，債有主，冤家仇人竟然結成兒女親家。

【例句】我和吳校長因為車子互撞，誰也不認錯，終於鬧上法院，請求判定肇事責任。

我因為傷勢還沒痊癒，每次出庭都由兒子凱升扶我；而對方吳校長，也由他的女兒欣欣陪他出庭。我們兩個當事人，每次在法庭爭辯不休，這兩個年輕人竟在法庭走廊上談情說愛，官司還沒分出勝負，我和吳校長已經由「冤家變親家」了。

0871 哺啐哺舌

Pō tshùi pō tsih

【暗示】謊話連篇。

【註解】哺啐哺舌：咬嘴咬舌。一而再的說那些不該說的話。

【例句】劉東信回到家裡一再訴苦，說他這兩天到高屏地區推銷新產品的辛苦，以及獲致的業績，如何受到總經理的賞識。

劉太太聽完一連串的謊話後，冷冷的說了一句：

「你也真『哺啐哺舌』，黃總經理來電話，問你身體怎麼啦，怎麼請病假？」

0872 唐山客，對半說

Tn̂g-suaⁿ-kheh，tùi-pùaⁿ seh

【暗示】不可盡信。

【註解】唐山客：統稱從中國來的商人。

唐山來的商人，講話會誇張、吹牛、不實，信用度只能打五折，也就是不要完全相信。

【例句】林老師處處都表現他很行，人家買剛上市的液晶39吋電視，同一品牌要五萬元，他四萬元便能買到手。

袁老師等三位同事，知道林老師說話像「唐山客，對半說」，就故意拿十二萬元，請他代買三台液晶電視，不知林老師怎麼交差？

0873 唐山過台灣，心肝結歸丸

Tn̂g-suaⁿ kùe Tâi-uân，sim-kuaⁿ kiat kui-uân

【暗示】遊子心酸。

【註解】唐山：台灣人對中國的稱呼。

從中國來到台灣，許多事情都不順遂，心情鬱悶。

【例句】老邱一家人移民紐西蘭，只不過三、四年時間，聽說舉家搬回台灣。

我問他為何又搬回台灣？他說紐西蘭雖然謀生容易，但生活習慣、語言，都無法適應，想到台灣的左右鄰居、想到要去拜媽祖，就有如「唐山過台灣，心肝結歸丸」，總覺得還是家鄉好。

0874 害人縫唔是樂暢孔

Hāi-lâng phāng m̄-sī liȯk-thiòng khang

【暗示】女人是禍水。

【註解】女人的陰戶，雖然會讓男人快活銷魂，但往往帶給男人傷身敗神，甚至身敗名裂、傷亡。

【例句】台中市一名林姓男子，抱怨他太太自和他結婚後，天天回娘家幫忙做家事，見面不但從來不叫公婆、兄嫂，更限制他一個月才能和她嘿咻一次。林某因此向台中地方法院提出離婚之訴，法院判准離婚。

這位被指責鎖住房門，不讓她老公嘿咻的女子，堅稱：「是要老公好，因為那是『害人縫唔是樂暢孔』，所以才不讓老公嘿咻。」

0875 家己个囝忭好

Ka-kī ê kiáⁿ khah hó

【暗示】自私排斥他人。

【註解】家己：自己。自己的孩子無論左看右看，都比別人家的孩子好。

【例句】彰化市秀傳醫院 2005 年 6 月 23 日，來了一位阿嬤扶著陳姓丈夫求

診，還帶來好大好大的蛇頭，送給急診部阮祺文主任。

阿嬤之所以砍下那一條一公尺長的南蛇蛇頭，是她和她老公到山上果園工作，突然那條大南蛇跑出來就咬她的老公，所謂「家己仐囝怖好」，阿嬤也一樣「家己仐老公怖好」，當下又心疼，又氣蛇敢咬她的老公，拿起鐮刀，一刀便把蛇頭砍了下來。

0876 家己挵屎糊目睭

Ka-kī ó͘ sái kô͘ ba̍k-tsiu

【暗示】胡搞亂弄。

【註解】把自己的大便挖出來塗眼睛，導致無法分辨真相。

【例句】吳董事長對於會計主任捲款逃亡一事非常生氣，在會議中一再指責李總經理用人不當，沒有對員工行徑加以約束，尤其與財務、採購有關人員的行為，要多加關心注意，才能防止員工掏空公款。
李總經理在會議中，低著頭默默承受吳董的指責，會後多人都為李總經理叫屈，他只淡淡地說：「楊會計主任是吳董親自引進的，『家己挵屎糊目睭』，最後竟怪到我這裡來，真冤枉呀！」

0877 家己攑踵頭仔挵目睭

Ka-kī giâ tsíng-thâu-á ó͘ ba̍k-tsiu

【暗示】為難自己。

【註解】踵頭仔：工具。自己拿工具挖眼睛，為害自己。

【例句】老爸對於兒子要競選鎮長，沒有什麼意見，但要他千萬不可買票，寧可光榮落選，也不可買票當選。
選舉下來，兒子是當選了，可是賄選官司不斷，每當郵差送來法院傳票，老人家總會罵道：「你啊！『家己攑踵頭仔挵目睭』，找自己麻煩。」

0878 家己呵咾獪臭臊

Ka-kī o khah bē tshàu-tsho

【暗示】老王賣瓜。

【註解】呵:稱讚。臭臊:酸臭味道。自己稱讚自己,不覺得難爲情嗎?

【例句】哥哥在高中美術班算是出風頭的一位,老師常常以他的作品說明、解釋,讓他自以爲了不起,居然要求老爸出錢給他開場畫展,他要挑選四、五十幅畫展出,開開大家的眼界。他爸說:「你那些作品,在同學中可能不錯,不過在公開場合展出,就會顯出自己的淺薄,不要『家己呵咾獪臭臊』。」

0879 家己放屎呵咾香

Ka-kī pàng-sái o-ló phang

【暗示】往臉上貼金,沒有自知之明。

【註解】家己:自己。放屎:大便。

別人的大便都很臭,只有自己的大便很香。

【例句】叔叔爲了省些錢,親身自己油漆屋內,花了一個星期,終於把樓上樓下的房間粉刷好了。

爲了展示他自己的審美觀,叔叔叫我和阿嬤過去參觀他所油漆過的每個房間,還一再誇耀自己如何精心配色。他講得口沫橫飛,我正要讚美他幾句,忽然聽到阿嬤開口說:「你呀!『家己放屎呵咾香』,難看死了,別再臭美啦!」

0880 家己做醫生,尻川爛一爿

Ka-kī tsò i-sing,kha-tshng nūa tsit-pîng

【暗示】自顧不暇。

【註解】自己當醫師醫別人的病,卻醫不好自己的屁股,讓屁股爛了。

【例句】陳朝興是在天后宮角落擺攤子替人相命的江湖術士,他最近倒楣的事接踵而來,先是被倒了會錢,接著發生車禍,差點撞斷右腳。

老朋友見到他，打趣的說：「陳兄，怎麼『家己做醫生，尻川爛一爿』？怎會沒算出來自己有橫禍呢？」

0881 家己捧屎，家己抹面

Ka-kī phâng sái，ka-kī buah bīn

【暗示】給自己難堪。

【註解】捧屎：端糞便。抹面：在臉上化妝。手中端著大便，擦塗自己的臉，給自己難堪。

【例句】哈佛美語幼稚園柯園長有個困擾，叫她不知怎麼辦，她在前幾年為了穩定師資，定了獎勵辦法。其中服務滿三年獎金五萬，滿五年獎金十萬。這在當時學生多、園所少的時代，是無所謂的。可是現在園所經濟蕭條，要再支付獎金，有如要她的老命；如果停發獎金，無異「言而無信」，想起來也真是「家己捧屎，家己抹面」。

0882 家己面無肉，怨人大尻川

Ka-kī bīn bô bah，uàn lâng tūa kha-tshng

【暗示】怨天尤人。

【註解】面無肉：面貌削瘦。大尻川：屁股大。
自己沒有本事，卻嫉妒人家的成就。

【例句】農會信用部主任退休，爭取這個職位甚力的劉嘉明敗了下來，也就是被晚他五年進入農會的唐啓川獲得該職。
劉嘉明忿忿不平，指責唐啓川能力不足，有何資格當信用部主任？
卓理事聽完他的牢騷後，坦白的告訴他：「人家送給總幹事紅包五十萬元，你只不過三十萬元，當然名落孫山，還『家己面無肉，怨人大尻川』。」

0883 家己撍索縛頷頸

Ka-kī thèh soh pàk ām-kún

【暗示】作繭自縛。

【註解】撍索：拿繩子。頷頸：頸部。

　　　自己拿繩子，綁束自己的頸部，即自作孽也。

【例句】曾董匆匆忙忙趕回公司，面色鐵青的要會計把友祥公司未兌現的支票列表給他。

　　　「什麼？還有二千八百萬元支票未兌現？」曾董看到報表後，幾乎癱瘓在座椅上，「慘了，怎麼還這麼多？」

　　　「這些支票兌換現金，都是您交辦的，怎麼啦？」會計問。

　　　曾董說：「那麼多支票還未兌現，你怎麼不提醒我？」

　　　「董事長，您不是說收利息比作生意好嗎？」會計說後，又低聲地說：「『家己撍索縛頷頸』，能怪誰？」

0884 家己擔屎唔知臭

Ka-kī taⁿ sái m̄-tsai tshàu

【暗示】沒有自知之明。

【註解】自己挑大便，卻不感到有臭味。

【例句】方總經理為了能與情婦朝夕相處，把她安排為人事助理員。

　　　情婦到公司後，自以為是老闆娘，有好幾次，總經理夫人打電話找方總被她接到，她就問東問西，好像對付方總外面的女人，引起總經理夫人強烈不滿，跑到公司來才知，原來方總有這麼一個姘婦。當下便發生兩個女人的戰爭，事後方總怪罪守衛說：「怎麼辦公時間，讓我的老婆到公司來？」守衛挨了罵後，低聲說：「方總『家己擔屎唔知臭』，還怪我？」

0885 家己騎馬，家己喝路

Ka-kī khiâ bé，ka-kī huah lō͘

【暗示】自導自演。

【註解】家己：自己。沒有馬童喝路，只有自己來，裝腔作勢。

【例句】新北市樹林區民胡有明，身上流著血跑回家，要他老婆向警方報案，說他被搶劫了。

警方大隊來到胡家，做完筆錄後，再到搶劫現場察看，並帶回路口監視器檢視，發現是胡有明舉刀自傷，因為他把會款賭光，怕被他老婆知道才演出苦肉計。

但是這件「家己騎馬，家己喝路」的鬧劇，卻為他帶來誣告官司的罪名。

0886 家內不和人看無

Ka-lāi put-hô lâng khùaⁿ-bô

【暗示】家和萬事興。

【註解】家內：一家人。一家人經常吵吵鬧鬧，會被他人看不起。

【例句】巫秀珠每次和她老公吵架，都會打電話回娘家求救。每一次求救，她的大哥必定會來關心，但他既不能罵妹妹給妹婿聽，也不能重言罵妹婿，因為怕他回去之後，他妹妹的遭遇會更慘。他做多次的和事佬後，終於忍不住對他們說：「不是我要說，你們的兒女都已長大可以論及婚嫁了，要知道『家內不和人看無』，將來兒女朋友家人，來打聽家風怎麼辦？」

0887 家和萬事成，家吵萬世窮

Ka hô bān-sū sîng，ka tshá bān-sè kîng

【暗示】家和萬事興。

【註解】一家人和和睦睦，做什麼事情，都會成功；家人吵吵鬧鬧，會越吵越窮。

【例句】老媽難得到台北兒子家，見到兒子媳婦，高興的心情可想而知，可是兩人三天一大吵，兩天一小吵，讓老人家感到不是滋味，便把他們叫到面前來訓示：「你們一家人，也只有兩個大人一個小孩，卻天天吵架，我不知道，是不是故意要讓我受不了早點兒回家，不過不管吵架的動機是什麼，都要記住『家和萬事成，家吵萬世窮』這句話。」

0888 師公睏醒，時就到

Sai-kong khùn tshíⁿ，sî tsiū kàu

【暗示】由人主宰。

【註解】喪家做法事，都聽命於師公，什麼配合生辰八字，只要師公睡醒了，時辰也就到了。

【例句】台南市新營區陳某母親往生，因為月逢九月重陽，喪事特別多，喪家陳氏家屬，也因師公大日難請，低聲下氣配合師公的作息，不得不接受「師公睏醒，時就到」。由師公安排在午夜做法事，孝眷隨著師公的呼請，頻頻回說：「有喔！」

當師公半睡半醒的誦經作法時，剛好一隻蚊子飛停在師公的左手背上，那位邱姓師公狠狠的打了那隻蚊子，並罵道：「幹你娘！」沒想到孝眷也個個都隨口回說：「有喔！」

0889 拳頭拇捁伲出汗

Kûn-thâu-bó tēⁿ kah tshut-kūaⁿ

【暗示】蓄勢待發。

【註解】強制忍耐，拳頭握得都出汗了。

【例句】我從來沒見過拳擊選手和人打架，是怎樣慘烈，沒想到這個機會，竟因洪三雄高度的忍耐力而失去。

洪三雄雖然參加過區域拳擊比賽，但近年來生活糜爛，不但酗酒，還到處借錢喝酒。那天他在街上被債主碰到，當場被討錢，受到冷言冷語的羞辱，我看到洪三雄「拳頭拇捁伲出汗」，以為他會揮

拳打出去，結果讓我很失望。

0890 挨來揀去砰砰滾

E lâi sak khì tshiâng-tshiâng-kún

【暗示】人潮很多。

【註解】人群推過來擠過去，熱鬧得很。

砰砰滾：水從上面往石頭沖擊的聲音。

【例句】前民進黨主席施明德發動「百萬人民倒扁運動」，於2006年9月9
日起，在台北市凱達格蘭大道舉行靜坐，並於9月15日百萬人民
圍城，參加圍城民眾都穿紅衣服，媒體形容為紅衫軍，百萬人在
台北街頭「挨來揀去砰砰滾」，好像台北陷入熊熊烈火中。

0891 捏驚死，放驚飛

Tēⁿ kiaⁿ sí，pàng kiaⁿ pue

【暗示】優柔寡斷。

【註解】抓到小鳥，握在手中怕牠窒息；放鬆手指頭，又怕牠飛走。

【例句】福記織襪廠周董的多位朋友，來找他泡茶聊天，順便邀請他參加
日本愛知世界博覽會，周董搖頭說：
「工廠沒有人負責，走不開，你們去好啦。」
「唉呀！你年紀那麼大了，還『捏驚死，放驚飛』，還不早點交棒
給你兒子，你要做到死嗎？」

0892 柴箸毋敢挾人雞肉絲

Tshâ-tī m̄-káⁿ ngeh lâng ke-bah-si

【暗示】自知之明。

【註解】柴箸：木的筷子。自己能力有限，自謙不敢承接大任。

【例句】劇烈的鄉長選舉結束，一家歡樂一家愁，新當選的呂鄉長論功行
賞，有意破例聘請對手陣營的黃幹事出任機要祕書，化解選舉恩

怨。

有人問黃幹事，怎麼會婉辭呂鄉長的好意？他說：「柴箸唔敢挾人雞肉絲。」

0893 桌頂拈柑

Toh tíng ni kam

【暗示】信手可得。

【註解】柑：植物名，常綠灌木，花白色，果實圓形，橙黃色味甜多汁，比桔子大。從桌子上拿柑仔，伸手即得，易如反掌。

【例句】農會法規定，理事會遴聘總幹事要有二位以上候選人，柳總幹事是操縱地方選舉高手，特別安排農會事務員邱益三參加遴選，成為他和邱益三爭取理事會介聘。

這種總幹事的遴聘，柳總幹事已經是「桌頂拈柑」──穩當了。

0894 桌頂食飯，桌骹放屎

Toh tíng tsiàh-pñg，toh kha pàng-sái

【暗示】過河拆橋、恩將仇報。

【註解】在桌上吃飯，又在桌子下拉屎，忘恩負義。

【例句】谷進保是拉斯維加電子遊樂場的老闆，他拿了一疊資料給文議員，做為他向警察局長質詢分駐所伍所長貪腐的證據。谷進保這幾年經營電子遊樂場，暗中兼做賭博遊戲，賺了很多錢，不過他說錢是跟伍所長等刑警人員分紅。近來景氣差，也就少給警方禮金，沒想到伍所長竟然「桌頂食飯，桌骹放屎」，暗通分局來捉賭博，所以谷進保要報復他。

0895 氣佀腹肚呇呇滾

Khì kah pak-tó tshiâng-tshiâng-kún

【暗示】氣得忍耐不下去了。

【註解】氣伊：氣得。奢奢滾：滿肚子火氣。氣急敗壞的樣子。

【例句】蕭君議員答應為他的大椿腳李老大，當他兒子婚禮的主持人，請帖上註明中午十二點入席，十二點十分進行婚禮儀式，他這個主持人，最晚十二點就該到場了。

可是他的老婆美容化妝，到十二點了還沒有回來。他想單獨一個人去，車子又被他老婆開走，只好一個人「氣伊腹肚奢奢滾」，在門口走來走去，嘴裡罵個不停。

0896 氣死驗無傷

Khì sí giām bô siong

【暗示】被冤枉無處申訴。

【註解】被冤枉，明明活活氣死，卻檢驗不出有受傷的地方。

【例句】彰化縣大村鄉黃姓葡萄農，2005年6月17日到葡萄園工作，發現葡萄被扯下在地，有二千多斤，損失慘重。

警方查出嫌犯是黃姓葡萄農的侄兒黃洽錠，他之所以利用夜晚毀掉他叔叔的葡萄園，是因為前一晚他與叔叔及兩位朋友，到永靖鄉卡拉OK唱歌，看到他叔叔迷戀上服務小姐，就對他叔叔說：「那種女人只要錢，不能帶回去當老婆，不要那麼迷。」

結果被他叔叔痛罵了一頓，他越想越氣，但是「氣死驗無傷」，他便跑到果園把葡萄全部扯下。

0897 海底摸針

Hái-té bong tsiam

【暗示】無從找起。

【註解】茫茫大海中，尋找掉下去的縫針。

【例句】蕭伯伯到處張貼「尋人啓事」，尋找5月12日早上六點，在金馬路與明德路口，看到一輛撞傷行人逃逸的白色轎車的目擊者。

「蕭伯伯，金馬路每天來往的車輛少說也有千輛，」陸老師對他說：「您用張貼海報的方式，尋找肇禍的車輛，有如『海底摸針』，您

應該報案請警方檢視路口監視器，看看有沒有拍到白色的轎車，才能縮小尋找的範圍。」

0898 海龍王辭水

Hái-liông-ông sî tsúi

【暗示】假意推辭。

【註解】海龍王：神話中住在海底龍宮，統治水族的大王。奢愛的東西，怎會推辭不要？

【例句】楊組長多年來爭取升任課長的企圖心，幾乎所有的同仁都看得出來，沒想到邱課長車禍死亡，呂鄉長要提升他，他竟然「海龍王辭水」，婉謝呂鄉長的好意。

楊組長後來偷偷告訴我，他爲了升任課長去算過命，算命的說他升官可期，但不是發生橫禍便是官司不離身，所以他才婉謝呂鄉長的提拔。

0899 烏卒仔食過河

O·-tsut-á tsiảh kùe hô

【暗示】侵犯別人的權利。

【註解】烏卒：象棋上的小兵。

象棋上的小兵，權力有限，以免尾大不掉。

【例句】台北市一名呂姓男子「烏卒仔食過河」，請其妻邀請他姨妹夫婦到他們家同歡、喝酒、唱卡拉OK。

席間，他勤敬酒，把連襟、小姨子，還有他老婆灌醉，雇請計程車先把連襟載回，再安頓已醉的他老婆睡覺，之後抱著他小姨子回房，趁她不醒人事之際強姦得逞。

他的小姨子早上醒來，發現她姐夫裸體睡在身旁，一氣之下採集精液告進法院裡，他老婆也提出離婚之訴。

0900 烏狗偷食，白狗受罪

O͘-káu thau tsiàh，pėh-káu siū-tsūe

【暗示】冤枉受委屈。

【註解】烏狗偷吃了肉骨，卻找白狗出氣。

【例句】班上爲九、十月份壽星舉辦的舞會，在突然停電中，不知到底是哪個同學趁黑伸出鹹豬手，摸了一把林娟娟的屁股？

許多同學都指認是當時在林娟娟身旁的杜朝三，是他伸出鹹豬手!!

杜朝三指天發誓，矢口否認。

「如果說杜朝三是在林娟娟屁股上揩了一把的人，那絕對是『烏狗偷食，白狗受罪』，」李友仁同學說：「我知道是什麼人，只是我缺乏道德勇氣，不敢說。」

0901 烏青捌恆散

O͘-tsheⁿ luán hō sùaⁿ

【暗示】誤會要化解。

【註解】烏青：瘀青。

身上有瘀青，要用手小心的去揉搓，讓瘀青化解散開。

【例句】新北市秀朗國小四年級黃姓學生，因作業未訂正，又漏寫一項功課，被老師鄧吟芳用長達六十公分，寬約三、四公分扁平木板，打得遍體鱗傷，右手臂、前胸、後背、臉頰，處處大塊烏青。

雖然葉瑞芬校長，已經將23歲的鄧吟芳老師記一大過，黃媽媽也會將孩子身上的「烏青捌恆散」，可是家長看到孩子身上一塊塊的烏青，這樣的心痛，捌會散嗎？

0902 烏龍踅桌

O͘-liông sėh tòh

【暗示】江湖洗錢的手法。

【註解】烏龍：蟋蟀之一種。
　　　　烏龍放在桌面上，會不斷的兜圈找出路。
【例句】涉嫌太平洋電線電纜公司，171億元掏空案的前太電財務長胡洪
　　　　九，台北地方法院合議庭裁定，准予一億二千萬元交保。胡洪九
　　　　已於2005年5月16日湊足保證金，辦理保釋。
　　　　合議庭不顧地檢署反對，准予以這筆天價保證金交保，是要從其
　　　　籌措保證金，瞭解胡洪九如何「烏龍踅桌」掏空公司171億元，
　　　　並蒐集資金的流向。

0903 烏龜真燴堪得婊囝氣

O͘-kui tsin bē kham-tit piáu-kiáⁿ khì

【暗示】忍耐有限。
【註解】烏龜：妓女戶老闆。婊囝：婊子。
　　　　做烏龜生意的人，大都會低聲下氣，但也受不了婊子的氣。
【例句】黑牛是縣內大尾的流氓，黑白兩道有事，只要聽到黑牛出面，都
　　　　會禮讓三分，因為他的手槍沒長眼睛。
　　　　可是這位黑道大哥，卻拿他的姨太太小貞沒辦法，她不但會撒嬌，
　　　　事情不合乎她的要求時，她還會一再演出一哭、二鬧、三上吊，
　　　　弄得黑牛很無奈。朋友嘲笑他，黑牛總是雙手攤開說：「烏龜眞
　　　　燴堪得婊囝氣。」

0904 疼花連盆，疼囝連孫

Thiàⁿ hue liân phûn，thiàⁿ kiáⁿ liân sun

【暗示】愛屋及烏。
【註解】愛花，也把花盆保護得好好的；疼愛孩子，連孫子也照顧得無微
　　　　不至。
【例句】廖筱梅姐弟兩人，突然成為他們明新國小最富有的人。
　　　　這對姐弟是生長在工人家庭中，爸媽都在紡織工廠做工，生活不
　　　　是很困苦，但也好不到哪兒去，倒是他們外公「疼花連盆，疼囝

連孫」，把一張保險單的受益人，偷偷地寫成廖筱梅、廖榮棋姐弟。在他們外公往生後，姐弟倆才知道他這麼疼愛他們。

0905 病久顧人怨

Pēⁿ kú kò͘ lâng uàn

【暗示】久病無孝子。

【註解】病久：久病、長期病。顧人怨：人人討厭。老人病弱，拖累子孫。

【例句】我聽說姑丈被表兄弟送往仁德安養中心，便前往探望他，問他怎麼會被送到這裡渡餘生？

「也眞是沒辦法，」他嘆了口氣，才說：「你表哥、表弟都各有工作，你表嫂阿幸又開美容院，你表弟媳阿珠又在上班，沒有人手照顧我，所以我才叫他們把我送到安養中心，這兒老人很多，日子好過些。」

我聽姑丈這麼說，放心了許多，畢竟不是「病久顧人怨」而被送進安養中心的。

0906 真訓真驚，毋訓毋驚

Tsin bat tsin kiaⁿ，m̄-bat m̄ kiaⁿ

【暗示】深入瞭解，才知事態已非常嚴重了。

【註解】不瞭解，以爲事情就是這麼簡單、沒什麼；眞正瞭解的時候，才知道困難重重，沒那麼容易。

【例句】莊信昌洋洋得意地告訴同學，他已找到代他寫碩士論文的槍手了，且代價只有六萬元，而他打工每月可賺二萬元，眞划算。

同學聽後驚訝地瞪著他說：「你呀！『眞訓眞驚，毋訓毋驚』。這樣做是犯偽造文書罪，會被捉去關呀！」

0907 真金不怕火煉

Tsin kim put phàⁿ húe liān

【暗示】禁得起考驗。

【註解】金飾是要高溫煉製的，如果是假的或成分不足，會禁不起高溫而熔化。

【例句】前司法院副院長城仲模香車載美人，載著雲林科技大學助理教授王美心，到汽車旅館，引起社會議論紛紛。尤其城仲模辯稱載王助教進入汽車旅館，是她臨時肚子絞痛，要找廁所才進入旅館，可是大家卻說，我們的社會不缺乏公共廁所，加油站、醫院、機關、餐廳，甚至麥當勞等都有廁所可使用。可是城前司法院副院長竟拍胸脯說：「『真金不怕火煉！』就是沒做那種事！」

0908 真藥醫假病，真病無藥醫

Tsin iȯh i ké pēⁿ，tsin pēⁿ bô iȯh i

【暗示】無病呻吟。

【註解】真藥也許能醫假的病，但真的病恐怕沒有藥可醫治了。

【例句】黃爸爸肺癌到了第三期，兩個兒子到處問神許願，尋求祕方。黃媽媽看到兒子們這麼孝順，很心疼，勸慰著說：
「不要再這樣折磨身體了，你們爸爸的病『真藥醫假病，真病無藥醫』，我們把他送到長庚醫院，不要再南北奔波了。」

0909 剖柴連柴砧煞破

Phùa tshâ liân tshâ-tiam suah phùa

【暗示】洩漏證人身份。

【註解】柴砧：劈柴的砧仔。把祕密的證人曝光了。

【例句】丁老師惹了一件麻煩，原來葉老師和曹老師夫婦，有天下午到他家裡來作客。
丁老師什麼話不說，偏偏說什麼葉老師和一位師專時代的許姓女

同學，相偕到KTV唱歌，引起曹老師醋勁大發，兩人在學校大打出手。後來李校長出面調停，大家才知道曹老師「剖柴連柴砧煞破」，她說之所以知道老公有外遇，是丁老師偷偷告訴她的。

0910 剖腹獻心肝

Phùa pak hiàn sim-kua^n

【暗示】推誠置腹，膽肝相照。

【註解】為了表示忠心耿耿，剖腹連心膽都可以掏出來。

【例句】陳賜彬陣營一直懷疑劉新助，為對手游鎮長所派過來的臥底。所以大家在言談中，總是有意無意的暗示劉新助為臥底，讓一心一意要為陳賜彬打江山的劉新助，處處都覺得有人在監視他。

劉新助感到十分地冤枉，他為了幫助陳賜彬贏得鎮長選舉，近兩個月來，都把工廠的工作交給他兒子打理，他則專心在競選總部幫忙，可說是「剖腹獻心肝」，人家還嫌臭腥，真是不值得呀！

0911 破笠仔好遮頭

Phùa lèh-á hó jia thâu

【暗示】有勝於無。

【註解】斗笠，本是用來遮陽光的。雖然斗笠破了，仍然有剩餘的利用價值，遮額頭還可以。

【例句】詹老師新買房子，要搬新家時，不知是怕搬遷麻煩，或真的那些傢俱，已經老舊不堪使用，他一件又一件地丟掉。

他老媽看在眼裡，就把他丟掉的傢俱又撿回來，還嘮叨著：「破笠仔好遮頭！」

0912 破船過江恰贏泅

Phùa tsûn kùe kang khah iâ^n siû

【暗示】聊勝於無。

【註解】乘破船過江，總比自己游泳過去，省力得多。

【例句】黃金平和李朝榮要到墾丁玩，黃向他舅舅借轎車，他舅舅說還要到中正大學上研究所課，只能借給他機車。

黃金平和李朝榮看到那輛中古機車便搖搖頭，他們正要向黃金平的舅舅說拜拜時，黃金平的外公對他們說：「阿平啊！烏托穚雖然是舊的，但『破船過江怀贏泅』，知道嗎？」

0913 破棺柴鎮塚

Phùa kuaⁿ-tshâ tìn thiòng

【暗示】佔著茅坑不拉屎。

【註解】塚：墳墓。爛了不能放置屍體的棺材，放在墳墓裡，空佔位子。

【例句】現在各地墓園都有墓園蟑螂佔據墓地，向喪家索取鉅額遷徙費，才同意將假墓讓出來。

這種墓地蟑螂，多數都是那些地理師，他們替家屬撿骨後，把這個沒用的空墓穴樹立墓碑強佔，成為人們所批評的「破棺柴鎮塚」，待價而沽。

0914 神仙難救無命客

Sîn-sian lân kiù bô-miā kheh

【暗示】命該如此，夫復何言。

【註解】天命如此，有高明的醫師也救不了他。

【例句】王老伯患大腸癌，已經進入第三期了，難得阿榮兄妹三人，那麼不眠不休的照顧。尤其王老伯在台中榮總住院這段期間，眼見病情沒有起色，三兄妹商量要把他送到林口長庚醫院，王老伯冥冥之中聽到兒女們的計劃，把他們叫到床邊來，對他們說：

「阿榮啊，還有阿球、阿珠，恁三兄妹這麼孝順，阿爸已經眞滿足了，俗語講『神仙難救無命客』，不要再到林口去了。」

0915 神明興，弟子窮

Sîn-bîng hing，tē-tsú kîng

【暗示】廟富信徒窮。

【註解】神明興：神廟香火鼎盛。弟子窮：信徒會窮。

信徒過分迷信，把精神財物都用於敬神以及廟事，會減少生產，降低經濟競爭能力。

【例句】社會學者對台灣十個大廟宇的社區進行研究，發現共同的特點，是「神明興，子弟窮」，結論是社區居民，用於宗教支出，比其他地區多了很多；另一方面，社區裡的廟宇活動多，相對的，工作時間就減少，都是原因之一。

0916 笑到落下頦

Tshiò kàu làu ē-hâi

【暗示】笑死人。

【註解】言行或舉動，讓人家笑得幾乎連下巴都落下來。

【例句】高雄海洋科技大學創校以來，最高年齡的畢業生阿嬤陳黃蓉子，以九年時間，從國中補校一年開始，一路讀到二專漁業系進修部畢業，在畢業典禮上，這位阿嬤榮獲「長青勵學獎」，她靦腆的說：「希望八月能金榜題名，繼續深造。」

這位家住台南市新市區的阿嬤學生陳黃蓉子說，小時候家庭困苦失學，當了阿嬤後，才在子孫鼓勵之下，從七賢國中一年級讀起，當時那麼老了還背書包上學，都讓看到的人「笑到落下頦」呢！

0917 笑人窮，怨人富

Tshiò lâng kîng，uàn lâng pù

【暗示】怨天尤人。

【註解】譏笑人家窮苦，又埋怨別人富有；自己臉小，又埋怨人家屁股大。

【例句】三八菊仔在我們工廠的工人中，是最沒有人緣的工人之一。大家

在聊天時，看到她走過來，不是自動散開，便是停止交談。三八菊仔以爲大家都在背後講她的壞話，其實大家只是不願和她這位「笑人窮，怨人富」的同事在一起而已。

0918 笑破人个喙

Tshiò phùa lâng ê tshùi

【暗示】笑死人。

【註解】處理事情，方法之愚笨，讓人譏笑。

【例句】板橋區吳婦產科醫師，對前來求診要割盲腸的許小姐，竟然「放尿攪鹹菜順續工」，連她旁邊的卵巢也割掉。

吳婦產科如此荒唐，不但「笑破人个喙」，更令許小姐傷心欲絕。因爲她即將結婚，不知她要如何向夫家解釋無緣無故被割掉卵巢的事。

0919 笑頭笑面

Tshiò thâu tshiò bīn

【暗示】歡天喜地，心情愉快。

【註解】人逢喜事精神爽，喜形於色。

【例句】已經名列老處女的三姑，終於找到要娶她的人，所以最近看到三姑都是「笑頭笑面」，真的是人逢喜事精神爽。

0920 紙𤲣包得火

Tsúa bē pau-tit húe

【暗示】瞞不了人。

【註解】紙是易燃物，怎麼能用它把火包起來？

【例句】周記營造公司周董在外面包養女人，還生了一對兒女。朋友們都非常稱讚他保密到家，周董也沾沾自喜。

可是天下事，不做沒事，做了「紙𤲣包得火」。有一天，周董偕太

太到台中新光三越百貨公司選購傢俱，突然有個小女孩跑過來，抱住周董大腿，一直叫「爸爸」的叫個不停。

這一叫有分寸了……。

0921 時到時擔當，無米煮蕃薯湯

Sî kàu sî tam-tng，bô bí tsú han-tsî thng

【暗示】敢做敢當。

【註解】現在有錢吃大餐，沒有錢喝蕃薯湯也沒什麼。

【例句】朋友相處，大家閒聊了一陣子後，張克銘提議到餐廳大吃一頓，劉政揚耽心身上沒帶那麼多錢，怎麼辦？

「先別管那麼多，朋友難得在一起，先好好吃一頓再說，」伍友仁對他說：「怕什麼？『時到時擔當，無米煮蕃薯湯』，總有人有錢吧?!」

0922 胸坎若樓梯，腹肚若水櫃

Hing-khám ná lâu-thui，pak-tớ ná tsúi-kūi

【暗示】營養極度不良的生活寫照。

【註解】胸坎：胸膛。若：像。腹肚：肚子。

瘦得有如排骨，肚子卻像德國酒桶。

【例句】我問世界展望會的人，怎麼會發起「饑餓三十」活動救助非洲貧童？

沈理事告訴我們，有次他到非洲奈及利亞觀光，到他們的鄉下去，才發現那兒的民眾很困苦，小孩子不僅僅沒有衣服穿，甚至有一餐沒一餐的，個個皮包骨，「胸坎若樓梯，腹肚若水櫃」。同樣是人類，為何他們生活那麼悲慘？連一頓溫飽也是一種奢想？回國後他便發起「饑餓三十」活動。

0923 臭火燒，掩無熟

Tshàu-húe-sio，am bô sik

【暗示】截長補短。

【註解】臭火燒：燒焦了。無熟：沒有煮熟。

燒焦了的食物，與沒有煮熟的東西，混在一起端出來，二一添作五，加減乘除，恰到好處。

【例句】我祖父在生前當過縣議員，也娶了細姨，對於小老婆特別寬容、寵愛。我還記得他小老婆不會燒飯、煮菜，家裡又常常有客人留下來吃飯，餐桌上經常有半生不熟的菜餚。我祖父碰到這種情形，便會問是誰當廚，要是我祖母，他便會痛罵一頓；要是他小老婆主廚，他便會笑著說：「沒關係，『臭火燒，掩無熟』，還是很好吃。」

0924 臭尻川驚人掩

Tshàu kha-tshng kiaⁿ lâng ng

【暗示】作賊心虛。

【註解】屁股沒擦很臭，卻怕別人看到。

也就是有見不得人的糗事，怕給別人說出來。

【例句】王林兩位老師之所以大打出手，是王老師有一「臭尻川驚人掩」的事件，給林老師在同事面前說出來，他惱羞成怒二人才吵起來。這件糗事是二人有次到台北研習，晚上同宿賓館，王老師叫了一位女郎陪睡，嘿咻時，王老師的叫床聲，把隔壁客人吵得不得安眠，有那麼兩位就跑過來踢開王老師房門，把趴在女郎身上的王老師抬起來，厲聲問他：「你是騙人唔誚相姦乎？」

0925 臭耳聾勢彎話，臭骸勢踢被

Tshàu-hīⁿ-lâng gâu uan-ūe，tshàu-kha gâu that-phūe

【暗示】偏離正道，走旁門左道。

【註解】耳聾的人，常常會轉錯話；有香港腳的人，常常會因腳癢踢掉被子。

【例句】哥哥與女朋友約會，回來氣忿忿的向弟弟大發雷霆，說弟弟把女友和他約好的時間與地點聽錯了，害他整整等了一個下午，都沒見到人。

「我沒聽錯呀！楊小姐說下午兩點和你在圖書館見面，我哪裡說錯？」弟弟說。

「你呀真是『臭耳聾勢彎話，臭骹勢踢被』！」哥哥指責弟弟：「她明明就跟我說是下午五點在圖書館見面，你怎麼又彎話了？」

0926 臭耳聾醫生，無聽見病人佇哼

Tshàu-hīⁿ-lâng i-sing，bô thiaⁿ-kìⁿ pēⁿ-lâng teh hiⁿ

【暗示】麻木不仁。

【註解】耳朵聾了的醫師，是聽不到病人呻吟的，也就是視而不見，聽而不聞。

【例句】「天哪！15公分紗布在肚內10年」這是《聯合報》2005年5月5日「綜合版」大標題。

高雄市某王姓婦人經常腹痛，她一直以為是胃病，經檢查發現骨盆腔長了腫瘤，經美林婦產科張基昌醫師手術後，拿出15公分的紗布。

原來十年前王婦生完第二胎，做完結篇手術後，就經常腹痛，而恰巧碰到「臭耳聾醫生，無聽見病人佇哼」，因而痛了足足十年。

0927 臭頭厚藥

Tshàu-thâu kāu ióh

【暗示】久病亂投醫。

【註解】臭頭：癩痢頭，即生疔瘡。因為沒有特效藥，就各種藥都嘗試。

【例句】父親難得到兒子家小住，看到兒子身體虛弱，家裡到處瓶瓶罐罐的藥物，有粉劑、粒劑，也有液體，便問兒子這麼多藥是誰在服

用？兒媳婦回說是她老公身體不好，才買那麼多藥品服用。
「身體要強健，很簡單，只要睡眠充足、生活規律、飲食正常，
這樣就會很健康，不要『臭頭厚藥』，亂買亂服。」

0928 茨內若無貓，貓鼠會蹺骹

Tshù lāi nā bô niau，niáu-tshí ē khiau-kha

【暗示】沒有人管教會失控。

【註解】茨內：屋裡。若無：如果沒有。會蹺骹：會得意忘形。
主人不在，便會亂來。

【例句】以凶巴巴聞名全校的呂老師出差受訓一個月，讓六年二班的同
學，人人莫不興高采烈，拍手叫好。
周校長知道六年二班這一班，「茨內若無貓，貓鼠會蹺骹」，特別
派輔導組康組長代課，同學們聽到康組長來代課，都不約而同的
叫了一聲：「唉！」

0929 茶缶安金嘛是磁

Tê-kuàn an kim mā-sī hûi

【暗示】本質不變。

【註解】茶缶：茶壺。
茶壺是磁器，鑲金仍然是磁器；牛牽到北京也是牛。

【例句】葉鎮長的老婆周玉梅女士，原來是一位妓女，隨著葉鎮長從小地
痞、鎮民代表、主席，到鎮長而成為鎮長夫人，也當了婦聯會理
事長。
知道她底細的農會理事長夫人蕭太太，對於她講起話來口沫橫
飛，不可一世，眼睛看上不看下，便會說：「茶缶安金嘛是磁。」
鎮內婦女同胞們，常常聽到這句話，但沒有人知道意義。

0930 草地兄哥依那卡，燒酒一杯一杯焦

Tsháu-tē hiaⁿ-ko i-ná-khah，sio-tsiú tsit-pue tsit-pue ta

【暗示】乾脆、俐落。

【註解】草地：鄉下。日語：伊那卡。

　　　　鄉下人個性豪邁、不拘小節，要喝酒沒關係，來呀！誰怕誰！

【例句】劉一周、邱瑞明、陳景新……等，他們幾個人，是新兵訓練同班
　　　　的王哥柳哥，難得碰在一起，當兵時代的糗事，越聊越多，酒也
　　　　越喝越多。「來！每個人再喝三杯！」邱瑞明突然站起來，高舉
　　　　酒杯，叫道：「來！『草地兄哥依那卡，燒酒一杯一杯焦』，乾杯！」

0931 草蓆包俺公，草蓆包俺爸，
簾簷水滴落坅墘下

Tsháu-tshiòh pau an-kong，tsháu-tshiòh pau an-pē，

nî-tsîⁿ tsúi tih lòh gîn-kîⁿ ē

【暗示】身教影響深遠。

【註解】祖父死了、老爸死了，都隨隨便便用草蓆包起來埋葬，會讓孩子
　　　　誤以為草蓆是專門包裹死人用的，以後也會用草蓆來處理你的後
　　　　事，像雨水滴落在屋簷，再順著流下來那麼自然。

【例句】老劉小時候便沒有爸爸，家庭生計完全落在他寡母肩上。他母親
　　　　含辛茹苦，養育他們三兄妹長大成人，現在他母親年老體衰，行
　　　　動不方便，老劉便把她老人家送到安養院。儘管她百般不願意，
　　　　也拿自己孩子沒辦法，倒是做舅舅的，看到他姐姐被送進安養院，
　　　　心中不滿，但也只能對外甥打比喻說：「你要知道俗語說：『草
　　　　蓆包俺公，草蓆包俺爸，簾簷水滴落坅墘下』，以後孩子會有樣
　　　　學樣，你自己再好好想想吧！」

0932 草蜢仔弄雞公

Tsháu-mé-á lāng ke-kang

【暗示】挑釁找死。

【註解】草蜢仔：蚱蜢。雞公：公雞。

蚱蜢向公雞耍弄挑釁，那是不夠看的，也是不知死活。

【例句】行政院向立法院提出6108億元的特別軍購案，在立法院經過32次的討論，32次的吵架，雖然金額已下降到3400多億元，仍然被否決，無法獲得程序委員會通過，排上議程。

國民黨、親民黨兩個在野黨，堅決反對軍購案，是要台灣自制一點，不要「草蜢仔弄雞公」，台灣沒必要用軍購向中國挑釁。

0933 猲狗撐墓壙

Siáu-káu tsing bōng-khòng

【暗示】抓狂、失去理智。

【註解】瘋狗想吃墓中的屍體，不計後果不斷的衝撞墳墓。

【例句】雙冬檳榔攤來了一位辣妹，不但穿著大辣，三點若隱若現，而且愛說黃腔，引起那些年輕的檳榔族，像「猲狗撐墓壙」，買檳榔都找她去，害得其他攤位生意減少了很多。

0934 猲猲搦搦

Siáu-siáu-la̍k-la̍k

【暗示】裝瘋賣傻。

【註解】搦搦：抓在手心中。指行為怪誕、不正經。

【例句】星期天早上，林媽媽穿著入時的來找何媽媽，催她快點化妝，要去劍湖山遊樂區，弄得何媽媽一頭霧水。

「什麼？妳忘了，阿球不是說今天要載我們去劍湖山玩嗎？」林媽媽問。

「什麼？」何媽媽驚訝的說：「阿球那個人『猲猲搦搦』，他的話，

妳相信？」

0935 猾貪鑽雞籠

Siáu-tham nng ke-lang

【暗示】得不償失。

【註解】猾貪：貪心。鑽：穿入或鑽進去。公雞想多吃一些穀子，被關在籠子裡。

【例句】台灣電話詐騙集團之所以猖獗，都是利用人們貪念而得手。

像經常騙錢得逞的，來電話都說他們是香港六合彩公司，恭喜你得獎，再舌粲蓮花地讓你信以為真，以為要領彩金，先要繳交所得稅，這樣一步一步騙下去，「猾貪鑽雞籠」，想要不勞而獲，終被騙而上當了。

0936 荏人厚性地

Lám-lâng kāu sìng-tē

【暗示】脾氣暴躁。

【註解】荏人：衰弱的人。厚性地：脾氣暴躁。

身體那麼衰弱，脾氣又不好。

【例句】邱老師又刊登分類小廣告，要聘請家庭護理。這是他在半年內，第四次找人來照顧他父親了。

我對他說，何不跟老人家商量，將他送到安養中心給人照顧？邱老師無奈的說：

「我老爸『荏人厚性地』，連我老婆都快受不了了，安養中心的人，恐怕也消受不了。」

0937 荏荏馬一步踢

Lám-lám bé tsit-pō that

【暗示】別狗眼看人低。

【註解】茬馬：病弱的馬匹。一步踢：還有能力踢人。

不要小看病弱的馬，要是刺激牠，生起氣來，還會踢人呢。

【例句】馬路上圍了很多人，大家都抬頭往上看，高姿美站在住家七樓的
女兒牆上，不准消防人員接近她，並威脅再走近一步便要往下跳。
警方雖然在馬路上架好氣墊，但仍然不敢強行抓她，深怕她一個
閃失跳下去。最後警方好說歹說，請來了她的昔日男朋友，沒想
到「茬茬馬一步踢」，高姿美終於破涕為笑，讓他帶她下樓來。

0938 起茨按半料

Khí-tshù àn pùaⁿ-liāu

【暗示】預作準備。

【註解】起茨：蓋房子。按半料：預備蓋房子的錢，只能夠蓋一半而已。

【例句】鄰居們都異口同聲稱讚阿橋伯的新建樓房，是我們村子中最氣派
的一棟樓房，住起來又體面又舒服。

「體面又不能吃！」阿橋伯對大家說：「我住這棟樓房，一個月要
兩萬多元的利息，比租的還要貴呢！」

「什麼?!一個月要兩萬多元的利息?!」

「是啊，『起茨按半料』，我以為三百萬元就夠了。」阿橋伯訴苦說，
「沒想到耗費五百多萬元，才要繳那麼多利息。」

0939 送手巾會斷根

Sàng tshiú-kin ē tñg-kin

【指示】不吉利，姑妄聽之。

【註解】傳說男女朋友互贈禮物，不可送手巾，會導致斷絕來往。

「手巾」與台語斷絕來往的「斷根」諧音。

【例句】姐姐拿著一條很漂亮的綢質手巾拭汗，我問她哪來的這麼精緻漂
亮的手巾？

她說是哥哥到日本買回來要送他的女朋友，她提醒他「送手巾會
斷根」，哥哥才轉送她。

0940 酒囥久會芳，病囥久會重

Tsiú khǹg kú ē phang，pēⁿ khǹg kú ē tāng

【暗示】小病不理，久病難醫。

【註解】囥：儲存。會芳：會芬芳香醇。小病不理會更嚴重。

【例句】朋友們參加左老師的告別式後，大家不禁惋惜左老師英年早逝，留下寡妻及兩個幼子。

「其實，左老師這種病並非絕症，」周教導主任說：「當初發現他的胃有問題時，同事都勸他不妨到長庚檢查，可是他總是不當一回事。」

「怎麼可以這樣？」左老師台中師院的同學林先生說：「所謂『酒囥久會芳，病囥久會重』，難道左仔都不知道這種原理嗎？」

0941 酒逢知己飲

Tsiú hông ti-kí ím

【暗示】士為知己者死。

【註解】酒：用米、水果等物發酵製成的飲料，含酒精成分，有刺激性。逢：碰到。

【例句】警察分局突然來了七、八位不速之客，顯得非常熱鬧。

這些不速之客分乘兩部車子，被警員路檢攔下來酒測，都超過標準值而被帶往警察分局。

他們在警局裡，像木匠鋸柴箍，東一句西一句，顛三倒四語無倫次，弄得熱鬧非凡。

原來他們都是當兵時代的王哥柳哥，難得相處，「酒逢知己飲」，才都酒醉了。

0942 酒醉心頭定，酒猾無性命

Tsiú-tsùi sim-thâu tiāⁿ，tsiú-siáu bô sèⁿ-miā

【暗示】藉酒裝瘋，會玩出人命來。

【註解】藉著酒醉裝瘋賣傻，其實心裡清楚得很，酒瘋鬧過了頭，會丟掉

老命。

【例句】黃淑娟經過一番顧慮後，決定對李課長摸她屁股一事，提出性騷擾的控訴。

張總經理爲了不讓事件宣揚出去，特地拜訪她的老公，商請撤回告訴。

「張總，你說李課長是喝了酒，喝酒就可以亂來了嗎？」黃淑娟的老公說：「告訴你，『酒醉心頭定，酒猾無性命』，酒醉是不是可以摸職員的屁股，請他到法院時再好好解釋。」

0943 酒醉誤江山

Tsiú-tsùi gō kang-san

【暗示】酒醉誤了大事。

【註解】喝酒喝醉了，意識不清楚，連江山財產都有可能賣掉。

【例句】「酒醉誤江山」的例子不少，但生氣起來，就跟自己的新台幣開玩笑的台南市吳姓貨運司機，恐怕就是這不醉也誤事的少數人之一。吳姓司機喜歡開快車超速，一年中連續接到一百多張罰單，令他越想越氣，他認爲警方之所以能有他超速的照片，一定是拍自公路警察安裝在路邊的測速器，因此他在善化、新化歸仁公路上，只要見到測速器，便倒車衝撞，警方發現被吳姓司機撞壞的測速器共六支，向他索賠三百多萬元。

0944 偎爸食爸，偎母食母

Úa pē tsiảh pē，úa bú tsiảh bú

【暗示】沒志氣的傢伙。

【註解】依賴別人生活過日子，誰能給他吃，就給誰當小弟。

【例句】于朝貴是于東平與黃美娜夫婦的獨生子，本來他們非常寵愛他，幾乎對他有求必應。現在于先生和于太太辦妥離婚手續，于朝貴因爲已經大學畢業了，沒有約定要與父親或母親生活在一起，就由他自己決定要到哪邊住，便到哪邊住。結果造成于朝貴的依賴性，有時住這邊，有時住那邊，真正「偎爸食爸，偎母食母」而

不想找個工作做。

0945 偎豬窮，偎狗富，偎貓起大茨

Uá ti kîng，uá káu pù，uá niau khí tūa-tshù

【暗示】要善待流浪的貓、狗。

【註解】偎：依靠。

人若要依靠豬，那是會很窮困的，反而是狗會帶來財富，而貓咪來了，能蓋房屋。

【例句】高雄市發現有民眾製作銅質有倒鉤的吹箭，吹射流浪貓狗。那些被吹射到的流浪貓狗哀嚎慘叫，除非動手術，否則吹箭拔不出來。流浪狗之家的歐巴桑，看了很心疼，不但一直咒罵吹銅箭射貓狗的人沒有人性，還說應該要善待流浪貓狗，她說：「偎豬窮，偎狗富，偎貓起大茨。」

0946 假仁假義

Ké jîn ké gī

【暗示】虛假慈悲情義。

【註解】缺乏仁慈愛心，卻裝腔作勢。

【例句】施鄉長卸任後，捐出退休金一百萬元，成立鄉內「國中小學生營養午餐基金」，頗獲鄉民正面的肯定，可是鄉民代表會，包括副主席李敏卿、詹勇壁、屠申榕等人認為，他的捐款不及他的貪瀆百分之一，他只是「假仁假義」而已。

0947 假孔假榫

Ké khang ké sún

【暗示】裝模作樣騙人。

【註解】傢俱木器接頭做成凹凸狀者為孔榫。凹者孔，凸者榫。

【例句】日盛食品公司董娘與幾位姐妹淘到日本欣賞櫻花，令她老公放心

地把會計孔小姐帶回家過夜。沒想到董娘說到日本看櫻花，只是「假孔假榫」的幌子，她老公果然中計，被他老婆會同警方捉姦在床，想賴也不知如何賴起。

0948 假死鯪鯉夾死胡蠅

Ké sí lâ-lí giap sí hô-sîn

【暗示】請君入甕。

【註解】鯪鯉：穿山甲。

穿山甲會裝死，蒼蠅聞到腥臭味過來，便會被吃掉。

【例句】邱德一總覺得新婚妻子還與舊情人暗通款曲，便向他公司請了假，騙他老婆說要出差到新加坡，卻在他們房間內安裝針孔攝影機。

邱德一這種「假死鯪鯉夾死胡蠅」果然奏效，只是看了他老婆與舊情人火辣辣的演出錄影帶，卻讓他差點兒噴鼻血，心想，自己的功夫怎麼差人家一大截？

0949 假鬼半暝半，假久當作猜人看

Ké kúi pùaⁿ-mî-pùaⁿ，ké kú tòng-tsò siáu-lâng khùaⁿ

【暗示】裝扮行為應適可而止。

【註解】半暝半：三更半夜。

要假裝鬼魂嚇人家，得在三更半夜，不過假裝鬼魂久了，別人會把他看成神經病。

【例句】呂世榮每次三杯酒下肚，便裝瘋假猜，向老人家要不到錢，便威脅要去自殺什麼的。

今天他喝了幾杯，又要老人家給錢換新車，不給錢就說要去撞火車，剛好被他遠從台北回來的叔叔聽到，他叔叔走過去，二話不說便給他一個巴掌：「你呀！『假鬼半暝半，假久當作猜人看』，別再裝瘋賣傻！」

0950 做(作)著歹田望後冬，娶著歹姆一世人

Tsò tiòh pháiⁿ-tshân bāng āu-tang，tshūa tiòh pháiⁿ-bó͘ tsit-sì-lâng

【暗示】惡妻孽子、無法可治。

【註解】耕作的雖然非良田，今年收穫不好，還能希望來年有好的收穫；可是娶到個性、品德不好的妻子，那是一輩子都很悲慘。

【例句】老爸老媽對於獨子慶欣，三十五歲還不想結婚，感到憂心忡忡，見到面便催他早日結婚，讓老人家有孫子陪伴過日子。「爸，你不用替我擔心，該結婚的時候，我自然會去找個女人來結婚！」「你要知道『作著歹田望後冬，娶著歹姆一世人』，我們兩老怕你自己選擇，娶了惡妻就慘了。」

0951 做人留後步，日後有退路

Tsò-lâng lâu āu-pō͘，jit-āu ū thùe-lō͘

【暗示】預留退路。

【註解】為人處事不要趕盡殺絕，日後才有迴轉空間。

【例句】老劉一向得理不饒人，對於前往說情的人，都說他們是鄉愿。他控告林又期誹謗案，法院判決林又期無罪，沒想到他對於林又期罵他混蛋耿耿於懷；林廠長特地請他喝咖啡，勸告他既然法院已經判決，官司也該落幕了，林廠長還語重心長的說：「人呀！『做人留後步，日後有退路』，我請你記住這句話。」

0952 做人著磨，做牛著拖

Tsò lâng tiòh bûa，tsò gû tiòh thua

【暗示】本性無法改變。

【註解】做人一定會受苦受折磨；做牛便要拖車犁田，這是天性，也是本分。

【例句】周道勇五十五歲屆齡從工廠退休後，又去成衣工廠找到整理環境的工作。

昔日的同事知道周道勇家庭小康，且他已六十歲了，實在不必這麼辛苦，都勸他養老、陪孫兒女玩，過著含飴弄孫的快樂老人生活。

「我還能工作，怎麼可以養老？」他反問：「俗語不是說『做人著磨，做牛著拖』嗎？」

0953 做人講品行，做工講效應

Tsò-lâng kóng phín-hīng，tsò-kang kóng hāu-ìng

【暗示】德行、效率，各有所求。

【註解】做人要講究品行道德，做事則要求效率、成果。

【例句】榮記公司是縣內最大規模的紡織廠，年產值16億。紡織同業公會柳理事長，在會員大會常以榮記經營為典範：

「榮記公司之所以產能高，都是用人不攀親帶故，員工堅守『做人講品行，做工講效應』，所以工人的素質都很高，效率也很高。」

0954 做公親貼本

Tsò kong-tshin thiap-pún

【暗示】吃力不討好。

【註解】公親：雙方的仲介者。

要協調雙方的爭執，有時候會得罪某一方，甚至雙方都不高興，好像自己是當事人。

【例句】達德商工學生王明達，騎機車不小心撞到一位拾荒的阿婆。王明達請李村長陪他去探望受傷的阿婆，阿婆也不為難這位夜間部的學生，只要求他負責醫療費約兩萬元。王明達很感謝阿婆的寬宏大量，可是他家裡窮困，頂多只能籌出一萬五千元。李村長看王明達實在再也籌不出五千元了，便「做公親貼本」，湊足兩萬元給阿婆了。

0955 做天也獪中人意

Tsò thiⁿ iā bē tìng lâng ì

【暗示】沒辦法讓每個人都心滿意足。

【註解】連老天爺也無法讓每個人都滿意。

【例句】柳總經理在年終檢討會上指出，董事會只通過年終獎金每人薪水半月，實在無法滿足各位的期待，他身爲總經理也權力有限，能增加的福利，只有每人多放一天假而已，他知道「做天也獪中人意」，請大家諒解。

0956 做皮球恆人踢

Tsò phûe-kiû hō lâng that

【暗示】妄自菲薄。

【註解】任人指使、擺佈，一點兒尊嚴也沒有。

【例句】林明漢只是高職畢業，認爲能在明德這麼大的科技公司，謀到一個工友職位，已經很滿意，也非常珍惜，所以工作總是特別起勁。總務處給他的職掌，是一、二科的雜務工作，可是三、四科，甚至人事室的人，也都把他叫來叫去，交代這個交代那個，他像「做皮球恆人踢」一般忙個不停，可是他都毫無怨言。

0957 做官做官，有田有山

Tsò-kuaⁿ tsò-kuaⁿ，ū tshân ū suaⁿ

【暗示】天下的烏鴉一般黑。

【註解】做官的，有權有勢，會霸佔農田山地。

【例句】我一直搞不懂那一句「做官做官，有田有山」的諺語，是什麼意思？直到我最近看到電視和新聞，一再報導政府官員貪污被收押，終於了解爲什麼做官的人有田有山，原來貪污都是幾千萬幾億元，當然有錢買田買山囉！

0958 做官清廉，食飯攪鹽

Tsò-kuaⁿ tshing-liâm，tsiàh-pn̄g kiáu iâm

【暗示】名利無法雙收。

【註解】清廉：清白無私。攪鹽：形容生活清苦。

要當清廉官吏，就要覺悟日子不好過。

【例句】楊次長從交通部退休下來，除了朋友來訪外，大部分的時間，都在葡萄園工作，認識他的人都跟他打趣說：

「楊仔，人家『三年官兩年滿』，你幹到次長，退休下來還要那麼辛苦，幹粗活嗎？」

「許桑，你不知道『做官清廉，食飯攪鹽』，」他自我嘲諷的說：「要食家己趁，精神卡輕鬆。」

0959 做校長兼摃鐘

Tsò hāu-tiúⁿ kiam kòng-tsing

【暗示】一手包辦。

【註解】摃鐘：打鐘。又要當校長，又要做打鐘工作，大小事自己來。

【例句】我禮拜六到嘉義去，順便到順天食品公司找我老友許董，只看到有人在粉刷辦公室，卻沒看到許董。

當我要問油漆的老頭子時，始才發現油漆的工人，原來是許董。

「老許，你怎麼自己粉刷？」

「沒辦法，後天衛生局要來檢查，臨時找不到工人，只好『做校長兼摃鐘』，自己來了。」

0960 做鬼嘛搶無蕹菜湯

Tsò kúi mā tshiúⁿ bô ìng-tshài-thng

【暗示】晚起的鳥兒沒蟲吃。

【註解】蕹菜：空心菜。蕹菜湯：尋常人家的菜餚。

這種料子，連跟人家搶一碗菜湯喝，也不可能。

【例句】南投縣國小教師甄試，預定錄取十名，報名多達五百多人，競爭
之劇烈由此可見一斑，要想取得教師飯碗，也真是談何容易啊！
報名定在七月五日下午四時截止，黃媽媽一再叮嚀她兒子豪群，
四日開始報名，就應該去辦妥報名手續。可是她兒子說不用急，
五日下午報名還來得及，結果他車子在山路拋錨，不要說參加甄
試，連報名都來不及了，黃媽媽才罵他「做鬼嘛搶無薅菜湯」。

0961 做匏桸唔驚滾水燙

Tsò pû-hia m̄ kiaⁿ kún-tsúi thǹg

【暗示】喻敢做敢當。

【註解】匏桸：舀水的用具。滾水：開水。
有足夠的心理準備，才從事這一行或做這件事。

【例句】菲傭瑪莉娜甚得王老先生夫婦稱讚。凡是有人問起瑪莉娜的服務
情形時，他們便會指著家裡乾乾淨淨、一塵不染的傢俱和地板，
不斷地讚美她的工作能力和勤勞。瑪莉娜每一次聽到老闆夫婦對
她的稱讚，都會說：「頭家，你們台灣不是有句話說『做匏桸唔
驚滾水燙』嗎？」

0962 做無一湯匙，食歸畚箕

Tsò bô tsit thng-sî，tsiàh kui pùn-ki

【暗示】做與享受不等值。

【註解】無一湯匙：只是湯匙那麼一點點。歸：全部。
享受多，付出少，不成比例原則。

【例句】春節快到了，媽媽要孩子利用周休二日，來個全家大小大掃除，
除舊佈新，迎接新年。
弟弟、妹妹支持媽媽大掃除的決定，不過他們說：「清掃完後，
爸爸要帶我們去劍湖山玩，也要吃麥當勞。」
「你們這些小鬼，『做無一湯匙，食歸畚箕』，怎麼可以？」
媽媽雖然這麼說，但也點頭答應全家人去劍湖山玩一天。

0963 做賊做鱟

Tsò-tsha̍t tsò-hāu

【暗示】正事不做。

【註解】鱟：節肢魚類，有甲殼的海魚，殼做鱟桸。

此指行動迅速，像小偷那樣偷雞摸狗。

【例句】正泰紡織經營重心已移往中國，台灣紡織廠縮編，裁員60%，進行資遣。整編後人是變少了，可是董事長看到留下來的工作人員名單極爲火大，他問人事主任：「總務處林股長，那個傢伙『做賊做鱟』，怎麼留下他？」

0964 做戲欲煞，看戲唔煞

Tsò hì beh suah，khùaⁿ hì m̄ suah

【暗示】喧賓奪主。

【註解】糾紛事件的當事人要息事寧人，斡旋的人卻還不願罷休，要周旋到底。

【例句】這次縣議員選舉，趙仁瑞爲了壯大聲勢，請一群親友陪同前往登記，造成對手楊應東很大的壓力。楊應東爲了能順利競選議員，祕密地拜託雙方的好友林理事長從中斡旋，以八百萬元，交換趙仁瑞撤銷縣議員候選人登記。可是當趙仁瑞拿了錢，要到選務所辦理撤銷登記，支持群眾卻團團圍著他叫囂，眞的是「做戲欲煞，看戲唔煞」。

0965 做穡望落雨，做乞食望普渡

Tsò-sit bāng lo̍h-hō͘，tsò khit-tsia̍h bāng phó͘-tō͘

【暗示】各有盼望。

【註解】做穡：種田的人。乞食：討飯吃的人。

農人希望能下雨，便不必到田裡做粗活；討飯吃的人，希望農曆七月，家家普渡容易討到食物。

【例句】媽媽要到歐洲觀光旅遊，一家人從爸爸到弟弟都非常高興。爸爸
高興的是要和朋友喝一杯，老婆管不著。哥哥說他玩電腦，沒有
媽媽管，可以玩到盡興。姐姐和網友網來網去，媽媽人在國外，
要管鞭長莫及。弟弟高興媽媽這半個月，不會管他有沒有寫作業。
真是「做穡望落雨，做乞食望普渡」。

0966 偷夯古井也著認

Thau giâ kó-tséⁿ iā tióh jīn

【暗示】刑求逼供。

【註解】受不了刑求，說你偷拿水井，也不得不認了。

【例句】1979年12月10日「高雄美麗島事件」，受刑人黃君是以高舉人權
火把遊行，被判二年有期徒刑。

黃君說他根本沒參加遊行，是那天晚上他在自家門口看遊行，突
然有人向他借用廁所，並請他代拿一下火把，而被警察人員拍到
照片，鐵證如山，殘酷的刑求他，他「偷夯古井也著認」。

0967 偷食唔知拭喙

Thau tsiáh m̄-tsai tshit-tshùi

【暗示】不知善後。

【註解】要偷吃東西，居然不知把嘴巴擦拭乾淨。

【例句】「爲一塊魚排，山東娘遭遣回」，這是2005年5月17日《自由時報》
「社會萬象」醒目標題。

這位被遣送回中國山東的董婦「偷食唔知拭喙」，原是非法到台灣
打工，在台北市一家小餐館工作，因客戶要求燒焦的魚排退換，
她則堅持沒燒焦不給予退換。兩人遂發生口角，客人一氣之下，
到警局舉發董婦非法滯台打工，董婦遂被依法強制遣送回山東。

0968 偷掠雞無秤重

Thau liáh ke bô tshìn-tāng

【暗示】大小都要。

【註解】掠雞：捉雞。無秤重：不分大小都捉。

貪得無厭，不分大小、輕重都好。

【例句】校慶辦親子運動會，需要五十萬元的經費。家長會為此召開會議，討論向校友募捐事宜。

「當然找校友幫忙，是可行的辦法，」林新裕委員問許會長：「要不要規定每位校友募多少錢？」

「這怎麼能規定金額？」許會長坦白的說：「俗語說『偷掠雞無秤重』，樂捐怎可規定要多少錢？」

0969 唬人獪過手

Hố lâng bē kùe tshiú

【暗示】騙不了人。

【註解】唬：騙，也就是要詐。想要用詐術騙別人，是不能得逞的。

【例句】台中市劉育誌、陳南佑、林小月、雷淑閔等人，組成詐騙集團，到沙鹿光田醫院、李綜合醫院，詐騙患者家屬說，「呷草的野生鹿」製造的鹿茸酒可治百病。

患者家屬不疑有他，有人就購買了這些紅蘿蔔切片的假鹿茸酒，但是到頭來還是「唬人獪過手」，詐騙集團被移送法辦。

0970 唬人無獒，夯刀割喉

Hố lâng bô gâu，giâ to kuah âu

【暗示】食蒜吐蕗蕎。

【註解】唬人：佔人家便宜。

處處想佔人家便宜的，不是有辦法，也不光榮，總有一天下場會很淒慘。

【例句】何敏川與尹同義等幾個朋友賭博，他們對有點智障的鄰居阿祥出老千，被何父知道後，訓了一頓。

何父說：「俗話說『唬人無勢，夯刀割喉』，朋友相處就不應該賭博，何況是鄰居朋友，你們明知阿祥有點智障，本來就應該多照顧他，竟想要唬他？」

0971 唱哭調仔

Tshiùⁿ khàu-tiāu-á

【暗示】哀怨訴苦。

【註解】哭調仔：台灣歌仔戲主要腔調。見人訴苦，無病呻吟。

【例句】我利用出差到台灣的機會，順路到潭子加工區，探訪多年不見的好友——春興塑膠模型射出公司曾董事長。

老曾看到我頗像歌仔戲「唱哭調仔」，一直訴說外銷市場，大都被中國低工資低成本的產品打敗，好像快要活不下去。

0972 問到有一支柄通好夯

Mn̄g kah ū tsit-ki pèⁿ thang-hó giâ

【暗示】追根究底。

【註解】大小事情，凡事盤問下去，像要打破砂鍋問到底，令人不耐煩。

【例句】曾金宏和江麗珍是我們學校的一對金童玉女，他們多年的戀情，曾經引起多少同事的羨慕，可是他們結婚還不到一年，竟在毫無預警下離婚。

他們的離婚，也引起同事相當大的關心，尤其汪淑娜，遇到與他們夫妻走得比較近的同事，就一心追問原因，幾乎「問到有一支柄通好夯」。

0973 問神卜卦，看人造化

Mn̄g-sîn pok-kùa，khùaⁿ lâng tsō-hùa

【暗示】各人造化不同，不能靠神佛保佑。

【註解】不認眞努力打拼，求神問卜也是枉然，恐難改變命運。

【例句】電視報導，台中有一馬姓商人近年事業不順，不是被倒帳，就是
貨品有瑕疵被退貨，他便去問神看命。碰到神棍說他沖犯財神，
必須補命改運，全家每日還要飲用由濟公加持的聖水半年，才能
清除身內的邪氣云云。
馬老闆聽信法師之言，聖水越飲全家人的身體越衰弱；神明越拜，
衰運越來越多，終至公司經營不善，宣告倒閉。
其實「問神卜卦，看人造化」，迷信會害人。

0974 問神那問鬼，食藥那食水

Mn̄g sîn ná mn̄g kúi，tsiàh iòh ná tsiàh tsúi

【暗示】迷信到無藥可醫。

【註解】頻頻求神，宛如求鬼；服藥像喝水那麼頻繁。

【例句】中國國民黨2005年7月16日選舉黨主席，前立法院長王金平與當
時的台北市長馬英九，競逐主席寶座。
王金平被認爲是國民黨高層中的本土派人物，但他爲了爭取黃復
興黨部榮民票，頻頻到榮民之家輸誠，撇清與李登輝的關係。
王金平這種「問神那問鬼，食藥那食水」的拍馬屁選法，得到的
榮民票只有一比九，榮民幾乎全部投給馬英九。

0975 娶姆師仔，飼姆師傅

Tshūa-bó͘ sai-á，tshī-bó͘ sai-hū

【暗示】養妻才是眞功夫。

【註解】要個老婆簡單容易，但要養活妻子，就沒那麼簡單了。

【例句】楊仕榮高職剛畢業，竟然對他老爸說，他女朋友有孩子了，想把

她娶進來。

「你是說阿珠有孩子了？」楊父問。

楊仕榮尷尬的點了點頭。

「娶老婆？」楊父警告他：「你要知道『娶姆師仔，飼姆師傅』，你有獨立生活的能力嗎？」

0976 娶姆娶德，娶妾娶色

Tshūa-bó͘ tshūa tik，tshūa-tshiap tshūa sik

【暗示】擇偶的標準。

【註解】娶德：挑選具有美德的女人。娶妾：添二房，即小老婆。

娶姆像吃正餐，粗飽；娶小妾的像吃宵夜，要精緻。

【例句】朋友聚在一起，都會偷偷的討論蕭董金屋藏嬌的那位二奶。大家讚賞蕭董豔福不淺，能娶到這麼一位像模特兒那麼高挑、漂亮的二奶。還有人把蕭董的老婆與二奶相提並論，說他老婆像啤酒桶，兩人實在不能比對。

「那當然囉！」郭桑插嘴說：「我們『娶姆娶德，娶妾娶色』，如果長得醜，那又何必要娶二奶？」

0977 娶一个新婦，死一个囝

Tshūa tsit-ê sin-pū，sí tsit-ê kiáⁿ

【暗示】迎新棄老。

【註解】兒子娶了老婆後，心思都放在妻兒身上，忘記對雙親的關懷孝道，讓老人家感覺到像失去了一個兒子。

【例句】我到安養中心檢查消防設備，聽到有人叫我的名字，才發現周伯母也被送到安養中心來。

周伯母有四個兒子，也都是我認識多年的朋友，我知道他們兄弟事親至孝，怎麼會將老母親送到這兒來？

「這也沒什麼稀奇，」安養中心汪負責人說：「通常『娶一个新婦，死一个囝』，這裡大部分的老人，都是這樣。」

0978 娶後母出後爸，前人囝無地繫

Tshūa āu-bó tshut āu-pē，tsîng-lâng-kiáⁿ bô tè hē

【暗示】顧此失彼，親情疏落。

【註解】後母：繼母。

母親死了，父親續弦，只關心繼母，而把前妻所生的兒女疏遠了。

【例句】謝繼民本來是甚受師生歡迎的模範生，自從他父親續弦後，他性
情大變，不但功課退步、脾氣暴躁，也失去昔日開朗的個性。

有道是他的父親「娶後母出後爸，前人囝無地繫」，而影響到他的
性情吧。

0979 娶著歹姆，一世人艱苦

Tshūa-tiȯh pháiⁿ-bó，tsit-sì-lâng kan-khó

【暗示】老婆不好，終生受苦。

【註解】結婚找對象，要謹慎挑選，如果娶到三八的、女德不好的、凶巴
巴的，那一輩子都會是苦難。

【例句】江教授是一位標準「娶著歹姆，一世人艱苦」的畫家。模特兒林
小姐看到他來，立即要進入更衣室，脫掉身上的衣服讓他作畫，
結果江教授對她說：

「林林，今天不畫了，泡杯咖啡聊聊天吧！」

模特兒正要去泡咖啡時，江教授聽到一陣高跟鞋答答的聲音，知
道他老婆來了，連忙對模特兒說：

「趕快把衣服脫掉，我老婆來了。」

0980 娶著歹新婦，大家變舂臼

Tshūa-tiȯh pháiⁿ sin-pū，ta-ke piàn tsing-kū

【暗示】老歹命。

【註解】歹新婦：女德不好的媳婦。舂臼：擣米的器具。姑娌不和，身為
婆婆的就有得煩了。

【例句】江媽媽好不容易把她四個兒子扶養長大，而且也都娶妻生子，以
為自己可以安養晚年了。沒想到家裡來了四個不同家庭的媳婦，
彼此之間常常意見相左，發生爭執；尤其常為了孩子爭吵問題吵
起架來，江媽媽身為家庭核心人物，周旋於兒媳之間，常常自怨
自艾說：「娶著歹新婦，大家變舂臼。」

0981 娶著好姆，恰好三个天公祖

Tshūa-tiòh hó bó͘，khah hó saⁿ-ê thiⁿ-kong-tsó͘

【暗示】賢妻愛護，恰好神明佛祖。

【註解】有幸娶到好老婆，比有天公佛祖保佑好得多。

【例句】台中市從事汽車修配工作的陳民松，印了一萬多張海報，張貼在
市區大街小巷，尋找負氣出走的愛妻劉曉玫。
陳民松自己知道，「娶著好姆，恰好三个天公祖」，因此請社會
大眾協助他尋找他老婆。陳民松說他愛妻一直要外出工作協助家
計，他則認為以他的收入，他老婆不必外出工作，在家把二個孩
子照顧好便可以了，兩人因此吵架，終至他老婆離家出走。

0982 嫖無情，賊無義，客兄無志氣

Piáu bô-tsîng，tshát bô-gī，kheh-hiaⁿ bô tsì-khì

【暗示】靠不住的人。

【註解】嫖：嫖子，即妓女。賊：小偷。客兄：姘頭。
嫖子是無情的，看錢不看人。小偷是不講義氣的。至於姘頭，大
都是沒志氣、靠不住的。

【例句】伯父憑經驗告訴我們兄弟，與人相處、交朋友，都要記住「嫖無
情，賊無義，客兄無志氣」，這些人少來往為妙。

0983 寄物會減，寄話會加(多)

Kià mih ē kiám，kià ūe ē ke

【暗示】託言、傳言，會增加是非。

【註解】寄物：請人轉交東西。會減：會減少。會多：會增加。

傳話託言是非多。

【例句】阿勇的姑姑住在南投縣中寮鄉，突然來電話說，鄰居阿明到中寮去，她交代阿明帶回龍眼、荔枝、釋迦和楊桃回去給他，叫阿勇分一半給他哥哥。

阿明替他帶回水果時，阿勇要分一半給他大哥，可是他在整籠的水果中翻來找去，都沒看到釋迦，他正要去問阿明時，被他老婆拉住，低聲的說：「傻瓜！你沒聽說過『寄物會減，寄話會多』嗎？」

0984 帶鉸刀爿鐵掃帚

Tài ka-to pîng thih sàu-tshiú

【暗示】凶神煞鬼。

【註解】算命的常用「帶鉸刀爿鐵掃帚」，形容剋夫剋家之命相。

【例句】趙先生無緣無故心臟病發，被送進醫院急救，這是他今年第二次入院了。他覺得諸事不順，去請教相命師，那位自稱鐵口直斷的老頭子，問他：「家裡是否有了新人？」

他想了想，才說：「新春的時候，娶了媳婦。」

「這就對了。」相命師說：「新娘『帶鉸刀爿鐵掃帚』，家裡怎會平安？」

0985 強迫張飛讀春秋，至親難免結冤仇

Kiông-pik Tiuⁿ Hui thák Tshun-tshiu，tsì-tshin lân-bián kiat-uan-siû

【暗示】己所不欲，勿施於人。

【註解】張飛：古典小說《三國志》主角之一。《春秋》：孔子著作之一。

張飛是位老粗，強迫他讀高深難懂的書，再好的朋友也會翻臉，喻不可勉強他人。

【例句】老王基於公司的財務壓力，都由好友柳董伸出援手，公司才有今天的規模，因此要他兒子義明與女友分手，娶柳董的女兒爲妻，父子因而吵了多次架。

王妻說：「老公，『強迫張飛讀春秋，至親難免結冤仇』，報答有報答的方式，不要強迫兒子娶他的女兒，何況柳小姐……。」

0986 強龍不鬧地頭蛇

Kiông-liông put nāu tē-thâu-tsûa

【暗示】識時務者爲俊傑。

【註解】強龍：橫霸之徒。地頭蛇：地痞流氓。

再橫行霸道的傢伙，也不敢得罪地痞流氓。

【例句】芝蘭KTV到員林開設連鎖店，大家都等著看，吳老闆怎樣在黑面讚的地盤存活下來。

可是出乎各方意外的是，芝蘭KTV居然平安無事，有人問吳老闆，他怎樣擺平地頭蛇？

「那還不簡單，俗語說『強龍不鬧地頭蛇』，我來到員林市發展，首先拜訪的是地頭蛇，請他們多多照顧，人到禮數到，自然沒事。」

0987 得人疼忭好拍拼

Tit lâng thiàn khah hó phah-piàn

【暗示】有人緣有人疼。

【註解】能得到上司寵愛、信任，比自己認眞、拼命工作好得多。

【例句】「我覺得主任很偏心，」農會信用部的邱莉梅向同事抱怨：「每次人事調動，洪莉娜的工作，都是最輕鬆的，現在也是一樣，她調爲徵信工作，我們則要坐櫃檯，做第一線的工作。」

「那有什麼辦法，」李大姐雙手一攤的說：「所以說『得人疼忭好拍拼』，知道嗎？」

0988 得失土地公，飼無雞

Tik-sit thó͘-tī-kong，tshī bô ke

【暗示】得罪地頭蛇便難混了。

【註解】土地公：福德正神，也就是地頭蛇。

入境問俗，要知道地頭，打個招呼或意思意思一下，否則會雞犬不寧。

【例句】殘障人士浦光順，向銀行申請在田中鎮開設投注站核准，可是經營不到半年，便結束營業搬走。

我以爲是田中鎮簽注彩券的人不多，無法維持最低開銷，原來是浦光順「得失土地公，飼無雞」，拒絕地方角頭兄弟介紹店面裝潢，結下梁子，從此不得安寧，才離開田中。

0989 倚懸山看馬相踢

Khiā kuân-sua͘ khùa͘ bé sio that

【暗示】幸災樂禍。

【註解】倚懸山：站在高山上。站在高山上，看著山腳下的馬匹，互相的踢來踢去。

【例句】大小選舉都會插一腳的楊伯伯，這次村長選舉他居然沒登記，不知是自認爲人老了抑或沒錢玩，竟然天天悠閒悠哉的「倚懸山看馬相踢」。

0990 捾一个屎肚

Kūa͘ tsit-ê sái-tō͘

【暗示】草包一個。

【註解】捾一个：帶一個。形容腦袋空空，只有大肚子。

【例句】詹俊傑原來遊手好閒，東晃西晃的，人們都不知道他做些什麼事業。但幾年沒見，他竟然像僑領回台那種架勢，講話腔調高，又指指點點的，活像錦衣歸故鄉。

「詹俊傑那個人『揹一个屎肚』，架勢十足，」老莊揭發他的底細說：
「他在珠海台商的酒店當保鏢而已，說什麼董事長，都是騙人的。」

0991 揹一踦舊皮箱

Kūaⁿ tsit-kha kū phûe-siuⁿ

【暗示】孤軍奮鬥。

【註解】揹：提。提一個舊皮箱，走遍天下。

【例句】台灣之有今天繁榮的景象，國民所得達到一萬四千多美元，要歸
功於中小企業家，他們都「揹一踦舊皮箱」，走遍天下尋求商機，
才使台灣經濟富裕起來。

0992 揹包袱仔，逤人走

Kūaⁿ pau-hȯk-á，tùe lâng tsáu

【暗示】不安於室，跟人私奔。

【註解】揹包袱仔：提著行李。逤人走：跟人私奔。

【例句】駐紮在學校內的部隊移防後，阿強便發現他的老婆「揹包袱仔，
逤人走」，而且肯定她是被士官長拐走的。
他把他老婆找回來，請他老婆娘家和村長做調解。
「今天妳竟然背著我跟士官長私奔，」阿強漲紅著臉，咬牙切齒的
說：「我限妳在我與士官長之間選一個，看妳選哪一個！」
他老婆說：「你們兩人，你怀長伊怀大，叫人家怎麼選？」

0993 揹籃仔假燒金

Kūaⁿ nâ-á ké sio-kim

【暗示】虛情假意。

【註解】揹籃仔：提著籃子。
古時候婦女不敢拋頭露面，怕被指指點點，因此要外出都提著籃
子，說要到寺廟燒香拜神。

【例句】台灣省前省長於2000年競選總統時，自詡他全省走透透，最愛台
　　　　灣。前總統李登輝說他是「捾籃仔假燒金」，是到處散財綁樁腳。

0994 掃著風颱尾

Sàu-tiòh hong-thai búe

【暗示】無辜受到傷害。

【註解】台灣氣候與地理環境特殊，每次颱風來襲，暴風半徑轉向後，會
　　　　形成「回南」強風，這種「回南」的颱風尾仔，有時候造成很大
　　　　的災情。

【例句】報紙大幅報導，許多縣市政府為了彰顯建設的政績，蓋了不少的
　　　　「蚊子館」，沒有充分利用，還蚊蟲滋生，嚴重浪費人民血汗錢云
　　　　云。
　　　　行政院為避免浪費公帑，對於地方政府建設的審查轉趨嚴格，我
　　　　們鄉申請的運動公園，在陳水扁總統競選時已承諾全額補助，現
　　　　在「掃著風颱尾」，被行政院駁回申請案。

0995 掛羊頭賣狗肉

Kùa iûⁿ-thâu bē káu-bah

【暗示】表裡不一。

【註解】掛著羊頭，實際上賣的是狗肉，口是心非，欺騙的行為。

【例句】妹妹和妹婿從加拿大回國省親，林文義和老二商量，要帶他們到
　　　　「歌友KTV」唱歌，兄妹好久沒唱歌，娛樂一下。
　　　　「大哥，我們陪妹妹、妹婿唱歌，應該到『好樂迪KTV』去。」老
　　　　二告訴大哥：「我聽說『歌友KTV』是『掛羊頭賣狗肉』，有女人
　　　　脫衣陪酒，怎麼能讓她們去？」

0996 掠一尾蟲佇尻川蟯

Liảh tsit-búe thâng tī kha-tshng ngiau

【暗示】愛管閒事、自找麻煩。

【註解】佇：在的意思。蟯：蠕動。
沒事幹，抓一條蟲放在屁股肛門口蠕動。

【例句】聯盟電腦公司失竊六部電腦案，經過刑事警察局指紋比對，證實
是內賊所為，而內賊是剛從感化院釋放出來，已故蕭主任的兒子
蕭敏雄。

「老公，我不是一再對你說，聘請員工絕對不要有前科的。」涂太
太對涂老闆說：「你是一片好心給蕭敏雄一份工作，卻變成『掠
一尾蟲佇尻川蟯』，真是何苦？」

0997 掠生塌死

Liảh tshe^n thap sí

【暗示】挖東牆補西壁。

【註解】手頭緊繃，抓生的來彌補死的，寅吃卯糧是也。

【例句】卡奴，已經成為新興民族之一。
造成卡奴的原因，是財政部准予發卡銀行濫發信用卡，賺取高達
18%之逾期卡債利息。
由於銀行委外討債，這些入不敷出的卡奴，大都「掠生塌死」，挖
東牆補西壁，到頭來無法償還，又天天受到討債集團的威脅恐嚇，
缺乏抗壓能力的卡奴，自殺時有所聞。

0998 掠秀才擔擔

Liảh siù-tsâi ta^n-tà^n

【暗示】強人所難。

【註解】秀才：明清兩代，府州、縣的生員，私塾的教師。把文弱書生抓
來做粗重的工作。

【例句】兒子們暑假回來，老爸把他們叫過來交代果園的工作。他說：「你們兩兄弟，一年到頭都在外面，讀書花錢沒關係；田裡的工作，都是我們兩個老人在做。現在難得放暑假，你們應該做些工作，兩人一個負責番石榴的剪枝，一個負責葡萄的剪枝，或者兩人共同合作也可以。」

兩兄弟聽到這番話都咋舌，倒是他們老媽說：「老公，你這樣豈不是『掠秀才擔擔』？」

0999 掠長補短

Liảh tn̂g pó té

【暗示】截長補短。

【註解】捉襟見肘，窘態畢露。

【例句】農村超鮮市場進行為期十天的全店商品八折優待。

老頭家對於兒子這一招甚感不妥，尤其他所瞭解，多項商品成本都在八折以上，賣八折不但沒錢可賺，還要賠本。

「阿林，你把全部商品都打八折，會賠很多錢呀！」

「爸，不會啦！」阿林向老人家解釋：「有些貨物成本雖然八折以上，但『掠長補短』，不會吃虧。」

1000 掠賊𣍐等得到縣

Liảh tshảt būe tán-tit kàu kuān

【暗示】等不及了，那來閒情逸致。

【註解】發現小偷都等不及要抓他了，怎還會等到警察來時，才動手抓他。

【例句】2006年9月20日，台南市發生倒扁靜坐民眾，被挺扁民眾包圍，雙方幾乎打起群架來。

其中有位名叫許惠芬的小姐，只因身穿紅色衣服，又開紅色轎車，便被挺扁暴民圍堵起來，把她這輛好好的轎車砸得支離破碎。

事後，輿論譴責台南市警方未善盡保護民眾責任，有人形容說「掠賊𣍐等得到縣」，無奈，警方卻得等待上級發令才敢動手捉人。

1001 掠龜走鱉

Liáh ku tsáu pih

【暗示】顧此失彼。

【註解】掠：抓。抓到烏龜，鱉魚卻被溜走，沒辦法兩全其美。

【例句】詹四滄從當兵退伍下來也有十五年了，不知道是肚子裡面哪一條腸子想到，他竟要到東台灣的宜蘭，探望同袍何有溪。

無獨有偶的是，何有溪也不知是哪條腸子想到，竟然從宜蘭跑去彰化要來看詹四滄，兩人「掠龜走鱉」，仍然無緣見面。

1002 救蟲蟯蟯趖，救人無功勞

Kiù thâng ngiáuh-ngiáuh-sô，kiù lâng bô kong-lô

【暗示】救人不如救蟲。

【註解】蟯蟯趖：蠕動的樣子。無功勞：沒有加分。

把蟲救活了，至少看到牠們蠕動還算有趣；至於救人，有時有功無賞，搞不好反而要賠償。

【例句】「救蟲蟯蟯趖，救人無功勞」這句諺語，常常被林股長引用。他頗感嘆社會怎麼會變得這麼冷漠。

林股長說他有一次看到一個老人被機車撞傷，坐在路上哀鳴，就立即把他送醫。沒想到老人的家人不但沒感謝他，反而指他撞傷人假好心，讓他好人做不得。

1003 教歹人囡仔大細

Kà pháiⁿ lâng gín-á tūa-sè

【暗示】壞榜樣。

【註解】囡仔大細：大小孩子。言行舉止壞示範。

【例句】老闆把組長叫過來，問他昨天帶學徒去哪兒？

「嘻嘻……沒什麼啦，他們說很想去看脫衣舞的，才帶他們去見識見識。」

「怎麼可以帶未成年實習生去看脫衣舞！」老闆指責組長：「你這

樣會『教歹人囡仔大細』呀！」

1004 教囝泅，嗯通教囝跙樹

Kà kiáⁿ siû，m̄-thang kà kiáⁿ peh tshiū

【暗示】賜子千金，不如教子一藝。

【註解】要教孩子游泳，碰到水難時便能保護生命；不要教孩子爬樹，以免他們掉下來受傷。

【例句】教育部終於想通了「教囝泅，嗯通教囝跙樹」的道理，於2005年6月20日宣示「推動學生游泳方案」，不僅將透過民間管道籌募21億元廣建游泳池，並將補助學生到私人游泳池上游泳課。

教育部統計，目前全國游泳池772座，其中學校游泳池412座，廣建游泳池後，預定2008年各級學校至少50%學生會游泳。

1005 晚頓減食一口，活到九十九

Àm-tǹg kiám tsiảh tsit-kháu，uảh kàu káu-tsảp-káu

【暗示】節食長壽。

【註解】晚頓：晚餐。晚餐不要吃太飽，身體會更健康，活到老老。

【例句】長青會聘請一位百齡老人，現身說法如何保持健康長壽。這位長者告訴所有銀髮族，他從二十歲開始，保持這項良好的生活習慣，那就是「晚頓減食一口，活到九十九」。

他叮嚀老人們，晚上少吃些飯，也不要有點心，減輕腸胃負擔，多讓它們休息，自然減少毛病。

1006 桭著拳頭屁

Sîn-tiȯh kûn-thâu phùi

【暗示】無妄之災。

【註解】桭著：受到或碰到。人家打架，你無緣無故被拳頭打到。

【例句】我聽到王勝雄受傷，趕到基督教醫院探望他，才知道他因為好奇

跑去圍觀人家飆車，看到有人打架，走過去想看個究竟，卻「柝著拳頭屁」被人誤打了。

1007 深犁重耙，怀好放橫債

Tshim lê tāng pê，khah hó pàng huâi-tsè

【暗示】流汗錢比黑心錢好。

【註解】認真經營田園或事業，比放高利貸心安理得。

【例句】同學畢業後難得再次相聚，大家在一起，自然聊起各同學的近況，說到李文忠日子過得最輕鬆，收入又好賺，許多人都很羨慕他那種軋票放重利的當鋪生意。

「開當鋪收入當然好，」班長黃世榮說：「可是我還是認為，『深犁重耙，怀好放橫債』。」

1008 淺籬薄壁

Tshián lî po̍h piah

【暗示】窮苦潦倒。

【註解】簡陋的籬笆、薄薄的牆壁，家徒四壁。

【例句】電視報導，黃乙村在下班路上拾到二十萬元送往警局招領，在地方傳為美談。

黃乙村在食品公司工作，擔任食品倉庫管理員，一家五口住在「淺籬薄壁」的破舊房子，生活清苦。雖然家徒四壁，他為人卻很誠實，不貪不義之財。

1009 清朝欲敗出鴉片，日本欲敗出軍閥

Tshing-tiâu beh pāi tshut a-phiàn，Ji̍t-pún beh pāi tshut kun-hua̍t

【暗示】落葉知秋。

【註解】滿清帝國之所以衰敗，是國民吸食鴉片烟；日本之所以戰敗，是出了那些黷武好戰的軍閥。

【例句】父親臨終時把我們三兄弟叫到床前，有氣無力的說：「你們兄弟要記住『清朝尌敗出鴉片，日本尌敗出軍閥』，家庭若尌敗出賭徒，要謹記在心。」

1010 尌去紅膏赤蠘，返來鼻流洎滴

Beh khì âng-ko-tshiah-tshih，tńg--lâi phīⁿ lâu nūa tih

【暗示】乘興而去，落荒而跑。

【註解】赴約時，歡頭喜面好不高興；回來時，臉青涕流垂頭喪氣。

【例句】今天同窗會，袁世雄這位班長，真像諺語說的「尌去紅膏赤蠘，返來鼻流洎滴」。

原來昔日同窗好友，大家幾乎異口同聲的嘲笑他，成績、品行，實在都不足以擔任班長，只是他的老爸很會巴結老師，常常送禮給老師，他才能當班長。

1011 尌死，佫放一个屁

Beh sí，koh pàng tsit-ê phùi

【暗示】最後一招。

【註解】臨死前，還放了一個屁。就是人到要斷氣了，還給家屬製造麻煩、困擾。

【例句】高年七十二的老鄉長，臨終前兒女都隨侍在側，也請來他的好友汪律師紀錄他的遺言，交代遺產如何分配。

正當五位兒女靜等老人家開口交代後事，沒人想到老人家「尌死，佫放一个屁」，會說出藏在他心中三十多年的祕密。他說經常到他們家裡來的某國中黃主任，是他們的親兄弟。

1012 尌呫汝，掠準尌咬汝

Beh tsim--lí，liah-tsún beh kā--lí

【暗示】好心恆雷呫。

【註解】對你好意，卻被誤會爲要害你。

【例句】呂老師回到家，一直抱怨校長別人不派，派他參加爲期一週的台語研習營。「老公，李校長是『嫑咕汝，掠準嫑咬汝』，你多學點台語，跟家長溝通就省事……」呂太太說。

1013 嫑是寶，嗯徑是塗

Beh sī pó，m̄-tih sī thô

【暗示】愛之欲其生。

【註解】想要時，視作寶貝那樣珍愛；不要時，當作垃圾隨便丟棄。

【例句】阿嬤把要送去舊衣回收箱裡的芭比娃娃找回來，還不停的罵孫女：「妳們這些查姆囡仔，怎麼把好好的娃娃丟掉？」她心疼地說：「娃娃『嫑是寶，嗯徑是塗』，怎麼可以這樣？」

1014 嫑食嗯振動

Beh tsiáh m̄ tín-tāng

【暗示】好吃懶做。

【註解】只想吃，卻不動手工作。

【例句】早期，我們鄉裡陸家，可說是全鄉最富有的人家，那時候台灣經濟窮困，大家生活都很艱難，我們都赤腳上課，沒有零用錢，可是陸家孩子，個個都穿皮鞋上課，天天都有零用錢可花。

曾幾何時，陸家兩房兒孫都家道中落，生活非常困苦，我以爲是遭逢巨變，鄰居卻告訴我說：

「他們兩兄弟，都是『嫑食嗯振動』，坐吃山空。」

1015 嫑食胡蠅家己欱

Beh tsiáh hô-sîn ka-kī hop

【暗示】別想不勞而獲。

【註解】胡蠅：蒼蠅。想要吃蒼蠅，就要自己動手抓呀！

【例句】胡大哥要去海釣，想找他鄰居康桑同去，康桑說了一堆不能去的
理由後，又對他說：
「老兄，你是海釣高手，吃不完的魚，送我幾條好嗎？」
「好啊！」胡大哥爽朗地說完，又自言自語地說：「叫你陪我去，
說沒空，還要我分給你，『欲食胡蠅家己欶』嘛！」

1016 欲掠去刣，愛食一頓飽

Beh liáh khì thâi，ài tsiáh tsit-tǹg pá

【暗示】食飯皇帝大。

【註解】要抓去槍斃，也要等吃飽飯。

【例句】吳校長他們退休校長歐洲遊行團，要搭乘的班機，是中午十二點
十分，接駁小巴士，八點未到便載著其他團員，到吳家來催人。
吳校長剛起床，看到那些老同事不停的催他，感到很煩，便對他
們說：「幹麼！那麼緊張，『欲掠去刣，愛食一頓飽』，現在才八點，
急什麼？」

1017 欲做猴頭，唔做會頭

Beh tsò kâu-thâu，m̄ tsò hūe-thâu

【暗示】明哲保身。

【註解】寧願帶領猴子猴孫，也不願做什麼會的頭頭。

【例句】中華民國幼教聯合會由台南市高姓幼教學者所發起，他全台走了
一圈後，發現有些縣市的幼教業者意願不高，就跑來社頭找我。
我答應協助他把聯合會組起來，並言明我「欲做猴頭，唔做會頭」，
理事長一職，還是要由他擔任。
聯合會成立大會選舉理事長，會員105位，我得票104票，也由
不得我不出任創會會長。

1018 對替人夯枷，唔替人認債

Beh thè lâng giâ-kê, m̄ thè lâng jīn-tsè

【暗示】謝絕擔保債務。

【註解】可以幫人家做粗重的工作，絕不幫人家保證債務。

夯枷：套在犯人頸間的刑具。

【例句】正德記老闆游先生，歡歡喜喜的到他連襟賴老師家，坐了沒多久，才臭容滿臉的回去。

老人家問兒子，到底跟他連襟發生什麼不愉快的事？賴老師告訴他爸爸，游先生要向銀行借款，請他當保證人。

「你怎麼說？」他爸爸緊張起來。

「我告訴他『對替人夯枷，唔替人認債』，他掉頭便回去了。」賴老師說。

1019 對嫁死姆山，唔嫁離姆壇，離姆臭心肝

Beh kè sí-bó͘ suaⁿ, m̄ kè lî-bó͘ tûaⁿ, lî-bó͘ tshàu sim-kuaⁿ

【暗示】仍有堅持。

【註解】要嫁也要嫁給死了老婆的男人，也不嫁給離婚的男人。會離婚的人，大都不是好東西。

【例句】劉淑貞自從她丈夫車禍逝世後，有多位親友建議她另找對象走出陰霾，問她有些什麼擇偶條件，她說：「單親媽媽還有什麼條件？不過『對嫁死姆山，唔嫁離姆壇，離姆臭心肝』。」

1020 對飲水著家己舀

Beh lim-tsúi tio̍h ka-kī iúⁿ

【暗示】天下沒有白吃的午餐。

【註解】口渴想要喝水，就要自己想辦法舀水。

【例句】台灣煙酒公賣局生產的紹興酒，名聞國內外，這是特別選在水質甘甜的南投埔里鎮釀造的。許多到埔里遊玩的客人，回去的時候，

都會順手帶幾桶埔里水回去泡茶。

鄭幹事知道我們要到埔里去，連忙拿來兩個大桶子，要我們順便替他帶水回來，我老婆嘀咕道：「覕餪水著家己舀。」

1021 斯斯繪消肮

Giàn-giàn bē siau kiān

【暗示】無可奈何。

【註解】眼睜睜的看著事情發生，卻拿它沒法子。

【例句】秦有根與絡明貴，從他們同時競選鄉民代表時便已結下梁子。每逢選舉兩人都是死對頭，本屆鄉長選舉，絡明貴議員看到他的宿敵秦有根改選鄉長，就也要跟他競選到底，沒想到登記的最後一天，絡議員要辦理登記時，突然心肌梗塞緊急送醫急救。他雖然撿回了一條命，卻看到秦有根在沒人競選之下，順利登上鄉長寶座，想到無端便宜了他，真的「斯斯繪消肮」。

1022 牽牛落坔

Khan gû lòh làm

【暗示】設計圈套，算計別人。

【註解】坔：泥沼。牽著牛，讓牠走入泥沼中，使其無法自拔。

【例句】台灣有一句話說：「愛朋友死，就誂伊出來選舉。」這句話用在江有志身上相當貼切。

江有志本來安分守己做他的食品外銷生意，也著實賺了些錢，一群酒肉朋友便「牽牛落坔」，鼓勵他出來競選鎮長，害他花了五千多萬元，結果落選了。

1023 牽尪仔補雨傘

Khan ang-á pó͘ hō͘-sùaⁿ

【暗示】做事不乾脆。

【註解】尪仔：玩偶。

一方面要玩玩偶，一方面又要修補雨傘，做事一心兩用，不積極。

【例句】爸爸走進哥哥的書房，伸手把收音機關掉，並說：

「做功課、自修都要專心，怎麼可以『牽尪仔補雨傘』，一邊寫作業，一邊聽音樂？」

1024 牽索仔縛家己

Khan soh-á pak ka-kī

【暗示】作繭自縛。

【註解】拿繩子綑綁自己，自討苦吃。

【例句】王理事長有鑑於每次理事會會議，應出席理事不是缺席，便是姍姍來遲，就在理事會中提出，理事會議遲到十分鐘，處罰鍰五百元，缺席者罰一千元的建議案。

理事會討論這個鼓勵出席會議議案時，多數理事都反對，並指王理事長這個議案，是「牽索仔縛家己」。

1025 牽豬哥趁暢

Khan ti-ko thàn thiòng

【暗示】過乾癮。

【註解】農業社會時代，趕公豬到母豬那兒進行交配的工作，叫牽豬哥。

趕豬哥，看公豬母豬交配，又有錢賺又快樂。

【例句】莊廠長把老是遲到的林助理叫到廠長室訓話，警告他若不改善，將把他調到倉庫當搬貨員。

「我是因為課長跟他們打麻將才遲到。」林助理辯說：「他們不打麻將，我也不會遲到！」

「人家打麻將關你屁事！」莊廠長斥責他，「你是『牽豬哥趁暢』乎？」

1026 犁也唔著，耙也唔著

Lê iā m̄-tiȯh，pê iā m̄-tiȯh

【暗示】左右爲難，或做什麼都不對。

【註解】犁、耙都是農民耕田的主要農具。唔著：不對。

要用犁不對，要用耙也不對，刁難之至。

【例句】仁和食品公司陳司機，拿著客戶送貨單對我抱怨：「桃園和屏東
都要我今天早上送去。我先送去屏東，準備明天再送去桃園，我
從屏東回來後，卻被經理叫去痛罵一頓，你說有沒有道理？」

我看送貨單，兩張都寫今天早上要送去，桃園和屏東，對陳司機
來說，要先送哪裡，都是「犁也唔著，耙也唔著」。

1027 猛虎燴對得猴陣

Bíng-hó· bē tùi-tit kâu-tīn

【暗示】寡不敵眾。

【註解】老虎雖然凶猛，但也抵不住猴群合力圍攻。

【例句】林大爲聽到弟弟到KTV唱歌，卻爲了服務生莉莉與人家爭風吃
醋，被修理的情形後，拍起桌子怒罵。

「他們不知你是我弟弟？膽敢欺侮你？看我去教訓他們！」

林大爲氣沖沖的跳上摩托車，便往KTV找那些小夥子算帳去，可
是不到一個鐘頭，醫院就打電話來說，有位叫林大爲的被打傷送
到急診室。

原來是「猛虎燴對得猴陣」，林大爲再怎樣凶猛，也受不了那些小
鬼圍攻。

1028 理長，唔驚講，情理眾人令

Lí tn̂g，m̄-kiaⁿ kóng，tsîng-lí tsìng-lâng--ê

【暗示】有理走天下。

【註解】理長：有道理或情理勝對方。眾人令：大家的，不是一個人說的

便算了。情理大家的，是非自有公斷。

【例句】劉木杰決定縱使離婚，也要跟岳父母說清楚。

「你打老婆，打到她跑回娘家了，還敢去跟她的父母親理論嗎？」

「怎麼不敢？我『理長，唔驚講，情理眾人个』，同事出車禍，我到醫院照顧又沒有什麼，阿嬌竟然到辦公室大吵大鬧，說什麼我跟同事有不可告人的事，人家小姐還要出嫁，這種不可理喻的女人，打她又怎麼樣！」

1029 眾人个喙毒

Tsìng-lâng ê tshùi to̍k

【暗示】人言可畏。

【註解】群眾的嘴巴，影響力很大，也很可怕，像毒藥那般恐怖。

【例句】縣長選舉，國民黨提名卓伯源，挑戰競選連任的民進黨翁金珠，競選當初，公教界都看好具有現任優勢的翁金珠，但是基層民眾則說翁金珠會落選。選舉結果，果然「眾人个喙毒」，卓伯源以多九萬多票擊敗現任縣長翁金珠，登上縣長寶座。

1030 第一衰，剃頭歕古吹

Tē-it sue，thì-thâu pûn kó-tshue

【暗示】倒霉透頂。

【註解】衰：倒霉。剃頭：理髮。

農業時代，理髮的與鑼鼓陣中的成員，都是屬於底層社會的小人物。

【例句】許厝村村幹事張政忠見到人就一直訐譙，他在上班途中，看到一個小學生倒在路上哀嚎，發現是車禍受傷，馬上載傷患到醫院急救，沒想到傷患家長竟然指他是肇事者，讓他含冤莫白。

他說以前有話說「第一衰，剃頭歕古吹」，現在要改為「第一衰，救人恆人誤會」。

1031 第一戇，種甘蔗恆會社磅

Tē-it gōng，tsìng kam-tsià hō hūe-siā pōng

【暗示】做傻事。

【註解】第一戇：最傻的。會社：日本國公司的名稱，如株式會社，即股
份有限公司。

【例句】日治時代，因有三位保正(村長)踏上台糖台上過磅，三人只有
十八斤，所以說種甘蔗的蔗農最傻。現在最傻的是做直銷的，通
常要取得直銷商資格，必須先購買相當金額的商品，才能做直銷。
這種直銷商錢還沒賺到，就已經賠了很多，才會有人把「第一戇，
種甘蔗恆會社磅」，改成「第一戇，做直銷商亂趖」。

1032 欲哭無目屎

Beh khàu bô bȧk-sái

【暗示】欲哭無淚。

【註解】目屎：眼淚。
想要哭出來，但已經沒有眼淚了，境遇之淒慘，可想而知了。

【例句】東方汽車旅館被一把無名火燒成一堆廢墟，其中最令人不勝唏噓
的是，王根漢的老婆也是罹難者。王根漢的老婆沈氏，因為要補
貼家用，減少老公的經濟壓力，就到東方汽車旅館當服務生，第
一天上班便遭受橫禍，令王根漢「欲哭無目屎」。

1033 粗喟大力

Tshoo-khùi tūa-lȧt

【暗示】孔武有力。

【註解】身體粗壯、力氣很大的人。

【例句】台灣高鐵工程引進外勞工人，有菲律賓、泰國、印尼等幾個國家。
據在彰化縣與雲林縣段現場監督工作的呂課長說：「我細心地觀
察這些勞工的工作表現，蒙古籍的工人個個『粗喟大力』，工作效

率高。」

1034 細孔唔補，大孔叫苦

Sè-khang m̄ pó, tūa-khang kiò khó

【暗示】小病變大症。

【註解】小的漏洞不補好，等到破洞變大了，就有苦吃了。也就是感冒那
種小毛病不去理它，等到病情擴大那就慘了。

【例句】衛生署公益廣告「六分鐘護一生」，是要婦女能經常用短短的幾分
鐘檢查乳房，免致乳癌而喪失健康和生命。
這句話與「細孔唔補，大孔叫苦」的意思一樣，不可忽視小毛病，
以免小病變大症。

1035 細漢儑曉想，大漢唔成樣

Sè-hàn bē-hiáu siūⁿ, tūa-hàn m̄-tsiâⁿ-iūⁿ

【暗示】悔不當初。

【註解】細漢：小時候。
小時候思慮不周，浪蕩江湖，年紀大了徒傷悲。

【例句】吳敦義是位身份地位顯赫的政壇名人，他有個弟弟卻遊手好閒，
沒有正當工作，還要大哥吳敦義接濟。
鄰居看到吳家兩兄弟，身份地位相差那麼多，紛紛當作教育子女
的活教材，常說吳敦義的弟弟，是「細漢儑曉想，大漢唔成樣」。

1036 細漢若唔彫，大漢彫儑曲

Sè-hàn nā m̄ tiau, tūa-hàn tiau bē khiau

【暗示】玉不琢不成器。

【註解】細漢：小時候。唔彫：不調教、放縱。
彫儑曲：已經定型成性，調教無效。

【例句】盧家三代單傳盧明成，集寵愛於一身。祖父母溺愛，有求必應；

父母疼愛有加，要什麼買什麼，從小嬌生慣養，不知節儉。

自從盧明成祖父母、父母相繼逝世後，浪費成性的他，依然揮霍無度，家道很快便中落了，鄰居早說他這個人「細漢若唔彫，大漢彫繪曲」，果然不幸言中，他的生活逐漸陷入苦境。

1037 細漢偷挽匏，大漢偷牽牛

Sè-hàn thau bán pû，tūa-hàn thau khan gû

【暗示】教不嚴，父之過。

【註解】細漢：小時候。大漢：長大成人。偷挽匏：到田裡偷割匏仔。偷牽牛：偷牽牛隻。

【例句】台北有位犯很多件偷竊案的慣犯余三民，養的三個孩子也都學習爸爸，到大賣場、超商裡偷拿玩具、巧克力等小東西。三兄弟前後被捉進警察局，派出所警員看到小兄弟又偷東西，都私下說：「那個姓余的，自己偷東西已經很慘了，還縱容兒子偷東西，這些小鬼『細漢偷挽匏，大漢偷牽牛』，將來一定是監獄之友會會員，準沒錯。」

1038 細漢親兄弟，大漢各鄉里

Sè-hàn tshin hiaⁿ-tī，tūa-hàn kok hiuⁿ-lí

【暗示】樹大分枝，天下沒有不散的筵席。

【註解】細漢：小孩子。大漢：長大成人。小時候兄弟姐妹生活在一起，長大後各奔東西。

【例句】彰化縣社頭鄉新厝村潘厝，原是宗族群居的地方，隨著台灣工業化，族親都因工作移居外地，許多後輩早已不相識。潘家為了聯繫情誼，讓「細漢親兄弟，大漢各鄉里」的叔孫，能重聚一堂，每年農曆三月，都到草屯某帝爺廟進香，讓宗親歡聚一堂，互相認識，培養感情。

1039 船到溪邊自然直

Tsûn kàu khe pīⁿ tsù-jiân tit

【暗示】順其自然，總有解決的辦法。

【註解】前面雖有一座橋卻不必急躁，船駕駛到那邊，自然有辦法開過去。

【例句】黃東信確實過分了一點，夫妻吵架雖然是很尋常的事，但是一個
大男人，實在不該把老婆打到住院療傷。怪不得他老婆會跑回娘
家，不肯回家裡來。

老婆不在家，要打理家庭、照顧三個孩子，不是一向不做家事的
黃東信所能忙得來的事。要去請他老婆回家，又怕被他岳父母掃
地出門，躊躇猶疑不知怎麼辦才好？

「去吧！去向人家賠罪，」黃大哥鼓勵他：「入寨無刣人，『船到
溪邊自然直』，男子漢敢做敢當。」

1040 船過水無痕

Tsûn kùe tsúi bô hûn

【暗示】人情似紙張張薄，不懂感恩回報。

【註解】船經過時會激起浪花，但過後便看不到痕跡了。

【例句】杜平原第二任鄉長即將任滿，他已經感覺到有多位主管，明顯地
迴避他的建設規劃，令他感覺到「船過水無痕」的政治現實。

尤其他計劃在任滿之前，完成老人康樂中心的建設。但是建設課
長卻提出種種理由，而不著手規劃，顯然是要討好未來的鄉長，
連他提拔的建設課長都這樣了，遑論其他人。

1041 蛇孔透貓鼠岫

Tsûa khang thàng niáu-tshí siū

【暗示】暗通款曲。

【註解】蛇孔：蛇藏身的洞穴。貓鼠岫：老鼠的窩。
私密來往，互相串通。

【例句】台語研習會，講師詳細解釋「蛇孔透貓鼠岫」後問學員，哪一位
　　　能用人人都懂的現象解釋這句諺語。
　　　「黨庫通國庫！」張學員剛說完，立即獲得熱烈的掌聲。

1042 貧憚人擔重擔

Pîn-tūaⁿ lâng taⁿ tāng-tàⁿ

【暗示】不知量力而為。
【註解】貧憚人：懶惰的人。懶惰的人，又要挑重擔，欠缺自知之明。
【例句】學校辦親子活動，林林總總的工作，要每位教師認領一項，沒人
　　　認領的，抽籤決定由誰來做。
　　　大家最忌畏的工作是募捐經費，自始到尾沒有人自告奮勇說要去
　　　募捐，不得已用抽籤決定人選。
　　　校長宣佈抽籤的結果，這件偉大、神聖的任務，由賴老師抽到，
　　　大家都說：「真是『貧憚人擔重擔』，天地有眼。」

1043 貧憚兼襤爛

Pîn-tūaⁿ kiam lám-nūa

【暗示】懶惰又骯髒。
【註解】懶得動手工作，又很骯髒，言行舉止又惡劣。
【例句】阿榮放假回來，聽到他老媽說他妹妹即將和他的朋友楊志欣訂
　　　婚，不但大感意外，也頗為失望。
　　　「怎麼啦？」他老媽發現他的表情怪怪的，問他：「志欣不是你的
　　　好朋友嗎？」
　　　「他是我的朋友沒錯，可是他好吃懶做，行為又乖張。」阿榮訴說
　　　他的感受，「總之，他是『貧憚兼襤爛』那種人。」

1044 貪利，連母攏無去

Tham lī, liân bó lóng bô--khì

【暗示】貪小失大。

【註解】貪利：貪人家利息。連母：連本錢。

貪圖利息的人，有時候連本錢也會被倒去。

【例句】我到法院找位朋友，碰到周長庚也到法院去。我問他到這種地方何幹？

周長庚開始吐苦水，也不斷訐譙銘祥公司張董，向周借了五百萬元，現在公司倒閉，他也溜到中國珠海去了，所以周要向法院起訴他以追討債權。

「你不是說借錢給張董，一個月利息十多萬元，比自己做生意好得多？」我問他：「現在『貪利，連母攏無去』，有什麼感想？」

1045 貪俗買狗鯊

Tham siȯk bé káu-sua

【暗示】便宜沒好貨。

【註解】狗鯊：是一種肉質不良，難下嚥的鯊魚。

為了貪便宜，省些錢，買到很難吃的鯊魚。

【例句】胡老師是位精打細算的傢伙，過去朋友勸他買房屋，他都說用租的比較合算。現在他居然買了一幢二手屋，告別無殼蝸牛生活，我們幾位同事也就合送一套沙發祝賀他。

喬遷之日，當然我們都去湊熱鬧做客，席間大家都稱讚胡老師這幢三層樓房，只有三百二十萬元很便宜，可是曾老師卻說胡老師「貪俗買狗鯊」，是因為有人曾經在房內自殺，這幢房子才會那麼便宜。

1046 貪食無補，落(漏)屎艱苦

Tham tsiàh bô pớ，làu-sái kan-khớ

【暗示】貪便宜反而害了自己。

【註解】貪食：貪吃。漏屎：下痢，即拉肚子。

佔便宜未必得到便宜。

【例句】達德家商同學，聽到鎮上新開業的日式涮涮鍋菜色很多，有海鮮、牛排、豬排、羊排，也有傳統台菜、沙拉吧、甜點、各式飲料、冰品，199元吃到飽，下課後，紛紛往那家店跑去。

李進雄卻不為所動，同學問他怎麼不去吃個夠本的大餐？他冷冷的說：「你們『貪食無補，漏屎艱苦』，一定得不償失。」

1047 貪賒貴買第一散

Tham sia kùi bé tē-it sàn

【暗示】貪圖不必付現而吃虧。

【註解】人之所以會貧窮，是貪圖買東西可以賒欠，不必付現金，價錢昂貴也不會去計較。

【例句】台灣金融界因為發行信用卡有暴利可賺，致使濫發，造成社會產生卡奴族。

卡奴族都是那些年輕人，他們「貪賒貴買第一散」，到處刷卡賒買，形成卡債高築，一輩子背負高利息的卡債苟延殘喘。有些禁不起債務壓力者，燒炭的燒炭，自殺的自殺。

1048 軟土深掘

Nńg thô tshim kùt

【暗示】善人好欺侮。

【註解】欺侮軟弱的人，也就是吃軟不吃硬。

【例句】蘇課長被呂姓同事殺傷，在醫院急救中，情況不樂觀。

同事們多數同情凶手呂有吉，認為蘇課長橫禍自招，俗語說：「朋

友妻不可戲」，蘇課長明目張膽搭上呂有吉老婆，轎車公然載入載出，「軟土深掘」可見一斑，呂有吉不是忍無可忍，怎會伺機報仇？

1049 頂世人相欠債

Tíng sì lâng sio khiàm-tsè

【暗示】姻緣前生註定。

【註解】頂世人：前輩子。相欠債：夫妻恩怨是前生就註定，不能迴避的。

【例句】我遇到十五年沒見過面的班花李淑純，看到她瘦巴巴的，憔悴得有如一位老婦人。

「淑純？妳眞的是淑純？」我驚叫起來：「妳怎變成這樣子？」

她告訴我本來她會和相戀多年的陳東明訂婚，但訂婚前夕陳東明車禍，陳家認爲不吉利而解除婚約。後來她嫁給李遠傳，李家家大業大卻捨不得多請些傭人。

「唉！」她說著說著嘆起氣來：「一切都是『頂世人相欠債』吧？」

1050 頂司管下司，鋤頭管畚箕

Tíng-si kuán ē-si，tî-thâu kuán pùn-ki

【暗示】謹守本分，各司其責。

【註解】上面的管下面的，分層負責，像鋤頭管畚箕。

【例句】爸媽暑假到歐洲觀光旅遊三週，一家四個孩子，交代老大管理約束，老大難得做一家之主，便對老二嚴格要求生活行爲，老二也以此要求弟妹。

兄弟姐妹中排序最小的弟弟，被管得受不了，便對他兩位哥哥嗆聲：「你們呀！『頂司管下司，鋤頭管畚箕』，你們處處管我，我管誰？」

1051 頂茨人教囝，下茨人囝乖

Tíng tshù lâng kà kiáⁿ, ē tshù lâng kiáⁿ kuai

【暗示】寒蟬效應。

【註解】看到鄰居在教訓小孩子，小孩子自然就學乖了。

【例句】吳美珍到好友呂碧花家拜訪，看到好友兩個兒子彬彬有禮，不但會親切招呼問好，又能倒茶請客，應答如流，甚感驚奇。吳美珍認爲，現代的孩子少見有這麼懂事的，便好奇的問呂碧花，是用什麼方法教育兒子？

「其實，我也沒有特別用心，我們隔壁高先生夫婦，教育孩子很嚴格，」呂碧花毫無隱瞞的說：「所以『頂茨人教囝，下茨人囝乖』而已。」

1052 魚食流水，人食喙水

Hî tsiȧh lâu-tsúi, lâng tsiȧh tshùi-súi

【暗示】禮多人不怪。

【註解】水中的魚兒靠流動的活水存活；人靠態度親切、說話誠懇廣結善緣。

【例句】李明達決定辭掉保全公司的工作，兩夫妻準備租個店面賣童裝。他們去向李明達外公借錢，並請教經商致富的李家外公，怎樣做生意？

「俗語雖然說『生理子歹生』，其實也沒什麼，」李家外公教外孫李明達說：「做生意要記住的是『魚食流水，人食喙水』，對顧客嘴巴要甜一點就對了。」

1053 魚還魚，蝦還蝦

Hî huân hî, hê huân hê

【暗示】各有特性，不可搞錯。

【註解】魚就是魚，蝦子就是蝦子，不要魚目混珠。

【例句】故柳公之喪已經圓滿完成，親友都稱讚柳家五兄弟，把喪禮辦得
那麼體面，令故人非常有面子。

可是喪事辦後，兄弟們因奠儀問題開始爭吵，有兄弟說奠儀統收
統花，可是交遊廣闊的老大和老三說：「這樣不行，『魚還魚，
蝦還蝦』，各人親友歸各人收，往後還要來往。」

1054 鳥仔放出籠

Tsiáu-á pàng tshut láng

【暗示】自由自在，海闊天空。

【註解】被關在籠子裡的鳥，一旦放開就飛出去，毫無拘束，自由飛翔。

【例句】一生以催生「公民投票法」為志業的蔡同榮，在 2003 年 11 月 27
日公投法表決前，主導與在野國親兩黨激辯，戰火延燒至 27 日投
票表決前夕，執政的民進黨才棄守，讓黨員自由投票，也就是鳥
籠的門都開了，「鳥仔放出籠」，可是鳥兒卻不飛出去，讓蔡公投
徒呼奈何。

1055 鳥喙牛尻川

Tsiáu tshùi gû kha-tshug

【暗示】不會量入為出。

【註解】賺錢像小鳥吃東西那麼少，花錢卻像牛的肛門排放糞便那麼多。

【例句】劉琪玉大學畢業，好不容易找到縣政府的一個臨時雇員工作，上
班還不到半個月，就覺得趕車、乘車上下班很麻煩，就向她老爸
要錢，要買車子代步。

「妳呀！買車容易養車難，」她老爸對她說：「妳現在只是位臨時
雇員，工作不穩定，隨時隨地都會被解僱，何況『鳥喙牛尻川』，
買車不只是汽油錢，維修費用、稅金……都要相當的錢啊！」

1056 割手肚肉恆人食，佫嫌臭臊

Kuah tshiú-tó͘ bah hō͘ lâng tsiah，koh hiâm tshàu-tsho

【暗示】自尋難堪。

【註解】真情相待，換來的是嫌惡。

【例句】縣長選舉後，社會局長伍霖佑被調降為參議，他甚感不平，尤其他最氣憤的是，黃縣長怪他吃裡扒外，以為黃縣長競選連任不會成功，他就轉向偷偷支持對手？

「我在黃縣長主政下擔任民政局長，有可能支持黃縣長的對手林先生嗎？」伍參議委屈的說：

「我實在很冤枉，對方來拜訪要我陪他見鄰居，這樣就代表我投向對手？真的『割手肚肉恆人食，佫嫌臭臊』。」

1057 割喉流無血

Kuah âu lâu bô hueh

【暗示】身無分文。

【註解】割斷喉嚨，居然連一點血也沒有，真是一無所有。

【例句】卡債已經成為台灣社會病態之一，與其譴責那些卡奴，更該檢討財政部放任銀行濫發信用卡，有以致之。

有許多年輕的卡奴，已經被銀行壓榨到「割喉流無血」的地步。發卡銀行還把債權賣給討債公司，那些惡形惡狀的討債人員，三不五時便到卡奴家騷擾恐嚇，許多卡奴都被逼得燒炭自殺。

1058 喙勢佫輸手勥

Tshùi gâu khah su tshiú khiàng

【暗示】動口不如動手。

【註解】嘴巴厲害，總比不上技術熟練。

【例句】巫老闆對於他屬下兩位幹部其一的評價是，林技師「喙勢佫輸手勥」，他說林技師凡事說來頭頭是道比手畫腳，不知道的人都很

佩服他。

「可是，」巫老闆說：「我還是欣賞默默工作的人。」

1059 喙尖舌利

Tshùi tsiam tsih lāi

【暗示】舌粲蓮花，言不及義。

【註解】嘴巴尖尖的，舌頭很厲害。

【例句】台北市新黨市議員李慶元，是一位「喙尖舌利」的民意代表，也好像是台籍政治領袖李登輝、陳水扁的天敵，專門以他們為主題質詢。

他曾經嚴詞質詢李登輝的「翠山莊」違建；他見到市議會高掛陳水扁的相片，便抓狂起來，跳上去強拆下來。

1060 喙舌無骨，反入反出

Tshùi-tsih bô kut，huán jip huán tshut

【暗示】舌粲蓮花，靠嘴巴吃飯。

【註解】舌頭軟綿綿的，要怎樣翻轉，怎樣伸進伸出都可以。

【例句】社區要增設老人文康中心，伍理事在募款檢討會很得意地說，他向德興織造郭董募到五十萬元的基金，相信他是所有理監事中，募得款項最多的人。

周理事長站起來說：「依照現有募款統計，伍理事確實是十四位理監事中，募得款項最多的人。」

「理事長，」李理事說：「德興織造郭董那個人，『喙舌無骨，反入反出』，他的捐款，收到錢才能算數。」

1061 喙呼二萬五

Tshùi hơ nñg-bān-gơ

【暗示】漫天喊價。

【註解】信口雌黃，隨便說說，不要被騙。
【例句】高新棋欠錢花用，決定把寵物金絲猴賣掉，許多來看金絲猴的人，
　　　　有人開價二萬元，但是高新棋非四萬元以上不賣。
　　　　「哪有這麼貴的金絲猴？」一個客人說：「什麼人出過四萬元？人
　　　　家『喙呼二萬五』，你也相信？」

1062 喙花磨倒人

Tshùi-hue bûa tó lâng

【暗示】花言巧語、言不及義。
【註解】靠著嘴巴耍嘴皮，說得天花亂墜，人們都信以為眞。
【例句】沈百吉與苑莉紋這對寶貝夫妻，終於談到離婚的細則了。兩人已
　　　　覺得無法再忍耐下去，可是分手的贍養費，一直談不攏。
　　　　談不攏的原因是，因爲按照一般慣例，都是男方付一筆贍養費給
　　　　女方，然後男婚女嫁各不相干。可是沈百吉請出「喙花磨倒人」
　　　　的阿金嫂代表協調，她不但反對離婚男方必須支付女方贍養費的
　　　　慣例，還要求苑莉紋要給她老公贍養費，所以一直談不攏。

1063 喙唇一粒珠，相罵唔認輸

Tshùi-tûn tsit-liáp tsu，sio-mē m̄ jīn-su

【暗示】強詞奪理。
【註解】耍嘴皮不認輸，也就是嘴巴長了一顆珠子，侃侃而談，從不認輸。
【例句】老爸對於很會說話，喜歡跟朋友辯論，從來不認輸的兒子說：「你
　　　　呀！光靠一張嘴巴，別以爲『喙唇一粒珠，相罵唔認輸』，你爭論
　　　　贏了，失去了朋友值得嗎？」

1064 喙唇皮相款待，好歹在心內

Tshùi-tûn-phûe sio khuán-thāi，hó-pháiⁿ tsāi sim-lāi

【暗示】好壞不要表現於外。

【註解】對於有些人,明明知道不能相處,也不能表現在臉上,還是要虛與委蛇,打招呼。

【例句】黃天賜是位愛惡分明的人,照理說做生意要以顧客至上,不管客人好壞,都要以禮相待,可是碰到不喜歡的人,他都不理人家。蔡老闆覺得這樣有損生意,又再度告誡他說:
「天賜,你要記得,顧客永遠是對的,縱使再挑剔的客人,也不能得罪,心裡不高興,也要『喙唇皮相款待,好歹在心內』,仍然要笑臉相迎。」

1065 喙笑目笑

Tshùi tshiò bak tshiò

【暗示】眉開眼笑。

【註解】見面笑嘻嘻,令人感到很親切、舒服,而樂於和他相處。

【例句】阿扁前總統的親家,也就是陳幸妤的公公、趙建銘的爸爸——趙玉柱,見到人都「喙笑目笑」,人人都說他為人很隨和、沒架子,可是也有人說趙玉柱是一隻笑面虎。

1066 喙乾才開井

Tshùi-ta tsiah khui tsé^n

【暗示】臨渴掘井。

【註解】口渴了,才要掘井尋求水源。

【例句】電視報導,桃園市又發生一家五口火災喪命的慘聞。
這家人與所有住宅遭火災的受災戶一樣,住宅逃生窗口卡住、樓梯轉角堆置雜物,導致火災發生時逃生受阻,活活燒死五條人命。
苦主事後才請來工匠,檢查各樓窗口逃生設備,這種「喙乾才開井」,不幸已經無法彌補了。

1067 喙唸阿彌陀，手攑尖尾刀

Tshùi liām a-mí-tô，tshiú giâ tsiam-búe-to

【暗示】表裡不一。

【註解】嘴巴開口閉口都是阿彌陀佛，手中卻握著利刀要殺人。

【例句】「要不是我們是好朋友，我是不會告訴妳的，」楊淑娜說：「黃媽媽是個『喙唸阿彌陀，手攑尖尾刀』的人，還是不要跟她走得太近，才不會受到傷害。」

1068 喙唸經，手摸奶，心肝想添丁

Tshùi liām-king，tshiú bong ling，sim-kuaⁿ siūⁿ thiam-ting

【暗示】塵緣難了。

【註解】修道的人，雖然誦經唸佛，但是心裡想的不外男女辦事那回事。

【例句】朋友們對於老朱退休後勤走廟寺，並在那兒做義工，都覺得不可思議，尤其一向好色的他，怎能吃齋唸佛？

「老朱那個傢伙，別希望他會有多虔誠，別人我不知道，」老同事程明新不客氣的說：「他還不是『喙唸經，手摸奶，心肝想添丁』，絕對錯不了。」

1069 喙無甯心

Tshùi bô kāng sim

【暗示】言不由衷。

【註解】嘴巴說的，心裡想的不一致，也就是言行不一。

【例句】楊太太拿著她先生傳回的傳真，秀給左右鄰居的太太看。

「老婆，這次到中國大陸出差，讓我再次感覺到，天下沒有比妳更溫柔體貼的女人……」

她一直把她老公這封「喙無甯心」的信當作寶貝，並到處展示她老公的忠貞。

1070 喙飽目睭枵

Tshùi pá bȧk-tsiu iau

【暗示】貪得無厭。

【註解】已經滿足了口慾，可是仍索求無度、慾壑難填，眼睛還是色瞇瞇的，無法滿足。

【例句】袁村長娶媳婦，擺席五十席，還請歌舞團助興，盛況可謂空前。這場喜宴每道菜都是山珍海味，大家都吃得津津有味，可是美中不足的是，台上表演熱舞的辣妹，跳到忘我的時候，好像要解開那一小片三角褲，讓來賓都聚精會神起來，誰知只是虛晃一招，令大家覺得「喙飽目睭枵」，真是意猶未盡呀！

1071 媒人喙，糊纍纍

Mûe-lâng tshùi，hô-lùi-lùi

【暗示】花言巧言，不可相信。

【註解】糊纍纍：亂蓋。媒人的嘴巴都是亂蓋一通，不能置信。

【例句】南投縣埔里鎮簡姓人家，不知道「媒人喙，糊纍纍」，花了將近五十萬元，娶了一位越南新娘回埔里，羨煞多少親友。
可惜好景不長，新娘只在埔里待了一個月便不知去向，變成「落跑新娘」，害簡姓新郎朝思暮想不已。

1072 媒人禮卡誇聘金銀

Mûe-lâng lé khah tsē phìng-kim gîn

【暗示】額外開支比正常支出還多。

【註解】給媒人的紅包及其他費用加起來，比給女方的聘金還要多。

【例句】彰化縣社頭鄉農民張清基，娶了一位越南新娘，與仲介公司言明給女方聘金三十萬元，沒想到除了要付介紹費十五萬元，還先後三次遠赴越南辦理手續，要娶回台灣前，又要宴請女方親友，辦了六十桌，一桌三千元，花掉十八萬元。

問他花多少錢才娶到越南新娘？張清基哭笑不得地說：「媒人禮怀諳聘金銀。」

1073 婿人無婿命

Súi-lâng bô súi-miā

【暗示】紅顏多薄命。

【註解】婿人：漂亮的女人。人長得漂亮，命運不一定很好，多數的命運都不怎麼好。

【例句】台中護專80學年度A班畢業生召開同窗會，大家多年不見，聚在一起莫不關心各人的近況，其中最引人關切的是班花岳淑屏，她不但沒出席，而且遭遇奇慘。

「說起淑屏，真是『婿人無婿命』，人長得那麼漂亮，」李碧君說：「先後嫁了三個丈夫，第一位黃醫師有了外遇而離婚；再嫁的侯老師車禍枉死；現在的丈夫，又因貪污坐牢。三個丈夫四個孩子，壓得她叫苦連天……」

1074 婿怀婿，故鄉水；親怀親，故鄉人

Súi m̄ súi，kò-hiong súi；tshin m̄ tshin，kò-hiong jîn

【暗示】人親土親。

【註解】家鄉的山水風景，雖然不怎麼樣，但令人感覺起來特別美麗；故鄉的人，雖然不見得都熟悉，但總感覺到特別親切。

【例句】國民黨自民國卅八年轉進台灣後，不但實施獨裁統治，甚至有許多違反人性和互相矛盾的政策。

其一政策鼓勵大陸來台各省人士，組織同鄉會連絡鄉誼；另一方面將參加台灣同鄉會的，台灣在世界各國的留學生，列為黑名單，加強監視其思想行為。

其實「婿怀婿，故鄉水；親怀親，故鄉人」，台灣人在世界各國參加台灣同鄉會，是很自然的事。

1075 婿穩無比止，佮意忺慘死

Súi bái bô pí tsí, kah-ì khah tshám sí

【暗示】情人眼裡出西施。

【註解】醜與美，漂亮與難看無從比起，喜歡就好，只要中意，什麼都不計較了。

【例句】很令學校女老師爲之氣結的是，帥哥施老師竟與B校那位醜八怪謝老師訂婚。

「所以啊，妳們這些辣妹老師，不要自恃漂亮，就眼睛長在額頭上，」胡教導主任說：「我們男人挑選對象，是『婿穩無比止，佮意忺慘死』。」

1076 富个富上天，窮个窮寸鐵

Pù--ê pù tsiūⁿ thiⁿ, kîng--ê kîng tshùn thih

【暗示】貧富懸殊。

【註解】有錢人錢多到幾乎可以買下一個國家了，窮人卻窮到手無寸鐵。

【例句】鴻海科技郭台銘每年分紅幾百億元，可是社會上仍經常聽到發生經濟壓力，活不下去舉家燒炭自殺的悲慘新聞。

這種「富个富上天，窮个窮寸鐵」的情況，政府如果對拉近貧富差距都束手無策，還是會發生這種社會問題。

1077 惡人無膽

Ok-lâng bô táⁿ

【暗示】虛張聲勢。

【註解】行爲惡劣，但欠缺膽量，心黑手不辣。

【例句】台灣有句話：「惡人無膽。」印證我的二伯父，是最恰當不過了。

我們鄉民對於蘇鄉長評價極差，尤其我二伯父，說到蘇鄉長就咬牙切齒、捶胸頓足，說什麼要是他再度來訪，一定當場把他趕出去。沒多久，蘇鄉長說有事要到我家來，我正要看二伯父如何把

他趕出去，卻看到二伯父笑嘻嘻的一會兒倒茶，一會兒送菸。

1078 惡奴欺主食無久

Ok-lô khi tsú tsiảh bô kú

【暗示】天理不容。

【註解】傭人欺侮主人，能耀武揚威多久？

【例句】2006年9月下旬，發生一起在台中市的菲傭比西塔，拿刀追殺雇
主一家五口的案件，據說該菲傭患有躁鬱症，她幻想王姓雇主派
人殺死她在菲律賓的兒子。
這件「惡奴欺主食無久」的慘劇，相信雇主再忙，也不敢再花錢
請傭人了。

1079 惡妻孽子，無法可治

Ok-tshe giảt-tsú，bô huảt khó tī

【暗示】終身倒楣。

【註解】凶惡的妻子、作孽多端的孩子，一輩子也沒法調教。

【例句】南投縣埔里鎮民邵明倫氣呼呼的跑到警分局，檢舉他的老婆和他
的兒子邵順德吸毒。
李姓巡佐問他，這樣大義滅親，將來會不會後悔？
邵明倫說：「沒辦法了，『惡妻孽子，無法可治』，只有麻煩你們
管教了。」

1080 惡馬惡人騎，胭脂馬拄著關老爺

Ok-bé ok-lâng khiâ，ian-tsi-bé tú-tiỏh kuan-ló-iâ

【暗示】一物降一物。

【註解】凶惡的馬，需要凶悍的人才能馴服。

【例句】袁分局長將分局區內惡名昭彰的歐警員，調到朝興派出所，朝興
派出所黃所長特別來找袁分局長說：「局長，我快退休了，請你

行行好事，不要把歐仔調到我們所來，我知道他大惡不做，但小錯不斷，不要給我添麻煩了。」

「黃所長，『惡馬惡人騎，胭脂馬扛著關老爺』，我把歐仔調到你所裡，是有目的的。」

1081 揀新婦揀一个，揀囝婿揀一家

Kíng sin-pū kíng tsit-ê，kíng kiáⁿ-sài kíng tsit-ke

【暗示】選擇角度不同。

【註解】揀：選擇。新婦：媳婦。

選擇媳婦，只要媳婦女德好就夠了，可是要挑選女婿，就要考慮到女婿一家人的品德，以及個性是否隨和好相處。

【例句】婦女會理事長蕭林菊，只生兩個女兒，長得都高挑、漂亮，可惜的是，這兩位千金均快要四十歲了，仍待字閨中。

親友都說蕭家兩位美女遲暮未婚，蕭理事長要負最大責任。每一次人家介紹婚事，她都非常挑剔，沒有一個中她的意，人家批評老人家過分干涉女兒婚事，她總是說：「揀新婦揀一个，揀囝婿揀一家。」而誤了女兒大事。

1082 提別人尻川做面底皮

Thèh pàt-lâng kha-tshng tsò bīn-té-phûe

【暗示】厚臉皮，不懂羞恥。

【註解】開口閉口假藉別人的勢力，支撐自己的面子。

【例句】納莉颱風來襲，重創太平洋SOGO百貨，董事長章民強找上總統府前副祕書長陳哲男紓困，爆發一連串「提別人尻川做面底皮」的醜聞。

另一位前副祕書長馬永成、第一家庭醫師黃芳彥，都被指以總統的關係，介入太平洋SOGO經營爭奪戰。

1083 插花著插頭前

Tshah-hue tiòh tshah thâu-tsîng

【暗示】事先做好關係，會事半功倍。

【註解】插花：指送禮。頭前：前面。

【例句】石有龍面臨困擾，回家問他老爸他該怎麼辦？

原來石有龍在農會擔任臨時助理員，前後已經五年了，五年來他活動升任正式事務員，都功虧一簣，被他人捷足先登。

現在又有同事要退休，他想能補上這個缺，不知應該先送禮給總幹事？或是等同事退休確定再找總幹事？

「傻孩子，」他爸爸聽完後說：「你怎麼不知道『插花著插頭前』的道理。」

1084 揸無寮仔門

Sa bô liâu-á-mn̂g

【暗示】找不出頭緒。

【註解】揸：找。找不到工寮的門，意思是摸不到邊，找不到重點。

【例句】彰化縣農業局於2005年6月10日，執行燒毀線西鄉民黃奇文飼養的二萬八百多隻蛋鴨，與近十六萬顆鴨蛋，農委會並編列四百萬元補助鴨農黃奇文。

黃奇文所飼養蛋鴨及生產的鴨蛋，被衛生署查驗出含有毒物質——戴奧辛。前彰化縣農業局長陳明哲、前農委會畜牧處長陳幸浩均認為，分析飼料檢體含戴奧辛低於歐盟規定，而環保署土污執行祕書沈一夫表示，土壤無異常，到底戴奧辛從哪兒來就「揸無寮仔門」。

1085 摒生換熟

Píng tshẽⁿ uāⁿ sik

【暗示】翻來覆去。

【註解】摒：翻轉。操短線、見異思遷，不能安穩下來，終究成就有限。

【例句】顧春生回來找他老爸說想經營網咖，要向他老人家借兩百萬元周轉。

老人家看到他回家來，就知道沒有好事，果然他一開口又要錢，氣得老人家許久後才開口說：

「你呀！『摒生換熟』，洗衣站生意好好的，嫌說薄利；經營珍珠奶茶，還不到半年，老本還沒見到收回一塊錢。拜託，不要把恁爸當作財神爺。」

1086 敢死免驚無鬼通做

Káⁿ sí bián kiaⁿ bô kúi thang tsò

【暗示】凡事不會只讓你佔便宜。

【註解】凡事不按牌理出牌，一定會自食惡果。

【例句】柳心怡是近來經常被電視播報出來，爬到台北橋上要跳下來自殺的女子，半年來她已經尋死六次，是因感情受刺激而尋短。

這位「敢死免驚無鬼通做」的柳小姐，昨晚因為消防人員晚來一步，腳沒站穩而掉下橋，結束她表演自殺的人生。

1087 敢食敢脹，嘸驚人譬相

Káⁿ tsiàh káⁿ tiùⁿ，m̄ kiaⁿ lâng phì-siùⁿ

【暗示】厚顏寡恥。

【註解】敢吃敢喝，吃得飯飽酒醉，肚子脹得大大的，也不怕人家譏笑。

【例句】「你呀！又喝得醉茫茫，也沒想到兩個兒子，都已經卅多歲，還沒成親，」老婆對著面紅酒醉的老公抱怨說：「萬一人家來探家風，讓女方知道有你這種醉生夢死的老爸，怎會嫁給我們做媳婦？」

「管她們要不要嫁給我們做媳婦！」老公理直氣壯的說：「我用自己的錢買酒喝，『敢食敢脹，嘸驚人譬相』。」

1088 敢開飯店，唔驚人大食

Káⁿ khui pn̄g-tiàm，m̄ kiaⁿ lâng tūa-tsiàh

【暗示】敢做敢當。

【註解】敢開飯店，就不怕大胃王來消費。

【例句】周清根從樂透彩發行以來，雖然中了幾次小獎，卻從來沒像這次，那麼幸運的中了三萬多元彩金。

在同事鼓勵起閧之下，他決定大開善門，定星期六宴請同事，並將「歡迎光臨，啤仔酒透海！」的海報貼在公佈欄。

在同一機關服務的他老婆，認為他太誇張了，要他收斂些，周清根說：「我『敢開飯店，唔驚人大食』！」

1089 散罔散，庋骹錢燴懋趁

Sàn bóng sàn，khùe-kha tsîⁿ bē gián thàn

【暗示】人窮志不窮。

【註解】雖然很窮，但要做那種下賤的工作，那種錢寧願不賺。

【例句】長期失業的溫世雄，接到就業輔導中心通知，叫他到某食品公司上班。

溫世雄到該公司走了一趟，他老婆問他工作有沒有著落？他說他婉謝了那個負責環境衛生、清掃廁所的工作：「我『散罔散，庋骹錢燴懋趁』。」

1090 棚頂若(那)有彼落人，棚骹都有彼落人

Pêⁿ-tíng nā ū hit-lòh lâng，pêⁿ-kha tō ū hit-lòh lâng

【暗示】戲如人生。

【註解】棚頂：戲台上。彼落人：那種人。

戲台上有那種人，那麼社會上便有那種人。

【例句】劉明倫、邱貴枝看了場電影回來，電影劇中夫妻，男主角有外遇，女主角也紅杏出牆，二人因而大打出手，對簿公堂。為了到底夫

妻倆誰對誰錯，他們爭論了半天，最後甚至吵架，也大打出手鬧到里長家，請老里長評理。「你們夫妻也眞是，所謂『棚頂那有呆落人，棚骹都有呆落人』，」老里長慢條斯理的說：「夫妻相處也不過三、五十年，何必爲小事翻臉？」

1091 棺柴扛上山，無燒也著坮

Kuaⁿ-tshâ kng tsiūⁿ suaⁿ, bô sio iā tiȯh tâi

【暗示】已無退路。

【註解】棺木已經抬上山了，不火化也要埋葬。

【例句】在「如何規劃退休生涯」的專題演講中，楊教授說到「棺柴扛上山，無燒也著坮」時，有聽眾請他用更簡單的例子說明。

「這句諺語最簡單的解釋是，頭洗了不剃不行。」楊教授說。

1092 棺柴貯死無貯老

Kuaⁿ-tshâ té sí bô té lāu

【暗示】生死未定。

【註解】棺柴：棺木。

棺木是收殮死人用的，不是裝老人家的，誰會先死都還不一定呢。

【例句】劉輝成代表在民政質詢時，指責清水岩寺主任管理員蕭洲平，A了香火錢二百多萬元。

蕭主委不僅矢口否認，還發誓說他已經七十多歲了，不會貪吃佛祖的香火錢。

「年齡大了，並不表示不會A錢，」劉代表又說：「要知『棺柴貯死無貯老』，老人家就不會A錢嗎？」

1093 渡老發喙鬚

Tō-lāu huat-tshùi-tshiu

【暗示】閒著無事。

【註解】渡老：過著老人生活。發喙鬚：長鬍子。
　　　　無所事事，只看著鬍子長出來而已。
【例句】很難得回到老家，我和往常一樣，都會到左右鄰居家和他們閒話
　　　　家常，聊聊往事。
　　　　阿秋伯告訴我，他現在無所事事，看看孫子，「渡老發喙鬚」而已。

1094 無一隻鳥仔膽

Bô tsit-tsiah tsiáu-á táⁿ

【暗示】膽小如鼠。
【註解】鳥仔膽：形容膽子很小。
　　　　要做事，卻沒有膽量去做。
【例句】同事們都感覺得到阿邱暗戀著李秀貞，可是只看到阿邱處處護著
　　　　她、幫她的忙，卻不見他們有進一步的發展。
　　　　「阿邱，你對待秀貞那麼好，有沒有跟她上過床？」
　　　　「我哪有這麼大的膽子，」這位「無一隻鳥仔膽」的阿邱說：「我
　　　　連約她看電影都怕被她拒絕，而不敢開口了。」

1095 無二步七仔，毋敢過虎尾溪

Bô nn̄g-pō-tshit--à，m̄-káⁿ kùe Hó-búe-khe

【暗示】沒有真工夫，騙不了人。
【註解】沒有本事，哪敢經過險惡的虎尾溪？
【例句】聞名中部的黑道鬍鬚林，聽到他表弟在KTV唱歌被欺侮，決定替
　　　　表弟討回公道。
　　　　鬍鬚林帶著傢伙，開車衝出去後，他的表弟反而後悔起來，深怕
　　　　這個表哥為了替他出口氣，單刀赴會而吃虧。
　　　　「你儘管放心，」另一個表哥對他說：「老大『無二步七仔，毋敢
　　　　過虎尾溪』，會平安無事。」

1096 無人管，無人留

Bô lâng kuán，bô lâng lâu

【暗示】自由之身，也可解釋爲沒人理他。

【註解】來去自由，沒人管他，也沒人留他，毫無管束。

【例句】民進黨南投縣籍前立法委員湯火聖，於黃埔軍校80週年慶前夕，指出這些黃埔軍校畢業的將軍，都是「無人管，無人留」，無視過去軍中所負重要職務，以及退休後的優渥待遇，紛紛跑到中國大陸養老，享受青春。

湯火聖指出，749位備役將領中，外省籍佔84%，台灣籍16%。其中長期住在中國的「落跑將軍」，外省籍396位，佔99.5%，台籍人士2位。

1097 無人緣，乞食瞷

Bô lâng-iân，khit-tsia̍h hiàn

【暗示】羞與爲伍。

【註解】無人緣：沒有人要跟他相處。瞷：臭味道。

人際關係壞極了，好像身上有某種味道，沒人要和他在一起。

【例句】也不知道是什麼原因，所有和楊順仁共事過的同事，都對他沒有好感。因此，連團體旅遊都沒人願意和他同睡一房。

這位「無人緣，乞食瞷」的楊順仁，他白天講話沒完沒了，晚上睡覺又鼾聲大作，真的不是好同伴。

1098 無三寸水，就欲筏龍船

Bô saⁿ-tshùn tsúi，tsiū beh kò liông-tsûn

【暗示】準備不足，做事不得其法。

【註解】筏：划船。還沒有三寸那麼多的水，怎能划龍船呢？

【例句】在陳立委服務處當助理的郭子彬，已經辭職不幹，積極拜訪基層，準備競選下屆立委。

陳立委提到這位助理就一再的說：「郭子彬聰明是聰明，可是『無三寸水，就要筏龍船』，選立委？還早咧！」

1099 無三不成禮

Bô saⁿ put sîng lé

【暗示】一而再的意思。

【註解】台灣民間祭拜神鬼，都以三為吉數，如三牲酒禮、三炷清香、三拜九叩、三個聖杯。湊足三件禮物，才算禮數周到。

【例句】陳縣長準備競選連任，就到各鄉鎮召集村里長、地方人士，舉行鄉鎮建設座談會。

會中反應熱烈，提案都是綠豆芝麻的小建設，陳縣長為展現誠意、魄力，要與會鄉長和村長們共同找出迫切需要的二個建議案，小建議案就由鄉公所自行處理。大家經過一番商討，提出1.全鄉老人活動中心與2.地方產業文物館等二案，曹主席待縣長承諾後，又說：「無三不成禮。」追加建設游泳池案。

1100 無大無細

Bô tūa bô sè

【暗示】眼中沒有長輩。

【註解】人倫中有長輩晚輩、尊卑之分，沒有這種認知與禮儀的人，叫無大無細。

【例句】台灣的國小課程，實在應該回復公民教育課程，否則教育出來的孩子，大都「無大無細」，心目中沒有長輩、倫常的關係。

昔日的孩子，在路上見到熟悉的親人長輩，都會行禮問安；現在的孩子，見到熟人也都只不過看一眼，便不理不睬，沒有應有的禮儀，與敬老尊賢之心。

1101 無工做細粿

Bô kang tsò sè kúe

【暗示】沒有時間泡磨菇。

【註解】無工：沒時間。沒有時間又答應人家做細小的甜粿。

【例句】台中市出現一位手持菜刀進入民屋偷竊，又脅迫強姦高中女生的案件。這位菜刀大盜，先侵入民屋四樓加拿大教師處行竊，又到三樓行竊，發現三樓屋中只有一名女生，大起色心，女生苦苦哀求，歹徒不爲所動。女生後來要求一定要用保險套，這位色膽包天的大盜，「無工做細粿」，哪有時間出去買保險套，遂在廚房找到保鮮膜，包住陽具性侵，警方依保鮮膜上採到的精液抓到這個大盜。

1102 無天無地

Bô thiⁿ bô tē

【暗示】泯滅人性。

【註解】心目中沒有天地鬼神、公理。

【例句】2005年大年初三，花蓮縣的江捷中開車載妻兒回家，不料與宋品潔所駕轎車對撞，造成他六個月大的兒子送醫不治。江捷中氣憤之餘，招來共犯朱志祥、陳明宗、劉啓祥、陳光明共五人，在宋品潔母親面前將他活活打死。

車禍發生令人遺憾，但國家有法律，社會有公理，誰是誰非尚待法院釐清，江捷中「無天無地」糾眾動用私刑打人致死，天理、國法都難容，警方已經將江捷中等五人緝捕到案，檢察官要求五人全部處死刑。

1103 無心無情

Bô sim bô tsiáⁿ

【暗示】提不起勁來。

【註解】沒有心情關心，也就是無精打采。

【例句】桃園市平鎮區湯發陽里長，2005年7月1日，接到在青果市場上班的林姓婦人投訴說，她每天早上四時要上班，但飼在巷口五十多隻的公雞，每晚凌晨一、二時便相繼啼叫，讓她快受不了，請里長管管那些公雞。

這位因為公雞打鳴，導致上班「無心無情」的林姓婦女說，她已隱忍了二、三年，讓她的睡眠品質受到嚴重的影響。

縣政府環保局公害中心說，雞的啼叫聲無法可管，不過吳姓飼主同意把那些公雞籠子用黑布蓋起來，這樣應能減少公雞叫聲。

1104 無日唔知晝，無鬚唔知老

Bô jit m̄ tsai tàu，bô tshiu m̄ tsai lāu

【暗示】忙得不亦樂乎。

【註解】無日：陰天，沒有太陽。晝：中午。

工作一忙，什麼都忘掉了，連自己已經老了，也不知道。

【例句】陳老師退休下來，閒不著，也跟人家栽種珍珠菇，天天都在菇場裡忙這忙那的，忙不完。

我那天去看他，下午兩點他還在工作，連午餐也沒時間吃，而且精神很好，好像不是一個已經退休的老人，過著「無日唔知晝，無鬚唔知老」的田野生活。

1105 無毛雞假大格

Bô mo͘ ke ké tūa-keh

【暗示】沒本事又裝腔作勢。

【註解】沒有毛的公雞，又要展示雄風。

【例句】趙順仁老師回到辦公室，喜不自勝的告訴同事們，他被分配到的校慶募捐金額，只找到一位校友便OK了。他說要負責募款二十萬元，原以為三、二千元，不知要找多少校友才能募到責任額，沒想到只找了順翔公司董事長李校友，李董一口就答應樂捐經費

二十萬元。「什麼？順翔李董樂捐二十萬元？」趙訓導主任驚叫
道：「眞是『無毛雞假大格』！」

1106 無火無星

Bô húe bô tshe[n]

【暗示】家徒四壁，生活困苦。

【註解】生活窮苦，有一餐沒一餐的生活寫照。

【例句】有些人批評慈濟到非洲、中國救濟那麼多窮人，也爲他們建築房
屋，應該先救濟國內那些「無火無星」的赤貧人家才對。可是慈
濟人說，大愛無國界。到底誰說得有道理？

1107 無父無母

Bô pē bô bó

【暗示】沒有父母的孩子。

【註解】雙親見背的孤兒，沒有父母撫養。

【例句】新得科技公司羅董，席開一百桌宴請全體員工，慶祝他獨生女慧
君于歸，其實也是招婿。

大家都知道羅董的這位乘龍快婿，是公司裡一位很優秀的工程
師，人長得又帥，但他是哪裡人？是誰家的兒子？就沒人知道。
根據羅董透露，他這位女婿是在孤兒院長大的，從小就「無父無
母」。

1108 無冬至都搓圓，冬至哪會無搓圓

Bô tang-tseh to so-î[n]，tang-tseh ná ē bô so-î[n]

【暗示】名正言順，怎能錯過？

【註解】冬至：民俗節日，是冬日最短的一天，家家戶戶吃湯圓。

沒有冬至就想吃湯圓了，何況是冬至呢？

【例句】「李武琪鄉長被地檢署以貪污、瀆職罪起訴」，新聞登出後，全鄉

議論紛紛。「李鄉長做人很正派，怎會貪污？」鄧老村長頗為他叫屈：「一定是被冤枉的！現在的檢察官，也真是……」「老村長，你說李鄉長很正派？」鄉民代表鄧正修不以為然的說：「他那個人，『無冬至都搓圓，冬至哪會無搓圓』？」

1109 無田佫無園，轉食靠即門

Bô tshân koh bô hn̂g，tsúan-tsia̍h khò tsit-mn̂g

【暗示】一技在手，要食就有。

【註解】家裡沒有田地恆產，只有靠這一手工夫維持生活。

【例句】趙建仁家無恆產，日子卻過得比有六分田地的王伯伯好得多，星期假日經常全家大小出遊，令人非常羨慕。

以修理汽車聞名的趙建仁，經常展示他一雙黑手說：「我呀『無田佫無園，轉食靠即門』。」

1110 無名無姓，去問鋤頭柄

Bô miâ bô sèⁿ，khì mn̄g tî-thâu-pèⁿ

【暗示】相應不理。

【註解】連打個招呼都沒有就想請問事情？門都沒有！

【例句】我對於二叔叔，反方向告訴問他「善德寺」往哪裡走的青年，深感不以為然。

「我對他已經很客氣了，」二叔叔回我說：「要問路連打個招呼都沒有，『無名無姓，去問鋤頭柄』，非給他吃些苦頭不行……」

1111 無囝無兒

Bô kiáⁿ bô jî

【暗示】老來無子。

【註解】囝：兒子。孤苦伶仃，沒有兒子膝下承歡，也沒有兒子可依靠。

【例句】在地方甚受敬重的柯老先生，靠著拐杖一步一步走進國民中學，

告訴守衛他要拜訪校長。胡校長接到通報，立即到校門口，引領老先生到校長室喝茶。

「胡校長，我今天來拜訪你，沒有什麼特別的事，」柯老先生很客氣的說：「你也知道我年紀這麼大了，又『無囝無兒』，我想要請你幫我做遺囑的見證人。我會把遺產扣除喪葬費用後，全部捐給本校做獎學金……」

1112 無死無活

Bô sí bô uàh

【暗示】要死不活。

【註解】工作態度萎靡不振，缺乏應有的幹勁。

【例句】台中市一名周姓男子，單戀黃姓女同事多年，無奈落花有意，流水無情。

周姓男子越想越鬱卒，終於想不開的跑到十三層高樓往下一跳，想要結束他無聊的人生。

可是周姓男子命不該死，也不該活，他這一跳，先跌落在四樓人家的遮雨棚上，再掉落下來，經急救後已沒有生命危險，但雙腿必須鋸掉，未來可能成為「無死無活」的人。

1113 無米兼閏月

Bô bí kiam lūn-guèh

【暗示】禍不單行，屋漏偏逢連夜雨。

【註解】家裡已經沒有米了，還碰到閏月，幾乎是屋漏偏逢連夜雨。

【例句】袁志明一家五口的生活，完全依賴他在食品公司當守衛的薪水維持，已經捉襟見肘，清苦可見一斑。「無米兼閏月」，又傳說他公司要搬到中國去，令他惶恐不已。

1114 無肉無膇

Bô bah bô tửh

【暗示】骨瘦如柴。

【註解】瘦巴巴的，有如皮包骨。

【例句】老吳和幾位熱愛登山運動的朋友，在南投縣仁愛鄉登山時，聽到一棟屋裡傳出微弱的哭泣聲遂撬門探視，只聞一陣屍臭味撲鼻而來，讓他們幾個人把早餐都吐了出來。

原來屋主鄒姓夫妻，禁不起生活沉重的壓力，已服毒自殺多日，留下兩個「無肉無膇」的幼兒，在家裡等待死神，幸被老吳等登山客發現，他們才沒餓死。

1115 無血無目屎

Bô hueh bô bảk-sái

【暗示】沒有人性的人。

【註解】不講人情義理，全無血性的人。

【例句】以蓄意殺人被刑處死刑確定的李軍雄，執行死刑那天，居然有李軍雄的鄰居放鞭炮慶祝。

說起李軍雄，左右鄰居無不咬牙切齒，罵他「無血無目屎」。在他因殺人傷害入獄期間，他妻兒的生活都由其弟接濟。他出獄之後，不但沒感謝，竟指他弟弟與他老婆有染，並強暴他弟媳洩恨；他還到處恐嚇借錢，借不到錢便打人出氣、破壞財物，人人因此都把他當作凶神。所以這次李軍雄因搶劫殺人被判死刑並且執行，他的鄰居們無不拍手叫好並鬆了一口氣。

1116 無行暗路

Bô kiâⁿ àm-lō

【暗示】坦蕩蕩的。

【註解】行暗路：見不得人的事。

做事光明正大，沒有做出見不得人的事。

【例句】「鄭兄，我想問你一個問題，請你老實告訴我，好嗎？」

「什麼問題？」

「鎮長升你當課長，你送了多少紅包？」

「我『無行暗路』，一塊錢也沒送。」

1117 無沙無屑

Bô sua bô sap

【暗示】乾脆俐落。

【註解】做事乾脆，不拖泥帶水，囉囉嗦嗦。

【例句】高素綿六月大學畢業，其男友黃健雄的父母，便央媒人來提親。

高媽媽對媒人說：「妳是知道的，我們農家要栽培子女上大學，是很辛苦的，現在我女兒剛畢業還沒賺到錢，我有話先說明白，她一個人嫁過去，『無沙無屑』，沒有嫁妝陪嫁……」

1118 無來無去

Bô lâi bô khì

【暗示】斷絕往來。

【註解】老死不相往來，所謂「田無溝水無流」是也。

【例句】吳玉如是自高雄來到鹿港，尋找28年未見面的生母林春蜜。

吳玉如出生二個月便被送給人做養女，隨養父母住過台中、斗南、斗六，而於高雄市落腳，與生母不但「無來無去」，甚至不知道自己是人家養女。吳玉如國中二年級時，由於養父母吵架，養父才爆料她是養女，為此她等到養父母往生後，才辭掉工作，由男友陪同，獲得警員李酉益協助，終於找到28年未謀面的生母。

1119 **無依無偎**

Bô i bô úa

【暗示】孤苦伶丁，沒有依靠。

【註解】孤單無助，沒有什麼依賴、幫助的。

【例句】人，不應該孤芳自賞，更要用點時間關心別人，否則會成為「無依無偎」的人。

張厝村長林來旺就是自命清高，兩邊不得罪人，也就是兩邊討好人。他在鄉長競選時，既不支持現任莊鄉長，又不支持角逐鄉長的郭議員，到頭來選村長時，兩邊都各支持一人要和他競選村長，他落得「無依無偎」。

1120 **無味無素**

Bô bī bô sờ

【暗示】平淡無味。

【註解】一點兒味道也沒有，乏味、無聊。

【例句】學校母姐會，邀請吳教授專題演講「如何做個新好男人」。

吳教授演講80分鐘，留下10分鐘讓家長提問，都沒有人舉手，演講會也匆匆結束。

楊校長問家長，吳教授演講精不精彩？

「我們都覺得『無味無素』，」劉會長不客氣的反應道：「這種題目應該向男家長說才對。」

1121 **無性無地**

Bô sìng bô tē

【暗示】毫無脾氣。

【註解】性情很好，為人隨和，容易相處。

【例句】按照常理，阿公阿嬤比較疼愛孫兒，爸媽管教比較嚴格，但董家卻相反。阿公阿嬤規定得有板有眼，孫兒女違反規定、約束，一

定處罰。可是做爸爸媽媽的，卻又都是「無性無地」，從來沒打罵過孩子，所以孫兒女反而不愛跟老人家住在一起。

1122 無明無白

Bô bîng bô pik

【暗示】含冤莫明。

【註解】無明無白：另有不明不白。
有帳目不清不楚，以及事件缺乏真相，甚至糊塗。

【例句】以「上好肉粽」聞名全台的屏東上好肉粽店負責人郭云馨，於2005年端午節前夕的農曆5月4日，宣佈燒毀誤用死豬肉做餡的二萬個肉粽。
上好肉粽店多年來採購蘇松章的豬肉，做肉粽的包餡佐料，蘇松章被檢警查獲長期販賣病死豬肉。上好肉粽店「無明無白」誤用病死豬肉，商譽受到損害，已委請鍾武雄律師到地檢署按鈴控告蘇松章，並提出三千萬元賠償要求。

1123 無油無臊

Bô iû bô tsho

【暗示】單調乏味。

【註解】料理裡沒有油、肉，煮起來淡而無味，吃起來索然無味。

【例句】婦女會招募一輛遊覽車45人，到漫畫家劉興欽的故鄉遊覽。
婦女會理事長楊愛梅特別強調，晚餐是客家料理。老張不曾吃過客家料理，等他老婆回來後，問她好不好吃？
他老婆搖搖頭說：「無油無臊。」

1124 無法無天

Bô huat bô thi^n

【暗示】沒有法律，沒有天理。

【註解】為非作歹，無惡不作，簡直不把法律天理當作一回事。

【例句】台灣看起來好像是「文明的國家」，但確實有許多商行「無法無天」做出販賣病死豬肉、清潔劑釀梅酒……等勾當，讓消費者要睜亮眼睛，也無從看起。

苗栗地檢署及警方發現，岡泉企業公司負責人朱增貴、徐驍仙夫婦，收集飼料廠豬用廢棄「粉漿」製造糕餅粉，及以清潔劑提煉「梅仔酒」出售，糕餅料多達四十多萬斤、盛裝梅仔酒桶原料二千多桶、成品二十多萬公升，真是「無法無天」。

1125 無後場，行無路來

Bô āu-tiûⁿ, kiâⁿ bô-lō-lâi

【暗示】沒支持者，便沒戲唱。

【註解】後場：劇團的鑼鼓人馬。行無路來：演不下去。

歌仔戲或平劇演員的動作，都依照後場鑼鼓的聲音而進行。

【例句】柯鄉長一直想不透，林志明沒錢又不孚人望，怎麼敢出來鄉長候選登記和他競選？

「林代表『無後場，行無路來』，」沈祕書把得來的資訊告訴柯鄉長：「聽說是鄉內一些營造界出錢，叫他出來和你競選。」

1126 無後場就無骹步

Bô āu-tiûⁿ tsiū bô kha-pō

【暗示】互相支援，穩定大局。

【註解】演戲的，有前場後場之分，前場表演必須有後場鑼鼓支援。沒有後場的支援，前場的表演者便會亂了分寸。

【例句】鍾鎮球在北京經營泡茶紅茶連鎖店非常成功。他每次回到台灣，便對親友誇耀他經營紅茶店的獨有祕方，以及經營手法。

當鍾鎮球講得口沫橫飛之際，鄰居老鄧開口糗他：「鍾仔，不要吹牛啦，『無後場就無骹步』，要不是你岳父資金無限支援你，我不相信你能變出把戲。」

1127 無枷去夯羼

Bô kê khì giâ lān

【暗示】自找苦吃。

【註解】羼：羼屌，男性生殖器。夯羼：扛陽具。沒事找事做，折磨自己。

【例句】我們同事中，康德平算是一位熱心的人，他看到呂淑惠天天騎腳踏車上班，既辛苦又費時，便自告奮勇順道接送她上下班。這本來也沒什麼，卻引起兩個人的懷疑，一個是他的老婆，另一個是呂淑惠的老公。兩個家庭都因此鬧得不可開交，康德平夫婦爲此經常大打出手，阿秋伯看到他們夫妻打得頭破血流，說了一句耐人尋味的話：「阿平，你實在是『無枷去夯羼』！」

1128 無枷，夯門扇板

Bô kê，giâ mn̂g-sìⁿ-pán

【暗示】庸人自擾。

【註解】沒有枷那個東西，去扛門板，是自討苦吃。

【例句】周爸爸到台中拜訪朋友，看到那位朋友養了很多觀賞小狗如吉娃娃、小西施，也花了一萬元買回一隻飼養。原以爲他老婆會高興，沒想到卻換來一陣白眼，他老婆還數落他說：「你呀『無枷，夯門扇板』，買小狗回來自找麻煩！」

1129 無畏無人

Bô ùi bô lâng

【暗示】心目中沒有大人長輩。

【註解】言談舉止吊兒郎當，欠缺穩重，欠缺尊重。

【例句】現代的年輕人，不但「無畏無人」，而且還經常用順口溜，幽默諷刺長輩及政府官員。

中國也和台灣一樣，年輕人喜歡用手機傳訊，就有這麼一句：「毛澤東眞偉大，就是沒有大哥大；鄧小平有遠見，香港回歸沒看見；

江澤民揮揮手，下崗工人滿街走；朱鎔基吹牛皮，銀行存款沒利息；胡錦濤有一套，他當主席戴口罩。」

1130 無相棄嫌，菜脯根罔咬鹹

Bô sio khì-hiâm，tshài-pó-kin bóng kā kiâm

【暗示】請勿嫌棄簡樸生活。

【註解】菜脯：蘿蔔乾。如果不嫌棄的話，粗茶便飯吃個飽而已。

【例句】陳鄉長千金陳姝盈老師愛上黃村幹事，陳鄉長找來黃爸爸，談兩家兒女戀愛的事，並於言談中表示，他女兒想嫁入黃家做媳婦，問黃爸爸的意見。

「陳老師大學畢業，我兒子是專科學歷，陳老師『無相棄嫌，菜脯根罔咬鹹』，是我們家的福氣。」

1131 無風無搖倒大樹

Bô hong bô iô tó tūa-tshiū

【暗示】禍從天降。

【註解】沒有大風吹襲，也沒有地震搖晃，大樹怎麼突然倒下來？

【例句】隆盛鞋業公司二百多位員工，2005年4月6日按時上班，來到公司卻大門深鎖，不得其門而入。

員工向警方報案，找來鎖匠開門，卻發現公司「無風無搖倒大樹」，老闆一家人已經人去樓空，留下這些禍從天降的員工，無語問蒼天。

1132 無風駛櫓

Bô hong sái ló

【暗示】有萬全準備。

【註解】沒有風浪推送助力，便用櫓來駕駛船隻前進。

櫓：是划船的工具，比漿還大且長，安置於船的兩旁或船梢。

【例句】叔叔要去省府中興新村，向□爸爸借車□，爸爸告訴叔叔，自己也
　　　　要用車子。
　　　　傍晚，爸爸問叔叔：「後來你怎麼去□興新村？」
　　　　「還不是『無風駛櫓』，」叔叔說：「騎□車去呀！」

1133 無食烏豆，叫人放烏豆屎

Bô tsiảh o-tāu，kiò lâng pàng o-tāu sái

【暗示】刑求逼供。

【註解】沒有吃黑豆，硬要人家承認自己糞便中有黑豆？分明是屈打成招。

【例句】埔里農工一位同學丟了一百元，老師採用軟硬兼施方法，要偷拿
　　　　的同學自動把錢交出來，就不予議處。
　　　　老師以為這種方法，能使學生改邪歸正，沒想到兩天過去了，還
　　　　沒人承認偷錢，老師異想天開，想出用票選選出小偷，被選上的
　　　　同學，天天面對他人異樣的眼光，認為自己「無食烏豆，叫人放
　　　　烏豆屎」，越想越想不開，終於上吊自殺，不知老師心安否？

1134 無姆無猴，無尪無蟲

Bô bớ bô kâu，bô ang bô thâng

【暗示】孑然一身，毫無牽掛。

【註解】沒有老婆，也沒有老公，形容鰥夫、寡婦。

【例句】祥記楊老闆到仁愛之家，參加地下排水溝工作招標，在會場中聽
　　　　到有人叫他。
　　　　他走過去看是哪個人叫他，發現是曾多次參加縣議員競選都落選
　　　　的紀水源，不禁脫口而說：
　　　　「你怎麼住到這個『無姆無猴，無尪無蟲』的仁愛之家？」

1135 無冤無家燴成夫妻

Bô uan bô ke bē sîng hu-tshe

【暗示】姻緣天註定。

【註解】夫妻吵吵鬧鬧，擁擁抱抱，是哪一家沒有，否則也不像夫妻了。

【例句】天下男女都是「無冤無家燴成夫妻」。起先男女剛認識時，都是男
人聽女人的；結婚了，便換為女人聽男人的；孩子生下後，便是
兩人都講，鄰居來聽。

1136 無柴佫允人煤牛羼

Bô tshâ koh ín lâng sàh gû-lān

【暗示】信口雌黃或自不量力。

【註解】無柴：沒有薪火。煤：用滾水煮熟食物。牛羼：公牛的睪丸。
信口雌黃，隨便答應人家。

【例句】小劉老早就跑到他岳父家要借100萬元，他岳父沒聽到女兒家裡
有什麼重大開支，為什麼女婿跑來借鉅款？
他打電話詢問他女兒說，「女婿借那麼多錢，要做些什麼事？」
女兒告訴她老爸，是他朋友要開釣蝦場，來向他借錢。她老爸聽
後，轉頭罵他女婿說：「你呀！自己『無柴佫允人煤牛羼』！」

1137 無消無息

Bô siau bô sit

【暗示】毫無訊息。

【註解】連影子也沒看到，甚至一點兒訊息也沒有。

【例句】在縣政府任職的曾課員，知道鄉公所建設課吳課長退休，就請周
代表向邱鄉長推薦他當下任課長。
結果已經快兩個月了，都還是「無消無息」，因此，他低聲問周代
表說：
「邱鄉長是不是有穿紅包？」

1138 無病怀贏知藥方

Bô pēⁿ khah iâⁿ tsai ioh-hng

【暗示】良藥不如健康。

【註解】無病：身體健康，沒有毛病。藥方：處方。

【例句】王建榮沾沾自喜的告訴朋友，他這次到中國觀光，在少林寺結識
一位高僧，高僧給了他祖傳祕方，能袪除百病。
「什麼祕方不祕方，」老陳隨口說道：「你相不相信『無病怀贏知
藥方』？」

1139 無夠尻川，呣通食瀉藥

Bô-kàu kha-tshng，m̄-thang tsiah sià-ioh

【暗示】沒有那種本事，不可答應人家。

【註解】自己能力做不到的事，不可以承諾人家辦得到。

【例句】賴新彬與尤淑汝老師夫妻倆，今天又大吵了一番。
原來小妹要買房子，來向大哥賴新彬借兩百萬元，因為只有這麼
一個妹妹，又從來沒向他開口借過錢，賴新彬便一口答應下來。
尤淑汝認為家裡頂多能湊一百二十萬元，不應該「無夠尻川，呣
通食瀉藥」，兩人因而吵架。

1140 無夠生食，佫有通曝乾

Bô-kàu tsheⁿ-tsiah，koh ū thang phak-kuaⁿ

【暗示】寅吃卯糧。

【註解】現吃都嫌不夠了，哪裡還能曬乾留著以後吃。

【例句】銀行推出「存多少借多少的購屋低利貸款」，讓李太太高興得不得
了，告訴她老公說：
「這種購屋低利貸款的利息，只有1.8%，利用貸款買房子好嗎？」
李東明看了看貸款說明書後，冷冷的回說：
「這種購屋低利貸款，利息確實很低，但先決條件是存多少借多

少，我們『無夠生食，佫有通曝乾』？」

1141 無規無矩

Bô kui bô kí

【暗示】不循規蹈矩。

【註解】行爲放蕩，不遵守規矩。

【例句】孫兒女們都知道，阿公說這個月鞋子、書包亂丟，沒有物歸原處
的人，不發給他們零用錢。但弟弟仍當作耳邊風，亂丟東西。
阿公說：「你們三個人中，弟弟最『無規無矩』，鞋子天天亂丟，
回到家書包一甩，便看電視，不給他零用錢。」
弟弟聽到沒有零用錢，「哇！」的一聲便哭出來。

1142 無魚敨蝦，無蝦敨田螺

Bô hî hôo hê，bô hê hôo tshân-lê

【暗示】退而求其次。

【註解】沒有魚可撈，撈蝦子；沒有蝦子，田螺也不錯。

【例句】梁家雄挨家挨戶拜訪，請村民們村長選舉投他一票。
「梁家雄不是剛選完鄉長？怎麼再競選村長？」
「他這個人『無魚敨蝦，無蝦敨田螺』，是閒下不來的人。」

1143 無魚蝦嘛好

Bô hî hê mā hó

【暗示】退而求其次。

【註解】漁民出海捕魚，捕不到魚，捕蝦子回來也好。

【例句】台中市發生一件偷竊不成，反而被逮到的烏龍事件。
這件烏龍偷竊事件的主角名叫邱德村，他到西屯路一條小巷人
家，按了按電鈴都毫無回應，判斷屋裡沒有人，侵入後翻箱倒櫃，
均找不到財物，正要出去時，看到餐桌上尚有半瓶XO，「無魚蝦

嘛好」，怎能空手而回，便坐下來倒了一杯喝下，覺得香醇可口，就一杯又一杯，把半瓶美酒喝完，人也倒在沙發上等待主人回家，叫警察給抓走。

1144 無麻攃俾有豆

Bô mûa áu kah ū tāu

【暗示】強佔便宜，或無中生有。

【註解】混水摸魚，居然打出一片天地。

【例句】連新彬原來光桿一個，離開家鄉到台北闖天下，沒想到三年過來「無麻攃俾有豆」，回鄉開賓士轎車，還有美眉隨行。

1145 無欺無蹺

Bô khi bô khiau

【暗示】性情隨和。

【註解】隨遇而安，不會挑剔，很容易相處。

【例句】媽媽和爸爸參加婦女會旅遊去了，姑丈和姑姑回娘家裡來，姐姐忘記姑姑是長期素食者，午餐葷素都有。

飯後，她才想起姑姑是素食者，一直道歉賠罪，姑姑不忍心小姪女不斷的致歉，便說：

「阿琴，沒關係，姑姑是『無欺無蹺』的人，有什麼吃什麼，妳不要這樣自責。」

1146 無閑允人做細粿

Bô-îng ín lâng tsò sè kúe

【暗示】做不到的事，不要隨便承諾。

【註解】無閑：沒有空閒。允人：答應人家。

不可以信口開河，隨便答應人家。

【例句】「老公，今天你能陪我到長庚醫院檢查嗎？」周小梅對她老公說：

「游醫師已經替我安排十點檢查。」

「妳自己開車去吧，」她老公面有難色的說：「我已經答應鄒心眉，帶她兒子參加全民英語檢定考試了。」

「你這個人怎麼『無閑允人做細粿』，」周小梅埋怨起來：「鄒心眉的兒子，比你老婆重要？」

1147 無禁無忌食百二

Bô kìm bô kī tsiȧh pah-jī

【暗示】不挑食，隨便都可以吃。

【註解】沒有顧忌，什麼都吃，自然能長壽到一百二十歲。

【例句】彰化縣長青協會為慶祝重陽節，聘請老壽星翁老現身說法：「如何達成健康長壽？」

翁老說：「少年時很喜歡肉類食物，只要有肉便能吃得津津有味，沒有肉便覺得滋味很難下嚥；中年以後，聽說肉類膽固醇很高，改吃素食了；八十歲後，飲食沒有挑剔，愛吃什麼便吃什麼，可以說『無禁無忌食百二』。」

1148 無話無句

Bô ūe bô kù

【暗示】木訥寡言。

【註解】默默靜靜，不愛講話。

【例句】周愛玲帶男朋友給她爸爸媽媽認識，她老爸對於這位未來的女婿，詳細的詢問他的工作、學經歷，還有他們家裡的情形。她男朋友除了回話以外，沒有多說過一句話，她男朋友回家後，周愛玲問她爸媽的意見。

她老爸說：「妳這位朋友『無話無句』，不知被狗咬了會不會叫？」

1149 無話講茄荖

Bô ūe kóng ka-ló

【暗示】沒話找話說。

【註解】茄荖：地名，彰化縣分園鄉轄。

沒話題，隨便找個話題說說。

【例句】康先生抱著嬰兒在門口，遇到新搬來的鄰居周先生，很想跟他聊天，但是「無話講茄荖」，想了很久，才走過去問他：

「周先生，你看我孩子像誰？」

周先生朝他們父子看了又看，才說：「我剛搬過來沒多久，再過一個月，我便知道這個孩子像誰。」

1150 無路用骹數

Bô lō-iōng kha-siàu

【暗示】沒用的傢伙。

【註解】沒有工作能力，或做不好工作的人。

【例句】「老師又要上街頭了！」2005年6月12日，全國流浪教師串聯上台北街頭抗議。這回抗議不像兩年前，為了政府要向他們課徵所得稅，到台北抗議，而是抗議政府讓他們，變成職業市場上的「無路用骹數」。

發起實習教師抗議的陳君豪指出，他們大約有十萬人，都受國家完整的師院教育，但今年度的全國國小教師缺額，不超過100人，政府讓他們都變成「無路用骹數」，他們才不得不走上街頭。

1151 無影無跡

Bô iáⁿ bô tsiah

【暗示】沒有的事。

【註解】謊言穿幫，毫無事實根據。

【例句】親民黨前台北市議員王育誠，於2005年6月2日，揭發台北市立

殯儀館拜死人腳尾飯及牲禮外流，被農安街、德惠街的六家自助
餐、便當店賣給活人吃，引起全市譁然。

王育誠齜牙咧嘴的質詢當時的馬英九市長，並播放殯儀館蟑螂轉
賣腳尾飯錄影帶，令農安街、德惠街的自助餐、便當店生意一落
千丈。媒體記者根據王前議員提供資料調查，發現沒有錄影帶中
這六家自助餐、便當店，王育誠「無影無跡」危言聳聽，害慘了
商人。

1152 無暝無日

Bô mê bô jit

【暗示】日以繼夜。

【註解】不分晝夜，努力不懈。

【例句】陳西勳是三代單傳的男子，傳宗接代的壓力相當大。算命先生對
他說農曆六月會有喜事，交代他要認真做愛做的事。

陳西勳聽信算命先生的交代，「無暝無日」的打拼了一個月，仍
然沒有成果。

榮民總醫院婦產部與泌尿科主任成國璋指出，去年統計有15%男
性不孕，情況也越來越嚴重。

1153 無燒無冷忭久長，大燒大冷會臭酸

Bô sio bô líng khah kú-tîg，tūa sio tūa líng ē tshàu-sng

【暗示】適可而止就好。

【註解】無燒無冷：平淡正常。大燒大冷：冷熱無常。臭酸：食物發霉、
酸臭。

過與不及都不是好事。

【例句】黃金柱自從老婆死後，便打定主意要把離婚的同事尤桂花追到手，
為了討好尤桂花，他每天都往她的家裡跑，載她上下班、載她到
外面辦事。時間大部分都給了尤桂花，他像戀愛中的男孩子，心
目中只有她沒有其他的人了。

蕭主任看他在尤桂花身上用情那麼深，怕他若被拒絕會承受不了打擊，對他說：「男女感情『無燒無冷怀久長，大燒大冷會臭酸』。」

1154 無貓無鵁鴒

Bô niau bô ka-līng

【暗示】家貧如洗。

【註解】鵁鴒：會學人說話的八哥鳥。連八哥鳥都沒有，一無所有。

【例句】這幾天專門仲介大陸新娘的邱坤昌多次來找程建文，說程建文曾經打過電話，請他幫忙要娶個大陸新娘。「什麼？」阮老師不屑的說：「程建文那個人，『無貓無鵁鴒』，以為用嘴巴就能娶太太，平時賺多少就花多少，用什麼養老婆？」

1155 無錢走無路

Bô tsî" tsáu bô lō

【暗示】沒錢什麼都免談。

【註解】身上沒有錢，不但走不出去，什麼事都沒辦法做。

【例句】彰化縣二水鄉民張金隆，大概因為覺得「無錢走無路」，想到一個讓自己有錢的妙計。他把張家連逝世不到一年的公媽牌位和張另神主牌位偷走，再透過中間人要張家兄弟交付贖金300萬元。
最後贖金雖然從300萬元，節節下降到20萬元，張家兄弟仍不給錢，還說張金隆要是喜歡，他們家的公媽就送給他拜好了

1156 無錢恆人驚

Bô tsî" hō lâng kia"

【暗示】窮鬼，人人敬而遠之。

【註解】身上沒有錢，親友都像敬鬼神那樣，敬而遠之。

【例句】巫世東生意失敗後，才真正領略「無錢恆人驚」的情境。
他說那一天路過員林，想到很久沒見到表弟了，便在大村鄉的路

邊,買了一箱葡萄順便要去看表弟。快到他表弟家時,遠遠便看
到他表弟了,他覺得對方也有發現他這位表哥,沒想到在車上的
表弟,卻踏足油門迅速地把車子開走,幾乎將他看做瘟神。

1157 無錢假大扮

Bô tsîⁿ ké tūa-pān

【暗示】打腫臉充胖子。

【註解】身上沒有多少錢,假裝很大方的揮霍。

【例句】孔曉春老師參加研習遇到洪美雀老師,好意邀請她到家裡來。兩
個女人在一起,便一直批評她們老公的不是。

「我最討厭我老公一項。」洪老師說:「他很喜歡買雜七雜八的東
西。」

「我老公更可怕!」孔老師指著滅火器說:「像那些滅火器,買回
來從來沒用過,『無錢假大扮』。」

1158 無錢摸粿垹

Bô tsîⁿ bong kúe kîⁿ

【暗示】裝模作樣過乾癮。

【註解】沒錢買年糕,卻用手一再的在年糕模具上摸來摸去,過過乾癮。

【例句】火車站後面妓女戶,經常看到有一個約35、6歲的男子,在那裡
流連忘返。管區警員問烏龜:「那個男子老是在這裡幹麼?」

「還不是『無錢摸粿垹』,看看辣妹過乾癮。」烏龜說。

1159 無錢藥食獪好

Bô-tsîⁿ-ióh tsiáh bē hó

【暗示】無錢嘸通吃藥。

【註解】沒有錢或由他人支付的藥錢,會心生不安,所以吃起那些藥是不
會痊癒的。

【例句】老蕭聽到老林、老賴他們說,雖然已經快七十歲,一個星期還能和他們老婆嘿咻一次,就嘖嘖稱奇。於是他也聽信他們的建議,到他老友周中醫那兒,拿藥丸回來按時服用。但怎麼人家用有效,而他還是六點半?

老朋友問:「老蕭,你拿藥有沒有給錢?」

「有啊!我每次要給周醫師,可是他就是不拿錢,我有什麼辦法?」老蕭說。

「你要知道『無錢藥食𣍐好』,」老朋友對他說:「你吃免錢的藥,怎有效果?」

1160 無禮無數

Bô lé bô sò

【暗示】沒有禮貌。

【註解】修養不夠,連基本禮節也沒有。

【例句】老爸很生氣,把弟弟痛打了一頓,叫他以後不得「無禮無數」亂講話。

弟弟惹老爸生氣的原因是,姑丈到家裡來,弟弟告訴姑丈和他同班的表兄弟,期末考國文七分、數學十二分、自然零分、社會好一點兒,不過也只有二十二分,讓姑丈感到很難為情。

1161 無鏨無節

Bô tsām bô tsat

【暗示】沒有節制。

【註解】行為有逾常規,不忌人言人語。

【例句】嘉義地方法院2005年5月26日,判決結婚16年的徐姓夫婦離婚。

這件離婚官司是徐妻蘇女,認為她老公遊手好閒,不事生產,經常進出風月場所,回家渾身粉味,更「無鏨無節」譏笑她人老珠黃,越想越氣,才以沾有鹽酸的衛生紙,抹擦她老公的下體警告

他。法官認爲兩造已無互信可言，判准離婚。

1162 無鬚老大

Bô tshiu láu-tūa

【暗示】年輕人做老大。

【註解】無鬚：沒有鬍鬚，年輕人或女首領。

年輕人經驗不足，人微言輕難服人，又要做老大。

【例句】「杜登貴在KTV歌廳，爲了服務生小卿，和角頭小弟打架的事件，雖然代表會吳主席和卓議員出面協調，都談判不成。後來是誰把他們磨合的？」

「還不是『無鬚老大』——大姐頭阿蘭。」

1163 無驚無膽嚇

Bô kiaⁿ bô táⁿ háⁿ

【暗示】嚇破了膽。

【註解】不要驚恐，也不必嚇得成爲沒有膽子的人。

【例句】在台中市十一家超商、藥房，對「蠻牛」、「保力達B」下毒的千面人王進展落網後，大家才鬆了一口氣。

這件「氰化物」下毒案，「無驚無膽嚇」，是管制非常嚴格的極毒化學品，水電工人周乙桂只喝了一口「蠻牛」，即倒地不支，終至喪生。毒性的可怕，可想而知。

1164 無蠓無木蝨

Bô báng bô ba̍k-sat

【暗示】安靜無事。

【註解】蠓：蚊子。木蝨：臭蟲。

沒有蚊子騷擾，也沒有臭蟲打擾，清靜得很。

【例句】暑假魏老師夫婦非常熱忱邀請我和我老婆，到南投縣信義鄉山

上，他們新建的小木屋渡假，享受山上清新的空氣。

我們開車，在崎嶇的山路間走了將近兩個小時，終於抵達位於地利村的小木屋。我環顧四周，一片翠綠，空氣新鮮，確實是好地方，因此問魏老師：「老魏，你怎會選在這裡建小木屋？」

「你不覺得這裡『無蟯無木蝨』嗎？」魏老師說。

1165 無鹹無唌

Bô kiâm bô tsiáⁿ

【暗示】味道適宜。

【註解】菜餚味道平淡，剛好的意思。

【例句】台中市警方查辦性交易案時，碰到的共同難題是採證相當困難，無法將應召女郎移送偵辦。

警方採證困難的原因是，過去警方以使用過的保險套做爲直接證據，現在有些應召女郎根本不用保險套，使用保險套者，發現警方破門而入，便急急忙忙的把保險套吞下去，警方根本拿她們沒辦法。員警看她們吞下保險套，好奇地問一名叫小雪的女郎，那種東西什麼味道？小雪回他說：「無鹹無唌。」

1166 犀牛望月

Sai-gû bāng gueh

【暗示】時間還有得拖。

【註解】犀牛性愛眺望月亮，可是月亮到月半才會明亮，所以想看月亮，牠還要等下去。

【例句】林俊仁大學畢業後雖然找到了一個不錯的工作，但現代的年輕人，還沒吃苦便想要先享受，他還沒領到薪水，便先到車行看中了一部轎車，並且跟人家談好價錢。

車行一直要交車，林俊仁一延再延，原來是他「犀牛望月」，要等待他阿公點頭答應幫他付車款。

1167 犀牛照角

Sai-gû tsiò kak

【暗示】互相使勁。

【註解】犀牛：動物名，體壯皮堅，毛稀少，鼻子上生一角或二角，角很名貴，可入藥，也有人收藏做家居飾品。

犀牛互鬥前，都對準對方的角對峙。

【例句】鄉長選舉已經形成僵局，讓地方人士憂心不已。

原本大家希望涂鄉長繼續連任，邱議員也再選一屆議員，營造鄉政團結合作，可是本鄉這兩位派系頭頭，竟然像「犀牛照角」僵持不下。

在涂鄉長這邊，邱議員要選啥，他便選啥；邱議員也放話，只要涂鄉長選啥，他便奉陪到底。

1168 猴咬猴，咬到血若流

Kâu kā kâu，kā kàu hueh ná lâu

【暗示】同類相殘。

【註解】互相殘殺，兩敗俱傷。

【例句】新加坡外交部長楊榮文，於聯合國大會上批評台灣搞獨立是南部不安定的因素。

當時的外交部長陳唐山，於2004年9月25日接見「台灣外交正名運動」代表時說：「新加坡是鼻屎那麼小的國家，捧中國卵葩，台灣和新加坡不要『猴咬猴，咬到血若流』。」

1169 猴傍虎威

Kâu pñg hó͘-ui

【暗示】狐假虎威。

【註解】猴子依偎在老虎身旁，借著老虎的凶猛，驚嚇其他的動物。

【例句】新加坡外長楊榮文，批評台灣搞獨立，造成東南亞不安定，當時

的外交部長陳唐山，於2004年9月25日接見「台灣外館正名運動」
代表時，形容新加坡像鼻屎那麼小，捧中國LP。

有學生問我，陳部長那句話的意思是什麼？

我答：「陳唐山的意思是，批評新加坡是『猴傍虎威』。」

1170 猴腳猴手

Kâu kha kâu tshiú

【暗示】手腳靈敏。

【註解】做事情，動作像猿猴那樣敏捷快速。

【例句】林和雄車禍，行動不便，想到叫他離婚的妻子貴香前來幫忙，這
位「猴腳猴手」的前妻，也一口答應下來。

貴香把和雄小心翼翼的扶進浴室，很快的把和雄的內外衣褲脫掉
後，發現他小弟弟雄糾糾的望著她。

貴香輕輕地拍了它一下，笑說：「想下到小弟弟還認得我。」

1171 猴頭貓鼠耳

Kâu thâu niáu-tshí hī^n

【暗示】猴頭鼠目，長相難看。

【註解】長得像猴子的臉，老鼠的耳朵。是一種錢相。

【例句】康東夏不知道哪一條神經沒絞緊，竟然向他叔叔說，要把他堂妹
淑君介紹給他的同學歐士田。

「什麼？」淑君聽到後，驚訝的問東夏：「哥！你是說要把我介紹
給你那個『猴頭貓鼠耳』的同學歐士田？」

1172 眠破三領被，掠抃心獪著

Khùn-phùa sa^n-niá phūe，liáh ang sim bē tióh

【暗示】霧裡看花。

【註解】眠破：棉被都睡破好幾件。掠无心獪著：摸不著老公的心想什麼。

【例句】同事們若提起，老許頻頻到醫院探視車禍受傷的李淑玫這件事，張麗君便滿臉不高興，尤其同事問她老許與李淑玫有些什麼關係？怎麼天天到醫院看她？

「我怎麼知道？」張麗君火大起來說：「我『睏破三領被，掠抾心𣍐著』，妳比較精明，抓得到我老公的心嗎？」

1173 絞螺仔風

Ká-lê-á-hong

【暗示】龍捲風。

【註解】絞螺仔風：風力極強的局部性旋風，捲成漏斗狀往上吹的暴風，迴旋力極大，嚴重時會捲毀地面建築。

【例句】釣娃娃機像「絞螺仔風」，只不過一個月左右，台灣各地方大街小巷擺滿釣娃娃機，年輕人都像被娃娃機捲入暴風中。

1174 絲線吊銅鐘

Si-sùaⁿ tiàu tâng-tsing

【暗示】危險得很。

【註解】用那麼細、那麼脆弱的絲線，要吊起鐘來，那種千鈞一髮的緊張情況，真令人捏把冷汗。

【例句】阿坤常常看到九官鳥站在電線上高歌，便開始注意九官鳥是不是在附近築巢，果然被他發現橡果樹梢上有九官鳥的鳥巢，而且鳥兒頻頻在那兒進進出出，他便斷定巢裡一定有剛出生的小鳥。他爬上樹，想把小鳥捉下來飼養，只見他攀著樹枝，像「絲線吊銅鐘」，一直往上攀爬上去，驚險萬分，令人替他捏把冷汗。

1175 腌伸𣍐穿得蠓罩

Hàm kah bē tshīng-tit báng-tà

【暗示】誇大其詞。

【註解】脹：膨脹、誇大。物體浸水後脹大起來。蠓罩：蚊帳。

說肥胖到連蚊帳都穿不下去，太誇張了吧？

【例句】呂漢明自從告訴同業，企業留在台灣只有等死的看法後，自己也率先到中國謀求發展。

到中國還不到十年，呂漢明便以僑領的姿態回到台灣，不斷地告訴昔日同業，如果早到中國，少說也多賺個一、兩億元。

朋友們都認為他「脹俰獪穿得蠓罩」，姑且聽之。

1176 飲酒愛撙節，做人愛斬節

Lim-tsiú ài tsún-tsat，tsò-lâng ài tsām-tsat

【暗示】謹守分寸。

【註解】飲酒：喝酒。

喝酒，要知道自己有多少酒力，不要過量；與人相處，分寸要拿捏得準，要懂得謙虛。

【例句】老爸對於兒子商場如意，賺了很多錢，自然甚為得意，不過對於兒子喜歡交際、應酬頗為擔心，深怕他出事。所以常常對他說：「你呀！交際應酬『飲酒愛撙節，做人愛斬節』。」

1177 脹桃仔肥，脹李仔瘦，脹囡仔黃酸大肚桶

Tiùⁿ thô-á pûi，tiùⁿ lí-á sán，tiùⁿ gín-á n̂g-sng tūa-tō-tháng

【暗示】適可而止。

【註解】桃子吃多了、李子吃多了，對身體都不好；小孩子吃多了，肚子脹得鼓鼓的，像水桶般且面色青黃，都有損健康。

【例句】游天雄夫婦因為各有工作，沒時間陪伴孩子，便以零用錢來彌補親子之間的感情。也就是孩子想吃什麼，便買什麼回來；孩子伸手要零用錢，二話不說便給他。

游家兩個孩子在這樣的環境下，變成「脹桃仔肥，脹李仔瘦，脹囡仔黃酸大肚桶」，都臉色病黃，瘦巴巴的，看起來便知道不是很健康

1178 菅榛艙做得拐子

Kuaⁿ-tsin bē tsò-tit kuái-á

【暗示】很難成材，不堪造就的意思。

【註解】菅榛：蘆葦，又名菅芒花。拐子：拐杖。

【例句】吳校長夫人劉思涵老師，三番兩次找地方大老林伯伯，希望林伯伯勸她老公不要出來選鄉長，以免兩人退休金被選舉花光。

「劉老師，」林伯伯對她說：「妳反對吳校長競選鄉長，可是各界都認為吳校長是鄉長最好的人選哩！」

「謝謝林伯伯看重他，」劉老師說：「其實我老公是『菅榛艙做得拐子』，當校長還可以，當鄉長便不適合了。」

1179 菜瓜諳，崅倒棚

Tshài-kue tsē，teh tó pêⁿ

【暗示】子女多累倒父母。

【註解】菜瓜：絲瓜。絲瓜長得太多，瓜棚不堪重量負荷會倒下來。

【例句】大家都知道「菜瓜諳，崅倒棚」，不知孩子多，會不會壓扁母親？

台中市48歲單親母親楊秀美，於2005年6月23日丈夫逝世20年忌日，備了牲禮上香，告訴她老公20年來她的奮鬥，她終於把他們三個兒女都送上大學。

這位並不因孩子多而被壓垮的寡婦，在20年前丈夫掉落台中港喪偶後，一人身兼數職，早上到地政所打掃辦公室，中午到銀行煮午餐，勇敢的走了過來，她鼓勵單親媽媽要努力活下去。

1180 菜店揣新婦，快活無，艱苦有

Tshài-tiàm tshūe sin-pū，khùi-uáh bô，kan-khó͘ ū

【暗示】環境不良，培養不出好品德。

【註解】菜店：酒家的俗稱。

要在酒家裡挑選媳婦，因為酒家女楊花水性、人盡可夫，要進家

門，日子可是樂少苦多。

【例句】周永全迷上酒女欣欣，兩人熱戀到論及婚嫁，這件事被周永全大舅知道，大舅就告誡他說：「你啊！『菜店撐新婦，快活無，艱苦有』，要有覺悟……」

1181 菜店查姆若(那)有情，恁茨公嬤著無靈

Tshài-tiàm tsa-bó͘ nā ū tshîng，lín tshù kong-má tióh bô-lîng

【暗示】無法可施。

【註解】菜店查姆：酒家女。無靈：沒有靈性。

如果酒家女對你動真情，要委身於你，你家祖先再阻擋婚事，也靈性不起來。

【例句】同事們知道「愛唱KTV」那位叫莉莉的服務生，對會計林仔非常鍾情，只要林仔一到，她絕對會跑過來坐檯，不再理會其他客人。「聽說莉莉對林仔很專情，要嫁給林仔呢！」「別想莉莉那種女孩子會專情，」周總務課長說：「你們沒聽過俗語說『菜店查姆那有情，恁茨公嬤著無靈』這句話嗎？」

1182 菜頭拔起來，孔原在

Tshài-thâu puéh--khí-lâi，khang guân-tsāi

【暗示】做事留下痕跡、把柄。

【註解】菜頭：蘿蔔。

蘿蔔在田地裡成長，把它拔起來，地上會留下明顯的痕跡。

【例句】江淑娜私生活很糜爛，姘夫一個還沒分手，便又交一個，同事們都擔憂她這樣會引火自焚，唯有呂課長說：

「這又有什麼關係，『菜頭拔起來，孔原在』，身份證還不是在室女？」

1183 菜蟲食菜菜骹死

Tshài-thâng tsiȧh tshài tshài-kha sí

【暗示】惡有惡報。

【註解】爲害蔬菜的昆蟲，最後都會死在菜下；作奸犯科的人，最後都難逃法律制裁。

【例句】郭家爸媽哭成一團，郭家兩個兒子忙著準備到中國東莞去，爲郭家老三收屍。

郭家老三郭明棋不務正業，在台灣販毒逃亡到中國，在那裡又重操舊業，也幹起販毒勾當，被中國公安捉到，判處死刑。東莞人民法院已定於近日執行死刑，正應驗了鄰居預言：「菜蟲食菜菜骹死。」

1184 菱角喙無食大心喟

Lîng-kak tshùi bô tsiȧh tūa-sim-khùi

【暗示】天生食祿。

【註解】嘴形像菱角的人，都是嘴饞的人，見到東西沒吃會很難過。

【例句】台灣美食展覽在世貿中心舉行，現場有各種台灣傳統美食展出，並免費招待。

我們在會場繞了一圈，品嚐來自台灣各地的美食，有新竹貢丸、台南棺材板、北斗肉圓、萬巒豬腳……。

阿公說叔叔嘴饞，是「菱角喙無食大心喟」，今天沒來享受美食，一定很後悔。

1185 著愛扛轎步步進，毋通攐罟倒退行

Tiȯh-ài kng-kiō pō pō tsìn，m̄-thang khan-ko tò-thè kiâⁿ

【暗示】要勇往直前，不可走回頭路。

【註解】毋通：不可以。攐罟：拉魚網。爲了使魚網散開，從中心點拉著魚網，往後退開。要往前直走，不可走回頭路。

【例句】葉有義五專畢業，一直不適應上班的職場環境，想經營餐廳，可是他老媽卻叫他開「美又美」之類的早餐店，他感到很不體面。他老媽說：「阿義啊！做人『著愛扛轎步步進，唔通攑咢倒退行』，由小店開始……」

1186 註生娘娘真無理，未曾註生先註死

Tsù-seⁿ-niû-niû tsin-bô-lí，Būe-tsîng tsù-seⁿ sing-tsù-sí

【暗示】命該如此，強求不得。

【註解】天生萬物，生死早定，既求不得，也怨不得，更勉強不得也。

【例句】許新棋對於懷孕已九月，快要臨盆的妻子車禍死亡，一直無法走出陰霾。尤其他妻子老來懷孕，產前檢查是個男孩，讓他有了後代，欣喜不已，現在老天竟連一個兒子也不給他，導致他每天都失魂落魄、喃喃自語的說：「註生娘娘真無理，未曾註生先註死。」

1187 註生娘嬤，唔敢食人無囝油飯

Tsù-seⁿ-niû-má，m̄-káⁿ tsiȧh lâng bô kiáⁿ iû-pn̄g

【暗示】無功不受祿。

【註解】註生娘嬤：掌管人間生男育女之神。油飯：慶祝嬰兒彌月用糯米、麻油所炊蒸的飯。

命中沒有子嗣，無論怎樣巴結，註生娘嬤也不會答應。

【例句】劇烈的鄉長選戰已經落幕了，新鄉長為了地方團結和諧，席開百桌，廣邀地方人歡聚，希望大家能拋棄成見，而他將化干戈為玉帛，共謀地方發展。

新鄉長請客那天，大家都在注意林源首腦吳議員會不會赴會，後來林源問他，那天怎麼沒看到他？

「你不知道『註生娘嬤，唔敢食人無囝油飯』嗎？」吳議員說。

1188 買物無師傅，加錢買著有

Bé mih bô sai-hū，ke tsîⁿ bé tiȯh ū

【暗示】錢咧做人。

【註解】買東西，根本沒有什麼高手不高手的問題，只要你願多給錢，便能搶到手。

【例句】老實說張鄉長登記競選連任時，親朋好友幾乎沒有人，看好他能贏得這場選舉，沒想到張鄉長竟高票當選連任。

在慶功席上，親友莫不對他當選連任嘖嘖稱奇，想不出他致勝的原因，結果張鄉長卻毫無掩飾的說：「所謂『買物無師傅，加錢買著有』，選舉也一樣無師傅，加錢買著有。」

1189 買物愛看，關門愛閂

Bé mih ài khùaⁿ，kuiⁿ-mn̂g ài tshùaⁿ

【暗示】凡事小心為要。

【註解】買東西要看清楚，才不會買到有瑕疵的而吃虧；關門的時候，要記得上閂，才不會被小偷乘機進來。

【例句】姐姐到大賣場，看到人家拍賣運動服，三件一千元，覺得很便宜，就一口氣買了六件，給爸媽各三件。

爸爸看到三件運動服，還沒露出笑容就說：「便宜無好貨。」還一邊試穿一邊對女兒說：「阿梅，妳都不知道『買物愛看，關門愛閂』，衣服許多地方都沒車到縫線，怎麼能穿？」

1190 買會著，恰好四斗換一石；
買𣍐著，心肝會忔燒

Bé ē tiȯh，khah hó sì-táu ūaⁿ tsit-tsiȯh；
Bé bē tiȯh，sim-kuaⁿ ē gāi-giȯh

【暗示】搶購心理。

【註解】忔燒：怪怪的、不舒服。

參加搶購買得到的欣喜，以及沒買到的懊惱。

【例句】今天法院拍賣海關走私沒收物，鄧淑芬等幾位女老師，各準備大把鈔票，要大顯身手一番。

通常參加競標法院拍賣物的人，多少都有「買會苦，怍好四斗換一石；買繪著，心肝會岺燒」。

1191 買賣算分，相請無論

Bé-bē sng hun，sio-tshiáⁿ bô lūn

【暗示】買賣歸買賣，請客就另當一回事。

【註解】買賣無論是親兄弟，也都要計算得很清楚。至於請客那就不用計較了，誰付帳都沒有關係。

【例句】我陪媽媽去買水果，有奇異果、水蜜桃、美國櫻桃等三種水果，加起來是615元，媽媽拿1000元給老闆，卻找回400元，老闆還說：

「太太，15元免了。」

「怎麼可以這樣？」媽媽又拿15元給他：「不可以這樣啦，『買賣算分，相請無論』，繪使咧啦。」

1192 買賣憑仲人，嫁娶憑媒人

Bé-bē pîn tiong-lâng，kè-tshūa pîn mûe-lâng

【暗示】中藥甘草是也。

【註解】仲人：介紹人，撮合人也。

買賣要靠仲介人居中斡旋；婚嫁要由媒人居中撮合。

【例句】小強向他老爸說，要把和他相戀多年的游瓊媚娶進來。

「既然你決定要娶游小姐，」他老爸說：「找一個媒人去說親吧。」

「爸，不用了，相處那麼久了，還要媒人幹嘛？」小強說。

「小強，」他老媽說話了：「你們年輕人不知道，『買賣憑仲人，嫁娶憑媒人』，這樣親戚之間，有話才好商量。」

1193 趁欲趁去食，了欲了會社

Thàn beh thàn khì tsiảh，liáu beh liáu hūe-siā

【暗示】中飽私囊。

【註解】眼尖，能賺就賺它一手，如果虧損就推給公司。

【例句】張老村長是個愛面子的人，三個兒子九個孫兒女，還和他生活在
一起，導致他經營的食品及服飾事業，生意興旺，卻年年虧本。
張老村長百思不解，又找不到問題癥結，請教其他友人，得到的
答案是兒子已經成家了，早應該知道樹大分枝的道理，一家十多
人生活在一起，會變成「趁欲趁去食，了欲了會社」。

1194 趁一開二，明早無飯

Thàn tsit khai nñg，bîn tsái bô pñg

【暗示】不會量入為出。

【註解】趁一：賺一塊錢。開二：花掉兩元。
入不敷出，這種人連早餐都沒得吃。

【例句】討債公司一隊人馬到黃信朝家討債，一下車來便把紅布條拉開
來，上面寫著：「有借有還，要借不難」，然後有的捉人，有的搬
傢俱，把黃家妻兒嚇得哭叫不停。
我問他的鄰居，到底是怎麼一回事？
鄰居說：「黃信朝那個人，『趁一開二，明早無飯』，沒錢又向地
下錢莊借錢，人家地下錢莊是什麼東西？能給他賴債？」

1195 趁二開一，年年有賰

Thàn nñg khai tsit，nî-nî ū tshun

【暗示】勤儉致富。

【註解】趁二：賺兩塊錢。開一：只花一元。
賺了兩塊錢，只花掉一元，這麼勤勉節省，當然會有節餘。

【例句】參加林有彬新居落成的來賓都非常欣賞林氏夫妻「趁二開一，年

年有賰」，才能購買這一幢美侖美奐的樓房。

「真的！有彬這一對夫妻真的沒話講。」鄰居阿欽伯讚不絕口說：「兩夫妻勤儉的程度，是我們這條巷子的模範。」

1196 趁錢有數，生命愛顧

Thàn-tsîⁿ iú sò͘，sìⁿ-miā ài kò͘

【暗示】險錢不要賺。

【註解】趁錢：賺錢。有數：有限。

有了錢才能維持正常的生活，但錢有限，不要為了錢，失去健康或生命。

【例句】台灣的工安環境，政府實在有嚴格要求和取締不法的必要，否則工人為了賺錢餬口，受到傷害，甚至死亡，留下寡婦孤兒、年邁雙親，豈不令人吁噓。

這種不幸事件於2005年6月23日，再度發生於西濱快速公路，苗栗縣苑裡鎮苑港段高架灌漿倒塌，現場葉青雲、高山興、林家宏、林偉國、高天祥、史利巴可當場死亡，另有傷者數人送醫急救。

這些工人本來「趁錢有數，生命愛顧」，但政府實在應加強工安檢查，要顧生命安全。

1197 跋落囝兒坑

Puȧh lȯh kiáⁿ-jî kheⁿ

【暗示】子女多，生活壓力大。

【註解】食指浩繁，被生活重擔壓得喘不過氣來，有如恍惚掉落兒女的深坑，爬不起來。

【例句】我昨天到台中，無意中碰到林桂花同學，要不是她一直叫我，我也絕對不會想到她是我們的班花林桂花。

「桂花，」我握住她的手問她：「妳怎麼變得那麼蒼老？又沒有化妝？我怎麼能認出是妳？」

她嘆了一口氣，眼睛泛紅，淚汪汪地說：「不瞞妳說，我結婚後

便像『跋落囝兒坑』，三個兒子有兩個玻璃娃，每星期都要上台大醫院，日子是怎麼過的，可想而知了，唉！」

1198 跛骹趒童

Pái-kha tiô-tâng

【暗示】行為不穩重。

【註解】趒童：乩童。跛腳的人，走在路上又蹦蹦跳跳，像個乩童。

【例句】爸爸從電視上看到模特兒走秀，對她們的走路姿態評論說：「現在的女孩子，走路像『跛骹趒童』。」

1199 進無步，退無路

Tsìn bô pō，thè bô lō

【暗示】進退兩難。

【註解】前無去路，後無退路，已經走投無路。

【例句】「老婆，」健光紡織公司方進裕廠長對他老婆說：「公司董事會決議，要把工廠關掉，搬到中國東莞去，我看我只有辦理資遣……」「你要辦理資遣？」他老婆說：「中年失業，還能找到工作嗎？」方進裕說：「但是已經『進無步，退無路』，不申請資遣，只有到東莞工廠去！」

1200 閑閑掠蝨母相咬

Îng-îng liàh sat-bó sio-kā

【暗示】閑閑無代誌。

【註解】蝨母：寄生在人畜體上，專門吸食血液的小蟲。
閒著沒事，捉臭蟲互咬比賽。

【例句】台灣第三屆監察委員任期至2005年1月31日屆滿，立法院原應於屆滿前通過第四屆監察委員，但因國會朝野，對總統陳水扁提請立法院審查監委人選，有不同意見而擱置，至2005年6月，監察

院空轉五個多月了。

監察院沒有監察委員，雖然對於五權憲法，造成極嚴重的傷害，但監察院三百多位員工沒有工作可做，每日可以「閑閑掠蝨母相咬」，祕書長杜善良說：「人民陳情案有64件無從處理。」

1201 閑飯加食，閑話減講

Îng-pn̄g ke tsia̍h，îng-ūe kiám kóng

【暗示】不說他人是非。

【註解】加食：多吃一點。減講：少說一點。

多吃些飯，少說些別人的是非。

【例句】鄭校長到任不到二個月，發現學校同事課餘時間，幾個人常常聚在一起交頭接耳。他走過去時便停口不說了，令他覺得這些部屬，好像喜歡背後說別人的是非。

他覺得此風不可長，便在校務會議上，叮嚀大家「閑飯加食，閑話減講」，以免惹是非。

1202 閒人挨冇粟

Îng-lâng e phà^n-tshik

【暗示】閒著也是閒著。

【註解】挨：推動石磨。冇粟：不飽滿的穀子。

冇粟磨不出米來，但閒著沒事幹，推石磨打發時間。

【例句】陸軍新兵訓練中心，都會叫阿兵哥搬石頭，從這裡搬到那裡，過了一段時間，會看到別的連隊，把那些石頭搬回原來的地方。

我曾經問連長，那些石頭放在那裡並不礙事，為什麼老是演出搬來搬去的把戲。

「那就是『閒人挨冇粟』的新兵訓練之一，」連長偷偷告訴我：「要磨練新兵的耐力，非把他們的稜角磨平不可。」

1203 閒罔閒，看命愛錢

Îng bóng îng，khùaⁿ-miā ài tsîⁿ

【暗示】按規矩行事。

【註解】寧願閒著沒事幹，要叫他算個命，也要付錢。

【例句】中秋節哥哥西點麵包店的月餅生意特別好，一家大小幾乎忙得三
餐做兩餐吃。老爸看到剛退伍回來、在家待業的老三閒著無事，
就問他，怎麼不去幫他哥哥的忙？
「我才不去！」老三抱怨地說：「平時到他那裡去，也從來不問我
要吃什麼，我『閒罔閒，看命愛錢』。」

1204 閔面假福相

Gōng-bīn ké hok-siòng

【暗示】馬不知臉長。

【註解】閔面：蠢相。蠢相假裝福相，瞞不了人。

【例句】「仁德醫專招生文宣抄襲」，這是 2005 年 6 月 19 日《自由時報》生
活新聞的一則標題。
原來仁德醫專「閔面假福相」，招生文宣是抄自花蓮「台灣觀光經
營管理專校」的招生文宣，重新印製後掛上自己的校名，於技職
展覽會上廣為分發。
這張抄襲文宣，經台灣觀光專校向仁德醫專邱仕豐校長反應後，
邱校長僅表示最多給個公文道歉了事，但台灣觀光專校認為不
夠，已提告訴。

1205 順風揀倒墻

Sūn-hong sak tó tshiûⁿ

【暗示】順勢而為、智取。

【註解】揀：推動。利用風勢的助力，輕鬆的把圍牆推倒。

【例句】前民進黨主席施明德，於 2006 年 8 月中旬成立「百萬人民倒扁運

動總部」，一人一百元募捐，人數超過一百萬人，便要開始在總統府前靜坐，叫阿扁下台。

自從邱毅爆料第一家庭及其身邊親友的貪瀆案件後，已經有國親兩黨立委發動罷免總統案，親綠人士紀萬生、張富忠等人，與黃光國、張亞中教授，都先後嗆聲，要阿扁下台，施明德是「順風揀倒墻」順勢而爲。

1206 黃金良藥，不如無病

 N̂g-kim liông-io̍h，put-jû bô pēⁿ

【暗示】健康勝過黃金。

【註解】黃金良藥：再怎樣珍貴的祕方，都不如身體健康。

【例句】王老師到中國旅遊，導遊把他的這一團遊客，帶到北京有百年歷史的免稅商店同仁堂藥房購買藥品。

採購團回到飯店後，彼此展示買到什麼又什麼的宮廷祕方良藥，只有王老師雙手空空如也，什麼都沒買。

同行遊客問他怎麼不買些良藥回去，他冷冷的說：「什麼『黃金良藥，不如無病』吧！」

1207 飯坩唔顧顧碗籃

Pn̄g-khaⁿ m̄ kò kò uáⁿ-nâ

【暗示】本末倒置。

【註解】飯坩：飯鍋。飯鍋不照顧好，反而用心照顧放碗的籃子。

【例句】演藝人員王靜瑩，被南港輪胎董事的老公陳威陶家暴，申請保護令後，許多演藝界的名女人，紛紛發表談話。這些「飯坩唔顧顧碗籃」的演藝界女人，有：黎燕珊、鮑正芳、李倩蓉、大小Ｓ、陳孝萱、賈靜雯、賈永婕等人。

1208 搦屎搦尿

Làk sái làk jiō

【暗示】為子女犧牲，什麼都做。

【註解】身為母親，為了子女，再下賤的工作，也都不會推辭，甚至尿褲屎褲，也都親自洗滌。

【例句】今天電視播報一則一名徐姓青年車禍死亡，年老母親痛哭不已的不幸新聞，令觀眾都不由得鼻酸起來。
徐姓青年是單親家庭的獨生子，徐父病故後，其母「搦屎搦尿」一路照顧他到高中，母子相依為命。突然間失去愛子，等於失去了希望，老母親想不開想陪她兒子去陰間，幸被眾人阻止。

1209 嗄呴獪歁得嗽

He-ku bē kham-tit sàu

【暗示】忍無可忍。

【註解】氣喘病患者，無法忍住咳嗽。

【例句】黑面讚是大家公認的大角頭，他的兒子阿橋到好樂迪KTV唱歌，為了爭奪服務生莉莉，與其他客人發生爭執而幾乎被揍扁了。
黑面讚接到電話說，他的兒子阿橋被揍得死去活來，「嗄呴獪歁得嗽」，放下電話就帶著小弟們出去了……。

1210 嗄呴疸大氣喘

Hē-ku-tù tūa-khùi tshuán

【暗示】毛病多，難治。

【註解】嗄呴：氣喘病。
患氣喘病的人，咳出來的痰，常會積在呼吸道，要大力的喘氣，呼吸才不會被堵住。

【例句】張村長對村民的服務，實在沒有話說，可是對於他孩子的管教，好像束手無策，令大家都替他擔憂。

張家大兒子快三十歲了，也不去找個工作幫忙家計，整天遊手好閒；張家老二也一樣，喝酒、賭博，沒幹過一件好事。

大家都說張村長家庭的毛病，頗像「嗄痀疽大氣喘」難醫，也虧得他仍有那種熱忱服務村民。

1211 圓人會扁，扁人會圓

Îⁿ-lâng ē píⁿ，píⁿ-lâng ē îⁿ

【暗示】風水輪流轉。

【註解】人生像月亮一樣，會有陰晴圓缺，不要太得意，也不必喪氣。

【例句】桃園市中壢區60歲王先生，為居住外縣市的二兒子，到戶政事務所辦手續。因資料不足，與櫃台人員發生衝突，後來連陳姓主管也加入爭吵，雙方你來我往，留下極為惡劣的印象。

沒想到王先生的兒子把他未來新娘子帶回家時，王先生見到未來媳婦，竟是戶政事務所對他擺晚娘臉孔的陳姓主管，立即就將她趕出去，也真是「圓人會扁，扁人會圓」，所以小姐待人接物，可不親切乎？

1212 煙火好看無偌久

Ian-húe hó-khùaⁿ bô jūa kú

【暗示】好景不常在，好花不常開。

【註解】煙火射向天空所爆發出來的各種花樣圖案，固然很瑰麗燦爛美極了，但瞬間即消失了。

【例句】周墻從莫新種家出來後一直訐譙。他訐譙莫新種，要不要借錢，是他的自由，別人勉強不得，但不必這麼污辱人，說什麼好吃懶做，沒錢又常去KTV泡女人啦！等等的……。

「莫新種，你免嬈驃！」他自言自語的罵道：「你可知道『煙火好看無偌久』！」

1213 塗猴惡孔口

Thô-kâu ok khang-kháu

【暗示】只會在地盤內耀武揚威。

【註解】塗猴：蟋蟀。蟋蟀只敢在洞口外鳴叫。

【例句】王阿典那個傢伙，每次喝醉了酒，便在巷子口嚎叫，罵天罵地，左右鄰居沒有人不被他罵到。

鄰居們受不了他這種惡劣行徑，甚至擔心他這樣挑釁，總有一天會出問題。「放心啦！」里長伯對大家說：「王阿典那個人，只是『塗猴惡孔口』而已，有個人凶他幾句，他便會閉嘴了。」

1214 塗猴損五穀

Thô-kâu sún ngó͘-kok

【暗示】對農作物有害無益。

【註解】塗猴：蟋蟀。蟋蟀是害蟲，只會損害五穀。

五穀：稻、黍、稷、麥、菽。泛指一般穀物。

【例句】農委會在全國農業產銷會議上，呼籲全國農民不要盲目生產，以免農產品生產過剩，血本無歸。

「主委，我們農民是負責生產，農產品之會生產過剩，證明農民是一流的。」彰化縣農民代表張姓農友說：「你們政府官員，是負責行銷計劃，既然有產品銷不出去，證明你們官員是三流的，『塗猴損五穀』，請你們這些人幹麼？」

1215 嫁恆跋賭尪，跋贏三頓雞酒香，跋輸相扑摸頭鬃

Kè hō͘ puah-kiáu ang , puah iân san-tǹg ke-tsiú phang ,
puah su sio-phah giú thâu-tsang

【暗示】生活起伏不定。

【註解】嫁給賭徒，日子只有隨著賭博情況而變化，賭贏了三餐吃香喝辣，

輸錢了吵鬧打架難免。

【例句】阿嬌要嫁給她的林姓男友，遭到她媽媽堅決的反對，她媽媽對於
阿嬌形容她男朋友怎樣愛她、體貼她；她喜歡的東西，都毫無吝
嗇的買給她這種種舉動，頗不以為然。
「阿嬌，妳先別高興，『嫁恆跋賙俓，跋贏三頓雞酒香，跋輸相扑
摸頭鬃』，跋賙人，嫁不得。」

1216 嫁了尪百病空

Kè liáu ang pah pēⁿ khang

【暗示】有吃有保佑，有愛情有元氣。
【註解】體弱多病的少女，結婚後會有丈夫照顧、愛情滋潤，所有的病都
好了。
【例句】邱主任對於會計徐小姐經常請病假，導致會計作業無法配合業
務，頗有微詞，而對其他同事說：
「妳們哪一個跟她是要好的朋友？不妨勸告她到大醫院健康檢查
一下，這樣子常常請假不是辦法……」
「邱主任，其實徐小萍也沒什麼大不了的疾病，」大姐頭阿菊當眾
對主任說：「她已經快四十歲了，『嫁了尪百病空』，找個老公就
沒事了。」

1217 嫁查姆囝，若像著賊偷

Kè tsa-bó-kiáⁿ，ná-tshiūⁿ tióh-tshát-thau

【暗示】查姆囝仔賊。
【註解】嫁查姆囝：嫁女兒。若像：好像。
嫁女兒嫁妝一牛車，好像遭小偷。
【例句】翁校長嫁女兒，嫁妝一牛車，認識他們夫婦的人，都稱讚這對岳
父母很捨得，陪嫁的東西那麼多，一定擺滿夫家幾個房間。
「沒什麼啦！」翁校長難掩喜氣的說：「跟大家一樣，『嫁查姆囝，
若像著賊偷』而已。」

1218 嫁雞逫雞飛，嫁狗逫狗走，嫁乞食觢茭篱斗

Kè ke tùe ke pue，kè káu tùe káu tsáu，
kè khit-tsiảh phāiⁿ ka-tsì-táu

【暗示】認命。

【註解】嫁什麼樣的丈夫，都要認命學習融入他的生活，才能成為一家人。

【例句】劉靜宜年輕時，像被鬼迷住那樣，不顧她父母反對，一定要嫁給鄧景新，現在才跟他四處奔波、流浪，做攤販小生意。

劉父看到他女兒生活這麼苦，於心不忍，就叫他們夫妻、孩子搬回娘家來。可是劉靜宜生活雖然很窮，卻滿有骨氣，她告訴她媽媽說：「嫁雞逫雞飛，嫁狗逫狗走，嫁乞食觢茭篱斗。」

1219 嫌貨者，是買貨人

Hiâm hùe tsiá，sī bé húe lâng

【暗示】呵咾無買。

【註解】會買東西的人，才會挑剔找毛病，討價還價。

【例句】穎穎老師假日都會到店裡幫她媽媽賣水果，這位老師看到一位林姓常客，每次買水果都很挑剔，嫌這嫌那的，覺得很煩，待他走後就對她媽媽說：

「林桑那個人，每次買的水果，都只買那麼一點點東西，卻特別囉嗦，看到他就覺得很煩。」

「穎穎，妳不能用這種態度對待客人。」她媽媽提醒她說：「所謂『嫌貨者，是買貨人』，林桑雖然會挑剔，但都會買些水果回去呀！」

1220 撐臭頭疤

Khàng tshàu-thâu phí

【暗示】翻舊帳。

【註解】撑：挖。疕：頭上的痂。用手指頭搞頭上的瘡疤。

【例句】哪一個年輕男女，在結婚之前沒有交過男女朋友？這也是很正常的現象。但婚嫁後應該專於新家庭才對，而身為丈夫或妻子，也實在不宜把舊事說出口，夫妻吵架舊事重提，「撑臭頭疕」，這樣夫妻能和睦相處者恐怕不多吧？

林明義和柯秀玉這對夫妻，也是因為兩人常常互相「撑臭頭疕」，終導致離婚收場。

1221 剾風曝雨

Khau-hong phak-hō

【暗示】風吹雨打。

【註解】受大風猛刮，又遭到雨打，環境很惡劣。

【例句】「現在做農的雖然收益比不上其他行業，」阿耀伯對著年輕一代的農民說：「可是工作有農機代做，不像我們那時候，所有工作都要靠人力，而且『剾風曝雨』也不能不出門……」

1222 想欲嫁尪傍翁(尪)勢，無疑嫁尪夯尪枷

Siūⁿ-beh kè ang pn̄g ang sè，bô-gî kè ang giâ ang kê

【暗示】事與願違。

【註解】找個男人結婚，是希望生活有依靠，想不到反而要來承擔他的生活重擔。

【例句】游淑真三十五歲了，還過著單身生活，近來她突然想到還是找張長期飯票，嫁個丈夫過安定的日子。沒想到卻被她老公花言巧語所騙，婚後才發現他嗜賭又欠了一屁股債，要幫他還債。朋友問她婚後的生活怎樣？「我原『想欲嫁尪傍尪勢，無疑嫁尪夯尪枷』，」游淑真幽幽的說：「早知如此，還是做老姑婆比較好。」

1223 想好額，就會變乞食

Siūⁿ hó-giȧh，tsiū ē piàn khit-tsiȧh

【暗示】可能事與願違。

【註解】好額：富人，也就是有錢人。

不顧自己能力，一心一意只想賺錢，這種不切實際的人，到頭來有可能變成乞丐。

【例句】信誠毛巾織造廠楊老闆認為在台灣工資這麼高，已沒有繼續經營的價值，決定結束營業，把事業移到中國擴大經營。

可是老人家說：「留在台灣經營，雖然利潤很低，但還能經營下去，要到中國去，『想好額，就會變乞食』，你要再三考慮考慮。」

1224 惹熊惹虎，呣通惹著刺查姆

Jiá hîm jiá hóʼ，m̄-thang jiá tiȯh tshiah-tsa-bóʼ

【暗示】女人惹不得。

【註解】你可以去招惹熊、老虎，但千萬別去惹惱凶巴巴的女人。

【例句】李課長和王科員為了職務上的爭執而吵了起來，竟然扯到王科員，都是聽了他那個三八老婆的話，才什麼又什麼……。

俗語說「惹熊惹虎，呣通惹著刺查姆」，李課長要怎樣說王科長都可以，實在不必扯到他老婆身上去，氣得王太太三不五時，便到辦公室來向李課長興師問罪。

1225 愈醫愈大支

Jú i jú tūa-ki

【暗示】弄巧成拙。

【註解】不醫療還好，給藥醫療，病情反而嚴重起來。

【例句】阿輝接骨院雖然是土法鍊鋼，但患者都是慕名而來。

我問一位遠道而來就醫的陳先生，骨折醫好了沒有？

「手骨折是醫好了，」他說：「可是『愈醫愈大支』，真不應該到這

裡就醫。」

「爲什麼『愈醫愈大支』？」

「我弟本來只有左手骨折，現在已被敲得雙腳都快要斷了。」

1226 愈驚愈著尻脊骿

Jú kiaⁿ jú tiȯh kha-tsiah-phiaⁿ

【暗示】又愛又怕受傷害。

【註解】愈害怕反而愈會碰到，例如愈怕脊部受傷，反而眞的傷到脊背。

【例句】縣政府教育局召開全民英語教育研討會，教務處指派今年師大英語系畢業的戴美惠老師參加。戴老師用很多理由推辭，請學校改派有多年教學經驗的老師參加。

「戴老師，研習會也沒什麼，」主任不解地問她：「只要乖乖聽講便沒事了，早一點結束還可以逛街呢！」

「黃主任，教育局長是我的老師，我怕他點名叫我心得報告。」

果然，戴老師「愈驚愈著尻脊骿」，局長眞的指名要她心得報告了。

1227 愛死冤驚無鬼做

Ài sí bián kiaⁿ bô kúi tsò

【暗示】自作孽無藥可救。

【註解】想死的人，老是要鬧自殺，終有一天會被鬼抓去。

【例句】住台中市忠義街的曾耀堂，於2005年5月23日晚，開著轎車載著三桶瓦斯，衝進寧夏路八十三號，奧林匹克大樓前「聲色俱佳」的KTV酒店中，開啓瓦斯桶引火燃燒。

這位「愛死冤驚無鬼做」的曾耀堂，於現場活活燒死，並嗆傷兩名年輕女子。據悉這件劇烈的意外事件，是KTV老闆向曾耀堂借二百萬元，曾屢討不回，揚言採取劇烈手段報復所致。

1228 愛朋友死，就訹伊出來選舉

Ài pîng-iú sí，tsiū sut i tshut-lâi suán-kí

【暗示】恨欲其死。

【註解】台灣雖然已經實施民主政治，但是選舉都要花很多錢，所以有句話說，你討厭朋友、要他死，那麼就鼓勵他參加選舉。

【例句】大家都感到很奇怪，爲什麼伍老師那麼積極的勸說馬永明競選議員？

知道內情的何仁賢偷偷的告訴我們，伍老師和馬永明原是師專時代的好友，馬太太麗玉原是伍老師的女友，後來被馬永明橫刀奪愛，伍老師難嚥下這口氣，但仍裝著若無其事，殷勤的勸馬永明出來競選議員，原因是「愛朋友死，就訹伊出來選舉」，要讓他破產，出一口惡氣！

1229 愛姆婿，佮姆擔水

Ài bó súi，kā bó taⁿ-tsúi

【暗示】愛姆就愛艱苦。

【註解】希望老婆永遠長得青春、美麗，就要替她多做家務、挑水、煮飯等，什麼都要來。

【例句】同事這個週休二日約好早上八點去爬山，五、六位同事都依照約定在清水岩寺前集合再出發。

可是大家左等右等，等到快要九點了，才看到薛朝三姍姍來遲。

「小薛，你是怎麼搞的？」吳老大看看錶，抱怨地說：「九點了才趕來？」

「沒辦法，」小薛自我解嘲地說：「我是『愛姆婿，佮姆擔水』的人，不像你們那樣沒有體貼心。」

1230 愛哭愛迣路

Ài khàu ài tùe-lō

【暗示】跟屁蟲。

【註解】很難照顧、伺候，又愛跟在後面走。

【例句】爸爸要到台北凱達格蘭大道，參加一人一百元嗆聲阿扁下台的靜坐示威，讀國小三年級的兒子說他也想去看熱鬧，媽媽罵他「愛哭愛遏路」，不讓他去台北。

「人家示威遊行，你懂個什麼？」媽媽罵他：「想去湊熱鬧，不怕被人群沖散，找不到爸爸哭出來？」

1231 愛嬌啢驚流鼻水

Ài súi m̄ kiaⁿ lâu phīⁿ-tsúi

【暗示】愛，就要敢愛敢當。

【註解】愛嬌：愛漂亮。

有些人為了愛漂亮，穿單薄的衣服而感冒；女人為了漂亮，挨刀整容流血都在所不惜。

【例句】女人為了愛美，挨刀整型流血都在所不惜，「愛嬌啢驚流鼻水」，可是卻有女人敢嫁人而不敢嘿咻。這位敢嫁人不敢嘿咻的女人，是一位住在高雄市的邱姓婦女，榮總婦產科醫師吳虹說，邱姓婦女與她老公行房時，痛得幾乎忍受不了，想打她老公出氣，導致夫妻為了嘿咻問題，幾乎要鬧離婚。吳醫師檢查邱姓婦女身體並無異狀，疑因過程劇痛，記憶深刻無法抹滅所致。

1232 搖豬無刣，搖人無才

Iô ti bô thâi，iô lâng bô tsâi

【暗示】沒有本事，才會裝腔作勢。

【註解】走起來搖搖擺擺，都是瘦瘦的豬，殺起來好肉不多。同樣的，做事裝腔作勢，也一定是沒有什麼才能的人。

【例句】公司中秋聯歡晚會，各單位必須推選一人參加才藝比賽，我們生產一課，大家屬意一向愛現的呂一偉出馬，可是盧組長非常的反對，他說：「呂一偉那個傢伙，『搖豬無刣，搖人無才』，派他出場，一定會漏氣。」

1233 搖頭擺耳

Iô-thâu pái-hīⁿ

【暗示】小人得志。

【註解】古云：踏著馬糞傍官勢，走起路來搖搖擺擺不可一世。

【例句】中國自鄧小平上台，強力推行開放政策以來，整體經濟確實穩定
成長，人民生活改善了，也養成了一些「搖頭擺耳」的官僚，有
順口溜說：
「出則前呼後擁，汽車開道；住則豪華賓館，服務全套；食則山
珍海味，烟酒全報；去則土產特產，大包小包。」

1234 搬荍雞母生無卵

Puaⁿ siū ke-bó seⁿ bô nñg

【暗示】一動不如一靜。

【註解】荍：巢。不斷換巢的母雞，生不了多少蛋。

【例句】在市場附近賣炸雞腿的小楊，叫他老婆回去和他岳父商量，是否
能替他在東和國小前租個攤位，他準備把攤子遷移過去。
當國小家長會長的他岳父，知道他女婿才遷來市場沒多久，又想
另找地方做生意，便對他女兒說：
「小薇，回去告訴阿彬，『搬荍雞母生無卵』，不要見異思遷。」

1235 搰力食力，貧憚吞汩

Kut-la̍t tsia̍h-la̍t，pîn-tūaⁿ thun nūa

【暗示】只有流口水，羨慕人家而已。

【註解】搰力：勤勉。貧憚：懶惰。汩：口水。
肯吃苦耐勞的人，便有得吃；偷懶的人，日子就沒那麼好過了。

【例句】于爸爸對要外出就業的兒子叮嚀說：
「一個人『搰力食力，貧憚吞汩』，是說只要肯埋頭苦幹，吃飯便
沒問題；要是懶惰不肯吃苦的人，看到人家享受成果，只有流羨

慕的口水而已。」

1236 斟酌無蝕本

Tsim-tsiok bô sit-pún

【暗示】小心不吃虧。

【註解】做事情小心謹慎，絕對不會吃虧。

【例句】我在鎮上形象商圈街開了一間服飾店。晚上十一點打烊後，才回家休息睡覺。每次要打烊時，老爸都交代我門窗要鎖好，前後門要再檢查一遍，有沒有關好，不要以為有保全，便能大意。他說：「這叫做『斟酌無蝕本』，保全只是保一個安心而已。」

1237 新仐未曾來，呣知舊仐好保惜

Sin--ê bē-tsîng lâi，m̄-tsai kū--ê hó pó-sioh

【暗示】要有懷舊之情，不要迎新棄舊。

【註解】新人來了一段時期，大家相處久了、瞭解深了，反而更珍惜舊人。

【例句】管區呂警員調到彰化縣，轄內特種營業戶，原本對其取締交通、臨檢，造成顧客不敢前來消費，迭有煩言，聽到他調職，紛紛拍手稱慶，有些商家甚至放鞭炮慶祝。

而對即將到任的蘇警員有所瞭解的老曾，便對這些商家說：「別高興得太早，『新仐未曾來，呣知舊仐好保惜』，『一个瘔屎，換一个瘔屎』。」

1238 新例無設，舊例無滅

Sin-lē-bô siat，kū-lē bô biát

【暗示】遵照傳統，不標新立異。

【註解】新例：新的範例或辦法。

不創設新的辦法，一切按照舊規矩來。

【例句】社區理事會決定續辦「中秋節卡拉OK唱歌」比賽，由邱立春和

顧春雄理事,負責辦理。

邱、顧理事臨危受命,一個頭兩個大,不知怎樣做,才能盡善盡美皆大歡喜?

「舉辦唱歌比賽,沒那麼複雜難辦,」游理事提供意見:「我們去年不是也舉辦過了嗎?『新例無設,舊例無滅』,依照舊辦法就好啦!」

1239 新屎礐好放屎

Sin sái-hȧk hó pàng-sái

【暗示】迎新棄舊。

【註解】屎礐:廁所。人是好奇的,覺得新的廁所使用起來比較舒服。

【例句】阮日新到他姐姐家,發現昔日他姐夫的家非常熱鬧,怎麼今日冷冷清清?要不是他姐姐還在家裡,會讓人誤以為這是沒人居住的空屋子。

「姐夫和孩子們都到哪兒去了?」他問大姐。

「還不是『新屎礐好放屎』,」姐姐對她弟弟說:「吃完了飯都跑到新家洗澡和看電視去了。」

1240 新烘爐新茶砧

Sin hang-lô͘ sin tê-kó͘

【暗示】新婚燕爾,恩愛異常。

【註解】新婚夫妻,甜蜜恩恩愛愛。

【例句】秦娟娟每天到農會上班,第一件事情便是把她老公的辦公桌擦拭乾淨,再泡杯茶,然後再處理自己的辦公桌,令那些光棍,都非常羨慕。

「其實,這也沒什麼,」供銷主任游時機說:「秦娟娟、盧俊雄他們『新烘爐新茶砧』,這種恩恩愛愛如能維持半年,才該拍手。」

1241 新婦教大家轉臍

Sin-pū kà ta-ke tńg-tsâi

【暗示】班門弄斧，學生教老師。

【註解】新婦：媳婦。大家：婆婆。轉臍：接生。

媳婦竟然要教婆婆如何接生，處理臍帶。

【例句】慣竊曾信雄接到地檢署傳票，正在躊躇要不要應傳受訊時，他的徒弟告訴他怎樣答辯，把竊盜行為辯說為小偷，減輕刑責。

「阿弟，你才出道幾年，」老大曾信雄調侃他說：「也要學『新婦教大家轉臍』嗎？」

1242 新婦熬成婆，大家輪流做

Sin-pū ngâu sîng pô, ta-ke lûn-liû tsò

【暗示】風水輪流轉。

【註解】新婦：媳婦。大家：婆婆。

媳婦在婆婆當家之下，忍受的委屈，反施予自己的媳婦，讓她吃吃苦頭。

【例句】大家圍在佈告欄，看新公佈的辦公準則。

第一條：準時上下班，不准託人、代人簽到簽退。

第二條：……

辦公準則詳細記載十條，楊股長看了一眼，嗤之以鼻的說：

「還不是老賴升任主任，『新婦熬成婆，大家輪流做』，他要來個下馬威。」

1243 暗時全頭路，天光無半步

Àm-sî tsuân thâu-lō, thiⁿ-kng bô-pùaⁿ-pō

【暗示】空思夢想，不切實際。

【註解】晚上想得頭頭是道，白天卻寸步難行，沒辦法實現。

【例句】許伯伯見到熟人便唉聲嘆氣，親友都知道他的獨生子大學畢業

了，應該很高興才對，怎麼臉孔像苦瓜？

「我要是早知道大學畢業等於失業，便不會讓他去讀大學。」許伯伯對關心的鄰居說：「怎麼現在的大學生，『暗時全頭路，天光無半步』，找不到工作，就說還要再讀研究所。」

1244 會个二三下

Ē--ê nñg saⁿ ē

【暗示】行家出手便知分曉。

【註解】會的、不會的，不用自誇也不必裝腔作勢，兩三下子便知工夫高下了。

【例句】姐姐說她可以獨當一面設計選舉文宣，要擔任鄉長的選舉總幹事的爸爸，為她爭取設計工作。

她爸爸為了讓她有機會表現創意，叫她當場設計競選連任聲明文宣提供比較。

在應徵者中，她爸爸看到「會个二三下」便交出作品，姐姐卻還在低頭深思，這樣如何為她爭取工作？

1245 會个十七八，膾个七八十

Ē--ê tsa̍p-tshit-peh，bē--ê tshit-peh-tsa̍p

【暗示】賢忝其來有自。

【註解】瞭解人情義理的人，十七、八歲的時候，就已經懂了；不會的人，到了七、八十歲，還是不懂人情義理。

【例句】被子女送到安養中心的呂老伯伯，對於安養中心的伙食百般挑剔，對護理人員，也動不動就發脾氣罵人。安養中心的負責人，幾乎忍不住要將他趕出去。

「莊董，請你體諒他已經快八十歲了，從年輕時代就是這種脾氣。」呂老伯伯的老婆對安養中心好話說盡，「俗語說『會个十七八，膾个七八十』，那種死人個性，請您多多包含忍耐吧！」

1246 會生得囝身，獪生得囝心

Ē seⁿ tit kiáⁿ sin，bē seⁿ tit kiáⁿ sim

【暗示】父母和子女有代溝。

【註解】父母雖然生了兒女將他們拉拔長大，卻無法摸清兒女的心意，無
　　　　法再左右兒女的行為。

【例句】劉信昌與他妻子結婚也不過二年便離了婚。不但左右鄰居都感到
　　　　莫名其妙，連他的媽媽，對於為何這位頗為孝順的媳婦會被她兒
　　　　子休掉，也不知原因。

　　　　鄰居們問起這件事，她只能說：

　　　　「時代不同了，做父母的『會生得囝身，獪生得囝心』，他們要離
　　　　婚，我們怎知道原因？」

1247 會呼雞獪歕火

Ē kho-ke bē pûn-húe

【暗示】混身乏力。

【註解】勞累得只有呼雞之力，已沒有吹熄燈火的力氣了。

【例句】我老公年老不服輸，那些年輕的同事，邀請他參加登山隊爬玉山，
　　　　他明明知道人家只是順嘴邀請，不敢勉強他老人家參加，他偏偏
　　　　故意勉強報名參加。

　　　　一趟登玉山下來，他已經累得「會呼雞獪歕火」，發誓以後縱使爬
　　　　玉山有獎金，也會敬謝。

1248 會咬人个狗獪吠

Ē kā--lâng ê káu bē pūi

【暗示】不要以貌取人，要有防人之心。

【註解】會咬人的狗不會吠叫。會吠叫的狗，因吠聲會讓人注意提防，才
　　　　沒那麼可怕。

【例句】陳俊雄課長被叫到鄉長室，就柳鄉長被指控運動公園涉嫌收取

二千萬元回扣案，進行檢討。

「陳課長，明天鄉政總質詢，聽說尤世軍代表，要就我們建設運動公園，質詢你我收取回扣，你要有心理準備啊！」鄉長說。

「鄉長，這件事包在我身上！」陳課長拍胸脯說：「你沒聽過『會咬人令狗繪吠』嗎？」

1249 會哼怅有醫

Ē haiⁿ khah ū i

【暗示】一息尚存，仍有希望。

【註解】會喊痛叫苦的，才會引起注意進行醫治，有醫治就有救。

【例句】「醫師，我老公還有沒有希望？」黃太太問。

「黃太太，妳儘管放心，」孫主治醫師說：「剛才護士不是告訴過妳，傷勢已經控制住了，生命跡象也穩定下來了。」

「可是，他怎麼一直呻吟叫痛，我看他都快受不了，真的沒有危險嗎？」黃太太又問。

「太太，妳放心好啦，」孫醫師又說：「病人『會哼怅有醫』啦。」

1250 會做令生理，繪做令先死

Ē tsò ê sing-lí，bē tsò--ê sing sí

【暗示】運用之妙，存乎一心。

【註解】會做令：會搞的。繪做令：不會搞的。

會與不會，端看個人應變能力而有不同的結局。

【例句】天下無論什麼生理，都有人賺錢，也都有人賠錢，運用之妙，端看你怎麼經營。

自命為企業醫師，論斷企業病症的柳顧問，每次受聘專題演講，總是會說「會做令生理，繪做令先死」，他說股市有不少人賺了大錢，還有更多的人陣亡。然後論述企業如何經營。

1251 會做大大富貴，獪做大細唔畏

Ē tsò tūa-tūa hù-kùi，bē tsò tūa-sè m̄ ùi

【暗示】長輩，老大要有風範。

【註解】會做長輩或老大的人，自然屬下晚輩會支持、順從；如果不會做
長輩或老大的人，屬下、晚輩們便不會服從、支持。

【例句】左右鄰居都用好奇的眼光，看著賴媽媽對她老公娶二房後，會不
會造成天無寧日。

沒想到賴媽媽每天還是笑嘻嘻的對著鄰居，使大家都感到很納
悶，她修養竟那麼好？

「天天吵架也改變不了老公添二房的事實，」呂伯伯對大家說：「其
實『會做大大富貴，獪做大細唔畏』而已。」

1252 會做官會察理

Ē tsò-kuaⁿ ē tshat-lí

【暗示】船到橋頭自然直。

【註解】會當官就有判斷是非曲直的能力。

【例句】林新井因為一件醫療糾紛，被法院傳訊作證，步出法院一直訐譙
法官。

「媽的，什麼『會做官會察理』？」他罵道：「怎有法官問案會說：
『聽說你自殺的時候，是黃火煌醫師給你急救，有沒有這回事？』」

「是的，是黃醫師給我急救的。」林新井答。

法官再問：「你當時沒有死去嗎？」

1253 會替汝拍派(達)，獪替汝出力

Ē thè lí phah-phài (tàt)，bē thè lí tshut-làt

【暗示】會替你出主意，未必會替你擺平事情，還是要靠自己去做。

【註解】拍達：打算或出主意。

可以幫你出點子、計劃，但是還是需要你自己去執行完成。

【例句】康士榮追求李筱君已經三年多了，卻卡在她的父母這一關，以致
求婚的事，都被筱君擋了下來。

他將這個苦和好友鄒達人研究，鄒達人聽後一口答應下來，他說：
「好！這件事我『會替汝拍達，獪替汝出力』，終究還是你自己要
出面，找她爸媽攤牌……」

1254 會儉起樓堂，獪儉賣田園

Ē khiām khí lâu-tn̂g，bē khiām bē tshân-hn̂g

【暗示】勤能補拙，儉則有餘。

【註解】能勤勉節儉的人，就能累積財富建樓房；如果不會節儉，揮霍浪
費，終究會把田園財產賣掉。

【例句】阮貞煌新建一棟美侖美奐的別墅，落成那天，我們都和姑丈同坐
一桌。

酒席進行中，親友們談到阮貞煌夫妻，怎樣勤勉節儉，才有今天
這麼風光的場面，姑丈竟然說：

「道理很簡單，『會儉起樓堂，獪儉賣田園』而已。」

姑丈說完，二哥就默默的離開席位，因為他最近把爸爸分給他的
田地賣掉了。

1255 會曉洗面，唔免若誚水

Ē-hiáu sé-bīn，m̄-bián jūa-tsē tsúi

【暗示】有訣竅的人，不會費很大功夫。

【註解】會洗臉的人，用不著很多的水。

【例句】郭政雄決定跳下去參加鄉長選舉，他的老婆認為選舉要花很多
錢，反對他下海。

經常為他人選舉操盤的郭政雄說：「別人的選舉，為了勝選，鼓
勵他花錢，那是當然要花很多錢，」他對他老婆解釋：「自己的選
舉『會曉洗面，唔免若誚水』。」

1256 會曉食燴曉算

Ē-hiáu tsia̍h bē-hiáu sǹg

【暗示】飯桶一個。

【註解】只會吃不會計算成本，自然不會量入為出，終會負債累累。

【例句】蔡董和他老婆，為了尾牙聚餐用自助式聚餐或訂桌，哪種方案省
錢爭論不休。

蔡董說訂桌每桌3000元，每桌坐10人，訂三桌比較便宜。

董娘說自助式聚餐，每人350元，比較省錢。

他們夫婦兩人爭論了半天，董娘忍不住罵他說：

「你這個人『會曉食燴曉算』，我們全體員工只有25人，有人有份
不是更省錢嗎？」

1257 會曉偷食燴曉拭喙

Ē-hiáu thau tsia̍h bē-hiáu tshit tshùi

【暗示】不會善後，留下證據。

【註解】會偷吃竟然不會擦拭嘴巴，也就是會做壞事，卻留下把柄或證據。

【例句】泡妞高手范老師，常常瞞著他老婆紀老師，在外面偷雞摸狗。甚
至將KTV服務生小琴金屋藏嬌。

同事們都暗地裡讚，多年來他在外面的偷腥，都能瞞住他老婆。

沒想到在一次他與老婆做愛時，他爽到叫床叫出小琴的名字，被
他老婆錄音錄了下來，做為訴求離婚的呈堂證據。范老師「會曉
偷食燴曉拭喙」。

1258 會曉算燴曉除，白白米換蕃薯

Ē-hiáu sǹg bē-hiáu tî, pe̍h-pe̍h bí ūaⁿ han-tsî

【暗示】大食不會算。

【註解】算術是會算術，可是不精算，不會計算成本，竟然用高價錢的白
米，去交換便宜的蕃薯。

【例句】袁正佑是個很會計算的人，他認為用他那一輛福特轎車與汪課長的「BMW」交換，是賺到了。

他沾沾自喜的說，汪課長的「BMW」和他的「福特」轎車，都是1992年的，當時的價差便七十多萬元，確實給他賺到了。

「給你賺到了？」呂進程聽他說明後，潑他一盆冷水：「你啊！『會曉算繪曉除，白白米換蕃薯』，福特換BMW好像是你佔便宜，可是BMW的稅金、牌照稅、汽油，有你受的。」

1259 歁頭歁面

Khàm thâu khàm bīn

【暗示】不識時務。

【註解】呆頭呆腦，或做毫不在乎狀，有不知死活的狀況。

【例句】新北市中和區積穗國中李麗文老師，遭到家長指責「歁頭歁面」管理過當，不但沒有愛心、耐心，還傷孩子的心。

原來李麗文老師班上有三個學生惡劣，以「偷竊行為」記過，家長前往抗議說學生惡作劇，有那麼嚴重「偷竊行為」嗎？

李老師竟對家長們說：「假設家長你們不滿『偷竊行為』的形容詞，那麼我把它改為『共謀強盜』好嗎？」

1260 溪底蕃薯厚根，平埔蕃仔厚親

Khe-té han-tsî kāu-kin，pêⁿ-po͘ huan-á kāu tshin

【暗示】親友多不勝負擔。

【註解】種植在溪床上的地瓜，根很多；平埔族的人，親友特別多。

【例句】吳正宗自從將越南新娘娶進門來後，經常有同樣是越南新娘的鄉親，到他們家裡來聊天，讓這位新娘子，無法專心工作。她婆婆也感到很煩，對著好奇的鄰居說：「真的『溪底蕃薯厚根，平埔蕃仔厚親』，越南新娘厚鄉親，一點兒也不錯。」

1261 矮人厚恨

É-lâng kāu-hīn

【暗示】矮子比較會懷恨。

【註解】矮人：個子不高的人。厚恨：心裡常常記恨。矮子的心地比較窄小，動不動便生氣懷恨。

【例句】「其實也沒什麼，」梁小姐對同事們說：「我誤會許小姐告訴我男朋友說，我另有相好那件事，我已經向她道歉兩三次了，誰知她『矮人厚恨』，現在還在記恨我。」

1262 矮仔毒，虯毛惡

É-á to̍k，khiû-mo͘ ok

【暗示】人可貌相。

【註解】形容矮子的人，心腸狠毒；形容捲髮的人，心地也很險惡。

【例句】老爸把剛上大學的兒子叫過來對他說：

「明德，你知道爸是不迷信的人，不相信算命這一套，可是每個人的外表，多少會反應一些真實，你交朋友，要記住『矮仔毒，虯毛惡』，那種朋友，不要深交……」

1263 矮骹狗，毋敢食懸桌物

É-kha káu，m̄ káⁿ tsia̍h kuân-toh mih

【暗示】能力不足，不敢高攀。

【註解】矮骹狗：矮狗。懸桌物：放在高桌子上的食物。

能力不及，有自知之明，不敢有非分之想。

【例句】公司裡面的同事都感到很奇怪，董事會議決定調派行銷部長程安琪，到中國廈門接任第二廠廠長職務，但他怎麼還在台灣？「我聽程主任說：『矮骹狗，毋敢食懸桌物。』其實他是怕給他老婆有外遇的機會。」

1264 碗頭菜尾

Úaⁿ-thâu tshài-búe

【暗示】吃剩的菜餚。

【註解】餐盤上、餐桌上吃剩挾剩的菜餚。

【例句】「媽媽，妳應該要節食和減肥了，」女兒秀娟回娘家，看到她媽媽
肥成那樣子，嚇了一跳，「怎麼我只不過三個月沒回來，妳竟胖
成這樣子，少說也有一百二十公斤了吧？」
「沒辦法，每頓飯孩子都不大喜歡吃，我捨不得倒掉，都負責『碗
頭菜尾』，才越吃越胖。」

1265 聖聖佛拄著悾闇弟子

Siàⁿ-siàⁿ hút tú-tiòh khong-khám tē-tsú

【暗示】精仔遇到悾仔。

【註解】聖聖佛：有靈聖的神。有靈聖的神，偏偏碰到傻弟子。

【例句】劉明景雖然順利當選鄉民代表，但覺得他花掉三百多萬元，很冤
枉。
這次鄉代選舉，他的選區三人要選二席，情報傳過來是對手兩人
都要買票，在輸人唔輸陣的情況下，他以一票一千元花了三百多
萬元買票，但是沒想到「聖聖佛拄著悾闇弟子」，對手兩人都只是
虛晃一招沒買票，害他花了那麼多錢。

1266 萬事起頭難

Bān-sū khí-thâu lân

【暗示】創業維艱。

【註解】無論什麼事，最困難是剛開始的時候。

【例句】農會在政府要將信用部獨立改設銀行，原來依靠信用部賺錢也漸
漸失去優勢。因而理事會通過設立生鮮市場，既可服務會員，也
能增加盈餘。

生鮮市場由供銷郭股員負責籌設，郭股員為了讓生鮮市場能一炮而紅打響知名度，每天早上八點坐鎮生鮮市場到晚上十點鐘，他看到朋友都苦笑著說：「沒辦法，『萬事起頭難』嘛。」

1267 落人个喙

Lȯh lâng ê tshùi

【暗示】被人言中。

【註解】言行舉止、所作所為，留給別人批評的話柄。

【例句】女兒是大學營養學系畢業，她堅持每頓飯菜剩下來的，一定要倒掉，絕不可以留待下頓飯吃。

「我們不可暴殄天物，沒吃完的飯菜，下頓飯還可以再吃，」爸爸對女兒說：「妳這樣浪費，將來會『落人个喙』。」

1268 落尾落船，戴先上山

Lȯh-búe lȯh-tsûn, tāi-sing tsiūn-suan

【暗示】後來居上。

【註解】落尾：在後面。慢來卻先到達目的地。

【例句】黃偉立帶著他未婚妻拜訪他姑丈，並拿出請帖，請他姑丈、姑媽、表弟們，一定來喝喜酒。

他姑媽看了看請帖，又看看這對新人，揶揄他們說：

「我以為是你大哥結婚，怎麼是你『落尾落船，戴先上山』？」

1269 落海一日，上山也一日

Lȯh-hái tsit-jit, tsiūn-suan iā tsit-jit

【暗示】不必急躁。

【註解】下海捕魚或是上山撿柴木，同樣都是一天，不要急也急不得。

【例句】阿海公差到縣政府，公事辦完後，幾位在縣府服務的老同學請他吃飯，他從中午一攤又一攤的喝到晚上。

阿海在「猛虎繪對得猴陣」的情況下要趕回家，無奈他的好朋友們不讓他離開，紛紛說：「回去？還早咧！『落海一日，上山出一日』，急什麼？」

1270 補胎也著補月內

Pó-thai iā tio̍h pó gue̍h-lāi

【暗示】不可顧此失彼。

【註解】懷孕的時候，孕婦要滋補胎兒，分娩後也不能忽視母體的滋補，這樣胎兒與產婦都能健康。

【例句】大哥結婚八、九年，大嫂好不容易懷了第一胎，大哥欣喜之餘，常常買了雞精、人參之類的補品，給大嫂滋補身體，大嫂也胖了很多。

媽媽看她胖成那樣子，提醒哥哥「補胎也著補月內」，光補胎讓胎兒過於壯大，會造成分娩困難。

1271 話忭誚貓毛

Ūe khah tsē niau-mo͘

【暗示】囉嗦令人厭煩。

【註解】忭誚：比較多。話說得太多，比貓毛還要多。

【例句】我們機關舉辦環島五日遊，大家都報名參加，唯獨小李子說要保證晚上不和周桑同房睡覺，才願意去。

「怎麼啦？」楊人事主任問他：「周桑有同性戀傾向嗎？」

「不是啦！」小李子說出心中的痛：「周桑那個人，『話忭誚貓毛』，和他睡同房，保證整個晚上不得安寧。」

1272 誠意食水甜

Sîng-ì tsia̍h tsúi tiⁿ

【暗示】精誠所至，金石為開。

【註解】只要誠意夠了，白開水喝起來，也會覺得很甜。

【例句】舅舅的休閒農場開幕，舉行雞尾酒會招待來賓，甜食、小點心等甜的、鹹的、油炸的，還有水果滿盤滿桌的，不過沒有宴席那麼隆重。

舅舅開幕致歡迎詞說：「今天雞尾酒會，當然沒有宴會桌隆重，只是『誠意食水甜』，希望各位盡情享受。」

1273 賊忭惡人

Tshảt khah ok lâng

【暗示】不懂自我檢討，還歪理一堆。

【註解】小偷比失主還凶、還理直氣壯。

【例句】董明森到夜市走了一回回來，竟發現他家客廳燈光明亮，覺得很驚訝，推開門看到有兩位陌生人，在那兒喝酒。

他正要喝斥什麼人那麼大膽，跑到他的家喝酒？誰知對方竟「賊忭惡人」，罵他進來也沒先敲門……。

1274 賊劫賊，魷魚劫墨鰂

Tshảt kiap tshảt，jiû-hî kiap bảt-tsảt

【暗示】強中自有強中手。

【註解】魷魚：一種像烏賊的魚，鰭在尾端，呈菱形，可供食用。

墨鰂：石烏賊，烏鰂魚，另稱墨魚。

小偷偷回來的東西，老大接收，強中有強手。

【例句】角頭兄弟林坤義的小弟阿良，好不容易偏「金錢獅 KTV」的莉茹小妹出場，老大林坤義看到這個嬌　　就把阿良打發走。

阿良眼看「賊劫賊，魷魚劫墨鰂」，卻　　　都不敢，其他兄弟只有使眼尾，叫他識趣走開。

1275 賊計狀元才

Tsha̍t kè tsiōng-guân tsâi

【暗示】小偷的計謀不賴。

【註解】小偷的頭腦，聰明得像狀元那麼棒。

【例句】新北市板橋區有一余姓小偷，三更半夜潛入大賣場，企圖偷竊高
貴洋酒，他進入洋酒倉庫時，不小心弄倒其他貨品，箱子倒下來
堵在門口，導致他無法脫身。
所謂「賊計狀元才」，這位小偷竟沒有發揮他的智慧脫險，乖乖的
束手就擒。

1276 路見不平，氣死閑人

Lō͘ kiàn put-pîng，khì-sí îng-lâng

【暗示】不平則鳴。

【註解】路見：路上看到。閑人：外人、路人。
行為舉止囂張，引起路人不平。

【例句】陳景深無緣無故接到地檢署傷害案的證人傳票。
他既驚慌又莫名其妙的走進偵察庭，才知道原來是某天上班時
「路見不平，氣死閑人」的緣故。他看到一個小混混因摩托車被一
位學生超車，且被叭了兩三聲，便追上去將學生攔下來痛打了一
頓，陳景深看不過去，打手機報警而得到這張傳票。

1277 路旁屍，骸骨大細支

Lō͘-pông-si，kha-kut tūa-sè-ki

【暗示】詛咒不得好死的話。

【註解】路旁屍：野外的屍體。女人詛咒痛恨的男人用語。

【例句】阿珍有夠三八，老客兄吳桑來時，她一副可有可無的輕蔑態度；
但如果有一段時間沒看到人，她便會痛罵吳桑「路旁屍，骸骨大
細支」，死了無人認。

1278 逼虎傷人

Pik hó siong jîn

【暗示】得饒人處且饒人。

【註解】老虎是很凶猛的野獸，也不可以把牠逼到無路可走，這樣反而會傷到人。

【例句】鄉長選舉時，黃課長反戈相向，支持李得仁；張賜欽當選連任後，立即將黃順德從建設課長，調降為清潔隊管理員，但仍意猶未盡，計劃再將他改調村幹事。

「鄉長，」吳祕書期期以為不可的說：「您若再次將黃課長降調，會『逼虎傷人』，得不償失。」

1279 過橋怀諳汝行路，食塩怀諳汝食米

Kùe-kiô khah tsē lí kiâⁿ-lōo，tsiảh iâm khah tsē lí tsiảh bí

【暗示】倚老賣老或經驗豐富。

【註解】歷經人情世故、大風大浪，經驗豐富，吃過的鹽比你吃的飯還多。

【例句】彰化縣社頭鄉昔日有位老村長蕭洲平，是縣內著名的家庭外遇問題專家，大家都尊稱他是「辦猴處處長」。縣府有位游課長，與部屬周女發生婚外情，請陳議員陪同到社頭鄉找蕭村長調解。陪同而來的張股員，對蕭村長說明周女的家庭背景，教他應該怎樣著手協調，陳議員對他說：「你呀！不必叮嚀，蕭處長『過橋怀諳汝行路，食塩怀諳汝食米』了。」

1280 過關送文憑

Kùe-kuan sàng bûn-pîn

【暗示】先上車後補票。

【註解】已經過關了，才補送文件過來，顯然做事慢了半拍。

【例句】情人節晚上，林敦仁在特別佈置的暗淡燭光下，輕輕的牽起玉秀的纖手，把一枚亮晶晶的鑽戒，套在她的中指，低聲的說：

「玉秀，我今天正式向妳求婚，請妳嫁給我吧！」

「你……你這個人，『過關送文憑』。」

玉秀嬌嗔的說著、說著，倒入他的懷裡。

1281 隔壁親家，禮數原在

Keh-piah tshin-ke，lé-sòo guân-tsāi

【暗示】雖然來往熱絡，仍要維持基本禮儀。

【註解】禮數：禮儀。

雖然彼此像住在隔壁的兒女親家，來往那麼熱絡，應有的禮儀，還是不能馬虎隨便。

【例句】王家與林家是左右鄰居，相隔不過十個店家，兩家兒女青梅竹馬，論及婚嫁，當然兩家一口答應，成為兒女親家。

林家爸爸說：「老王，我們是隔壁親家，一切從簡，禮餅十五盒就好了，聘金不用送了。」

「不行！不行！『隔壁親家，禮數原在』，所有的都依照風俗辦理才好。」王家爸爸說。

1282 雷公仔點心

Lûi-kong-á tiám-sim

【暗示】不得好死。

【註解】罵為非作歹的人，遲早都會遭到天譴，被雷電擊斃。

【例句】退休刑警吳棟看到電視報導，汐止電梯之狼尾隨女生上電梯，被大樓管理員發現，報警捉到的畫面，不禁罵道：

「張有義你這個『雷公仔點心』，還沒死?!」

吳棟在職時，已先後三次捉到張有義這個電梯之狼。

1283 飼子無論飯，飼父母算頓

　　　Tshī kiáⁿ bô lūn pn̄g，tshī pē-bú sǹg tǹg

【暗示】春蠶到死絲方盡。

【註解】父母養育兒女是照單全收，不會計較成本利益；兒女奉養父母，
　　　　則會斤斤計較，兄弟姐妹也會互相計較。

【例句】我看到黃伯母年紀那麼大了，每十天便要來往於長子俊源、次子
　　　　俊英之間，便會替她難過起來。
　　　　黃伯母有俊源、俊英兩個兒子，一個住員林鎮、一個住社頭鄉，
　　　　母親由兩兄弟輪流奉養，雖然也算相當孝順，可是一人輪流奉養
　　　　十天，黃伯母便要員林、社頭兩頭跑，有道是「飼子無論飯，飼
　　　　父母算頓」。

1284 飼鳥家貨了

　　　Tshī tsiáu ke-húe liáu

【暗示】玩物喪志。

【註解】飼養小鳥、寵物不務正業，這樣反而怠廢工作，導致身敗名裂。

【例句】俗語「飼鳥家貨了」，主要是勸人不要玩物喪志。可是飼鳥是否家
　　　　貨了，尚未有明確定論，但隨便下載別人的鳥照片，有可能破產。
　　　　已經畢業的清華大學陳、張兩名學生，在校期間於自設網站中，
　　　　將別人拍攝出版的兩張鳥照片，貼在自己網站供人瀏覽，被攝影
　　　　原著人發現，告進地檢署附帶民事侵權賠償，每張照片瀏覽一次
　　　　35萬元，共索賠1225萬元。

1285 飼貓鼠咬布袋

　　　Tshī niáu-tshí kā pò͘-tē

【暗示】白費好心。

【註解】飼養老鼠不但牠不會感謝你，反而會咬破布袋或其他傢俱。

【例句】許媽媽怒氣難消的指著她兒子的額頭，罵他說：

「你呀你這個孩子，怎麼可以偷拿你爸爸的錢，請朋友到KTV吃喝唱歌玩樂？簡直是『飼貓鼠咬布袋』！」

1286 飽就好，脹个無分寸

Pá tsiū hó，tiùⁿ--ê bô hun-tshùn

【暗示】適可而止，貪吃反而弄壞身體。

【註解】脹个：貪吃沒有限量。

【例句】媳婦跑去向婆婆投訴老公有外遇，有時候連晚上也沒回家睡覺，母親把兒子叫過來，訓了他一頓後，又說：「台灣有一句俗語『飽就好，脹个無分寸』，你懂媽的意思吧？」

1287 鼓做鼓打，簫做簫歕

Kó͘ tsò kó͘ phah，siau tsò siau pûn

【暗示】物盡其用。

【註解】大鼓小鼓，什麼時候、怎樣打，甚至洞簫或其他的簫也一樣，各有該用的時候，不可隨便亂用。

【例句】台灣2006年9月9日，民進黨前主席施明德發起「百萬人民倒扁運動」，肇因於陳水扁將國務機要費，挪用到所謂「南線工作」，引發貪腐案，造成9月15日，一百萬人民上街頭展開圍城抗議。這件令台灣社會動盪不安的倒扁事件，原因都在總統府，不能嚴守「鼓做鼓打，簫做簫歕」的預算法規定，才導致全國高喊「阿扁下台」。

1288 鼓無扑獪響，人無扑獪招

Kó͘ bô phah bē hiáng，lâng bô phah bē tsiau

【暗示】需要鼓勵，才會有反應。

【註解】招：答供。再好的鼓，沒有打它是不會響的；再好的計劃，沒有宣傳是不會有迴響的；狡詐的犯人，不打不會承認作奸犯法。

【例句】徐紹英在外面拈花惹草，早就傳到他老婆耳朵裡，可是徐紹英這
　　　　個人，真正是一個「鼓無扑繪響，人無扑繪招」的傢伙，死也不
　　　　承認有外遇這回事。
　　　　他老婆在無計可施下，心一橫，利用他熟睡時，用鐵鍊將他的寶
　　　　貝東西束緊，並把他扣在床頭，讓他動彈不得、呼天搶地。
　　　　徐紹英經過這番刑求，只有承認求饒。

1289 慢牛厚屎尿，月光吓吓叫

Bān-gû kāu sái-jiō，gue̍h-kng siah-siah-kiò

【暗示】歹囡仔厚噱頭。
【註解】懶惰的牛，常常藉著排便排尿偷懶，也就是找藉口。
【例句】跆拳道黃教練對於隊員李弘軍在集訓時，不是請假便是遲到頗有
　　　　微詞，建議校長把他從隊員中剔除。
　　　　「當然，我要尊重教練的管理和建言。」校長為難地說：「可是李
　　　　弘軍的爸爸是家長會長，他很高興他兒子被選為跆拳道隊員。」
　　　　「李會長的意願我們當然應該尊重，不過李弘軍這個傢伙，是『慢
　　　　牛厚屎尿，月光吓吓叫』，很難管理。」

1290 瘋嘛愛瘋有款

Siáu mā ài siáu ū-khuán

【暗示】舉止言行，也要有個準則。
【註解】瘋嘛：瀟灑豪放。有款：有程度。
　　　　思想、行為無論如何開放，也該有個程度吧？
【例句】爸爸媽媽剛完成兒子的婚禮，正想休息的時候，突然從兒子的新
　　　　房，傳出小倆口子吵架的聲音。
　　　　兩位老人家起先並不把它放在心上，可是吵架的聲音愈來愈大
　　　　聲，甚至還聽到新娘子的哭聲。
　　　　媽媽敲門進去勸和，才知道媳婦不滿兒子的朋友，鬧洞房鬧到三
　　　　更半夜，讓她不得休息，媽媽聽後不由得罵起那些兒子的朋友：

「瘋嘛愛瘋有款。」

1291 瘖人厚膏

Sán lâng kāu ko

【暗示】矮人多挑剔或瘦人性慾較強。

【註解】瘖人：削瘦的人。厚膏：精液比較多。

自己沒有什麼才能，卻只會挑剔別人。

【例句】小陸指著剛開走的那輛車，笑著對我說：

「黃仔和李仔，他們兩人又要去開查姆。」

「你怎麼知道？也許有公事要出去？」我問。

「兩人不同課室，怎會有同地方的工作要一起出差？」小陸說

「可是，」我又說：「老李瘦巴巴的，還有力氣開查姆？」

「怎麼沒有？」小陸告訴我：「你沒聽過『瘖人厚膏』這句話嗎？」

1292 瘖田勢唪水

Sán tshân gâu suh tsúi

【暗示】瘦小的人，工作反而較起勁。

【註解】乾旱貧瘠的田地，比較會吸水，要有更多的水資源。

【例句】左右鄰居都在議論呂阿姨又新結交一位男朋友，聽說要結婚了。

如果二人結婚，這位柳先生就是呂阿姨的第四任丈夫，短短不到

十五年便先後嫁了四位丈夫，而前三位又都不是離婚而是病亡。

因此大家私下都說她會剋夫。

「其實不是呂阿姨命中會剋夫，」村長伯對大家說：「呂阿姨『瘖

田勢唪水』，人瘦瘦的，性慾一定很強，丈夫才用得那麼傷重。」

1293 瘖佮有牽挽

Sán koh ū khan-bán

【暗示】瘦人而有持久力。

【註解】瘠：瘦也。瘦巴巴的，看起來弱不禁風，卻比較有持久力與能耐。

【例句】前年回鄉，到隔壁阿土叔公家，向他老人家問好，看到他瘦巴巴的皮包骨，又不斷的咳嗽，我請他要保重，他說也不知道幾時會回去。

三年後，我又回到老家，以為見不到阿土叔公了，沒想到他還是那麼瘦，見到我這個侄子，竟然自嘲的說：

「阿宜，你看到叔公還活著，一定感到很奇怪吧？其實叔公是『瘠佫有牽挽』的人。」

1294 瘠蟳相挾

Sán tsîm sio giap

【暗示】缺乏互相照顧能力。

【註解】蟳：體型較螃蟹大，肉鮮美。蟳在民間被視為補品，殼青為青蟳，殼紅為紅蟳。

瘠蟳相挾，瘦小的蟳，沒有能力互相支援照顧。

【例句】台灣2005年「514任務型國代」選舉後，親民黨得票率，自去年立委選舉的13.80%，滑落至6.11%，搶到十八席，已淪為第四小黨，未來國會減半，立委只有113席，已無該黨存活空間。

親民黨立委李慶華，鑑於該黨已經是「瘠蟳相挾」，沒能力照顧黨員，於2005年5月宣佈脫離親民黨籍。邱毅、李慶安、林郁方等人，都有出走的可能。

1295 寧可信其有，不可信其無

Lîng-khó sìn kî iú，put-khó sìn kî bû

【暗示】姑且相信有這回事吧！

【註解】寧可：這樣倒可以。有沒有不能確切知道，姑且相信是有的。

【例句】俗語說「穩查姆踍照鏡，穩查仪踍算命」一點兒也不錯，所以連阿誠經常跑去請教算命仙，問他幾時能找到新娘？

汪算命仙指點說，新娘在東北方，年底能娶進門。連阿誠聽到算

命仙這麼說，天天喙笑目笑，大家都說他神經病，「看命若會準，草埔仔嘛會生竹筍」，可是連阿誠卻說：「寧可信其有，不可信其無。」至少他在年底前，日子都充滿希望。

1296 寧可徛咧死，毋願跪咧活

Lîng-khó khiā leh sí，m̄-guān kūi leh uàh

【暗示】威武不屈。

【註解】有骨氣的人，寧可站著死，也不願跪下來求活。

【例句】翁啓明與李筱君兩夫妻，終於走上離婚之途。

這對冤家都各有個性，非常固執，翁啓明因爲昔日舊情人回國，電話相約見面敘舊，一晚沒回來，引起夫妻吵架，甚至大打出手。他老婆一氣之下跑回娘家，因而造成僵局。好友紛紛出面打圓場，只要翁啓明向李筱君下跪，並發誓不再和舊情人約會見面，他老婆便會跟他回家。可是翁啓明不願下跪認錯。他拍胸脯說：「男子漢大丈夫，『寧可徛咧死，毋願跪咧活』，我寧可離婚也不下跪。」

1297 捌人恰贏捌錢

Bat lâng khah iâⁿ bat tsîⁿ

【暗示】做好人際關係，比知道如何賺錢重要。

【註解】捌人：認識人。捌錢：認識金錢。

想要賺錢，倒不如先做好人際關係，幫助會更多。

【例句】我聽說莊宗政現在是黃鎮長的機要祕書，感到很訝異，便問告訴我這個訊息的李志榮說：

「喂！同窗的，我們都知道莊宗政那種料子，他怎麼會當上黃鎮長的機要祕書？」

「你別小看宗政阿西阿西的，」李志榮對我說：「台灣這種環境，『捌人恰贏捌錢』，人家莊宗政從黃鎮長當鎮民代表開始，便一路跟著他到縣議員、鎮長，忠心耿耿的才得到賞識。」

1298 詉字無差

Bat-jī bô tsha

【暗示】祭文怎麼寫、怎麼念，都是祭文。

【註解】詉字：知書達禮。

讀過書，懂得做人道理，要怎樣解釋都一樣。

【例句】南投縣集集鎮胡姓鎮民往生，家屬為其舉辦隆重的祭禮，由死者
公子跪讀祭文，想不到祭文內容竟是連篇抱怨財產分配不公，令
參加告別式的親友個個傻了眼。

這位對父親分配財產非常不以為然的公子，以為「詉字無差」，祭
文要怎樣唸，都還是祭文。可是當他的大哥上前阻止他再抱怨，
繼續貽笑大方時，沒想到他們亡父竟生氣起來，整個香爐發火爆
炸！從事殯葬業的魏滿說：「還沒看過香爐在家屬爭執中發火爆
炸這種事。」

1299 詉禮，無囝婿通做

Bat lé，bô kiáⁿ-sài thang tsò

【暗示】機會不再了。

【註解】當你已懂得結婚禮儀的時候，你已經結婚，沒機會再做女婿了。

【例句】伍德雄工作認真、事業順利，凡事都滿意，唯一讓他感到遺憾的
是，他當初生活窮苦，娶了一個沒有文化水準的老婆，上不了檯
面。大家認為以伍德雄今日累積的人脈、名望，沒有文化水準的
老婆，確實和他不相稱，可是他已經「詉禮，無囝婿通做」了。

1300 對頭冤家主

Tùi-thâu uan-ke-tsú

【暗示】死對頭。

【註解】對頭：兩個當事人。兩個仇人碰在一起，一定是分外眼紅了。

【例句】吳桑本來不想參加日本愛知博覽會參觀團，後來禁不起博達黃董

的一再鼓勵，終於報名。

可是當吳桑到達桃園機場時，始終看不到黃董，以爲他遲到了，待要登機時仍然沒看到他，正在爲他趕不上班機焦急時，領隊才偷偷告訴吳桑：

「我們團裡有黃董的『對頭冤家主』施董，所以他不來了。」

1301 摸著蕃仔尻川

Bong-tiȯh huan-á kha-tshng

【暗示】不好惹。

【註解】番仔：原住民。

原住民比較慓悍，摸到他的屁股，你得好好的解釋。

【例句】德昌營造公司小開卓明雄，年少、多金，又是帥哥，是歡場上的小姐爭相巴結、討好的對象。他卻特別鍾情白雪舞廳之花小琴，雖然大班君君姐告訴他，小琴是道上大哥阿清的相好，搭上小琴等於「摸著蕃仔尻川」，不值得與道上兄弟結怨。

沒想到阿清剛出獄，便找到卓明雄的德昌營造公司，開了兩槍警告他。

1302 槓鼓碌死歕古吹

Kòng-kớ lȯk sí pûn kớ-tshue

【暗示】古吹：用嘴巴吹的管樂器。

【註解】樂隊裡的鼓手，亂敲一通，害死了跟不上節奏的古吹手。

【例句】各國電視觀眾非常歡迎的，日本《電視冠軍》「大胃王」吃東西比賽的節目，看誰在一定時間內，吃了最多的東西。

這個屬世界性的比賽，培養出小林尊這位大胃王，連續六屆拿到世界「吃熱狗」大胃王冠軍而聲名大噪。

可是「大胃王」競賽，在日本愛知縣，有一名叫杉本的國中生，參加模仿大胃王比賽，於觀眾鼓噪加油之下，一手拿麵包，一手用沙拉，拼命的往嘴裡塞，終於被麵包和沙拉噎死，真是「槓鼓

碌死歕古吹」。

1303 滿天全金條，欲揸無半條

Múa-thiⁿ tsuân kim-tiâu，beh sa bô pùaⁿ-tiâu

【暗示】胡思亂想，不切實際。

【註解】身體虛弱、貧血的人，時常會暈眩，眼前冒出閃閃的金星。

【例句】苗樹仁從中國回來，便開始出售土地、房屋等不動產，變現要到
中國發展事業。

他告訴他老爸，中國剛要起飛，機會很多，只要有本錢，什麼事
業都有很大發展空間。

「凡事要謀定而後動，」他老爸告誡他：「不要像『滿天全金條，
欲揸無半條』。」

1304 滿面全豆花

Múa-bīn thsuân tāu-hue

【暗示】顏面掛不住。

【註解】豆花：青春痘，或解釋為麻子。

事情非想像順利，丟盡面子。

【例句】校長召集主管研究如何遊說蘇議員，不要把學校採購營養午餐遭
人檢舉獨厚某家廠商，在議會提出質詢。

「這件事包在我身上，」許輔導組長拍胸脯說：「蘇議員是我的同
窗，不看佛面也要看僧面！」

許組長雖然一再掛保證，但是隔週，電視、報紙都大幅報導蘇議
員揭發該校招標便當的弊案，讓他「滿面全豆花」。

1305 福地福人居

Hok-tē hok-jîn ki

【暗示】吉人天相。

【註解】福地：會帶來好運的居住地。福人：有福氣的人。
　　　　好運得時鐘，歹運得龍眼。

【例句】王福仁向法院標得拍賣樓房一幢，價款僅市價一千二百萬元的半
　　　　價六百萬元。親友不但沒人替他高興，反而擔憂他會惹禍上身。
　　　　親友的擔心並沒有錯，因為那是一幢凶宅，曾經發生命案，所以
　　　　連續拍賣四次，都沒有人參加競標，倒是王福仁不信邪。他認為
　　　　「福地福人居」，果然沒錯，王福仁自從搬進新居後，諸事都很順
　　　　遂，並且從事務員升任課長。

1306 管，一支長長

Kóng，tsit-ki tn̂g-tn̂g

【暗示】無濟於事。

【註解】管，指教訓孩子的竹管子，雖然長長的，打下去會痛，但孩子不
　　　　怕，又能奈他何？

【例句】依據憲法，監察院為國家最高監察機關，行使同意、彈劾、糾舉
　　　　及審查權，也可以說是管理全國文武百官的單位。
　　　　可是第三屆監委於2005年1月31日屆滿，立法院應於監委卸任
　　　　前，行使第四屆監察委員審查、同意權。可是總統陳水扁函請立
　　　　法院審查監委人選被擱置，有監察院無委員將近半年多了。
　　　　所以輿論批評監察院，要管文武百官，「管，一支長長。」

1307 管街管巷，管到人骹縫

Kuán ke kuán hāng，kuán kah lâng kha-phang

【暗示】多管閒事。

【註解】愛管閒事，從這條街的人，管到那個巷子的人，甚至連人家雙腿
　　　　那個地方的東西也要管。

【例句】周村長娘又對著巷內那戶人家指指點點說，看黃小姐的穿著，大
　　　　概是在風月場所上班，而且深夜送她回來的人，都不是同一個人，
　　　　她交友一定相當複雜，說不定客兄歸土拉庫。

周村長看到他老婆這種德性就罵她：「妳呀！『管街管巷，管到人骹縫』，也不怕人家來找妳……」

1308 緊手落賭，慢手繪赴

Kín tshiú lòh-tó，bān tshiú bē-hù

【暗示】不要拖泥帶水。

【註解】緊手落賭：下賭注要快，不必瞻前顧後。

慢手繪赴：慢吞吞的人便來不及了，也是失去機會。

【例句】教育部爲獎勵私立幼稚園實施鄉土語言教學，訂定每一園所，補助七萬元經費，全國只有補助五十園所，申請日期已定。

林理事特別打電話給會員中，有意鄉土語言教學的園所，叫他們申請補助要「緊手落賭，慢手繪赴」。

1309 緊事寬辦

Kín sū khuaⁿ pān

【暗示】緊紡無好紗，要事冷靜處理。

【註解】緊要的事情，要寬後辦理，讓理智冷靜下來，以免有所差錯。

【例句】兒子與相戀多年的女朋友討論到婚事，女方家長要求男方父母前來提親，以示這椿婚事已獲家長同意。兒子急於辦理婚事，一再的催促老人家到女方家走一趟，可是他父親卻說：「不要那麼急，『緊事寬辦』，阿勤早早也是你的老婆，慢慢嘛是你的老婆。」

1310 緊紡無好紗，緊嫁無好大家

Kín pháng bô hó se，kín kè bô hó ta-ke

【暗示】欲速則不達。

【註解】以快速要紡織棉紗，那是沒有好成品的；急著找對象嫁出去，怕不會找到好婆婆。

【例句】早已卅歲，自認已逾結婚年齡的萬珒娜，由婚友社電腦配對，認

識在食品公司擔任業務員的許明志，兩人交往還沒一個月，萬珊娜便向她父母提起要和許某人結婚。

「什麼？妳要嫁給那個姓許的？」她媽媽驚叫起來：「你們認識還不到一個月，妳便要嫁給他？應該再交往一段時間才決定比較妥當，俗語不是說：『緊紡無好紗，緊嫁無好大家』嗎？」

1311 緊辦三分輸

Kín pān saⁿ-hun su

【暗示】急事要寬辦。

【註解】辦事只講究快速、效率，常會因考慮不周延、失策，還沒辦已經先輸三分了。

【例句】老爸接到縣政府農業局的電話說，兒子申請觀光休閒農業案，除了有兩張表格填錯外，也欠缺某些證明文件，需要去領回來更改補送云云。

他把話轉告他兒子後，又叮嚀兒子說：

「『緊紡無好紗』，『緊辦三分輸』，又不是在比賽快慢，仔細檢查各種申請表格後，才可以再送件。」

1312 蜘蛛織網恆網纏，田螺吐囝為囝死

Ti-tu tsit bāng hō bāng tîⁿ, tshân-lê thò-kiáⁿ ūi kiáⁿ sí

【暗示】鞠躬盡瘁，死而後已。

【註解】蜘蛛：昆蟲名，節肢動物，有四對腳，可抽絲結網，捕捉昆蟲。

田螺：軟體動物，殼圓椎形，產在水田裡，胎生，肉可以吃。

【例句】新聞報導新竹市有位七十六歲老嫗，還很細心的照顧她那個五十歲的痴呆兒子，幾近一甲子的不離不棄，感動了許多人，社會慈善團體，正在研商如何伸出援手，減輕老婦人身心的煎熬。

這位「蜘蛛織網恆網纏，田螺吐囝為囝死」的偉大母親，卻從來沒得過政府什麼模範母親的表揚，也算是奇蹟之一了。

1313 賭風拳頭謗

Kiáu hong kûn-thâu pòng

【暗示】誇張不實際。

【註解】賭博的風氣，和在江湖打拳賣藥的人一樣，都喜歡誇大其詞。

【例句】簡水露先生早於民國七十年代，即將織襪機械移往中國深圳經營，他每次返台與同業相處，都一再提起在中國的經營，獲利都是台灣十倍以上，經常鼓勵同行結束台灣事業西進。

錦記公司蔡董因此心動起來，透過仲介準備把台灣工廠賣掉，到中國經營。他老爸知道後堅決反對，對他說：

「你呀！不要聽信姓簡的『賭風拳頭謗』，中國生意那麼好做，他又何必回來賣田地？」

1314 賭鬼粘咧骨，用刀削獪甩

Kiáu-kúi liâm leh kut，iōng to siah bē lùt

【暗示】積習難改。

【註解】好賭成性，要他改都改不過來了。

【例句】粘明春在離婚法庭的法官面前簽署戒賭保證書，他的老婆呂淑芬老師始同意撤回離婚訴訟。

同事們對於粘明春會戒賭都抱懷疑的態度，認為這對歡喜冤家，終究會步上離婚之途，因為大家都說粘明春是「賭鬼粘咧骨，用刀削獪甩」。

1315 賭喟真穤

Kiáu-khùi tsin bái

【暗示】手氣很壞。

【註解】賭：賭博。眞穤：很壞。賭博的手氣很壞，輸得很慘。

【例句】陳鄉長競選連任落選，對著好友唉聲嘆氣說，輸掉選舉倒無所謂，把這一任賺進來的六萬多元都花掉，還拖了一屁股債。

「你選輸拖了一屁股債，是有一定的金額，」好友黃友祥安慰他說：「像我今年『賒唱真穩』，不知要輸到哪一天都還不能確定，才慘咧。」

1316 噪唸大家拄著蠻皮新婦

Tsâu-liām ta-ke tú-tiỏh bân-phûe sin-pū

【暗示】棋逢敵手，旗鼓相當。

【註解】噪唸：嘮叨。大家：婆婆。蠻皮：賴皮。

嘮叨的婆婆碰到賴皮的媳婦，實在拿她沒辦法。

【例句】黃劍榮與郭美英結婚後，女同事們都想知道，郭美英如何與非常嘮叨的婆婆相處？

「我早就知道劍榮的媽媽是以噪唸聞名的，敢嫁他自然有辦法應付她。」郭美英說。

「妳如何應付婆婆？」女同事問。

「每當我婆婆嘮叨時我都播放佛經，她拿我沒辦法。」郭美英說。

同事們聽後都說：「噪唸大家拄著蠻皮新婦。」

1317 賒豬賒羊，無人賒新娘

Sia ti sia iûⁿ，bô lâng sia sin-niû

【暗示】行有行規。

【註解】沒有錢買豬買羊，可以賒欠的，但娶老婆的聘金是要現金的呀！

【例句】劉守訓告訴他老爸，他決定與相戀多年的邱娟娟訂婚，他老爸當然贊成，只是家裡一貧如洗，籌不出那一筆費用怎麼辦？「阿訓，你年紀也三十了，應該結婚了，可是『賒豬賒羊，無人賒新娘』，你有沒有準備聘金？」

1318 賒東賒西，無人賒屄毴

Sia tang sia sai，bô lâng sia tsi-bai

【暗示】沒錢別想泡妞。

【註解】賒：掛賬。屄毴：女人生殖器。

什麼東西都可以掛賬，但女人這件事，就非現金不可。

【例句】同事們都知道老周是個吝嗇鬼，每次同事相約聚餐，他都只是帶了點小錢，等同事付帳回來他才補上他應該負擔的金額。

這次他們幾位牛兄羊弟，聽說「兩岸KTV」來了幾位大陸妹，而且不但人長得漂亮，上一次床也只要兩千元，當然老周不會錯過機會。

可是葉金全老實不客氣的對他說：「我們好朋友有話在先，你身上有錢才可以去，『賒東賒西，無人賒屄毴』，叫我們代墊免談！」

1319 趄來趄去

Se̍h lâi se̍h khì

【暗示】走來走去。

【註解】碰到難題，徘徊思考解決的辦法。

【例句】鎮公所民政課梁課員退休，小李認為自己有機會提升他的補缺，林課長也頗欣賞小李的能力和服務精神，請小李直接找鄉長自薦。

小李星期六和星期天，都分別到鄉長公館，但他只是在附近「趄來趄去」，沒有勇氣踏進門去。

1320 遠看一蕊花，近看若苦瓜

Hn̄g khùaⁿ tsit-lúi hue，kīn khùaⁿ ná khó-kue

【暗示】霧裡看花。

【註解】遠遠看到的像一朵花那麼漂亮，走近來一看卻像醜八怪，實在不敢恭維。

【例句】新郎的臉上一絲笑容也沒有，大家都覺得怪怪的，到底這對新人

發生了什麼事？

原來新郎鍾榮天，在音樂會上初次見到新娘，即因燈光朦朧驚為天人，繼則展開熱烈的追求，而新娘子巫小姐，卻在訂婚前都拒與鍾榮天約會見面，只願意電話互訴衷情。訂婚那天，鍾榮天才第二次見到這位曾驚為天人的未婚妻，誰知她竟是「遠看一蕊花，近看若苦瓜」。

1321 銀角仔無用是銅，賊無做是人

Gîn-kak-á bô iōng sī tâng，tshảt bô tsò sī lâng

【暗示】不可盡信他人。

【註解】銀角仔：硬幣。硬幣沒有使用，也不過是銅的東西而已；小偷的臉上，也沒有特別刻上「小偷」，所以防人之心不可無。

【例句】翁銘國詐騙集團被警方查獲後，經電視轉播，鄰居左右始才知道，巷子裡居然住著一位全國詐騙集團首領。

「沒想到翁先生斯斯文文的，待人客氣又禮貌，居然做那種傷天害理的勾當。」

「所以俗語說：『銀角仔無用是銅，賊無做是人』，人不可貌相。」

1322 銅牙槽，鐵喙齒

Tâng gê-tsô，thih tshùi-khí

【暗示】強詞奪理，死不認輸。

【註解】牙槽：牙齦。喙齒：牙齒。好辯、不認輸。

【例句】我的老同事林主任，如果不是那麼「銅牙槽，鐵喙齒」，他的退休金也不會被詐騙集團騙去了大半。

打從林主任告訴我們，他中了香港電腦公司促銷的摸彩獎金九十萬元時，老同事都提醒他別陷入詐騙集團的圈套。可是他就是不聽朋友的忠告，只相信詐騙集團的電話，等到他被騙走了三百多萬元後，他才清醒過來。

1323 瞉瞉瞅瞅，食一對目睭

Liu-liu tshiu-tshiu，tsiàh tsit-tùi bàk-tsiu

【暗示】眼明手快，捉住機會。

【註解】社會競爭，機會稍縱即逝，眼明手快捉住機會，才能立足下去。

【例句】邀請我參加他們轟趴遊戲的溫仕相，在警方大隊人馬包圍現場時，竟然能成為漏網之魚，讓我感到有點詭異，而問他怎能逃出警方的魔掌？

「要玩嘛，就要『瞉瞉瞅瞅，食一對目睭』。」他告訴我：「趕到現場，外面有多位從來沒看過的不明人士，尤其都穿著制式皮鞋，我便感到情況不妙，遂藉故先行離開，才成為漏網之魚。」

1324 儉小錢，了大錢

Khiām sió-tsîⁿ，liáu tūa-tsîⁿ

【暗示】得不償失。

【註解】賺了一點小錢，賠了健康，或生命划不來。

【例句】嘉義縣鹿草鄉76歲的柯姓老農民，一家人生活簡樸，能省即省，沒想到「儉小錢，了大錢」，讓他越想越不甘心，找台電公司嘉義營業處，還給他損失的大錢。

這件老農民了大錢的事件，是柯農果園照明電費，由其在鹿草農會開設帳戶轉帳。自81年被錯誤扣繳六萬多元電費，電力公司答應償還誤扣電費，並找上陳姓用戶，柔性勸說追繳電費。

1325 儉腸捏肚

Khiām tîg neh tō

【暗示】為了省錢，虐待肚子。

【註解】為了省錢，吃不飽，餓著肚子。

【例句】蘇振明近來明顯的消瘦了很多，原本已經夠瘦的他，現在可能不到五十公斤重。

他不是在減肥，以他那種身材、體重，是沒有減肥的必要，只因為他為了積些錢買部車子，三餐都「儉腸捏肚」，三十元就把一餐打發過去。

1326 嬈驃無落魄仐久

Hiâu-pai bô lȯk-phik--ê kú

【暗示】花無百日紅。

【註解】得意的時候，不要太囂張。花無百日紅，總有潦倒困苦的日子。

【例句】天門宮管理委員會決議，要在三月天上聖母聖誕前，到福建湄州媽祖廟進香。他們申請由金門小三通經廈門到湄州，路程縮短很多，也比經由香港前往湄州，減少九十多萬元經費，但必須要有鄉公所出具證明，始能經金門前往廈門。

可是邱鄉長卻因派系不同拒發證明，令天門宮管理委員會張主委非常不滿，不斷的罵他：「嬈驃無落魄仐久。」

1327 寫會，聽尾聲

Siá hūe，thiaⁿ búe-siaⁿ

【暗示】外行看熱鬧，內行看門道。

【註解】心目中想要求的，或標會仔想標到的，應先聽其他的人，推敲他們的心意，再出手。

【例句】爸媽都稱讚代表他們去標會的媳婦，竟然只多人家十元，便能標到五十萬元的金錢會。

「阿珍，不是有很多人要標嗎？」婆婆問她：「妳是憑什麼，只多寫十元便能標到？」

「媽，我進入會頭家時，都默默的聽他們說話，不是有句話說『寫會，聽尾聲』，再研判他們可能寫多少，我多寫10元便得標了。」

1328 廣東墨鏡，在人掛

Kńg-tang ba̍k-kiàⁿ，tsāi lâng-kùa

【暗示】只要我喜歡，有什麼不可以？

【註解】廣東市製造的眼鏡，雖然沒什麼特別的，但我喜歡就是了，別人管不著。

【例句】被學生稱爲大帥哥的李老師，居然與鄉公所有恐龍妹之稱的連淑秋訂婚，不但引起熱烈討論，女同事都形容李老師，雖然長得很帥，卻蠢得像一頭豬，連那種恐龍妹，也要娶進家門。

「喂！妳們這些婦女同胞，留些口德好不好？」黃訓導主任實在聽不下去，開口說話了：「人家李老師要娶怎麼樣的妻子，是『廣東墨鏡，在人掛』，干卿底事？」

1329 憂頭結面

Iu thâu kat bīn

【暗示】愁容滿臉。

【註解】心事重重，整個臉都快要變形了。

【例句】謝老師今天到學校，同事們都發現他「憂頭結面」，不知他有什麼心事？

許校長關心他，請他到校長室。

「我昨天去向我女友求婚，她要我再等三年……」

「三年很快就到了，」許校長說：「何況你們兩人都還很年輕……」

「我的儲蓄都已經花光了，再跟她泡蘑菇三年，早就破產了，她還會愛我嗎？」

1330 澎湖若有路，台灣做帝都

Phêⁿ-ô͘ nā ū lō͘，Tâi-uân tsò tè-to͘

【暗示】對澎湖家鄉發展沒有信心。

【註解】若有路：如果有出路。帝都：首都。

【例句】經營婚紗攝影業的楊展去了一趟澎湖，發現馬公市上沒有人經營
婚紗攝影，他便告訴住在馬公的朋友他要到馬公開業。
「楊桑，你要到澎湖做生意，站在在地人的立場，我是很歡迎的，」
他的朋友辛先生說：「但老實說『澎湖若有路，台灣做帝都』，你
還是考慮考慮再做決定吧？」

1331 澎湖風，新竹雨

Phêⁿ-ô hong，Sin-tik hō

【暗示】地區與氣候的特性。

【註解】澎湖以風強而聞名，新竹卻是常常下雨。

【例句】我常常聽到「澎湖風，新竹雨」這句俗語，多少知道那兩個地方
的氣候特性，卻還沒實地領略過澎湖的風和新竹的雨。
雙十國慶加上中秋節，有五天彈性的假期，我和朋友特別到澎湖
去體驗那兒的風。
十月初台灣本島的氣候還是很熱，但澎湖就不一樣了，尤其入夜
海風很大，站在海邊幾乎站不住，怪不得澎湖風那麼有名。

1332 熟似人行生份禮

Sik-sāi lâng kiâⁿ tsheⁿ-hūn lé

【暗示】熟人不必拘束。

【註解】彼此都是認識久了的熟朋友，又不是剛認識的人，放輕鬆，隨便
自在就好了。

【例句】黃先生辦理所得稅申請，把同居的侄兒列入扶養扣除額，需要村
長證明，黃先生找村長幫忙時順手帶了一盒水果做伴手禮，村長
很客氣的說：「熟似人行生份禮？」

1333 熟悉騙厝內

Sik-sāi phiàn tshù-lāi

【暗示】熟人好欺騙。

【註解】熟悉：熟人。騙厝內：騙自己的人。

人心隔肚皮，唔知熊抑是虎，熟人就放心多了，可是往往被騙。

【例句】黃扶麟到中國旅遊回來，特地去找好友汪桑，把他拉到一邊，低聲的告訴他，特別爲他老人家買了半打壯陽良藥。

他「熟悉騙厝內」的說：「我起先不相信，當晚吃了一顆便打了兩炮。」

深受房事之苦的汪桑，經他這麼一說，眼睛立即爲之一亮，當場付給他一萬二的藥錢。

1334 眯來眼去

Bî lâi gán khì

【暗示】眉目傳情。

【註解】暗示情意，心照不宣。

【例句】楊淑芬老師與李主任到汽車旅館開房間，被她老公會同警員抓姦在床，令學校同事大感意外，幾乎沒人相信會發生這種事，只有總務老劉獨持異議。

「其實，我早就知道他們之間有問題，」老劉對大家說：「你們難道都沒發現楊老師和李主任，經常『眯來眼去』嗎？」

1335 緣分緣分，有緣嘛愛有分

Iân-hūn iân-hūn，ū iân mā ài ū hūn

【暗示】姻緣天註定。

【註解】天生有緣分，也需要有機會，才能撮合成恩愛的姻緣。

【例句】楊淑貞老師畢業時，分發到我們學校任教，同事們都驚豔，說她是學校之花，可是時間一久，昔日的美女老師也成半百的老處女

了。

有人問楊媽媽，女兒年紀不小了，會不會擔心嫁不出去？

「這又能怎樣？」楊媽媽無可奈何的說：「感情這種東西，『緣分緣分，有緣嘛愛有分』，強求不來的。」

1336 罵人嘛著三分理

Mē lâng mā tio̍h saⁿ-hun lí

【暗示】罵人要有道理。

【註解】要責罵人，也要看看自己有沒有幾分罵人的道理，否則是強欺弱，不夠理直氣壯。

【例句】兒子躲在廁所抽菸被他老爸抓到痛罵了一番。他老媽聽得不耐煩，開口說：「你呀，兒子抽菸固然不好，可是他是學你的，『罵人嘛著三分理』，上梁不正下梁歪嘛。」

1337 舖橋造路做好戴，佫好三年食清菜

Pho͘-kiô tsō-lō͘ tsò hó-tāi，khah hó saⁿ-nî tsia̍h tshing-tshài

【暗示】善莫大焉。

【註解】食清菜：吃素。

建橋造路都是很好的公益，比以吃素三年所積功德還好得多。

【例句】魏乾義一向吝嗇又喜好女色，某天他竟然吃素唸佛起來，讓認識他的朋友都感到很訝異，也覺得不可思議。其實「舖橋造路做好戴，佫好三年食清菜」，卓勝雄對他這位朋友下定義：「小魏再怎麼吃清菜，還是上不了西天。」

1338 蝨誼𣍐癢，債誼𣍐想

Sat tsē bē tsiūⁿ，tsè tsē bē siūⁿ

【暗示】麻痺不仁。

【註解】蝨誼：身上臭蟲多，久而久之不覺得會癢。債誼：欠錢欠多了，

反而不覺得煩惱，反正無力償債，再借也不是一樣，怕什麼？

【例句】信用卡的卡奴，引起社會廣泛的注意和立法院的重視，公平會委員曾爲救卡奴，淚灑立法院。卡奴之所以形成，都因「蝕誨繪癢，債誨繪想」的心理造成，反正已經沒有能力償還卡債，再刷還不是一樣，因而越陷越深。

1339 誶攔嗚譙，歹喙鼻

Tshoh-kàn-lȧk-kiāu，pháiⁿ tshùi-phīⁿ

【暗示】狗嘴巴長不出象牙來。

【註解】有些人口德不好，又沒衛生，開口就髒話不離嘴，一點文明都沒有。

【例句】老王看到兒子近來與里長的兒子走得很近，就告訴他老婆叮嚀兒子少跟里長的兒子在一起。

「爲什麼？」他老婆問。

老王說：「里長那個兒子，開口閉口『誶攔嗚譙，歹喙鼻』，兒子跟他在一起會學壞。」

1340 請人哭無目屎

Tshiàⁿ lâng khàu bô bȧk-sái

【暗示】表裡不一致，虛應故事。

【註解】虛情假意，流不出眞情的眼淚。

【例句】人死了，沒有孝眷兒孫，「請人哭無目屎」，也沒有什麼話說。有時候自己一大群兒孫，也不一定能哭出眼淚來。

台灣青果大王陳查某，於1993年去世，留下百多億元遺產。當時他的子女陳建忠、陳清忠、陳育惠、陳瑞珠及侄兒陳隆和，爲了財產繼承無法擺平，竟讓陳查某遺體停屍四年多，後經陳查某生前好友陳重光等人重話訓勸，才得入土爲安，但其子孫至2012年還在爲遺產問題糾纏不清。

1341 請神簡單，送神難

Tshiáⁿ sîn kán-tan，sàng sîn lân

【暗示】談的比做的簡單。

【註解】請神：奉祀神明。送神：結束奉祀，把神像送走。

【例句】阿場實在嚥不下這口氣，借錢給小莊三年不還，他前往討錢，又被毒打了一頓。

「這是什麼社會？沒錢可還，可以商量展延，竟還出手打人？」阿場想到這裡愈想愈氣，決定要去請流氓棋替他討回公道。

「討回公道，又能怎樣？」阿場的大哥說：「要知道『請神簡單，送神難』，跟黑社會搞上，日後會悔不當初。」

1342 請鬼提藥單

Tshiàⁿ kúi thèh ióh-tuaⁿ

【暗示】所託非人。

【註解】有病要吃藥，什麼人不請，竟然請鬼兄弟去拿藥方，沒死也半條命。

【例句】興南公司楊總經理最感得意的是，把飛楊公司外務員周明欽挖過來，不但業績多了20%，聽說飛楊公司的訂單減少了很多。

可是曾幾何時，他發現帳目不清，核算的結果是被周明欽污去了兩百多萬元，他才知道自己「請鬼提藥單」。

1343 請賊顧粟倉

Tshiàⁿ tshát kò tshik-tshng

【暗示】所託非人。

【註解】粟倉：穀倉。僱請小偷看顧穀倉。

【例句】王伯伯總覺得有人偷摘水蜜桃，便僱請工讀生看守果園，以為這樣便沒人敢來偷水蜜桃了，沒想到那些又大又紅的水蜜桃，還是先後被偷摘了，問工讀生又說從沒發現有小偷進來。

王伯伯決定親自突擊檢查，才發現「請賊顧粟倉」，只見那位工讀生正悠哉悠哉的吃著水蜜桃。

1344 瘖痀个食雙點露

Ún-ku--ê tsiah siang-tiám lōo

【暗示】天地疼愚人是也。

【註解】瘖痀：駝背者，屬殘障人士。殘障人士雖然身體能力屬弱勢者，但上天與社會，會給他們更多的關懷與照顧。

【例句】伍爸爸正擔心患小兒麻痺的兒子伍正豪如何謀生之際，政府開辦樂透彩和大樂透業務，並規定申請開設投注站，須持有殘障證明。伍正豪幸運的抽中投注站，經營投注站的收益，竟比他當國中教師的哥哥好得多。

「伍桑，」好友老鄭對他說：「所謂『瘖痀个食雙點露』，兒孫自有兒孫福，阿豪開設投注站不錯吧。」

1345 躴骹躴手

Lò-kha lò-tshiú

【暗示】手長腳長的人。

【註解】形容光有強壯身體的人，卻懶得活動手腳，或做得並不好。

【例句】邱媽媽告訴姑姑說，她家阿絹已經同意許配給黃村長那個兒子。

姑姑問：「妳是說阿絹要嫁給黃有根？」

「是啊，人家黃村長叫媒人來了四、五次，說他們老人家很喜歡阿絹做媳婦。」邱媽媽說。

「可是黃有根那個孩子『躴骹躴手』，平時手不動三寶……」姑姑遲疑地說。

1346 羼脬恆椅仔夾著

Lān-pha hō͘ í-á giáp--tióh

【暗示】不知如何是好？

【註解】羼脬：男人生殖器，睪丸。恆：給。

男人命根子被椅子夾到了，要出力拉出來怕拉斷，不出力拉出來則痛不欲生，真的左右為難。

【例句】涂所長就任警察派出所所長以來，雖然碰到許許多多的困擾，但這一次他兒子參加轟趴被當場逮到，才是真正令他「羼脬恆椅仔夾著」，不知如何是好。

他老婆說孩子只是好奇，跟朋友去看熱鬧，要是呈報分局，孩子會留下紀錄，成為一個污點。她說的有道理，可是不呈報上面，會有媒體記者說他吃案，如何是好呢？

1347 豬仔欠狗仔債

Ti-á khiàm káu-á tsè

【暗示】相欠債。

【註解】母狗死了，母豬哺育幼狗。

上輩子欠他的，認了，如「尪某相欠債」、「父債子還」。

【例句】柯春綢老師退休後，以為可以享清福，與老同事到處遊山玩水、吃美食。沒想到她住在台北的兒子，想把他與外面女人生的兩個兒子，帶回老家給她扶養，把她的生涯規劃完全打亂。

「為何不出席退休老師聯誼會？」張會長說。

柯老師答：「我是很想出席聯誼會，看看老同事，可是『豬仔欠狗仔債』，這兩個無戶口的囡仔，把我綁得動彈不得。」

1348 豬仔囝若上槽，豬母食屎無

Ti-á kiáⁿ nā tsiūⁿ tsô，ti-bó tsiáh sái bô

【暗示】子女多，拖累母親。

【註解】小豬若斷奶，自己能吃飼料了，那恐怕母豬的飼料也會被搶光，
　　　　母豬連糞便也沒得吃。

【例句】現在的年輕人有個很奇怪的觀念，不但晚婚，甚至同居不結婚，
　　　　縱使結婚了也不想生男育女。這給卅歲未到，便有四個子女的柯
　　　　明福揚眉吐氣的機會。他認為自己雖然在事業上，沒有什麼成就，
　　　　但在家庭經營上，勝過所有同學好友。
　　　　「喂！阿福，你得意什麼！」同學楊明新揶揄他：「你要知道『豬
　　　　仔囝若上槽，豬母食屎無』，何況是你這隻豬哥？」

1349 豬仔刣死則講價

Ti-á thâi-sí tsiah kóng-kè

【暗示】欠缺謀定而後動。

【註解】買賣雙方先講好價錢，同意了才成交，不要像豬的買賣，有些人
　　　　因為很熟，都沒談好價錢，便先把豬給殺了，這樣反而難說出合
　　　　理的價碼。

【例句】「這件糾紛，雖然是那位應召女郎存心要敲詐吳一郎，可是吳一
　　　　郎也有不對的地方……」
　　　　「為什麼說吳一郎有不對的地方？」林以德反問劉嘉益：「那個應
　　　　召女郎，又不是什麼處女，哪有打一炮一萬元的價碼？」
　　　　「可是吳一郎事先不問價碼，『豬仔刣死則講價』，人家當然趁機
　　　　要敲他一筆呀！」劉嘉益說。

1350 豬母牽對牛墟去

Ti-bó khan tùi gû-hi khì

【暗示】搞錯地方、方向。

【註解】牛墟：牛隻買賣的市集。
　　　　要賣母豬，竟然把母豬趕到賣牛的地方叫賣。

【例句】藝人澎恰恰發生與盧靚自慰光碟案，被勒索數千萬元，都是澎恰
　　　　恰「豬母牽對牛墟去」所造成。

這件自慰光碟事件，自2004年11月糾葛到2005年9月才引起治安單位高度重視，著手進行調查。當初因為澎恰恰對盧靚有失禮行為被拍成光碟，澎恰恰因此被勒索，澎恰恰為了息事寧人，拿錢出來解決卻找錯了人，被黑道各路人馬知道，分別向澎恰恰進行恐嚇勒索，據說先後被勒索九千多萬元，惟澎恰恰堅不吐露全額和人名，可見他心裡壓力之大。

1351 豬生豬疼，狗生心肝命

Ti seⁿ ti thiàⁿ，káu seⁿ sim-kuaⁿ miā

【暗示】兒女都是父母心肝寶貝。

【註解】豬狗都會疼愛自己的孩子了，更何況長得面醜的兒子，當然也是父母的心肝寶貝。

【例句】我應邀參加啟智中學的親子園遊會，才深深的領悟了「豬生豬疼，狗生心肝命」這句諺語的意義。

在啟智學校八十多位同學中，每位同學不是智力上，就是語言上或行動能力中或多或少有缺陷；但是不但沒看到，有媽媽對於這樣的子女感到厭惡，她們反而更細心、無微不至的照顧他們；每位母親的臉上都流露著慈愛的光輝、笑容，令我很感動，慶幸老天爺把有缺陷的孩子，安排給這樣的媽媽照顧。

1352 豬呣大，大對狗去

Ti m̄ tūa，tūa tùi káu khì

【暗示】事與願違。

【註解】豬是農家的經濟動物；狗是家畜、寵物。

豬養大了可以賣錢，狗再肥大也不是可以賣錢的經濟動物，變成該大的不大，不該大的卻日益肥大。

【例句】黃記建築公司這幾年在房屋市場頗有斬獲，可是財富累積越多，黃董的眉頭卻越來越緊靠在一起。

「黃董，你事業有成，應該滿面春風才對，怎麼看來老是有心事？」

朋友問。

「還不是爲了孩子的事？」他說：「你是知道的，我有兩男兩女，可是『豬姆大，大對狗去』，男兒不長進，女兒反而很優秀，將來誰來接班？」

1353 豬屎籃仔結彩

Ti-sái nâ-á kat-tshái

【暗示】多此一舉，不配。

【註解】豬屎籃：昔日農家堆積基肥裝豬糞的籃子，裝飾這種籃子大可不必。

【例句】張爸爸問他兒子，早上來家裡的那兩個人，是幹什麼的？怎麼拉著皮尺量這個、量那個？

「他們是室內裝潢師傅，我想請他們裝潢客廳，把客廳裝潢得漂亮一些，才不會寒酸……」他兒子說。

「你呀！不要『豬屎籃仔結彩』，舊屋子再怎樣裝潢，都是舊屋子。」張爸爸說。

1354 豬頭皮煠油

Ti-thâu-phûe tsùaⁿ-iû

【暗示】胸無點墨，耍不出花樣。

【註解】煠：油炸。豬頭皮沒有什麼油脂，所以炸不出多少油來。

【例句】台灣的多種行業，都已出走。這些工商界人士都認爲，外移雖然不知將來會怎樣死，但留在台灣只有等死而已。

前往中國大陸多年的祥記成衣廠劉老闆，每次回來都向他朋友們遊說中國還在全面起飛，機會怎樣好又怎樣好，讓朋友們都心動起來。只有日安公司老董周先生私下告誡同行說：「老劉那個人，『豬頭皮煠油』，別相信他。」

1355 賢恆人看作賤

Gâu hō͘ lâng khùaⁿ-tsò tsiān

【暗示】表錯情被看扁。

【註解】對人表現出親切、熱心、樂於助人，反而被看賤。

【例句】吳瑞河從高中老師退休下來後，基於閒著無事，也基於對台灣民主政治的熱愛支持，有空便到民進黨縣黨部做義工，他不因為當過高中老師而有所不為，只要有工作，掃地、泡茶，甚至叫他去郵局寄信，都做得很高興，偶而也被留在那兒吃便當。

民進黨籍陳議員，雖然很少到縣黨部來，竟那麼兩次都看到吳老師在那兒吃便當，就偷偷問林主委那個人是來白吃午餐嗎？真是「賢恆人看作賤」。

1356 賣面不賣身

Bē bīn put bē sin

【暗示】惜身如玉。

【註解】酒女強顏歡笑，可以打情罵俏，但不跟你上床睡覺。

【例句】暑假，那些想賺學費的大學女生，又多了一項工作，那就是到餐廳、酒吧當酒促小姐，一個月業績好的，聽說能賺六、七萬元哩！

酒促小姐被要求穿短裙，性感服務，穿梭客人之間促銷美酒，人要長得漂亮，嘴巴要甜甜、笑笑的，只能「賣面不賣身」，可以和客人喝酒、聊天，但不能被帶出場。

1357 賣茶講茶香，賣花講花紅

Bē tê kóng tê phang，bē hue kóng hue âng

【暗示】老王賣瓜，自賣自誇。

【註解】賣茶葉的人，說他的茶味道香醇，是上等茶；賣花的人，也說這些花，朵朵紅豔美麗。

【例句】我利用休假回娘家與老媽小住幾天，媽和以前我少女時代一樣，

愛我陪她到市場買菜。

我們母女逛市場，一攤攤走走看看，她走到賣魚的攤位，指著一條條擺放在攤面的魚，問老闆說：

「老闆，你這種魚新不新鮮？」

我每次聽到她問老闆魚新不新鮮，都不由得笑起來，媽難道忘記「賣茶講茶香，賣花講花紅」嗎？

1358 賣貨頭卸貨尾

Bē hùe-thâu sià hùe-búe

【暗示】截長補短。

【註解】賣新貨價錢賣高一點，彌補貨底廉價拋售。

【例句】大眾傢俱行夾報一張「賣貨頭卸貨尾」的傳單，說明所有存貨，看得到的、摸得到的，全都三折優待。

這張傳單引發震撼效果，九點鐘店還沒開門，大眾傢俱行門口便排了一列長龍，大家爭先恐後選購傢俱。

楊董笑嘻嘻的說，三天下來賣了六百多萬元，不但已沒有支票壓力，口袋裡還麥克麥克的。

1359 賣磁食缺，賣蓆睏椅

Bē hûi tsiàh khih，bē tshiòh khùn í

【暗示】委屈自己，滿足別人。

【註解】賣磁：販賣磁器的商人。賣蓆：賣寢具的商家。

商人都擺好的貨品給客人挑選，留下給自己用的都是次等貨。

【例句】鼎豐川菜館是老饕最想去的餐館，連外國觀光客也指定安排到鼎豐嚐吃台灣美食。

鼎豐程老闆回答記者，自己開頂級美食餐館，員工是不是天天享受美食？

「哪有這麼享受？」程老闆老實說：「我們尋常的伙食，也是粗菜便飯，誠如『賣磁食缺，賣蓆睏椅』的情況一樣。」

1360 賣豬賣狗，主人開口

Bē ti bē káu，tsú-lâng khai kháu

【暗示】東西買賣，東家要先開價錢。

【註解】買賣豬狗的價錢，要由賣方先說要賣多少錢，買賣才能續談下去，這樣才不會引起糾紛，傷害到朋友感情。

【例句】呂信雄上下班給自己升級，買了一部BMW轎車，把原來的豐田1600CC老爺車，賣給他同事小周。

小周興高采烈的把車子開回家，告訴他老婆說是呂信雄賣給他的。

「多少錢？」他老婆問。

「呂信雄沒說價錢，叫我先開回去，合意再說。」

「老公，我不反對你買部車子，」他老婆提醒他：「不過『賣豬賣狗，主人開口』，價錢說好了，才可以開回家來。」

1361 跤行暗路，會拄著鬼

Tsiảp kiâⁿ àm-lōo，ē tú-tiȯh kúi

【暗示】不做虧心事，不會遇到鬼。

【註解】跤：經常。老是做那些傷天害理的事，總會碰到鬼。

【例句】洪志昌神祕兮兮的告訴我們，呂仁傑染上愛滋病，被隔離治療了。

我們都不覺得意外，這位風流成性、愛泡妞的同事，特別喜歡大陸妹和泰國仔，大家曾經提醒他，小心染上愛滋病，果然「跤行暗路，會拄著鬼」。

1362 跤罵唔聽，跤扑艙驚

Tsiảp mā m̄ thiaⁿ，tsiảp phah bē kiaⁿ

【暗示】打罵教育，無濟於事。

【註解】跤：經常。

經常罵孩子，罵久了聽不進去；經常打孩子，打久了就不怕打。

【例句】誰說「跤罵唔聽，跤扑艙驚」？

新竹縣立二重國中張姓學生，因外套掉下去被同學踩到，轉頭告訴他，就被任課老師葉鴻美叫到講台前趴下。張姓同學不願配合，葉老師即用藤條抽打他，導致他晚上惡夢連連，哀叫：「老師不要再打我了！」

張姓家長經詢問後，發現兒子瘀傷多處，到學校反應，教務處蔡組長拿出校方收集的各類藤條，竟問張姓同學說：「你說，用哪一條打你的？」

1363 醉恆茫茫，當作世間攏無人

Tsùi hō bâng-bâng，tòng-tsò sè-kan lóng bô lâng

【暗示】醉夢人生。

【註解】每天喝得酩酊大醉，讓一醉解千愁，把世界當作只有他，沒有其他的人。

【例句】許曉君問我，涂明華怎麼每天都喝得面紅耳赤、酒話連篇？我正要告訴她，他被相戀四年的女友甩掉，還沒說出來，涂明華已經先說了：「我為什麼喝酒嗎？我要『醉恆茫茫，當作世間攏無人』，才免傷心流目屎。」

1364 靠人攏是假，跋倒家己距

Khò lâng lóng-sī ké，puảh-tó ka-kī peh

【暗示】自力更生。

【註解】靠人：依賴人家。跋倒：跌倒。家己：自己。

說有人依靠，都是假的，凡事還是要靠自己。

【例句】著名的「兩岸咖啡」開第四家連鎖店，即傳出周轉不靈，我問他們的財務長，怎會發生這種事情？

「這都是老闆誤判，以為黃董答應支援的三千萬元資金，會如期進帳，沒想到黃董『半暝食西瓜，天光反症』，才會周轉不靈。」

「其實，」我對財務長陳信東說：「任何事『靠人攏是假，跋倒家己距』才實在。」

1365 靠囝靠新婦，呣值家己有

Khò kiáⁿ khò sin-pū，m̄-tàt ka-kī ū

【暗示】年紀大了還是老本比較可靠。

【註解】年紀大了，要有自己的老本，要靠孩子、要依賴媳婦，都不如靠自己才會衣食無虞。

【例句】老爸把我們三個兄妹叫到跟前，告訴我們說他即將申請退休，大概有六百萬元的退休金，要全部留著自己用，也就是不分給我們。「靠囝靠新婦，呣值家己有」，老爸說等他年老走了，剩下多少錢，我們三兄妹再均分。

1366 靠勢恆勢誤

Khò sè hō sè gō

【暗示】仗勢不得或誤判情勢。

【註解】依靠情勢辦事，或誤判情勢都會得不償失。

【例句】邱老闆趁他老婆出國觀光，把他兒子送到老婆娘家，興高采烈地將情婦帶回家共度春宵。
他以為把情婦帶回家是天不知人不知，不巧的是，他老婆回來的當天晚上，家中被小偷光顧，警方檢視防盜監視器的錄影帶，被他老婆看到他和狐狸精在床上打滾。
邱老闆「靠勢恆勢誤」，不知如何向他老婆解釋。

1367 餓鬼假細膩

Iau-kúi ké sè-jī

【暗示】虛情假意。

【註解】細膩：客氣。
已經餓昏了頭，有食物可吃，還矯揉做作，故作推辭。

【例句】老李自稱是美食專家，經常張揚到哪裡又哪裡享受美食，可是他近來手頭拮据，連正餐都快不繼了，還談美食？

我因為有朋友來訪，準備到餐廳請朋友吃晚飯，順便請老李當陪客，他竟然「餓鬼假細膩」而推辭。

1368 駛身份證个，駛國民黨个

Sái sin-hūn-tsìng--ê，sái Kok-bîn-tóng--ê

【暗示】特權使然。

【註解】沒有駕照駕車，被交通警察攔截下來，要以身份證假充駕照，或謊稱替國民黨辦事駕車。

【例句】要不是匆忙接到通知，我實在不敢搭乘老三的車子，我們一路往基督教醫院狂飆，要去探視在急診室急救的姑丈。

老三在車上安慰我說：「你儘管放心好啦，我向來都是『駛身份證个，駛國民黨个』，除了和別人相撞兩次外，哪次被交通警察抓到？」

1369 魩仔魚食鮕鮐

But-á-hî tsiáh ko·-tai

【暗示】以小吃大。

【註解】魩仔魚：一種小魚，如白魩仔脯。鮕鮐，大品種之淡水魚。

小小的魩仔魚，要吃鮕鮐魚。

【例句】近日傳出先進科技透過企業顧問群，企圖併吞比先進營業三倍大的揚基數位科技公司，業界的吳董聽後說：

「這有如『魩仔魚食鮕鮐』，吞得下去嗎？」

1370 鴉片食婤骹蹺蹺，親像老猴歕洞簫

A-phiàn tsiáh tiâu kha khiau-khiau，tshin-tshiūⁿ lāu-kâu pûn tōng-siau

【暗示】糗態畢露。

【註解】吸食毒品鴉片，如果上了癮，那種糗態畢露，會像猴子吹洞簫那麼難看。

【例句】阿城喝米酒配枝仔冰的事傳開後，左右鄰居歐巴桑都說，沒錢喝酒就別喝，喝米酒配枝仔冰笑死人……。村長程伯伯卻不以為然，他說：「一個人喝酒上了癮，沒酒喝會很難過；有酒沒有小菜配酒，那也是很難過的事，所以才有句話說『鴉片食嫺骹蹺蹺，親像老猴歕洞簫』。阿城有酒沒菜，叫他怎麼喝下去？」

1371 憨死囡仔睏中晝

Gām-sí gín-á khùn tiong-tàu

【暗示】不知天高地厚的傻小子。

【註解】事到臨頭，還在睡午覺，真是不知死活。

【例句】葉榮輝在雲林縣土庫鎮經營的地下爆竹廠，於2005年4月2日發生爆炸，造成李許須、陳美雲兩名婦人死亡，林國証、許縛、葉榮輝三人重傷。

葉榮輝真是「憨死囡仔睏中晝」，他無視製造爆竹是高危險的事業，且於2003年5月21日，在新竹縣湖口鄉經營的地下爆竹廠，當場炸死他妻子，復於2003年7月6日，在雲林縣麥寮鄉地下爆竹廠炸死他的叔叔。

爆竹事業雖然獲取暴利，但值得冒這種險嗎？

1372 壁裏有耳孔

Piah--lí ū hīⁿ-khang

【暗示】言行小心，有人竊聽。

【註解】告誡講話小心，以免被竊聽，惹禍上身。

【例句】台灣在戒嚴時代，各機關都有安全單位，負責調查、監視員工的言行舉動。

我們都感到很奇怪的是，那一天我和小程、林勇、邱達三等四個人在泡茶聊天時，聊到二二八事件，國民黨政府打死了台灣多少精英的事，安全室竟然知道，我們四個人都個別被叫去詢問、做筆錄。

到底我們聊天的內容，他們怎麼知道？難道「壁裏有耳孔」？

1373 懍啊懍，懍著一粒金石盾

Lún--ah lún，lún tióh tsit-liáp kim-tsióh-tún

【暗示】忍為上策。

【註解】懍：忍、吞忍、容忍。金石盾：形容詞，屬幸運石。

凡事能容忍者，總會得到福報，所謂「退一步海闊天空，讓三分天下太平」是也。

【例句】楊世堅、柳朝新等幾位年輕人，在KTV唱歌飲酒作樂，為了辣妹莉莉引起的群毆，把對方打成重傷，法院已經宣判，除了吳仁友外，全部都判二年不等的刑期。

這場官司，楊世堅等五個人都被判刑，吳仁友當時極力主張息事寧人，而沒參與群毆，才能「懍啊懍，懍著一粒金石盾」。如果他也參加群毆，那麼官司他也逃不掉的。

1374 操心憋腹

Tshau-sim peh-pak

【暗示】憂慮不放心。

【註解】牽腸掛肚，放心不下。

【例句】古金水是前全國十項運動國手，令他「操心憋腹」的事件，是發生在1999年8月23日，他被告以違反民用航空法，攜帶危險物品搭機的官司，到目前已拖了五年還未解決。

1999年8月，古金水涉嫌購買汽油裝入漂白水瓶內，託付給搭乘立榮航機要回花蓮的侄子古俊鋒、哥哥古金池，做為花蓮曹族年祭使用。

由於汽油外漏，在飛機滑行時發生氣爆引發火災，造成古金池等28人受傷。這件官司一、二審判古金水有罪，高院發回更審判古無罪，最高法院撤銷無罪判決發回更審。

1375 樹大分枝

Tshiū tūa hun-ki

【暗示】兄弟分家。

【註解】樹木長大了，枝椏必須調整分枝；孩子長大了，也該讓他們各奔前程。

【例句】台灣經營之神王永慶，已將近九十歲，還掌控台塑集團各事業體，許多老友都勸告王董「樹大分枝」，子大分家，只是不知王董要到何時，才會放手讓子女接班？

1376 樹大，影就大

Tshiū tūa, iá^n tsiū tūa

【暗示】自然而已。

【註解】樹有多大，影子就有多大；收入有那麼多，開銷也就有那麼多。

【例句】為人勤儉，甚至被鄉人指為寒酸的伍伯伯，出人意料的宣佈捐獻二百萬元，做為鄉裡國中小學的營養午餐基金。

大家除了讚賞伍伯伯的善舉以外，也都說平時看他那麼節儉，怎麼有那麼多錢？

「伍老先生的五個兒子都各有事業。」梁鄉長對記者說：「所謂『樹大，影就大』，二百萬元對他來說，算不了什麼。」

1377 樹頭徛有在，呣驚樹尾作風颱

Tshiū-thâu khiā ū tsāi, m̄-kia^n tshiū-búe tsò hong-thai

【暗示】光明正大，暗室有青天。

【註解】在：穩固。

只要行得正，光明磊落，就不會有人誤會，縱使誤會也不會發生影響。

【例句】趙樹民與張百景是死忠好友，張百景車禍意外死亡後，趙樹民認為好友寡妻需要多加關心照顧，卻因而引起風風雨雨，令他的老

婆感到很困擾，希望他少到張家走動，以免被誤會。

「人家的嘴巴要怎樣講，我們也禁止不了，」趙樹民不在乎的說：「只要『樹頭徛有在，嘸驚樹尾作風颱』。」

1378 樹愛樹皮，人愛面底皮

Tshiū ài tshiū-phûe，lâng ài bīn-té-phûe

【暗示】要愛惜羽毛。

【註解】樹都要樹皮來保護，人也要維護面子。面底皮：面子。

【例句】同事間本來是一句玩笑話，竟然鬧到法庭相見，朋友變仇人，想要做和事佬的同事，卻沒有著力點，使不上力。

這件引起同事間反目成仇的事件，都是「樹愛樹皮，人愛面底皮」造成的，李什麼不說，竟在眾多同事面前指著邱有乾說：「恁姆討客兄。」讓邱有乾羞愧萬分，一定要他拿出事實證據，否則不放他干休。兩人扭打了一頓，便鬧進警察局，而至法院。

1379 機關园倉庫

Ki-kuan khǹg tshng-khò͘

【暗示】深藏不露。

【註解】機關被放在倉庫裡，深藏不露，自然有原因。

【例句】鎮長選舉只剩下十天，袁鎮長卻如往常的鎮定，而對手攻勢又一波比一波凌厲，害競選總部人員都緊張起來，紛紛詢問袁鎮長，這一仗還能打嗎？

「放心啦！這場選舉我們是贏定了。」

「贏定了？」大家異口同聲的問他：「鎮長，你有什麼祕密武器？」

「我的『機關园倉庫』，」袁鎮長胸有成竹的說：「到時候你們就知道了。」

1380 橫肉生

Huâi^n-bah-se^n

【暗示】蠻橫不講理。

【註解】面目給予人的是凶殘蠻橫、凶惡的感受。

【例句】孫女安娜二十八歲了，這在現代的人並不覺得如何，可是阿嬤老
是為孫女焦急，怕她將來嫁不出去。

可是當安娜帶她男友呂坤耀回家，要給老人家和她阿嬤認識時，
她爸媽沒有什麼意見，她阿嬤卻覺得這個姓呂的年輕人，面目「橫
肉生」，絕不是善類，而反對他們繼續來往。

1381 橫行直撞

Huâi^n hîng tit lòng

【暗示】強橫蠻為。

【註解】目中無人，橫行霸道，為所欲為。

【例句】我去探望林君，他鄰居告訴我他們夫婦到台東面會，令我頗感詫
異。

「林先生到台東面會？」我問他：「去跟誰面會？」

「去跟他家老么面會，」他問我：「你不知道他家老么『橫行直撞』
目無法紀，被舉報為流氓，抓去管訓嗎？」

1382 橫柴夯入灶

Huâi^n tshâ giâ jip tsàu

【暗示】蠻橫無理，橫行霸道。

【註解】指是為非，指鹿為馬，不顧道德、情理的強勢行為。

【例句】外溪鄉民代表唐有仁，利用權勢趁職務之便，誘姦代表會工友吳
素梅，引起各方指責。

唐代表並不因自己不法行為感到愧疚，甚至「橫柴夯入灶」，說：
「我推薦吳素梅當工友，都沒收她的紅包，上幾次床，她的老公

又有什麼損失？」

1383 燒糜損菜，婿姆損婿

Sio mûe sún tshài，súi bố sún sài

【暗示】貪色傷身。

【註解】燒糜：滾燙的稀飯。婿姆：老婆漂亮。

稀飯很燙，只好先吃菜；老婆漂亮，身體耗費在房事上。

【例句】班花被楊仔搶走，本來就令大家很感意外，尤其更不解的是，楊仔近來怎麼變得瘦巴巴的，是不是有什麼疾病？

「楊仔不是有什麼暗疾。」李建智若有所悟的說：「一定是『燒糜損菜，婿姆損婿』吧？」

1384 瞞生人目，答死人恩

Mûa tsheⁿ-lâng bàk，tap sí-lâng un

【暗示】虛應故事。

【註解】瞞生人目：瞞著陌生人。答死人恩：做法事排場，只不過表示感謝死人的恩惠。

【例句】故蕭公基先老先生的告別儀式，確實辦得很隆重。不過令大家納悶的是，蕭家雖然有錢，三兄弟對父母並不怎麼孝順，喪事怎捨得花那麼多錢？「傻瓜！」隔壁阿桑說：「還不是『瞞生人目，答死人恩』而已！」

1385 瞞者瞞不識，識者不可瞞

Mûa--tsiá mûa put-sik，sik--tsiá put-khó mûa

【暗示】不知道的人，才會受騙。

【註解】瞞者：要欺騙。要欺騙也要看人，認識的人是欺騙不了的。

【例句】楊姝娟戴著訂婚戒指，喜氣洋洋的向同事們宣示說，這枚一克拉的鑽戒，是周世華給她的許多訂婚禮物之一，價值多少又多少。

同事們都圍著她，有人羨慕、有人嫉妒，家裡開珠寶店的吳莉娜輕輕的牽起她的手，注視了一下那個訂婚戒指，便把我拉到一邊說：「莉香，我告訴妳，『瞞者瞞不識，識者不可瞞』，那是假鑽。」

1386 糖甘蜜甜

Thîg kam bit tiⁿ

【暗示】甜言蜜語。

【註解】戀愛的人最幸福，情人的一言一語都覺得很甜蜜。

【例句】同事們對於吳淑蜜終於捨棄李技士而與許課員訂婚，都感到她將來一定會後悔。

吳淑蜜和他們兩人都是來往非常密切的男女朋友，在大家的印象中，李技士木訥但誠實，而許課員一張嘴巴「糖甘蜜甜」，浮華不實在。

1387 蕃薯好食免大條

Han-tsî hó-tsia̍h bián tūa-tiâu

【暗示】以質取勝。

【註解】蕃薯：地瓜。大條：粗大。好東西不一定要粗大。

【例句】最近餐廳流行299元、399元吃到飽的花招。

林老師最喜歡上這樣的餐廳，他說無論是299元、399元，都值回票價。

可是邱主任持相反的見解，他說：「所謂美食就是色味香兼而有之的料理，『蕃薯好食免大條』，爲了吃夠本，狼吞虎嚥，食不知味，又何必？」

1388 蕃薯呣驚落土爛，只求藤葉代代湠

Han-tsî m̄ kiaⁿ lo̍h-thôo nūa，tsí kiû tîn-hio̍h tāi-tāi thùaⁿ

【暗示】不怕環境惡劣，只要求機會。

【註解】蕃薯這種農作物，無論栽植在什麼樣的土壤，都不會腐爛，只要能把它種下來，葉藤會一直繁衍下去。

【例句】林德群現年49歲，二年前從台北果菜公司退休下來，回到彰化縣秀水鄉老家，以溫室專業栽培蕃薯成功，成為果菜市場的搶手貨，令他出頭天。

林德群出身農家，又到台北果菜公司服務，但他發現「蕃薯呣驚落土爛，只求藤葉代代湠」，大有可為。因此提早退休，回老家發展蕃薯事業。

1389 褪褲走艙離

Thǹg khòⁿ tsháu bē lî

【暗示】來不及脫逃。

【註解】褪褲：脫褲子。事件發生的很突然，連躲避都來不及。

【例句】老爸到派出所把被抓到警局的兒子保回來，一路上罵著回家。

老爸責備兒子，人家在飆車，不應該去看熱鬧，尤其警察包抄時，就應該跑開，還呆呆的在那邊，怎不被捉進去呢？

「爸，我不是呆呆在那裡等警察來捉，」兒子解釋說：「我聽到警察吹哨子過來時，要跑已經『褪褲走艙離』了。」

1390 褪褲放屁

Thǹg khòⁿ pàng-phùi

【暗示】多此一舉。

【註解】褪褲：脫褲子。

東邊日出西邊雨，道是無晴卻有晴，多情反被多情誤。

【例句】吳家婚禮，今天鬧成一團，來賓很多，卻見不到新娘。

原來是吳銘清為了與前女友李亞玲，結束長達三年的愛情，相偕到賓館做最後一夜的溫存，被送女儐相到賓館住宿的新娘子蕭玉玫看到了，兩人打成一團，不久，新娘子就失蹤了。

參加婚禮的來賓，都說吳銘清偕前女友到賓館話別，是「褪褲放

屁」多此一舉。

1391 褲帶結相連

Khò-tùa kat sio-liâm

【暗示】出雙入對。

【註解】兩個人的褲帶連結在一起，成為形影不離。

【例句】「人與人之間，要互相尊重，更要保持距離。」這是我們在新進人員講習中，人事主任對我們的提醒，也是建言。

他說社會上，甚至同一單位中，有些同事特別要好，出雙入對，有張三便有李四，有李四便能看到張三，好到「褲帶結相連」，這樣是不必要的，出了問題，不但變成連體嬰，搞不好成共犯。

1392 親情五十，朋友六十

Tshin-tsiân gō-tsáp，pîng-iú lák-tsáp

【暗示】親兄弟比朋友還差。

【註解】親情：家人兄弟姐妹的情分。對待朋友比對待親人還好。

【例句】小范經營運動服裝，進大批貨資金不夠，便去找他姑丈幫忙。姑丈覺得很奇怪，小范哥哥那麼有錢，朋友都借得到，怎麼自己弟弟借不到？

「還是不要提我老大了，」小范感嘆的說：「他那個人『親情五十，朋友六十』，有錢是他的事。」

1393 貓面忭奸臣，鬍个不仁

Niau-bīn khah kan-sîn，hô--ê put-jîn

【暗示】面相難騙。

【註解】貓面：麻臉。鬍个：鬍鬚的。

【例句】最近到柳新榮家出出入入的都是那些奇裝異服，面相不怎麼順眼的傢伙，這令他的老爸非常擔心，告誡他說：

「新榮啊，不是爸有成見，俗語說『貓面怀奸臣，鬍令不仁』，我
看你交的朋友，都是那些青面獠牙，應該遠離這種朋友才好。」

1394 輸人呣輸陣，輸陣歹看面

Su lâng m̄ su tīn，su tīn pháiⁿ-khùaⁿ-bīn

【暗示】團隊榮譽至上。

【註解】個人勝負不算什麼，團隊輸給人家便很難看了。

【例句】全台國中足球大賽，明揚國中之所以榮獲冠軍，大家在慶功會上，
一再讚揚游教練教導有方，才有此殊榮。
游教練不敢居功，其實游教練是家長會林會長重金請來的。林會
長說他之所以提供二十萬元獎金，是基於「輸人呣輸陣，輸陣歹
看面」，認為重賞之下必有勇夫，因此才請到游教練這個人才。

1395 辦家伙仔

Pān ke-húe-á

【暗示】扮家家酒。

【註解】不正經辦事，好像小孩子遊戲、玩耍。

【例句】黃里長兒子正偉結婚，誠意十足，全里三百多戶里民，家家戶戶
都親自去邀請，到他家喝喜酒，分享他家的喜悅。
黃里長很謙虛的說，兒子結婚只是「辦家伙仔」而已，務必都要
來吃酒。

1396 詀人好食物

Tsē lâng hó-tsia̍h-mih

【暗示】人多好辦事。

【註解】詀人：人多。人多，食物少，吃起來特別好吃。

【例句】在民國六十年代，我家經常有黨外人士或大學生造訪，因為是鄉
下，諸多不便，我的老婆蕭老師，都以煮大麵羹招待來賓，權充

午餐或晚餐。

不管是學生或黨外人士，也不管多少來賓，大家都吃得津津有味，也吃得精光，我老婆不但對自己以簡餐待客不覺得難為情，還說「諳人好食物」。

1397 諳牛踏無糞，諳姆無地睏

Tsē gû tảh bô pùn，tsē-bớ bô tè khùn

【暗示】人多礙事，沒有效率。

【註解】諳牛：牛多。

小範圍有那麼多隻牛，礙手礙腳，做不出什麼好事。

【例句】上課的時候老師發現班上同學少了一半，問班長才知道多數的人，跑去幫忙做壁報。老師前往察看，果然大家擠在一塊，七嘴八舌的，也不知這麼多人能做出些什麼壁報。「各位同學，你們給我聽好，」老師大聲說：「這麼多人要做壁報，『諳牛踏無糞，諳姆無地睏』，留下四個人就好，其他人回去上課！」

1398 諳囝餓死爸，諳新婦磨死大家

Tsē kiáⁿ gō sí pē，tsē sin-pū bûa sí ta-ke

【暗示】兒媳要好不必多。

【註解】諳囝：孩子多。新婦：媳婦。大家：婆婆。

孩子多了，各以為父親生活有人打點而沒去關心；媳婦多了，家務事互相推托，婆婆看不過去，乾脆自己動手做。

【例句】政府的人口政策，隨著人口的變化而調整，以前為了減少人口壓力，而推行「兩個恰恰好」。後來又隱約喊出兩個不算多，三個還算好。現在更正式提出獎勵，生第三個孩子，每月補助五千元，直到孩子年滿二十歲。

現代年輕人除了不想結婚，要過單身貴族的生活外，媽媽之所以成為稀有動物，是大家都已經瞭解，「諳囝餓死爸，諳新婦磨死大家」。

1399 諍戲諍人看

Tsē hì tsē lâng khùaⁿ

【暗示】拋磚引玉。

【註解】戲團多,來看戲的人,反而來得更多。

【例句】我在街上走了一趟,偷偷的算著賣奶茶飲料的小店,光中正路便有十一家。

我感到納悶的是,以我們社頭鄉不多的人口,一條街便有那麼多賣飲料的商家,如何存活下去?

「你沒聽說過『諍戲諍人看』嗎?」老蕭對我說:「你沒數數看,安親班少說也有二十家,沒有生意,不會有人經營。」

1400 錢,長性命人个

Tsîⁿ,tn̂g sìⁿ-miā lâng--ê

【暗示】錢,要有命花。

【註解】錢很多,但是要長壽、健康的人,才能真正享受到有錢的好處。

【例句】王爸爸對於兒子王士強,每天下班回來,扒了幾口飯,晚上又要到一家食品工廠擔任會計工作,那麼辛苦,捨不得他這麼累,就一再勸告他不要如此折磨自己。但王士強依然故我,因此對他說了重話:「錢,長性命人个!」

1401 錢,搵豆油甭食咧

Tsîⁿ,ùn tāu-iû bē tsiàh--leh

【暗示】金錢非萬能。

【註解】錢,雖然神通廣大,但有其極限,譬如不能吃。

【例句】簡教授為了要證明金錢不是萬能的東西,強調「錢,搵豆油甭食咧」外,他還證明說:

「你用再多的金錢,不但買不回失去的生命,連嬰兒的笑容也買不到,不信大家試試。」

1402 錢了人無事(戴)

Tsîn liáu lâng bô tāi

【暗示】花錢消災。

【註解】人生有什麼糾葛，能用金錢解決的，那就好說了。

【例句】我有一陣子沒看到表弟，聽說他有了些麻煩，被人捉姦在床告到法院去，不知官司如何？

昨天參加研習碰到他，問起那件事，他好像很不高興，只冷冷地說：「那種事嘛，『錢了人無戴』，無要按怎？」

1403 錢大百，人落肉；錢細百，踔趁成塔

Tsîⁿ tūa-pah，lâng lȯh-bah，tsîⁿ sè-pah，tsiȧp thàn sîng thah

【暗示】錢多煩惱多，錢少沒關係，打拼會有成績。

【註解】錢多，怕被騙被搶，反而瘦了一身肉；錢雖然少，但認眞打拼，終會積少成多而富有。

【例句】「這是不是惡性或良性循環，很難說，有錢的人，怕被搶、怕發生意外、怕生病，擔心這個、擔心那個，結果人一直消瘦下去，」黃教授在社區座談會對與會人士說：「沒錢的人，拼命賺錢，久而久之，也變成有錢人，這時候有了錢，就開始煩惱，正是『錢大百，人落肉；錢細百，踔趁成塔』。」

1404 錢歹趁，囝細漢

Tsîⁿ pháiⁿ thàn，kiáⁿ sè-hàn

【暗示】要量入爲出。

【註解】歹趁：難賺，也就是賺錢很困難。囝細漢：孩子還幼小。

賺錢那麼困難，孩子又那麼小，花錢得好好規劃才好。

【例句】景氣低迷已經數年了，民眾都感受到「錢歹趁，囝細漢」，生活越來越困苦，而有日子難過之嘆。

但是發生在1995年，電玩大亨的主角周仁參，卻每天賺500萬元。

他之會每天賺那麼多錢，是這位大亨經營賭博電玩行賄檢察署，引爆電玩弊案，經過法院數度判決，2003年9月30日改判8年6個月，罰金9億元。周仁參有錢不繳罰金，寧願讓高檢署關了六年，坐牢代罰，一天少繳罰金500萬元，成為合法難得一見的高價勞工。

1405 錢去死，唔通人去死

Tsîⁿ khì sí，m̄-thang lâng khì sí

【暗示】錢了人無戴。

【註解】用錢能夠解決的，都好辦事。

【例句】柳明祥和另位夜市攤販同行，因細故而互相謾罵，他無意中罵了對方豬哥被告進法院，判了二個月有期徒刑，得易科罰金一日九百元計算。

柳明祥認為現在景氣低迷，夜市一個晚上也不一定能賺到九百元，更何況一星期休兩天，無論怎麼算，去吃牢飯較合算，可是他的老爸罵他說：「你腦筋壞掉了？『錢去死，唔通人去死』，怎麼傻到要去坐牢？」

1406 錢四骹，人兩骹，仙逐嘛逐獪著

Tsîⁿ sì-kha，lâng nñg-kha，sian jiȯk mā jiȯk bē tiȯh

【暗示】賺錢不易。

【註解】仙逐：怎樣追。逐獪著：追不到。

花錢比賺錢容易，錢像有四隻腳，只有兩隻腳的人跑得再快也追不上。

【例句】陳秋意白天在塑膠工廠上班，晚上又到夜市做生意，天天勞勞碌碌沒得閒。岳父看在眼裡，捨不得女婿這麼辛苦，勸告他說：「秋意啊！你不要那麼辛苦，『錢四骹，人兩骹，仙逐嘛逐獪著』，身體照顧好要緊。」

1407 錢有，唔驚世事

Tsîⁿ ū, m̄ kiaⁿ sè-sū

【暗示】有錢好辦事。

【註解】有錢人，生活在世上什麼都不用擔心，所以也就不怕什麼了。

【例句】對於有錢人來說，什麼事都好辦，但對於要參加2005年蕭邦國際
鋼琴大賽的許書豪、許書嘉兄弟，就實在不知道怎樣才能通過金
錢這一關。

這對自幼熱愛音樂、獨鍾鋼琴的許家兄弟，文建會特別推薦他們
參加蕭邦國際鋼琴大賽，由國家支付來回機票，其他一切自理。
如果「錢有，唔驚世事」，偏偏他們是窮人家的孩子，所以想用打
工籌措旅費。台中一位書法教師周良敦知悉，特別安排他們到台
中文化中心演出，接受捐助。

1408 錢來免歡喜，錢去免傷悲

Tsîⁿ lâi bián huaⁿ-hí, tsîⁿ khì bián siong-pi

【暗示】錢財身外物。

【註解】免歡喜：不必高興得太早。免傷悲：不必傷心悲痛。
錢多錢少，錢來錢去，都不必太在意。

【例句】翁自強中了大樂透，獎金兩百多萬元，一家人高興得不得了。尤
其是他的老婆素珠，認為手氣正好，她才會又中了香港的六合彩，
獎金三百萬元。

她要讓她老公驚喜，所以都默默的獨自處理，香港詐騙集團以電
話指示她，如何匯款繳交所得稅，前前後後又幾度電話恭喜，說
她又中了六百多萬元，她正欣喜若狂之際，她老公始才發現銀行
所有存款被偷匯出去，真所謂「錢來免歡喜，錢去免傷悲」。

1409 錢無人著趖

Tsîⁿ bô lâng tiòh sô

【暗示】趖：無精打采。

【註解】身上沒有錢，做事提不起精神來。

【例句】程進保拐入暗巷快要到家時，突然閃來一個惡徒，用槍抵著他的
後腦袋說：「快把錢拿出來，否則讓你腦袋開花！」
程進保因爲「錢無人著趖」，就理也不理的說：「你開槍吧！我發
現，人在台北，沒有腦袋無所謂，就是不能沒有錢。」

1410 錢無兩個跋獪霆

Tsîⁿ bô nñg-ê puàh bē tân

【暗示】半斤八兩，如此如此。

【註解】一個銅板是不會響的，兩個銅板互相敲打，便會發出聲音。

【例句】王媽媽最感到憂心的是，她兩位媳婦有時候吵到連輪到煮飯也不
動手，便各自跑回娘家，還得她老人家下廚煮給孫兒和兒子們吃。
王爸爸常常說這兩個媳婦，一個三八、一個八珍，也實在不誇張。
如果一個少發牢騷幾句，一個能裝聾不聽，就不會經常吵架，也
眞是「錢無兩個跋獪霆」。

1411 錢筒仔查姆毋通摸

Tsîⁿ-tâng-á tsa-bó m̄-thang bong

【暗示】行爲要有分寸。

【註解】摸女人的胸部，就像摸人家的錢筒，難免瓜田李下被誤會性騷擾，
那就要吃上官司。

【例句】台灣於2006年1月18日公佈實施「性騷擾防治法」，黃總經理特
別聘請柳檢察官，於月會中講解立法精神和條文對性騷擾的認定。
演講後，多人特別對常常向女同事開黃腔的吳組長說，他要特別
注意，並提醒他「錢筒仔查姆毋通摸」。

1412 錢銀三不便，賒借誰人無

Tsîⁿ-gûn sam put-piān，sia-tsioh siáⁿ-lâng bô

【暗示】有時候也會欠錢用的。

【註解】鈔票不是自己的，有些時候手頭也會不方便。

【例句】田文玉下班回家告訴他老婆說：「晚上，游明山要到我們家來。」
他老婆問：「那個酒鬼來幹什麼？」
「好像要借錢，」田文玉說：「我又沒有錢，不知怎樣說？」
「那還不簡單，」他老婆說：「大家都知道『錢銀三不便，賒借誰
人無』，直接告訴他，喝酒有酒，借錢沒錢，不就沒事嗎？」

1413 錢銀纏半腰，免驚銀紙無人燒

Tsîⁿ-gûn tîⁿ pùaⁿ-io，bián kiaⁿ gûn-tsúa bô lâng sio

【暗示】有錢能使鬼推磨。

【註解】腰纏萬貫的人，死後不怕沒有人來替他追悼，辦喪事，撒銀紙。

【例句】梁校長退休後，領了一大筆退休金，他兩個在台北工作的兒子，
就回老家要老人家幫忙償付房屋貸款，減輕他們沉重的經濟壓力。
梁校長說除了幫他們付孫子的學雜費外，其他免談，他對他妻舅
說：「不是我不幫他們，錢，將來我走了也帶不去，不過『錢銀
纏半腰，免驚銀紙無人燒』，老子身上有錢，誰敢不孝順？」

1414 閹雞趁鳳飛

Iam-ke thàn hōng pue

【暗示】人比人氣死人。

【註解】閹雞：割去生殖器的公雞。
鳳：古代傳說鳥中之王，雄的是鳳，雌的是凰。
閹雞是在地上的家禽，居然也要追在天上飛的鳳凰。

【例句】台灣企業西進幾乎是一種擋不住的潮流，連在街上賣北斗肉圓的
錢政棋，也想到中國大陸求發展。

「阿棋啊！」他的老丈人勸告他：「你呀！千萬不要『閹雞趁鳳飛』，你要到廈門賣台灣肉圓，誰來照顧你妻兒？」

1415 隨人食家己

Sûi-lâng tsiảh ka-kī

【暗示】膳食自負。

【註解】隨人：各自。家己：自己。吃飯不包括在內，要各人自負。

【例句】北亞旅行社推出日本賞櫻陽光團，六日五夜團費32,000元，我們的同事都認為有夠俗，紛紛報名參加旅遊。

在出國前一週，北亞旅行社特別為我們舉行出國說明會，會中有人問伙食好不好？

旅行社人員答：「關於伙食好不好，因為說明書已經註明『隨人食家己』，所以吃好吃壞，你們自己花錢，自己決定。」

1416 隨人討米，隨人落鼎

Sûi-lâng thó bí，sûi-lâng lỏh tiáⁿ

【暗示】隨人顧生命。

【註解】隨人：各人。討米：乞討食米。落鼎：下鍋。

各人煮各人討來的米，煮各人的飯，不要想佔人家便宜。

【例句】盧家三兄弟辦好他們父親的喪事後，有件事情三個人爭得面紅耳赤。

他們爭執的是喪事的喪葬費用，共花五十三萬四千元，大家沒有意見，只是三個人平均分攤奠儀，老二、老三都覺得不合理，這種事不能「隨人討米，隨人落鼎」，兄弟各人有各人的人際關係，收到的奠儀，將來都要禮尚往來，那麼怎樣分攤費用才合理，是他們兄弟爭執的原因。

1417 頭忭大身

Thâu khah tūa sin

【暗示】事情鬧得不可收拾。

【註解】把事情搞砸了，以致難了了。

【例句】胡志明與陸芬芬相戀也有四年了，一般人早已進入洞房，唯有他們兩人還在洞房門口徘徊，朋友阿強覺得很奇怪，怎麼只要戀愛不結婚，女方不會逼婚嗎？

「不是我不想結婚，我那個七仔是獨生女，」胡志明訴苦說：「我要是開口要娶她，連帶的也要負擔奉養兩位老人家，真是『頭忭大身』，我才遲遲不敢表示。」

1418 頭大面四方，肚大居財王

Thâu tūa bīn sù-hong，tớ tūa ki tsâi-ông

【暗示】表裡一致。

【註解】依據面相，頭大臉方正的人是福相，而肚子大的人，方能留得住錢。

【例句】黃慶堂一向以恭維博得他人好感而沾沾自喜，他見到謝老闆鮪魚肚那麼大，便以「頭大面四方，肚大居財王」，連連奉承他是大富大貴的人。

謝老闆聽得很煩，當面斥責他做人這麼假，肚子大明明是裡面裝的糞便多才會大起來，還說那些有的、沒有的。黃慶堂被說得面紅耳赤。

1419 頭大像獅，肚大貯屎

Thâu tūa tshiūⁿ sai，tớ tūa té sái

【暗示】相貌堂堂，草包一個。

【註解】「頭大面四方，肚大居財王」，看來是福相，肚子裡卻是一堆廢物。

【例句】蕭森是位很會拍人馬屁的傢伙，他看到每個人，都會說盡好話，

博取人家的好感。

他經人介紹認識農會的萬理事長，看到萬理事長一身富態，便舌
粲蓮花，說盡好話，想不到理事長是個不喜愛人拍馬屁的人，理
事長對他說：「我『頭大像獅，肚大貯屎』，你有什麼企圖？竟說
拍馬屁的廢話？出去！出去！」

1420 頭毛試火

Thâu-mîg tshì húe

【暗示】以身試法。

【註解】用頭髮去測試火焰。明知故犯。

【例句】老二立祥跟朋友相約晚上要去飆車，整個下午便在整理他的機
車，以便晚上大展身手。

老爸知道後，一邊把機車的鑰匙抽起來，一邊不斷的罵他「頭毛
試火」，什麼娛樂不可玩，飆什麼車！

1421 頭仔懱懱，尾仔冷冷

Thâu--á hìng-hìng，búe--á líng-líng

【暗示】虎頭貓鼠尾。

【註解】懱懱：興趣，熱中的意思。冷冷：乏味，沒有興趣。
剛開始的時候，非常熱中、投入，到後來不聞不問。

【例句】校務會議上，楊、柳兩位老師，對於教育部補助環境生態教育費
100萬元，提出設立蝴蝶園的計劃。

許校長原則上同意設立蝴蝶生態園區，可是他擔心錢花下後，維
護不力會變成蚊子館，所以提醒同仁說：

「申請設立蝴蝶園區應該沒問題，不過要訂個管理辦法，才不致
於『頭仔懱懱，尾仔冷冷』，淪為蚊子館。」

1422 頭仔寒酸，嘸通後來多端

Thâu--á hân-suan，m̄-thang āu--lâi to-tuan

【暗示】君子之交。

【註解】頭仔：起初。寒酸：小氣。

【例句】父親看到兒子跟同學們，你兄我弟，常常笑鬧在一起，一方面心裡高興獨生子有那麼多要好的朋友，一方面擔心朋友那麼親密，以後如果翻臉，那一定會很寂寞、難過，因此常常告誡兒子說：「朋友相處『頭仔寒酸，嘸通後來多端』，這樣友誼才能長久。」

1423 頭洗落去矣，無剃敢會使

Thâu sé--lóh-khì-ah，bô thì kám ē-sái

【暗示】事到如今，沒辦法回頭了。

【註解】到理髮廳去理容，已經先洗頭髮了，臨時說不剪已來不及，非剪不行了。

【例句】賴太太一再反對賴錫昭競選鄉長，甚至以離婚威脅。
「孩子的媽，妳反對我競選鄉長，怎不早說？」賴錫昭一臉苦瓜的說：「現在名片都發出去了，旗幟也到處飄揚，『頭洗落去矣，無剃敢會使』？」

1424 頭過身就過

Thâu kùe sin tsiū kùe

【暗示】萬事起頭難，都應付過去了，以後就不會那麼難了。

【註解】剛開始的時候，也是最困難的日子，都過去了，往後的障礙也就容易應付了。

【例句】小陳非常興奮，因為他女朋友終於同意和他約會，而且言談之中，好像外宿也沒關係。
他請教同事黃有坤，在賓館中怎樣進一步向女朋友求歡？
「那還不簡單，船到橋頭自然直，」黃有坤告訴他：「這種事『頭

過身就過』了。」

「我不懂你說什麼，」小陳緊張兮兮的問道：「老大，你說『頭過身就過』，是哪一個頭？」

1425 頷頸硬確確

Ām-kún ngē-khok-khok

【暗示】硬頸，不低頭。

【註解】脖子很硬，不隨便低頭、妥協的。

【例句】黃永祈在鄉公所同事中，是人人嘖嘖稱奇的老職員，他也是早期專科畢業的村幹事，比他晚進鄉公所的特考人員，大都升任單位主管，只有他還在當村幹事，他也都不曾發過牢騷。

許多老村長和鄉民代表，提起黃永祈，都說他是「頷頸硬確確」，不願為升遷低頭找人關說，誰會提拔他？

1426 骹澇手臭臊，骹焴喙枵膌

Kha tâm tshiú tshàu-tsho，kha ta tshùi iau-tso

【暗示】肯做就不會餓肚子。

【註解】肯下水撈魚，就會有魚吃；手腳乾乾淨淨的人，就沒得吃。

【例句】趙家兩兄弟最能印證「骹澇手臭臊，骹焴喙枵膌」這句諺語。

趙家老大阿期勤快，工作不分大小，有人請他做，他都肯去做。反觀老二阿欽，做工作挑三選四，要簡單、輕鬆的、利潤高的才願接手。

因為工作態度不一樣，老大的生活好得多。

1427 骹骨公，手骨王

Kha-kut kong，tshiú-kut ông

【暗示】身手敏捷、健全。

【註解】身體矯健，手腳都很靈敏、健全。

【例句】「我們上了年紀的人，要多吃有鈣質的食物，」許醫師到老人會演講：「要知道『骹骨公，手骨王』，如果手腳不靈活、有毛病，那就很慘了。」

1428 骹慢手笨食無份，骹手趖趖著食無

Kha bān tshiú pūn tsiȧh bô hūn，kha-tshiú sô-sô tiȧh tsiȧh bô

【暗示】要吃就要「討趁」。

【註解】行動慢吞吞的，人家吃光了才來，沒你的份。無精打采的哪裡吃得到，喻要勤快才有得吃。

【例句】紀小君告訴她媽媽，今天新開幕的東方大書局，有禮券送給客戶，聽說一張面值一千元，她剛好要買參考書，想去碰碰運氣。「好啊！要去碰運氣，便要早去，」她媽媽鼓勵她說：「通常商店送禮物，都有數量限制，往往是『骹慢手笨食無份，骹手趖趖著食無』。」

1429 骹踢著鐵枋

Kha that-tiȧh thih-pang

【暗示】碰到強手了。

【註解】鐵枋：鐵板。腳踢到強硬的鐵板，也就是碰到堅強的對手。

【例句】前新竹縣長范振宗，是一位以快人快語、直言不諱著名的政壇人物，2006年4月，他被行政院長蘇貞昌解除台灣肥料董事長職位，肇因於台肥總經理黃清晏與顧問林志豪之間內部不和，鬧上檯面來。

一向敢說敢罵的范振宗，碰到第一家庭律師林志豪，幾乎「骹踢著鐵枋」，這位自稱沒有任何污點的律師說：「董事長范振宗，是垃圾、大便。」

1430 骹頭窩想嘛知

Kha-thâu-o (hu) siūⁿ mā tsai

【暗示】道理淺現易知。

【註解】道理很簡單，不必用到頭腦，只要用膝蓋想一想，便知道該怎麼做了。

【例句】清水岩社區生命共同體協會成立後，因欠缺經費，工作計劃無法順利推動，理事會就將腦筋動到向區域內廠商募款，由十四名理監事，每人負責募捐二十萬元。全體理監事在李順義理事長帶領下，拜訪地方仕紳、廠商，一個月下來卻只募到六十萬元，與三百萬元的目標頗有落差。「向他們募款這件事，用『骹頭窩想嘛知』，」吳理事在檢討會上說：「景氣這麼差，能募到六十萬元，已經阿彌陀佛了。」

1431 骹鬆手筒

Kha sang tshiú lang

【暗示】沒有牽絆、負擔。

【註解】孩子長大了，責任完成，心情輕鬆。

【例句】我們左右鄰居都很羨慕呂伯伯夫婦，他們經常到國外觀光旅遊，一年少說也有十幾趟。其實也難怪呂伯伯夫婦能夠享受這麼悠閒的人生，他們的三男兩女都已經成家立業，也各有安定的生活，兩老已經「骹鬆手筒」，沒有什麼牽掛，不趁這時享受人生，更待何時？

1432 鴨母喙，罔嘮罔嘮

Ah-bó tshùi，bóng lo bóng lo

【暗示】殷勤會有回報。

【註解】母鴨在水中不斷的覓食，終會找到可吃的東西；人的嘴巴要甜，總會撈到好處。

【例句】黃榮村是田中鎮出身的教育部長，呂校長知道清明節他會回鄉掃墓，就約好許家長會長陪同拜會黃部長，商請補助新建活動中心的冷氣設備。

呂校長一行人回校時，人人面帶笑容，大家猜測一定大有斬獲，許家長會長告訴大家：「真的，『鴨母喙，呾嘮呾嘮』，居然嘮出180萬冷氣設備補助款。」

1433 鴨卵忭密也有縫

Ah-nñg khah ba̍t iā ū phāng

【暗示】要人不知，除非己莫為。

【註解】鴨蛋是橢圓形的，外表看起來，絕對看不出有細孔，但裡面的胚胎，還是要靠外面的氧氣進入才會活下來的，只是細孔肉眼看不出來而已。

【例句】劉鄉長涉嫌，建設運動公園向包商索取回扣的不法事件，調查局已經開始約談相關人員。

劉鄉長雖然處事低調，鄉政處理非常小心謹慎，向包商索取回扣，以為鄉民都不知道，其實凡事除非己莫為，否則「鴨卵忭密也有縫」，終究會被揭發出來。

1434 鴨稠內無隔暝塗蚓

Ah-tiâu lāi bô keh-mê thô-ún

【暗示】不可能的事情。

【註解】塗蚓：蚯蚓。

鴨子愛吃蚯蚓，鴨舍內如有蚯蚓，能留到第二天而不被吃光？

【例句】新竹縣沿海鄉鎮有一警察分駐所，其陸姓所長和莊姓巡佐，被以「瀆職」移送地檢署偵辦，縣內民眾都額手稱慶。

這兩位分駐所主管，利用緝私之便，探知應召站有新的大陸妹來賣淫時，便利用職權前往「嚐鮮」，據應召站業者描述，只要被他們發現有新的大陸妹，則「鴨稠內無隔暝塗蚓」。

1435 龍交龍，鳳交鳳，穎狗交凍薲

Liông kau liông，hōng kau hōng，ún-ku kau tòng-gōng

【暗示】死田螺浮一隅。

【註解】龍和龍在一起，鳳和鳳在一起，駝背的與傻瓜笨蛋的搞在一起。

【例句】教育部長杜正勝，於2005年7月中旬，宣佈開放各級學校學生髮
禁，9月各學校開學，各校學生都「百髮齊放」，形成光怪陸離的
景觀。

學生們不但展現出千奇百怪的髮型，有黑髮、金髮、彩色髮……。
「從學生的髮型，便能摸清他們的品德與個性，」黃校長在校務會
議上說：「所謂『龍交龍，鳳交鳳，穎狗交凍薲』，八九不離十。」

1436 龜笑鱉無尾，鱉笑龜頭短

Ku tshiò pih bô búe，pih tshiò ku thâu té

【暗示】四十九笑五十。

【註解】烏龜和鱉魚，看起來差不多，不必互相取笑。

【例句】在歡送邱課長榮升本處科長的聚會中，康士全是多喝了幾杯，醉
得要同事抬回家。

次日上班，大家都在議論康士全昨晚的失態，尤其李國雄還說他
醉得尿在褲子裡，導致他惱羞成怒，公開說：「你呀，『龜笑鱉
無尾，鱉笑龜頭短』，上星期你到賓館叫應召女郎，被警察臨檢
抓到，還不是我去把你保出來的？」

1437 龜骹呣是龜內肉

Ku-kha m̄-sī ku-lāi-bah

【暗示】手盤是肉，翻過來的手底不也是肉嗎？

【註解】烏龜的腳，儘管可以切除成為單一個體，但還是那隻龜內的一部
分，不是嗎？

【例句】兒子在台北工作，回家來要老爸給他五十萬元買車子，老爸聽後

叫老婆給他。

「我給他跟妳給他，還不是『龜骹唔是龜內肉』，何必麻煩我。」

1438 龜骹趖出來

Ku-kha sô--tshut-lâi

【暗示】露出馬腳。

【註解】儘管包裝得很好，烏龜的腳還是會伸出來，被人發現後，真相也暴露出來。

【例句】女兒要買轎車，回來跟老人家說，當時答應過她，將來經濟好時會買一部轎車補給她做嫁妝，現在女兒回來要這部嫁妝轎車。

老爸叫四個兒子來商量，分配每人二十萬元，買部轎車算是補給妹妹的嫁妝，老大、老二和老四都慨然答應下來，只有老三皺眉頭，說手頭很緊，根本沒有餘錢幫妹妹。

次日有人拿會款交老爸要給老三，老爸接過手，笑著說：「老三這下子『龜骹趖出來』，讓他跑不掉了。」

1439 龜龜毛毛

Ku-ku-mo͘-mo͘

【暗示】意見多做事不乾脆。

【註解】說話吞吞吐吐、要說不說；做事拖泥帶水、不乾脆。

【例句】「我不去！主任你自己去！」何岳龍聽到教導主任要他到樹仁國小，找余主任協商鄉運工作分配，就氣呼呼的說：

「樹仁余主任做人『龜龜毛毛』，我跟他談不來，還是你自己去吧！」

1440 懗佮流喙瀾

Giàn kah lâu tshùi-nūa

【暗示】羨慕得要死。

【註解】想要吃一口，想得連口水都流出來了。

【例句】採購主任老黃退休留下肥缺，同事中至少有四、五個人，都對這個職位「懲伻流喙洇」，暗中互相較勁，找關係鑽營。

總經理也不知賣些什麼藥膏，久久不宣佈人選，讓那幾個想要採購大權職位的同事，雖然都假裝若無其事，卻無不焦急萬分。

1441 膨肚短命

Phòng-tō té-miā

【暗示】咒人不得好死的咒語。

【註解】女人咒罵好吃懶做或不負責的男人之罵語。

【例句】賴媽媽一早起來便「膨肚短命」罵個不停。

鄰居都過去看看到底是發生什麼事？賴先生怎麼惹得賴媽媽生那麼大的氣？

原來是愛賭的賴先生，把他三個兒子今天要繳的學費拿去賭博輸光了，才讓賴媽媽發那麼大的脾氣，不斷的罵他「膨肚短命」那麼重的咒語。

1442 膨風水蛙刣無肉

Phòng-hong tsúi-ke thâi bô bah

【暗示】虛假不實。

【註解】膨風：誇張、不實。水蛙：青蛙。

青蛙鼓起氣來是那麼大，好像煮食後，肉會很多，但其實吃過的人都知道，肉並不多。

【例句】王新貴把台灣的事業結束後，轉移到中國，三年後首次回到台灣，他告訴朋友，在中國發展說有多好就有多好。他在短短三年內，工場連開三家，員工從八十多人增加到七百多人。他自詡這三年，在中國至少淨賺兩億人民幣。朋友們都靜靜地聽他吹牛，私下卻都說他：「膨風水蛙刣無肉。」

1443 燴曉駛船嫌溪彎

Bē-hiáu sái-tsûn hiâm khe uan

【暗示】怨天尤人。

【註解】沒有駕駛船隻的經驗，怎麼怪罪起溪河的水道窄小、彎來彎去？

【例句】高雄港2005年6月28日，晚上八點四十分左右，由鼓山前往旗津的渡輪「旗鼓二號」，撞上從第一港口出海的貨輪「大立輪」，渡輪上51名乘客碰撞受到輕重傷，幸無人落海溺斃。

「燴曉駛船嫌溪彎」是一種推卸責任的理由，高雄港闊茫茫，兩隻船竟然相撞，研判是人為失職，「旗鼓二號」船長田明長及「大立輪」船長陳德男，已被移送偵辦。

~~~~~~

1444 燴糊得壁

Bē kô tit piah

【暗示】成不了大事或見不得人。

【註解】燴：不會。那種小case的事，上不了檯面。

【例句】慶祝光復節，縣政府要求各鄉鎮派隊參加民俗藝術表演，張鄉長請國中八家將代表出席。

劉校長對於派「八家將隊」到縣政府表演，不但毫無信心，且一再的說國中「八家將隊」成立不久，「燴糊得壁」，請鄉長另報他隊參加。

~~~~~~

1445 燴曉扛轎，嘸通想欲開轎間

Bē-hiáu kng-kiō，m̄-thang siūⁿ beh khui kiō-king

【暗示】外行人不要做內行事。

【註解】扛轎：抬轎子。嘸通：不可以。不會抬轎子，就不要開轎子店，自己不會、沒把握的事業，不要經營。

【例句】謝有全大學畢業後，還不到一年便換了三個工作，後來索性不找工作，向他老爸要一百萬元，開設補習班。

「阿全啊，不是爸不支持你的事業，可是你都沒有做補習班的經
驗，像『獪曉扛轎，嗯通想要開轎間』，你最好還是食人頭路。」

1446 穤瓜厚籽，歹人厚言語

Bái-kue kāu tsí，pháiⁿ-lâng kāu giân-gí

【暗示】天性劣質夫復何言。

【註解】品種不好的瓜子，瓜籽多瓜肉少；品性不好的人，話也特別多。

【例句】林登佑請他老爸到台北來，告訴他老人家，他已經受不了阿珍一
天到晚喋喋不休，決定辦理離婚，孩子送回老家，請他們費心照
顧。

「阿佑，不是爸說你，你個性也要改一改。」老人家勸他：「所謂
『穤瓜厚籽，歹人厚言語』，『知性可同居』，孩子都大了，還離什
麼婚？」

1447 穤穤思想居

Bái-bái su-sióng-ki

【暗示】回味無窮。

【註解】穤穤：不怎麼好。

雖然不怎麼美好，但還是生活得很充實，回憶起來也真叫人難忘。

【例句】在台北市師範大學附中門口，擺攤38年的「蛋餅伯」黃建成老先
生，於2005年6月12日往生，留給學生及校友無限哀思。

師大畢業生和在校生「穤穤思想居」的想起「蛋餅伯」，無不流露
著懷念之情。他在附中門口賣蛋餅38年，從一個一塊錢，賣到
十五塊錢，都是接近成本，學生們非常喜愛他，他說：「賣蛋餅
是交朋友，不是要賺錢啦！」

因為他和附中的學生宛如朋友，所以學生畢業後，有的出國了，
也會回來附中看他，也曾為他拍了錄影帶《穤穤思想居》，讓附中
學生充滿懷念。

1448 穤穤尪食未空

Bái-bái ang tsiàh bē khang

【暗示】穤穤：長得很醜。

【註解】老公雖然不是帥哥，但這種老公沒有女人緣，不會在外面風流，家庭不會受影響，生活會有保障。

【例句】小圓和娟娟是同班同學中最要好的姐妹淘，但兩個人擇偶條件卻大不相同。長得漂亮的小圓，認為丈夫不必帥，溫柔體貼便好；長得不怎麼樣的娟娟，卻堅持非帥哥不嫁，否則夫妻走在街上不體面。

婚後幾年，娟娟已經嚐到苦果，她的帥哥老公拈花惹草，家產都花在女色上，而小圓家則財富累積愈來愈多，正所謂：「穤穤尪食未空」也。

1449 蹴山過嶺，獪記得姆囝

Puaⁿ suaⁿ kùe niá，bē kì-tit bó͘-kiáⁿ

【暗示】貧賤夫妻百事哀。

【註解】為了討生活一再地搬遷，竟然把妻兒都給忘了。

【例句】從後山花蓮搬到台北發展的民富食品呂董事長，是典型的「蹴山過嶺，獪記得姆囝」的薄情郎。

想當初他的老婆到台北來，為了增加家庭收入，一天跑五、六家為人洗衣服、整理房間。夫妻倆胼手胝足，由小本生意發展到食品工業，已經名成利就，呂董竟把糟糠之妻休掉，令人無限寒心。

1450 幫人幫到底，送佛送上天

Pang lâng pang kàu té，sàng hut sàng tsiūⁿ thiⁿ

【暗示】好人做到底。

【註解】要幫助人家，就要幫到底，不要半途放手不管。

【例句】楊淑媚回到家裡,笑嘻嘻的向她老公借錢。

她老公問:「妳要借十萬元,幹麼?」

「珊珊的父母已經同意桂木的求婚,」楊淑媚興沖沖的說:「我這個媒人已經做定了!」

她老公再問:「做定就做定了,要十萬元幹麼?」

「桂木說聘金不夠,要我借他十萬元,」楊淑媚又解釋:「我已經答應了他,『幫人幫到底,送佛送上天』嘛!」

1451 戲棚骹徛久人兮

Hì-pêⁿ kha khiā kú lâng-ê

【暗示】媳婦熬成婆。

【註解】戲院沒有對號入座,誰先來誰先佔位坐下,如果有耐性、持久力,總會等到有座位輪到你坐下。

【例句】胡鎮長就職後派任的清潔隊五位臨時員,到他連任第二年,他們都認為不可能升任正式員工而紛紛辭職。唯有劉守成任勞任怨、默默的工作,從來都沒把能不能成為正式員工放在心上。

沒想到果真「戲棚骹徛久人兮」,因清潔隊員柯明憲肝癌去世,胡鎮長就特別將劉守成升為正式隊員。

1452 戲作佮老,喙鬚撏踮手

Hì tsò kah lāu,tshùi-tshiu tùa tiàm tshiú

【暗示】不入行也。

【註解】喙鬚:鬍子。撏踮手,拿在手中。

從小演戲演到老了,鬍子還拿在手中。

【例句】黃博士應邀專題演講,事前準備了充分的資料,想在眾多婦女學員中,大展才華。

無奈,他一上台只講了一段演講大綱後,神情就緊張異常起來,雙手頻頻摸著口袋,顯然在找什麼東西。

演講後,博士夫人才匆匆忙忙替他送來眼鏡,還說「戲作佮老,

喙鬚捗跖手」？

1453 搢鼻糊，搵水黏

Tshìng-phīⁿ kô，ùn-tsúi liâm

【暗示】簡陋不堪。

【註解】製作草率、馬虎，好像用鼻涕黏住，用口水沾上去的。

【例句】學校戶外教學，安排到文化局展覽廳參觀「琉璃坊創作展」。到了
文化局門口列隊時，帶隊老師黃娟娟特別叮嚀同學們，參觀琉璃
之創作展，只能用眼睛看，不能用手去摸。她說：「我們要參觀
的琉璃作品，每一件都是『搢鼻糊，搵水黏』的。」

1454 澀、爛、鹹，枵鬼佫雜唸

Siap、nūa、kiâm，iau-kúi koh tsa̍p-liām

【暗示】齷齪之至，不堪嘮叨。

【註解】澀：生疏不懂事。爛：壞極了。鹹：吝嗇。
枵鬼：貪吃。雜唸：嘮叨。集爛於一身，不堪造就。

【例句】同事都竊竊私語，不知李芳妮怎會愛上品管課蕭組長？
「蕭組長不錯啊！」江敏玉不解的問：「最壞人家也是組長呀！」
「組長有什麼了不起！」謝佳佳不屑的說：「蕭組長那個人『澀、
爛、鹹，枵鬼佫雜唸』，妳看全公司除了李芳妮外，他就沒有其
他朋友了。」

1455 牆頭草，風吹兩面倒

Tshiûⁿ-thâu tshó，hong tshue nn̄g-bīn tó

【暗示】勢利鬼，兩邊討好。

【註解】牆頭上存活的小草，無論風吹向哪方向都能活下來。

【例句】立法委員沈智慧，原本是國民黨提名當選的立委，宋楚瑜組親民
黨後，她便退出國民黨轉檯親民黨。

現在親民黨的氣勢已如日落黃昏，這位「牆頭草，風吹兩面倒」的立委，又想回到國民黨的懷抱，卻遭國民黨婉拒。

1456 艱苦頭快活尾

Kan-khó͘ thâu khùi-uah búe

【暗示】先苦後甘。

【註解】有開始的辛苦，才有後來的甘甜。

【例句】老爸少年時家貧失學，到鄉公所擔任工友，後來由於工作認真，受到主管鼓勵、賞識、提拔，終至榮任祕書退休。他對剛到農業技術改良場擔任助理的兒子，上班還不到兩個月便要買轎車代步，甚不以為然。他認為人生在世要「艱苦頭快活尾」才好，不要先甘後苦。

1457 蕹菜蕊，恰好食雞腿

Ìng-tshài-lúi，khah hó tsiah ke-thúi

【暗示】食魚食肉嘛愛菜佮。

【註解】蕹菜：空心菜。蕹菜蕊：有花蕊的嫩葉。恰好：比較好。不起眼的東西，反而更好。

【例句】名牌服飾製造了許多卡奴；美食吃壞了許多人的健康。
劉主任一向主張精神生活勝過物質享受，粗菜便飯樸素生活是他的原則。有人因此詢問劉太太，這種清淡生活，能忍受下來嗎？沒想到劉太太卻笑笑的說：「我也認為『蕹菜蕊，恰好食雞腿』，你沒聽到菜根香嗎？」

1458 薄球使兇勢，鈍刀使利手

Pòh-kiû sái hiong-sè，tūn-to sái lāi-tshiú

【暗示】借勢使力。

【註解】兇勢：台語「勢面」，如氣勢。

玩薄球要靠技巧利用勢面，才玩得起來；鈍刀要切東西，要狠、
要快才切得開。

【例句】鄉民代表會吳主席聽聞，呂鄉長已將蔡民政課長調降清潔隊長，
就特別到鄉公所找他。

「呂鄉長，我們只是聽到蔡課長在鄉長選舉可能支持對手，但都
還沒證實真假，你就把他降調妥當嗎？」吳主席問。

「吳主席，選舉要勝選不能婆婆媽媽的，」呂鄉長堅定的說：「一
定要『薄球使兒勢，鈍刀使利手』，才不致敗選。」

1459 講伻詞，喙鬚好扑結；
教到會，後叔會變老爸

Kóng kah bat，tshùi-tshiu hó phah-kat；
Kà kah ē，āu-tsik ē piàn lāu-pē

【暗示】傻子難教也。

【註解】道理講到聽清楚，鬍子已經長到能打結了；道理教到會的時候，
繼父已經熟到可以當老爸了。

【例句】黃明雄沉迷於六合彩，每一期都簽注很多錢，導致事業荒廢，經
濟日益困頓。朋友問他父親為什麼不規勸他，他父親說：「怎麼
沒有！但這個孩子『講伻詞，喙鬚好扑結；教到會，後叔會變老
爸』！」

1460 講一个影，生一个囝

Kóng tsit-ê iáⁿ，seⁿ tsit-ê kiáⁿ

【暗示】捕風捉影。

【註解】反應過度，誇張解讀，根本沒那麼一回事。

【例句】陳水扁總統女婿趙建銘，看到《聯合報》2006年8月19日的頭版
刊載：「趙建銘賤賣十三克拉巨鑽」，非常火大，委託顧立雄律師
出面，請《聯合報》以同等版面刊載道歉，否則提告。

趙建銘說他根本沒有十三克拉、價值1,600萬元的巨鑽，《聯合報》

記者是「講一个影，生一个囝」，他非告不可。

1461 講人人到，講鬼迮徛尻脊後

Kóng lâng lâng kàu，kóng kúi tùe tī kha-tsiah āu

【暗示】不要背後說人壞話。

【註解】許多事情往往是不可預料的。當說某個人的壞話時，那個人會突然出現在你面前；當說到哪一個孤魂野鬼時，那位孤魂野鬼，也許在你的背後。

【例句】趙老師告訴學生，做人要光明正大，不要背後說人。就像校長雖然喜歡粉味，老師們知道的也都不敢說，因為這是校長個人愛好，也是私事……趙老師還沒說完，就看到校長因巡堂正站在教室外面，「講人人到，講鬼迮徛尻脊後」，一點兒也沒錯。

1462 講起來，天烏一片

Kóng--khí--lâi，thiⁿ o tsit-pîng

【暗示】不說不氣，說起來便一肚子火。

【註解】一片：一邊。要是提起這些事，就滿肚子氣。

【例句】老大回家找二弟說，侄子敏雄昨天去找他，說二弟你有那麼多錢在銀行，卻不能在自己兒子周轉不靈的極端困難之際伸出援手。
二弟聽完老大的轉述後，氣呼呼地說：
「哥，『講起來，天烏一片』，三個兒子，老大、老么，從來不曾向我要過錢；只有老二，我們夫妻的退休金都快被他榨光了，他還說什麼鬼話！」

1463 講著食三戰呂布，做工課桃花過渡

Kóng-tióh tsiáh sam tsiàn Lī Pò，Tsò khang-khùe thô-hue kùe-tō

【暗示】偷雞摸狗，好吃懶做。

【註解】說到吃飯，便精神十足，像三戰呂布；做工作的時候，便像桃花

渡河，漫不經心。

【例句】時代不變，過去婚慶喜宴，大家都會踴躍赴宴，現在因爲生活富裕，婚慶除了至親好友，大都禮到人不到。楊家新婚喜宴，不但禮要到，人也非到不可！但是要叫誰送禮過去？媽媽說：「你還是叫老三過去，他『講著食三戰呂布，做工課桃花過渡』，做老爸的還不知兒子？」

1464 講著食，拐仔無掛夯

Kóng-tio̍h tsia̍h，kuái-á bô khùa giâ

【暗示】吃飯要緊，其他都不重要了。

【註解】講著食：講到吃。拐仔無掛夯：連拐杖都丟掉。

工作慢慢吞吞，吃飯卻不輸人。

【例句】我們爲了參加縣農會舉辦的美食比賽，大家相約早餐不吃，才能多吃些。

各鄉鎮都有兩、三個團體參加美食比賽，預定十點比賽開幕，十一點可以到各攤位嚐美食，但是縣長、農業局長、縣農會理事長分別致詞後，主持人宣佈開始試食，會場立刻變成「講著食，拐仔無掛夯」，令人料想不到。

1465 講著食著摏破額，做著工課那蟧蜞

Kóng-tio̍h tsia̍h tio̍h tsing phùa hia̍h，tsò-tio̍h khang-khùe ná lâ-giâ

【暗示】好吃懶做。

【註解】蟧蜞：長腳蜘蛛。

說到有東西吃，便爭得頭破血流；說到要做工作，便像長腳的蜘蛛那樣慢條斯理。

【例句】「校慶那一天，我們六年三班，分配到活動中心的佈置工作，」老師在班會中強調說：「我們三班要發揮團隊精神，不要像『講著食著摏破額，做著工課那蟧蜞』，要把學校交代的工作做好。」

1466 講著話，三鋤頭兩畚箕

Kóng-tióh ūe，saⁿ tî-thâu nn̄g pùn-ki

【暗示】乾脆俐落。

【註解】講話很乾脆，兩三句不拖泥帶水。

【例句】黃順興生於彰化縣埔心鄉，2002年3月5日他病逝北京。他曾留
學日本讀農校，1980年代赴中國定居，引起黨內外震驚。
黃順興在1988年擔任中國人代會常委，到中國大陸後，黃順興仍
不改在台灣「講著話，三鋤頭兩畚箕」的本性，是兩岸執政者眼
中的頭疼人物，也是兩岸第一位倡導環境保護者。

1467 講話三尖六角，角角會傷人

Kóng-ūe saⁿ tsiam la̍k kak，kak-kak ē siong-lâng

【暗示】言詞苛薄，挖苦諷刺。

【註解】說話苛薄諷刺，像有稜角那樣處處傷人，處處讓人受不了。

【例句】同事們在午休時間閒聊票選「服務親切獎」，大家笑著問總幹事，
怎麼不把它改為「最無人緣獎」？「你們猜，如果要同事票選『最
無人緣獎』，誰會當選？」
「一定是黃相皇會當選！」多位同事異口同聲的說：「他這個人『講
話三尖六角，角角會傷人』，才會一個知己朋友也沒有！」

1468 講話無關後尾門

Kóng-ūe bô kuaiⁿ āu-búe-mn̂g

【暗示】沒有瞻前顧後。

【註解】關後尾門：要講別人的是非，要看場所是否適當，會不會被別人
聽到。

【例句】門市部的李慧芬被人事主任叫去訓了一頓，她哭著跑出去。
人事主任罵她「講話無關後尾門」，怎麼可以對理監事說農會門市
部進貨的成本，比一般超商貴了許多。導致理監事組成專案小組，

全面偵查農會採購貨品及總幹事、供銷部主任，有沒有收取回扣。

1469 **講話頭知話尾**

Kóng ūe-thâu tsai ūe-búe

【暗示】容易領悟貫通。

【註解】只要聽到開頭的幾句話，便知道後面要講些什麼了。

【例句】隆昌股份有限公司是一家外銷玩具公司，業務越做越大，股東的
糾紛，也越鬧越大。掛名副董的趙子強，回到老家把他公司的資
金，被另一股東也就是邱總經理虧空五千萬元一事，告訴他老爸。
老爸對他說：「當初你要和邱總經理合夥時，我不只一次告訴你，
邱總老爸以前曾掏空某公司資產的事，可惜你不知『講話頭知話
尾』的含意。」

1470 **鴒鴒巡便孔**

Ka-līng sûn piān khang

【暗示】不勞而獲。

【註解】鴒鴒：八哥鳥。
鴒鴒鳥自己不築巢，發現其他的鳥巢，便侵入佔爲己有。

【例句】老婆去世多年未再續絃的老鄧，於好友小林車禍去世後，頻頻到
他家探訪未亡人楊淑枝女士。
朋友都戲稱老鄧「鴒鴒巡便孔」，大家期待他們兩人能組成一個新
家庭，果眞如此也未嘗不是好事一椿。

1471 **鴒鴒順話尾，泥鰍巡便孔**

Ka-līng sûn ūe-búe，nî-liu sûn piān khang

【暗示】撿便宜，不勞而獲

【註解】鴒鴒：八哥鳥。泥鰍：泥鰍。
八哥鳥學人說話，自己沒有主見；泥鰍魚自己不挖孔，看到舊孔

便鑽進去。

【例句】許新軍決定參加鄉長競選，但是初次參加公職人員選舉，也不知如何展開競選活動，他特地去請教前任鄉長郭晉仁。

郭晉仁告訴他說：「選舉無師傅，用錢買就有，你只要『鴟鴿順話尾，泥鰍巡便孔』，人家一票買多少，你加碼買票，便能當選。」

1472 點油做記號

Tiám iû tsò kì-hō

【暗示】你給我記住。

【註解】對特定人預說立場，像點油做記號，有機會就給他好看。

【例句】台中市青年王俊明，向計程車司機透露他在文化路及英士路口搶超商，經司機開導載往自首，這位自首青年說，他因為國中時候無知，讓同學在左下臂刺了鬼頭刀的刺青，從此就業非常不順利。這塊刺青便是「點油做記號」，沒有老闆敢雇用他，大家都認為他是個歹团。這位本性良善的年輕人說，刺青害了他。

1473 攋捙食攋捙肥，清氣食凸目雷

Lah-sap tsiáh lah-sap pûi，tshing-khì tsiáh thó-bák-lûi

【暗示】健康最重要。

【註解】攋捙：骯髒。清氣：清潔。肥：肥胖。凸目雷：眼睛疾病。

身體健康，隨便吃什麼也都會健康；身體不健康，再注重衛生也會生病。

【例句】老爸難得到台北來，看到兒子家髒亂得讓他不敢多住一天，就連孫子孫女的挽留都不顧，執意回鄉下老家。

「叫我和你媽住在這裡，廚房、客廳、浴廁都那麼骯髒、凌亂，我怎麼能適應？」

「爸，台北生活很緊張，哪來時間整理，不是有句話說：『攋捙食攋捙肥，清氣食凸目雷。』經濟壓力不容小公務員過著有品味的生活。」

1474 斷掌查仅做相公，斷掌查姆守空房

Tǐg-tsiún tsa-pɔ tsò siòng-kong，tǐg-tsiún tsa-bó tsiú khang-pâng

【暗示】命該如此，夫復何言。

【註解】斷掌：手紋斷掌相。查仅：男人。查姆：女人。
男人斷掌是大官貴相，女人斷掌是剋夫相。

【例句】林有志實在有志難伸，無論做什麼工作都會不對勁，好不容易找
到一個大賣場的工作，卻又是空頭公司，上班兩星期不但沒領到
工錢，還要到法院做證。他很不服氣，便去找算命算八字，聽到
算命師說什麼「斷掌查仅做相公，斷掌查姆守空房」，才知道一切
都是命中註定，只好恨命莫怨天。

1475 斷鹽斷醋，呣斷外家路

Tǐg iâm tǐg tshò'，m̄ tǐg gūa-ke lō

【暗示】血濃於水或保持一線生機。

【註解】外家路：與娘家的關係。
生活再苦，連食鹽、醋都沒有了，也不能切斷與娘家的關係，保
留最後一線生機。

【例句】好友都知道，程純英要嫁給李健一時，程純英父母極力反對這門
婚事，所以夫妻倆目前生活陷入困境，程純英也不敢回娘家訴苦、
要求幫忙。
「我老公長年臥病，雖然生活很困苦，但勉強還能撐下去，」程純
英含著眼淚向好朋友述說：「但是『斷鹽斷醋，呣斷外家路』，真
的撐不下去時，我還是會回娘家找爸媽幫忙的。」

1476 歸年窮天

Kui nî thàng thin

【暗示】一年到頭。

【註解】從初一新正開始，到年底整個年頭。

【例句】姑姑的兒子要結婚，爸爸是母舅要坐大位，也就是主賓，媽媽要
爸爸去買新衣才有體面。

「做母舅只有一天，何必花錢買新衣？」爸爸說。

「我說你呀，『歸年甬天』都穿那一套衣服，這樣別人會以為我們
窮得連買衣服的錢也沒有。」媽媽說。

1477 歸腹火獪得消

Kui-pak húe bē-tit siau

【暗示】怒氣難消。

【註解】歸腹火：一肚子的火氣。火氣非常大，卻沒地方發洩。

【例句】我聽到鄰居周伯伯大聲咆哮，以為發生什麼事，過去探視才發現，
周小弟膽怯怯的站在門後哭泣。

「老周，到底什麼事把孩子嚇得全身發抖？有錯慢慢開導，他還
是個孩子嘛。」

「讀高中了，還算孩子？」老周氣呼呼的說：「前天弄壞電視，昨
天把電腦弄壞，今天又偷騎我的摩托車，撞傷了人，我氣得『歸
腹火獪得消』，怎麼不大聲？」

1478 舊个抱牢牢，新个著獪曉

Kū--ê phō-tiâu-tiâu，sin--ê tiòh bē-hiáu

【暗示】不可以抱殘守缺。

【註解】抱牢牢：抱得緊緊的。

死抱著舊觀念，老方就沒辦法接受到新的潮流、新的觀念與方法。

【例句】鄒董把公司交給他兒子後，從此過著閒雲野鶴的悠遊日子。他的
老友游董同樣的年歲，卻還在打理自己公司大小事務。游董很羨
慕鄒董這樣的人生，他感嘆他兒子沒能力接班。

「其實啊，年輕人有年輕人的優點與想法，」鄒董奉勸游董說：「你
該知道『舊个抱牢牢，新个著獪曉』。」

1479 蟳無骹膾行路，無部屬無變步

Tsîm bô kha bē kiâⁿ-lō͘，bô pō͘-siȯk bô piàn-pō͘

【暗示】統御無方。

【註解】蟳：螃蟹之一種。無變步：做不出來。螃蟹沒有腳是不會走路的。一個主管如果沒有部屬配合、合作，是做不出什麼效率的。

【例句】黃總幹事對於他的屬下幹部，沒有一個不批評得體無完膚、一無是處。

他在列席理事會針對理事們批評業績未達預算，歸罪於部屬們毫無計劃與效率。「黃總幹事，你老是把業績不好歸罪於部屬，都沒見到你提出有效的激勵辦法，」許理事長指責他：「所謂『蟳無骹膾行路，無部屬無變步』，你怎麼不反省自己領導無方，反而怪罪部屬無能？」

1480 蹛久著臭殕

Tùa kú tiȯh tshàu-phú

【暗示】不知進退。

【註解】臭殕：不新鮮、發霉。做客住久了，漸漸令人感到厭煩。

【例句】我聽說蕭媽媽到台北投靠她兒子，卻在早上看到她也在跳元極舞。

我便問老婆，不是說她的兒媳都很孝順，一定要老人搬到台北住在一起嗎？

「話是這樣說的，偶而到兒子家住幾天，是會很歡迎的，」老婆說：「要知道媳婦不是親生女兒，『蹛久著臭殕』，老人家都要知趣。」

1481 轉茨食尾牙抑赴赴

Tńg tshù tsiȧh búe-gê iah hù-hù

【暗示】見異思遷，心猿意馬。

【註解】轉茨：回老家。尾牙：農曆12月16日，老闆通常都會宴請員工。

抑赴赴：也來得及。工作不安定，連年終獎金都拿不到。

【例句】老爸看到兒子拎著行李回來，就問他：
「怎麼啦？又是工作沒興趣？」
「爸，這次不是啦。」兒子說。
「那為什麼回家？」老爸再問。
「以前幾次都是工作興趣不合，這次是老闆和我的興趣不合！」兒子說。
「阿強，我看不管誰的興趣合不合，」老爸說：「我看你呀！『轉茨食尾牙抑赴赴』的。」

1482 醫科看做醬料

I-kho khùaⁿ-tsò tsiùⁿ-liāu

【暗示】便所看做灶房。

【註解】醫與醬兩個字形似，意義卻南轅北轍，相差十萬八千里。

【例句】陳立委對大兒子大聲咆哮，指他把「醫科看做醬料」，弄得他不知如何向兩位當事人解釋。
原來，大兒子要借用助理的車子，自告奮勇的要代助理去送黃府的奠儀及李家新婚的紅包，結果他把白包、紅包送錯了人，引起了連番的抗議、咒罵。

1483 雙手抱雙孫，無手偅籠裙

Siang tshiú phō siang sun，bô tshiú thang láng kûn

【暗示】忙得不亦樂乎。

【註解】籠裙：拉高裙子，不讓它掉下來。
很高興當了奶奶，兩隻手各抱著孫子，忙得手足無措，連裙子快要掉下來，也沒有手把它拉高起來。

【例句】有孫兒女的阿公阿嬤，都有共同的感受，就是帶孫兒女，與養兒育女的快樂完全不一樣。
當阿嬤的「雙手抱雙孫，無手偅籠裙」時，她們也不會覺得煩死鹵死，阿嬤大都是「恆囝吵無夠，提孫抓來鬧」。

1484 **雙面刀鬼**

Siang-bīn to kúi

【暗示】搬弄是非的雙面人。

【註解】兩邊討好，從中挑撥是非的傢伙。

【例句】鄉長選舉，候選人陳正棋的競選幹部，對於吳村長三不五時便到
總部幫忙，人人都很感動，因而有人建議陳正棋說，吳村長這個
人很死忠，當選後一定要多關照他。
「什麼？你說吳村長死忠？」陳正棋叫起來：「吳村長是個『雙面
刀鬼』，他到我們這邊幫幫忙，回去便又跑到林順昌的競選總部
去……」

1485 **雙頭無一鰲**

Siang-thâu bô tsit-ngauh

【暗示】兩頭落空。

【註解】做事欠專注，無法兩頭兼顧，終至兩頭落空。

【例句】帥哥孟若凡老師，自恃長得帥，又是單身貴族，周旋於劉、黃老
師之間，要享受溫柔多情，卻不想結婚。
這兩位與孟老師交遊多年的同事，終於互相坦誠相對，討論彼此
之間與孟老師的關係，發現他只是在玩愛情遊戲而已。不久，兩
人分別宣佈喜訊，新郎都不是孟老師。
孟老師這時候才嚐到「雙頭無一鰲」的苦果。

1486 **雙骹踏雙船，心肝亂紛紛**

Siang-kha tảh siang-tsûn，sim-kuaⁿ luān-hun-hun

【暗示】心猿意馬，左右為難。

【註解】腳踏兩條船，想要左右逢源，心情反而因左右為難而苦惱。

【例句】新北市土城區一名紀姓單親媽媽，原有一李姓相好，兩人也有了
三年的情誼，紀婦新近又搭上周姓男子，形成「一馬掛雙鞍」。

李姓男子近日醋勁大發，要求紀婦在兩人之中選一個，讓這位「雙骹踏雙船，心肝亂紛紛」的婦人，左右難捨。

1487 雞仔腸，鳥仔肚

Ke-á tn̂g，tsiáu-á tō

【暗示】小家子氣。

【註解】心胸窄小，度量不大，做不了大事。

【例句】同事間這種糾紛原來是可以避免的，但是偏偏有人多嘴，才導致邱正大和柳明新兩人，在辦公室由互相嘲笑、責罵到大打出手。

原來大家閒聊時，阿珠對大家說邱正大說柳明新最小氣，人家有喜事都會拼命的喝酒，要喝回紅包錢。柳明新聽後反譏邱正大說：「我才不像邱正大，每次參加喜宴幾乎全家人都出席，擺明吃夠本……」

這兩位「雞仔腸，鳥仔肚」的同事，就因為這樣而打成一團。

1488 雞母朱囝真輕鬆，雞公朱囝會拖帆

Ke-bó tshūa kiáⁿ tsin khin-sang，ke-kang tshūa kiáⁿ ē thua-phâng

【暗示】母職天性。

【註解】雞母帶小雞，還算簡單、容易；公雞要帶小雞，可沒那麼順利。這是比喻寡母拉拔孩子，還能勝任。鰥夫要帶領小孩，那就很辛苦了，也帶不好。

【例句】詹順昌與他老婆因細故吵架，甚至大打出手，後來還把她趕回娘家。

趙小芬被趕回娘家，雖然心中忿忿不平，但也樂得輕鬆過日子，她想讓她老公嚐嚐料理家庭和帶三個小孩的滋味。

果不其然，不到三天詹順昌便來他岳父家認錯請罪，也坦承「雞母朱囝真輕鬆，雞公朱囝會拖帆」，實在不是男人幹的工作。

1489 雞屎落土三寸煙

Ke-sái lóh-thô saⁿ-tshùn ian

【暗示】不要自大瞧不起人。

【註解】雞屎是最沒用的東西，但是從雞的屁股解下來，也會冒出三寸的白煙。再沒用的人，也有他存在的價值。

【例句】徐慧琴很瞧不起她那位木訥、不善言詞的老公，常在眾人面前借題有意無意的損他幾句。

徐慧琴的父親看在眼裡，對他女兒如此對待自己丈夫，很看不過去，便勸告她說：「慧琴啊！人家說『雞屎落土三寸煙』，阿明到底是妳的老公，凡事都要尊重他，他被人家看輕，對妳也不是光彩的事。」

1490 雞屎藤唔敢拋桂花樹

Ke-sái-tîn m̄ káⁿ pha kùi-hue-tshiū

【暗示】有自知之明。

【註解】雞屎藤：藤生植物，藤葉味如雞屎味。

雞屎藤自知是低級的植物，不敢爬上高貴的桂花樹上去。

【例句】鄉長選舉選情非常激烈，林派輔選幹部都認為，只要能說服橋頭村長鄒天仁轉過來支持他們，林振江主席便篤定當選。

林派為了遊說鄒村長支持林振江，由鄭議員出面，並明白告訴他，林振江當選後，會聘請他出任鄉公所祕書。

派系屬性不同的鄒村長聽後，一再向鄭議員致謝，並說他「雞屎藤唔敢拋桂花樹」。

1491 雞看拍咯雞，狗看吹狗螺

Ke khùaⁿ phah kók-ke，káu khùaⁿ tshue káu-lê

【暗示】言行有違常態，令人厭煩。

【註解】拍咯雞：還沒發育成熟的小公雞的叫聲。吹狗螺：狗的長吠聲，

令人有不祥的預感，也會起雞皮疙瘩。

喻裝扮奇裝異服，言行油腔滑調，令人厭惡。

【例句】雖然社會風氣已開，但傳統的生活習慣，仍然深獲歡迎，彭教授應邀專題演講「社交與禮儀」時說：「有些人，要以奇裝異服，招引注意，這就像『雞看拍咯雞，狗看吹狗螺』，都會讓人感到怪怪的⋯⋯」

1492 雞胿，家己歕

Ke-kui，ka-kī pûn

【暗示】自吹自擂。

【註解】雞胿：鳥禽的食道或胃。

自己吹牛只有自己相信，引不起他人相信。

【例句】這條街的左鄰右舍，對於周家大小姐每次回來，都有高級轎車接送，穿著又非常摩登入時，都很羨慕她嫁給有身份地位的有錢人。尤其周爸更常常向人家誇耀，女兒嫁給一個如何有錢的上市公司小開，過著如何豪華、幸福的日子。

「屧脬啦！『雞胿，家己歕』，周先生以為沒人知道，」莊先生不屑的說：「周小姐是台北白雪舞廳當紅舞女是事實，說什麼嫁給哪位小開是騙人的！」

1493 雞喙圓，鴨喙扁

Ke-tshùi în，ah-tshùi pín

【暗示】窘態畢露。

【註解】事實如此，還敢強辯。

【例句】彰化縣第15屆縣長選舉，形成民進黨翁金珠、國民黨卓伯源、無黨聯盟陳進丁等三人，拼縣座的局面。

原來積極進行縣長選舉布局的親民黨卸任立委謝章捷，因他父親臥病在床，突然宣佈棄選，令拍胸脯保證他一定選舉到底的郭雨祥議員，變成「雞喙圓，鴨喙扁」。

1494 雞嗽變鴨嗽

Ke-tshùi piàn ah-tshùi

【暗示】理虧，說不出大話。

【註解】說話的口氣、態度，由原來的強硬，轉爲軟調、尷尬，甚至有口難言。

【例句】台灣的名士紳，也就是前海基會董事長辜振甫，死後暴發婚外情，有位年已三十多歲的女子張怡華，說她是辜老和她母親鄧香妹所生的女兒，她委託律師宋耀明，要求與辜家子女辜允成等驗DNA，並繼承辜老遺產。

辜允成兄妹由辜老口中所言，自始不承認他們父親有婚外情生女這回事。但礙於辜老清譽，一再容忍勒索，終至忍無可忍，兄妹前往採樣檢驗DNA，證明張怡華與辜老無血緣關係，張怡華母女才「雞嗽變鴨嗽」。

1495 鯽仔魚釣大鮘

Tsit-á-hî tiò tūa-tāi

【暗示】以小博大。

【註解】以少的成本，要贏取最大的利益。

【例句】文興中學家長會張會長傳出支票跳票，退票五千多萬元，教職員議論紛紛，認爲張會長熱心公益、爲人慷慨，對家長會捐款從不吝嗇，怎會退票？

「還不是『鯽仔魚釣大鮘』，」詹訓導主任對大家說：「張會長那個人，先要取得大家的信任、好感，自然打腫臉充胖子，這樣大家才不會對他起疑心，所以才有那麼多位老師借錢給他。」

1496 離骹離手

Lī kha lī tshiú

【暗示】責任完成，享受自由。

【註解】孩子長大了，不跟在身邊，可以過自由自在的日子。

【例句】李媽媽年輕時，因為「頭嘴大陣」，幾乎過著非人的生活，一年到頭忙到晚，又要照顧孩子，又要到工廠上班，都沒有自己的時間。現在她的孩子「離骸離手」，她終於可以享受輕鬆的晚年，沒想到卻患了關節炎，不能久行，每天只能在病榻上過日子。

1497 離家千里，呣食枸杞

Lī ka tshian-lí，m̄ tsiàh kó-kí

【暗示】緩不救急。

【註解】枸杞：花科，落葉灌木，葉柔軟，夏日開淡紫色的小花，果實卵形而尖，供藥用、食用，根、皮可入藥。

枸杞有興奮作用，男性遠離家鄉，不敢吃枸杞，以免遠水救不了近火。

【例句】參加中國八日遊的方老師特別注意飲食，尤其北京和桂林的兩頓枸杞大餐，他幾乎都沒動過筷子，反而在餐後自己跑去小攤子充饑。

我感到很奇怪，偷偷的問他，是不是有什麼痼疾，忌吃枸杞之類的東西？

「不是啦。」他神祕的笑了笑，又說：「老婆不在身邊，『離家千里，呣食枸杞』而已。」

1498 離鄉無離腔

Lī hiong bô lī khiuⁿ

【暗示】鄉音不變。

【註解】離鄉：遠離家鄉。離腔：走音、改變腔調。

生長的環境，影響如影隨行。

【例句】我高等考試及格，遠到台北市政府服務，當天有多位同事問我是不是員林人？

我覺得好奇怪，台灣那麼多地方，別的地方不問，為何猜我是員

林人？

林大哥告訴我，他們是聽到我講話的腔調，判定我是員林地區的人，他說：「老弟，一個人『離鄉無離腔』，從你說話的語氣，便知道你是哪裡人了。」

1499 蹺骹撚喙鬚

Khiau kha lián tshùi-tshiu

【暗示】悠閒悠哉。

【註解】蹺骹：翹腿。無憂無慮過著悠閒的日子。

【例句】我回到鄉下老家，看到曾因成群兒女所苦的阿根兄，現在卻過著「蹺骹撚喙鬚」的日子，令人非常羨慕。

阿根兄有五個兒子、兩個女兒，一家九人食指浩繁，生活的艱苦是可想而知的，但是辛苦到兒女都成家立業，現在他們夫婦倆，五個兒子每人一萬元給老人家做生活費用，沒事做經常參加旅遊團，到各國觀光旅遊，怪不得過著「蹺骹撚喙鬚」的日子。

1500 鏗仔拄著鏹仔

Tshiang--á tú-tiȯh khōng--á

【暗示】歪打正著。

【註解】鏗、鏹：是金屬品相碰發出來的聲音。

三八遇到八珍，寶貝一對，誤打誤撞。

【例句】邱總經理聽到人事主任報告，張有為和程信男兩人，在台南市喝酒鬧事被捉進警察局，皺眉頭說：「派人到台南出差，怎麼『鏗仔拄著鏹仔』，兩個寶貝在一起，不出事也難。」

1501 藤條夯上手，不分親戚抑朋友

Tîn-tiâu giâ tsiūⁿ tshiú，put hun tshin-tsiâⁿ iȧh pîng-iú

【暗示】公私分明，一視同仁。

【註解】執法者，包括老師、警察、法官甚至家長，對於違規、違法者，
　　　　無論身份，照樣處置、治罪。
【例句】總統府副祕書長陳哲男，涉嫌充當司法黃牛，收受新偕中建設梁
　　　　柏勳710萬元紅包，遭受羈押。
　　　　據梁柏勳在檢調單位偵查時說，法務部除了陳定南部長外，任何
　　　　人都能溝通。
　　　　陳定南鐵面無私，是公認的「藤條夯上手，不分親戚抑朋友」那
　　　　種人。

1502 關門茨內倒，禍從天窗落

　　　Kuiⁿ-mn̂g tshù-lāi tó，hō tsiông thiⁿ-thang lȯh

【暗示】無妄之災。
【註解】把門關起來，在家裡休息，災禍竟然從天窗掉了下來。
【例句】雲林縣斗六市發生一件離奇車禍，在國小任教的周老師，星期日
　　　　中午吃飽飯後在家裡午睡，突然一輛轎車衝進房內，撞倒牆壁當
　　　　場壓死周老師。
　　　　報紙報導這件令人吁噓的車禍，標題：「關門茨內倒，禍從天窗
　　　　落」。

1503 關門賣癩疴藥

　　　Kuiⁿ-mn̂g bē thái-ko iȯh

【暗示】孤行獨市。
【註解】癩疴：麻瘋。把門關起來，做獨門生意，高價賣藥品。
【例句】近來，健生藥房常常有老人家，前往購買一種名叫「勇哥」的壯
　　　　陽藥，聽說本市只有這家藥房有售，一罐五十顆賣三千元。
　　　　「林老闆，你是『關門賣癩疴藥』？」劉伯伯想買又捨不得錢，抱
　　　　怨道。

1504 關帝爺面前舞大刀

Kuan-tè-iâ bīn-tsîng bú tūa-to

【暗示】班門弄斧。

【註解】愛現、不自量力。

　　　　關帝爺：關羽。《三國演義》主要人物，劉備、關羽、張飛三結義。

【例句】范姜欽勇學生時代，曾經參加象棋比賽冠軍，可是十幾年沒再下象棋了，還以爲自己保有昔日實力，所以看到公園內有人排棋局，便和那位擺攤的打賭下三盤，輸贏每盤五百元。

　　　　只一會兒工夫，范姜欽勇「關帝爺面前舞大刀」，就被殺得寸草不留，輸得很難看。

1505 顛倒頭拏

Tian-tò-thâu lu

【暗示】倒車，退步。

【註解】車子應該前進，反而往後退，喻沉淪、退步。

【例句】水肥車進入小巷抽取公共廁所糞便，抽了整整一車，要「顛倒頭拏」才能駛出巷子。工人下車指揮交通，「八克！八克！」叫個不停。

　　　　司機聽不懂日語倒車叫「八克」，無法導正車子。

　　　　工人看到司機聽不懂日語，改用台語大聲叫著：「倒駛！倒駛!!」

　　　　司機緊張之餘，竟然把台語「倒駛」誤聽爲「倒屎」，伸手握住把手將開關拉上，須臾間一整車的糞便卸了下來，整條巷臭死了。

1506 騙來騙去，騙久會出代誌

Phiàn lâi phiàn khì，phiàn kú ē tshut tāi-tsì

【暗示】常走夜路，會碰到鬼。

【註解】騙來騙去：到處耍騙。出代誌：出紕漏。

　　　　常做虧心事，就會碰到鬼。老是耍詐欺騙，終究會被揭穿。

【例句】長期在南投縣風景區溪頭，賣壯陽聖藥鹿鞭的老卓，據說收入比溪頭鄉長還要多。也常常忘了他是誰，到處張揚自己的成就。

「老卓，你呀！別再『騙來騙去，騙久會出代誌』，」老卓的同學賴桑提醒他說：「總有一天，碰到不甘受騙的人，會把你拉進派出所去的。」

1507 騙食害餓

Phiàn tsia̍h hāi gō

【暗示】騙吃騙喝。

【註解】拐騙人家請他吃飯，反而害了人家餓肚子。

【例句】邱新滄「騙食害餓」的伎倆終於被拆穿，給報紙報導出來。

邱新滄多年來，都偽裝車禍受傷不良於行，家裡又有老母、幼子，妻子離家出走，向路人博取同情施捨，一天少說也有一、兩千元的善金。

沒想到這種伎倆，卻被跟蹤他的記者一路尾隨到他藏車的地方，而給報導出來。

1508 騙鬼會食水

Phiàn kúi ē tsia̍h-tsúi

【暗示】信口雌黃，沒有人相信。

【註解】子虛烏有、無稽之談。

【例句】小吳神祕兮兮的告訴老周，芝蘭汽車旅館新來了六位年輕的大陸妹。

他還說那六位大陸妹，都分別和他上過床，並詳細的分析各人的美貌、溫柔與床上工夫。

老周為了要嚐鮮要請他帶路，特別請他吃一頓豐富的海鮮，也喝掉一打啤酒，卻發現小吳「騙鬼會食水」，芝蘭汽車旅館那幾個妞，不是大陸妹而是越南女郎。

1509 嚴官府出厚賊，嚴父母出阿里不達

Giâm kuaⁿ-hú tshut kāu tshảt，giâm pē-bú tshut a-lí-put-tảt

【暗示】適得其反。

【註解】嚴刑峻法，小偷反而更多；父母嚴格管教，反而教出笨傻的孩子。

【例句】陳曼麗教授是國內婚姻問題權威，各地社團婦女團體，競相邀請
陳教授專題演講「如何防止老公外遇，維護美滿的婚姻」。誰知
「嚴官府出厚賊，嚴父母出阿里不達」，陳教授到處教人如何防止
老公外遇，她的老公林博士竟與其研究生到賓館開房間，被媒體
報導出來。

1510 嚴是愛，倖是害，唔願管教會變歹

Giâm sī ài，sīng sī hāi，m̄-guān kuán-kà ē piàn pháiⁿ

【暗示】管教要嚴格，不然會姑息養奸。

【註解】嚴加管教，才是愛孩子；過於放縱，反而會害他。

【例句】教育部三令五申，禁止教師體罰學生，這種所謂愛的教育，頗令
老校長感冒，他對前來拜訪的老部下感嘆的說：「其實『嚴是愛，
倖是害，唔願管教會變歹』。」

1511 蠓仔叮人，隨時起一皰

Báng-á tìng--lâng，sûi-sî khí tsit-pha

【暗示】立即有反應。

【註解】被蚊子叮了，馬上會腫起來。

【例句】顏家媽媽到學校，對她家女兒顏茵茵被老師處罰一事表示關心。
「其實，我給茵茵和另外一位同學」，吳青容老師解釋說：「只是
輕輕的打了五下手心而已，意在警告她們下次不要忘了交作業。」
「我不是說老師不可以處罰，只是茵茵臉皮很薄，像『蠓仔叮人，
隨時起一皰』，我都不敢傷到她的自尊心。」顏家媽媽說。

1512 蠓仔叮牛角，狗吠火車

Báng-á tìng gû-kak，káu pūi húe-tshia

【暗示】無濟於事。

【註解】蠓仔：蚊子。盡做些無濟於事的傻事。

【例句】民進黨前主席施明德發起倒扁運動，雖然在凱達格蘭大道上靜坐一個多月了，紅衫軍也在全台各地發燒，但是觀察家說：
「倒扁民眾靜坐示威，只是『蠓仔叮牛角，狗吠火車』而已，總統享有刑事豁免權，除非犯內亂外患罪，否則是不受刑法追訴的。」

1513 贏睏一个，輸睏一家

Iâⁿ kiáu tsit-ê，su kiáu tsit-ke

【暗示】連累全家人。

【註解】贏睏：賭勝了。一个：一個高興而已。輸睏：賭輸了。一家：一家人受連累，吃苦、受氣。

【例句】在市場前擺相命攤子的施半仙，不但替人家算樂透、六合彩明牌，也替自己賭財運，每一期投注不輸人。
如果幸運獲獎，施半仙便口沫橫飛說，他測明牌是如何準確，好像被他看到底牌那樣，逢人便吹牛；要是輸了，家人也跟著粗茶淡飯過日子。
他老婆在忍無可忍之下，對他說：「你呀！『贏睏一个，輸睏一家』，也該行行好，讓我們母子吃得好一點。」

1514 贏贏睏拔佮輸

Iâⁿ-iâⁿ kiáu puàh kah su

【暗示】大意失荊州。

【註解】賭局明明贏定了，到後來竟然反勝為敗。

【例句】2005年國中基本學力測驗，有一題「贏贏睏拔佮輸」的國文科試題，讓參加基測的32萬多名考生，絕大多數都莫宰羊。

那道令考生頭痛的試題，出自詩人余光中「刺秦王」一詩，考題問「贏家的棋變輸家的棋」，詩中的「贏家」指的是「張良」或「大力士」？

1515 齣頭百百款

Tshut-thâu pah-pah khuán

【暗示】小動作很多或點子很多。

【註解】齣頭：點子。百百款：很多。

點子很多，不如實際會受到更多歡迎。

【例句】王董感於台灣工資佔生產成本比例過高，決定結束食品工廠，要經營大賣場，同業李桑則勸告他，現在大賣場、生鮮市場，經營「齣頭百百款」，非常競爭，應該三思而行。

李桑說：「現在那些大賣場，三、五天便要推出專案促銷，什麼節慶、週年慶啦，還有清明、五日節、中元、中秋、情人節啦，別以為生意好做，腦筋要很靈活才能經營得下去。」

1516 撽香遶拜

Giâ hiuⁿ tùe pài

【暗示】盲目跟從。

【註解】撽香：拿著香。遶拜：跟著人家膜拜。沒有主見，凡事附和別人。

【例句】警方大規模掃蕩飆車族，被捉去的游信雄的父親向陳議員喊冤說，他的兒子根本不會騎機車，他是「撽香遶拜」和朋友一道去而已。

1517 撽菜刀探病牛

Giâ tshài-to thàm pēⁿ-gû

【暗示】心存不良。

【註解】拿著菜刀去探望病了的牛，虛情假意，居心可知。

【例句】因愛生恨把女友呂淑芬推落山坑的劉新種，居然還到病院探望差
　　　　點死在他手下的呂淑芬，呂母氣得當眾罵他：「攑菜刀探病牛——
　　　　不懷好心！」

1518 爛柑黕過籠

Nūa kam tò kùe láng

【暗示】惡習相傳。

【註解】黕：傳染。爛的柑和好的柑放在同一個籠子裡，腐爛會一粒一粒
　　　　傳染下去。

【例句】爸爸非常反對阿公干涉兒子的交友，對於他的每位朋友，幾乎論
　　　　斤秤兩，檢討言行品行，導致兒子的朋友越來越少，星期假日幾
　　　　乎沒有人來找他玩。
　　　　「爸，孩子有他們的天地、世界，您不要再那樣干涉他們交友，
　　　　這樣下去阿欽將會沒有朋友了。」
　　　　「沒有朋友，還有弟弟、妹妹，總比交到損友好得多，」老人家對
　　　　兒子說：「所謂『爛柑黕過籠』，被朋友帶壞，後悔就來不及了。」

1519 癩瘖無惜鼻粘瘍

Thái-ko bô sioh phīⁿ-liâm-siûⁿ

【暗示】不惜本分。

【註解】癩瘖：麻瘋病。鼻粘瘍：膿瘡粘粘的。不顧身份，已經患了麻瘋病，
　　　　全身膿瘡粘粘的，讓人看了都不敢接近，還出來張揚？

【例句】大家都對楊淑娥被她男友拋棄鬧自殺，經過電視報導後，還有臉
　　　　到處出席活動，也報名參加卡拉OK唱歌比賽，覺得不可思議。
　　　　「這也沒什麼。現代的女孩子，哪有羞恥心，」黃大姐對大家說：
　　　　「這就是『癩瘖無惜鼻粘瘍』。」

1520 癩瘑爛癆

Thai-ko nūa-lô

【暗示】污穢不堪。

【註解】癩瘑：麻瘋，法定傳染病。爛癆：肺癆病，也是法定傳染病。骯髒不潔，人見而遠之。

【例句】黎明旅行社東南亞旅遊團導遊周小姐，要求旅客黃順治七天要多付七千元的住宿費，引起黃某不滿告到消費者基金會。

旅行社之所以要求黃某補貼住宿費，因旅行契約兩人一床，但其他旅客都說黃某「癩瘑爛癆」衛生極差，沒有人願意和他同睡一床，不得不增訂一房，當然費用要他負擔。

1521 鐵拍的身體，未堪得三日的落屎

Thih phah ê sin-thé, būe kham-tit saⁿ jit ê làu-sái

【暗示】強健的身體，也不堪折磨。

【註解】身體雖然很強壯，但連續幾天下痢，已經受不了了。

【例句】天成機械公司宣佈倒閉後，立即驚動機械工業界，大家對原本信譽卓著的該公司，突然宣佈周轉不靈，至感驚訝。「其實天成會倒閉，也是不得已的事，」劉董對業界質疑的朋友說：「天成近半年來，被大額退票三張，還有中國大陸訂的機器，又因規格不合退貨，『鐵拍的身體，未堪得三日的落屎』呀！」

1522 歡頭喜面

Huaⁿ-thâu-hí-bīn

【暗示】心情輕鬆、滿臉笑嘻嘻。

【註解】興高采烈，笑逐顏開。

【例句】讀高中的妹妹，在「歡頭喜面」的作文題目上，有一段話說：「最令我姐姐『歡頭喜面』的事，是她終於找到一位，賺錢比她花的錢更多的老公。」

1523 聽姆喙大富貴

Thiaⁿ bớ tshùi tūa hù-kùi

【暗示】懼內有好處。

【註解】聽老婆的話，老公會循規蹈矩，不會亂花錢，就會富裕起來。

【例句】在我們社區居民中，那些家裡的經濟大權，都由老婆做主的家庭，比其他由老公掌控的家庭好得多。

尤其陳里長，每當聽到有人稱讚他事業那麼成功，是地方上數一數二的富豪時，他總是笑容可掬的說「聽姆喙大富貴」，勸告人家，要乖乖聽老婆的話，才會出頭天。

1524 襯採搵搵咧

Tshìn-tshái hò-hò--leh

【暗示】草率、不頂眞。

【註解】襯採：隨便。搵搵咧：撥弄一下。隨隨便便的把東西掃入容器裡。

【例句】總經理對於人事主任喜歡叫阿桐來修理機台，深不以爲然。

「黃主任，不是有很多人會修理織襪機台嗎？」總經理問。

「是有很多人會修理。」黃主任說。

「那你爲什麼每次都叫阿桐來修理？」總經理再問。

「他收費比較便宜，」黃主任說：「一小時只收五百元。」

「可是他修理機台，像吃飯那樣『襯採搵搵咧』，不頂眞。」總經理說。

1525 讀三晅毋詶屎桶枋

Thák saⁿ tang m̄-bat sái-tháng pang

【暗示】白讀、一無所獲。

【註解】讀三晅：書讀了三年。毋詶：不知道。

讀了三年的書，什麼都不懂，連茅坑用的木板，也都不知道。到底書讀到哪裡去了？

【例句】讀大學的兒子春假回來，爸爸喜出望外，有人替他申請所得稅，
　　　　不必再麻煩村幹事了。
　　　　可是申報的日子一天一天過去了，剩下兩天，兒子才把扣繳憑證
　　　　和申報單，拿還給爸爸，說他不知道如何填寫、申報。
　　　　「你……你這個孩子，」爸爸指著兒子的額頭，罵道：「書『讀三
　　　　咚唔誚屎桶枋』，連所得稅也不會申請？」

1526 讀冊無撇步，只有勤一步

Tha̍k-tsheh bô phiat-pō͘，tsí-ū khûn tsit-pō͘

【暗示】一勤天下無難事。

【註解】讀冊：讀書或求學問。撇步：祕方。
　　　　勤一步，唯一方法只有勤勉。

【例句】王世愷的兩個兒子，不只是從國小、國中、高中都跳級，替他省
　　　　了許多年求學的時間，大學也免試，而且也都各自讀了兩年，便
　　　　拿到畢業證書。
　　　　有人請教王世愷，孩子是用什麼方法讀書，才那麼優異？而且又
　　　　跳級，縮短了四年的學生生活？
　　　　「我認為『讀冊無撇步，只有勤一步』，」王世愷謙虛的說：「不是
　　　　有句話說『一勤天下無難事』嗎？」

1527 變鬼變怪

Pìⁿ kúi pìⁿ kuài

【暗示】變化多端。

【註解】善於變花樣耍弄的人。

【例句】阿公對於孫兒治平，自從教育部開放學生髮禁後，就不用心於功
　　　　課，每天心思都用在染髮變髮型上，甚為生氣的告誡他說：
　　　　「治平啊，你要是每天都在頭髮上『變鬼變怪』，我便不再給你零
　　　　用錢。」

1528 驚一下半小死

Kiaⁿ tsit-ē pùaⁿ-sió-sí

【暗示】嚇得半死。

【註解】被突然發生的情況差點兒嚇死。

【例句】呂爸爸匆匆忙忙趕回家，看到兒子在客廳看電視，立即將他緊緊的抱在懷裡，久久說不出一句話。

呂媽媽看到她老公這種不尋常的舉動，「驚一下半小死」，不知她老公怎會這樣？原來是她老公接到歹徒的恐嚇電話，要他帶一百萬現金去贖回他兒子。

1529 驚了錢，佫嘜叫查姆

Kiaⁿ liáu-tsîⁿ，koh beh giok tsa-bó

【暗示】小氣又貪心。

【註解】驚了錢：怕賠錢。佫嘜：還要。叫查姆：追女人。

想泡女人，就要大方一點，怕花錢，就別想能泡到女人。

【例句】黃立委召集各鄉鎮樁腳討論，該不該再出來競選連任。

會中，多數的樁仔腳，都一再稱讚他這一任立委的風評相當好，他替各鄉長爭取了很多建設，應該再爭取連任繼續服務地方。

「可是，」黃立委聽到大家對他的肯定很高興，但卻說：「連任要花很多錢呢。」

「錢又不能吃！」黃阿伯說：「你呀，『驚了錢，佫嘜叫查姆』！」

1530 驚佮疶青屎

Kiaⁿ kah tshuah-tsheⁿ-sái

【暗示】嚇死人了。

【註解】疶青屎：驚慌過度、洩出青色的大便。

驚慌、恐懼過度造成的拉便。

【例句】華信航空 AE291 班機，2005 年 6 月 2 日飛往恆春空中，突然窗戶

裂開，發生巨大爆裂聲，許多乘客都差點「驚佃疪青屎」。

華信班機立即轉回高雄小港機場迫降，華信並沒有做危機處理，現場沒有救護車、消防車待命及戒備，只發給旅客改搭汽車的巴士車票，引起旅客相當不滿。

以一首〈車站〉聞名歌壇的張秀卿，偕夫婿、幼女搭乘該班機要回屏東娘家，她深恐女兒耳膜被震破，立即送女兒到高雄長庚醫院檢查。其他旅客也都要華信給個交代。

1531 驚块敢來塗礱間

Kiaⁿ ing káⁿ lâi thô-lâng-king

【暗示】敢做就敢承受後果。

【註解】块：灰塵。塗礱：稻穀的磨子。塗礱間：碾米廠房。怕灰塵多，怎麼敢到碾米廠來工作？

【例句】左右鄰居都跑過來看熱鬧，也都感到很納悶的是，呂阿姨與鄒主任到汽車旅館開房間，被鄒主任的老婆劉玉瑛老師會警捉姦在床，她竟然找上鄒家興師問罪？

「妳這個不知廉恥的三八查姆，偷人家的老公，還有臉來討公道？不怕被嘲笑？」劉老師說。

「嘲笑什麼？」呂阿姨理直氣壯的說：「我『驚块敢來塗礱間』？」

1532 驚跋落屎礐，呣驚火燒茨

Kiaⁿ puah-lòh sái-hàk， m̄ kiaⁿ húe-sio-tshù

【暗示】只顧表面，本末倒置。

【註解】屎礐：糞坑、廁所。

只擔心掉落茅坑，卻不怕火災把房屋燒掉。

【例句】開車特別小心的溫課長，竟也發生車禍，被送進醫院急救。

溫課長常提醒親友，十次車禍九次快，所以開車都很慢，幾乎車速都在限速的低速。

他開慢車造成沿途車輛都要超趕過他，自然危險機率也就多了，

真正是「驚跋落屎礐，嘸驚火燒茨」，才會被撞受傷。

1533 驚驚未著等

Kiaⁿ-kiaⁿ bē tiȯh-tíng

【暗示】沒幹勁、企圖心，怎能成功？

【註解】驚驚：害怕。著等：得獎。
要參加比賽還怯場，怎麼能得到優勝呢？

【例句】羅世海老婆死了將近一年，有了男人的需要，想到賓館叫個妞兒
解決一下，因為沒有嫖妓的經驗，「驚驚未著等」，直到上禮拜禁
不起朋友鼓勵，才硬著頭皮叫了一位大陸妹嘿咻，解決日益高漲
的性慾。
果然「驚驚未著等」，羅世海踏進賓館，終於得獎了，是愛滋病獎。

1534 鹽諙會鹹，話諙人嫌

Iâm tsē ē kîam，ūe tsē lâng hiâm

【暗示】話多討人厭。

【註解】鹽諙：食物鹽巴放多。話諙：話講的太多。
凡事適可而止，過與不及都不好。

【例句】有人問陳縣長有沒有遠見、抱負，甚至魄力？因為上任還不到半
年，無從評比，倒是他在開會時，致詞很像老太婆的綁腳巾，又
臭又長，令人感到厭煩，多少會影響對他施政的績效。
縣長夫人聽到各界對縣長的觀感後，提醒他說：「老公，你要記
住『鹽諙會鹹，話諙人嫌』呀！」

1535 鱸鰻欲做著做大尾，有人敢剝鱸鰻皮

Lô-mûa beh tsò tiȯh tsò tūa-búe，ū lâng káⁿ pak lô-mûa phûe

【暗示】強中有強手。

【註解】要流氓就要做大條的，也就是大哥大的，人家小嘍囉才會聽從你。
不過無論怎樣大哥大，也會被送去管訓。

【例句】賴新枝國中畢業就不升學也不就業，整天跟隨黑道老大出出入
入，老爸一再告誡他也都相應不理，老人家因而罵他：「『鱸鰻夆
做著做大尾，有人敢剝鱸鰻皮』，不要以爲沒人敢捉你們。」

1536 鱸鰻驚煎盤

Lô-mûa kiaⁿ tsian-pûaⁿ

【暗示】一物剋一物。

【註解】鱸鰻：魚名，體長圓形，皮厚有黏液，上部褐色，肚白，肉質鮮美。
流氓又稱鱸鰻。
流氓很凶惡，好像什麼人都不怕，其實他們怕警察。

【例句】誰說「鱸鰻驚煎盤」？如果流氓怕警察，那麼台灣、日本、香港、
澳門的大哥大流氓，就不敢於2005年5月29日齊集台灣台北殯儀
館，參加「黑道尊者」許海清的告別式。
參加「黑道最後仲裁者」告別式的江湖上各幫各派大哥，有日本
三大黑道之一的「野口組」會長野口松男；「天道盟」大哥「圓仔
花」陳仁治；「中庄幫」大哥「空信」張忠信；「竹聯幫」前幫主
趙爾文……等徒子徒孫萬餘人，警方全程錄影存證，黑道大哥們
還訂「529全國平安日」禁止相殺。

1537 鑿枷家己夯

Tshak-kê ka-kī giâ

【暗示】自作自受。

【註解】本來沒有枷擔，誰叫你去製作，自己做的自己抬，簡直是跟自己
過不去。

【例句】蔡新裕本來生活好好的，星期假日都會帶他妻子，到各個觀光景
點走走看看，吃吃各地的美食，可是自從他參加縣議員選舉後，
這種悠閒的生活，已經不再了。

導致生活丕變，都是他「鑿枷家己夯」，好好的日子不過，聽信朋友的鼓勵，登記競選縣議員，不但落選，還欠了一屁股債，哪有閒情逸致再過悠閒的日子？

1538 戇人想食天鵝肉

Gōng-lâng siūⁿ tsiảh thian-gô bah

【暗示】非分妄想。

【註解】戇人：傻子。天鵝肉：美女。傻小子妄想能娶到美女？

【例句】侯老師三十二歲了，還不想結婚，雖然同事都很熱忱要幫他介紹女朋友。可是侯老師心目中，只有六和紡織公司董事長千金文小姐，但是文小姐對他毫無印象，說得直接點，連看他一眼都沒興趣。

同事們對他知難不退，都說是「戇人想食天鵝肉」。

1539 戇猴攏石頭

Gōng-kâu lòng tsiỏh-thâu

【暗示】愚蠢的行為。

【註解】攏：撞、衝擊。愚笨的猴子，一再的撞石頭，又能得到什麼？

【例句】林課員幾乎是每日一信寄給黃董的女兒，同事都笑他，也不想想自己的身份，這樣子死纏活纏黃小姐，等於是「戇猴攏石頭」的白費力氣。但是林課員堅信精誠所至，金石為開，仍然不死心的繼續他的追求美夢。

1540 鬱卒在心底，笑面陪人禮

Ut-tsut tsāi sim-té，tshiò-bīn pûe lâng lé

【暗示】含淚的微笑。

【註解】把愁悶憂鬱，壓在內心裡，還笑容滿面地接待親友。

【例句】連有杉花了一百多萬元參加村長競選，選舉結果雖然落選了，但

他對於前來關心的親友，都掩飾內心的鬱卒，而笑嘻嘻地說自己努力不夠。

其實連有杉是「鬱卒在心底，笑面陪人禮」，他將面對龐大的債務。

參考書籍

《國台語雙語辭典》⋯⋯⋯⋯⋯⋯⋯⋯⋯ 楊青矗◎編著　　敦 理 出 版 社

《台灣語彙辭典》⋯⋯⋯⋯⋯⋯⋯⋯⋯⋯ 楊青矗◎編著　　敦 理 出 版 社

《台灣俗語詞典》⋯⋯⋯⋯⋯⋯⋯⋯⋯⋯ 楊青矗◎編著　　敦 理 出 版 社

《台灣實用俗語千百句》⋯⋯⋯⋯⋯⋯⋯ 張進金◎編著　　北 騏 出 版 社

《俏皮俗語》⋯⋯⋯⋯⋯⋯⋯⋯⋯⋯⋯⋯ 張進金◎編著　　北 騏 出 版 社

《台灣俗諺語典》⋯⋯⋯⋯⋯⋯⋯⋯⋯⋯ 陳主顯◎主編　　前 衛 出 版 社

《簡明台語字典》⋯⋯⋯⋯⋯⋯⋯⋯⋯⋯ 林央敏◎編著　　前 衛 出 版 社

《台灣語講座》⋯⋯⋯⋯⋯⋯⋯⋯⋯⋯⋯ 王育德◎著　　　前 衛 出 版 社

《台灣方言之旅》⋯⋯⋯⋯⋯⋯⋯⋯⋯⋯ 洪惟仁◎著　　　前 衛 出 版 社

《常用漢字台語詞典》⋯⋯⋯⋯⋯⋯⋯⋯ 許極燉◎編著　　前 衛 出 版 社

《台灣諺語》⋯⋯⋯⋯⋯⋯⋯⋯⋯⋯⋯⋯ 吳瀛濤◎著　　　台灣英文出版社

《台灣閩南語辭典》⋯⋯⋯⋯⋯⋯⋯⋯⋯ 董忠司◎總編纂　五 南 出 版 社

《閩南語辭典》⋯⋯⋯⋯⋯⋯⋯⋯⋯⋯⋯ 周長楫◎編纂　　金 安 文 化 機 構

《台語讀本》1~12冊⋯⋯⋯⋯⋯⋯⋯⋯⋯ 黃勁連◎總編輯　金 安 文 化 機 構

《台灣話語音研究》⋯⋯⋯⋯⋯⋯⋯⋯⋯ 林松源◎編著　　彰 化 縣 文 化 局

《諺語、謎語篇》⋯⋯⋯⋯⋯⋯⋯⋯⋯⋯ 胡萬川◎總編輯　彰 化 縣 文 化 局

《藝術大辭典》⋯⋯⋯⋯⋯⋯⋯⋯⋯⋯⋯ 陳奇祿◎總校訂　維 吾 爾 出 版 社

《河洛話讀本》1~6冊⋯⋯⋯⋯⋯⋯⋯⋯ 劉白顯◎主編　　彰 化 縣 文 化 局

《台語根源》⋯⋯⋯⋯⋯⋯⋯⋯⋯⋯⋯⋯ 鄭天福◎著　　　漢 風 出 版 社

《福全台諺語典》⋯⋯⋯⋯⋯⋯⋯⋯⋯⋯ 徐福全◎編著　　作 者 自 印

《古台灣現世說》⋯⋯⋯⋯⋯⋯⋯⋯⋯⋯ 杜文靖◎撰文　　台 原 出 版 社

《本土語文教材選集》⋯⋯⋯⋯⋯⋯⋯⋯ 黃哲永◎編著　　黃 哲 永 出 版

《台灣話大辭典》⋯⋯⋯⋯⋯⋯⋯⋯⋯⋯ 陳修◎主編　　　遠 流 出 版 社

《台灣經驗》 ……………………………… 賴宗寶◎著　　賴許柔基金會

《大家來講台灣話》1~8冊 ……………… 方南強◎編著　時報文化出版

《台語探源》 ……………………………… 鄭天福◎著　　漢風出版社

《俗俚俗氣》 ……………………………… 魏吉助◎編著　台中文教基金會

《台灣歇後語》1~3冊 …………………… 曹銘宗◎編著　聯經出版

《台語的趣味》 …………………………… 李赫◎著　　　稻田出版社

《台灣戲謔歌詩》 ………………………… 陳義弘◎編著　安可出版社

《河洛閩南語縱橫談》 …………………… 吳在野◎著　　東大圖書公司

《台灣俚語諺語開講》 …………………… 謝添旺◎撰寫　泉原出版社

《詩鄉俚語采風情》 ……………………… 蘇子建◎編著　新竹市文化中心

《台語四用發音字典》 ………… 柳生園、楊上台◎編著　柳生圖書出版

《閩南語字彙》 …………………………… 蘇筱晶◎編著　教育部出版

《台灣俗諺語精選》 …………… 林建呈、董育儒◎編著　八掌溪出版

《潘榮禮彈笑系列》1~13冊 …………… 潘榮禮◎著　　潘榮禮出版

《台灣新囝仔歌教學教唱》1~4冊 ……… 潘榮禮、蕭燕◎著　飆興公司出版

《紅嬰兵食牛奶》 ………………………… 蕭燕◎著　　　飆興公司出版

《辭海》上中下冊 ………………………… 夏征農◎主筆　東華書局出版

《康熙字典》上下冊 …………… 國語辭典編輯委員會◎編　世一文化公司

《辭彙》 …………………………………… 雷飛鴻◎主筆　世一文化公司

《彙音寶鑑》 ……………………………… 沈富進◎著　　文藝學社

《標準漢音字典》上下冊 ………………… 李木杞◎主編　李木杞出版

《國台語通用字典》 ……………………… 李木杞◎編著　瑞成書局印行

《新台語聲調音新探》 …………………… 林松源◎編著　礦溪文化學會

《台灣唱透透》 …………………………… 許思◎著　　　許思出版

《台灣全詼歇》 …………………………… 許思◎著　　　許思出版

《台灣地名沿革》 ………………………… 洪敏麟◎著　　台灣省新聞處

《台灣地名研究》 ………………………… 安倍明義◎著　武陵出版

《台灣牛的心聲》 ………………………… 施並錫◎著　　春暉出版社

《水的容顏》 ……………………………… 施並錫◎著　　施並錫出版

台灣
經典寶庫
Classic Taiwan
7

南台灣踏查手記

原著｜ Charles W. LeGendre（李仙得）

英編｜ Robert Eskildsen 教授

漢譯｜ 黃怡

校註｜ 陳秋坤教授

2012.11 前衛出版 272頁 定價300元

從未有人像李仙得那樣，如此深刻直接地介入 1860、70 年代南台灣
原住民、閩客移民、清朝官方與外國勢力間的互動過程。

透過這本精彩的踏查手記，您將了解李氏為何被評價為「西方涉台
事務史上，最多采多姿、最具爭議性的人物」！

節譯自 *Foreign Adventurers and the Aborigines of Southern Taiwan, 1867-1874*
Edited and with an introduction by Robert Eskildsen

台灣經典寶庫 6

C. E. S. 荷文原著
甘為霖牧師 英譯
林野文 漢譯
許雪姬教授 導讀

2011.12 前衛出版 272頁 定價300元

被遺誤的台灣
Neglected Formosa

荷鄭台江決戰始末記

1661-62年，
揆一率領1千餘名荷蘭守軍，
苦守熱蘭遮城9個月，
頑抗2萬5千名國姓爺襲台大軍的激戰實況

荷文原著 C. E. S.《't Verwaerloosde Formosa》(Amsterdam, 1675)
英譯 William Campbell "Chinese Conquest of Formosa" in《Formosa Under the Dutch》(London, 1903)

回憶在滿大人、海賊與「獵頭番」間的激盪歲月

Pioneering in Formosa

歷險 福爾摩沙

台灣經典寶庫5

W. A. Pickering
(必麒麟) 原著

陳逸君 譯述 ｜ 劉還月 導讀

19世紀最著名的「台灣通」
野蠻、危險又生氣勃勃的福爾摩沙

Recollections of Adventures among Mandarins,
Wreckers, & Head-hunting Savages

前衛出版
AVANGUARD

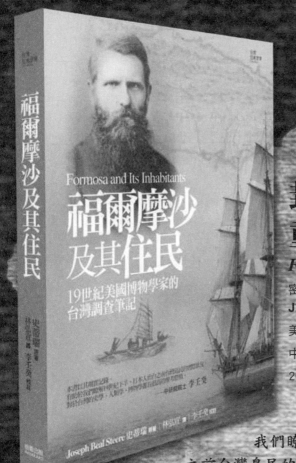

台灣經典寶庫 4

封藏百餘年文獻
重現台灣

Formosa and Its Inhabitants

密西根大學教授
J. B. Steere (史蒂瑞) 原著

美麗島受刑人 林弘宣 譯

中研院院士 李壬癸 校註

2009.12 前衛出版 312頁 定價 300元

> 本書以其翔實記錄，有助於
> 我們瞭解19世紀下半、日本人治台
> 之前台灣島民的實際狀況，對於台灣的史學、
> 人類學、博物學都有很高的參考價值。
>
> ——中研院院士 李壬癸

◎本書英文原稿於1878年即已完成，卻一直被封存在密西根大學的博物館，直到最近，才被密大教授和中研院院士李壬癸挖掘出來。本書是首度問世的漢譯本，特請李壬癸院士親自校註，並搜羅近百張反映當時台灣狀況的珍貴相片及版畫，具有相當高的可讀性。

◎1873年，Steere親身踏查台灣，走訪各地平埔族、福佬人、客家人及部分高山族，以生動趣味的筆調，記述19世紀下半的台灣原貌，及史上西洋人在台灣的探險紀事，為後世留下這部不朽的珍貴經典。

國家圖書館出版品預行編目資料

台灣俚諺語新解 / 潘榮禮編著.
－－初版.－－台北市：前衛，2016.07
648面；17×23公分

ISBN 978-957-801-796-2(精裝)

1.俚語　2.諺語　3.台灣

539.933　　　　　　　　　　　105005556

台灣俚諺語新解

編　　著　潘榮禮
總 校 訂　蕭　燕
責任編輯　番仔火　陳豐惠　陳淑燕
美術編輯　宸遠彩藝
出 版 者　前衛出版社
　　　　　10468 台北市中山區農安街153號4F之3
　　　　　Tel：02-25865708　Fax：02-25863758
　　　　　郵撥帳號：05625551
　　　　　e-mail：a4791@ms15.hinet.net
　　　　　http://www.avanguard.com.tw
出版總監　林文欽
法律顧問　南國春秋法律事務所
總 經 銷　紅螞蟻圖書有限公司
　　　　　台北市內湖區舊宗路二段121巷19號
　　　　　Tel：02-27953656　Fax：02-27954100
研究贊助　20th 國藝會 NCAF
出版日期　2016年7月初版一刷
　　　　　2021年8月初版三刷
定　　價　新台幣800元
©Avanguard Publishing House 2016
Printed in Taiwan　ISBN 978-957-801-796-2

＊「前衛本土網」http://www.avanguard.com.tw
＊ 請上「前衛出版社」臉書專頁按讚，獲得更多書籍、活動資訊
　　http://www.facebook.com/AVANGUARDTaiwan